早稲田大学総合研究機構ヨーロッパ文明史研究所 叢書②

ヨーロッパ史のなかのエリート

――生成・機能・限界――

井内 敏夫 編著

はしがき

『ヨーロッパ史のなかのエリート――生成・機能・限界――』と題する本書は、早稲田大学総合研究機構ヨーロッパ文明史研究所の三番目の成果である。

早稲田大学では、任意のテーマと年限を設定して活動する様々なプロジェクト研究所が総合研究機構の下に組織されている。われわれのヨーロッパ文明史研究所もそのひとつであり、学内外の西洋史研究者を集め、二〇〇〇年四月のプロジェクト研究所制度の発足当初から共同研究を展開してきた。

二〇〇〇年度から二〇〇三年度の四年間がわれわれの研究所の第一期にあたる。第一期においては、二人の所長（前田徹教授、小倉欣一教授）の下で、現在でも依然として進行過程にあるヨーロッパ連合（ＥＵ）の拡大を意識して、「ヨーロッパ史における分化と統合の契機」を統一テーマに設定した。その成果として、小倉欣一編『ヨーロッパの分化と統合――国家・民族・社会の史的考察――』（太陽出版、二〇〇四年三月）を刊行することができた。また二〇〇三年一二月には、早稲田大学西洋史研究会と近世ヨーロッパ史研究会の協力を得て早稲田大学文学部でシンポジウムを開催し、その果実として小倉欣一編『近世ヨーロッパの東と西――共和政の理念と現実――』（山川出版社、二〇〇四年一一月）が出版された。これも第一期の貴重な産物である。

第一期の終了後、二〇〇四年四月から三年間の予定で第二期のヨーロッパ文明史研究所が発足したが、本書はその最終成果である。第二期にあたって掲げたテーマは「西洋世界における社会的エリートと国家」であった。この発想は第一期の活動に基づいている。その中で、統合への方向にしろ、分化への方向にしろ、運動におけるエリートの多様な機能が浮かび上がってきた。またこれは、第一期と同様にヨーロッパ連合の動きに触発されたテーマでもある。ヨーロッパ連合ではいっそうの統合を促進するために憲法の制定が急がれていたが、それはEUのエリート官僚を中心に推進されるものであり、当初からその成立が危ぶまれていた。実際、「欧州憲法条約」は二〇〇四年六月の理事会で採択されたものの、翌〇五年五月と六月に行われたフランスとオランダの国民投票で否決され、憲法の批准プロセスは頓挫した。

われわれが第二期の問題設定にあたってとくにエリートに着目したのは以上のような理由によるものであり、エリートを賛美するためのものでないことは言うまでもない。それは、エリートがヨーロッパにおいて政治的あるいは社会経済的に果たしてきた複雑な機能とその実態を歴史的に検討しようとするものである。その際、われわれは、ヨーロッパの国家・社会は小規模で多様な社会的中間団体の存在をその構造的特質とするという理解に基づき、エリートを大小様々な社会集団の内部における最も活動的な社会層ないしは個人と捉えることから出発した。そのため、かならずしも国家を直接的な視野に置かず、あるエリート集団の形成過程やその性格に的を絞った研究も少なからず含むこととなった。本書の表題を『ヨーロッパ史のなかのエリート――生成・機能・限界――』とした所以である。至らぬ所はあるにせよ、東西ヨーロッパの社会集団やその指導層に古代から現代にわたって直接的あるいは間接的に光をあてることにより、ヨーロッパの国家と社会が歩んできた道筋をまた別の角度から浮かび上がらせることができたように思う。

幸いにも第二期のヨーロッパ文明史研究所の活動も総合研究機構の審査を経て、来る四月から第三期に入ることを許された。新所長の森原隆教授の下で新たな観点をも採り入れながら、次期においてもエリート研究を継続するが、より高次の研究成果が生まれることを確信している。

なお本書は「早稲田大学総合研究機構ヨーロッパ文明史研究所叢書2」と銘打った。太陽出版の籠宮良治社長が前回と同様に快く出版を引き受けてくださったこともあり、先の『ヨーロッパの分化と統合』を「叢書1」と位置づけて、文明史研究所が長期にわたり活発な活動を継続できるよう願ってのことである。また本書を野口洋二名誉教授と、本年度を以って早稲田大学を退職される小倉欣一教授に奉げる。野口先生は初代の総合研究機構長であり、文明史研究所の生みの親であった。小倉先生は育ての親である。曲がりなりにもわれわれの研究所が軌道に乗ったとすれば、それはひとえに企画力と行動力にあふれる両先生がわれわれを牽引してくださったからにほかならない。ここに記して両先生に謝意を表したい。出版にあたっては、早稲田大学総合研究機構から補助を受けたことを付記しておく。

二〇〇七年立春

井内　敏夫

目　次

第1章　民主政期アテナイの富裕者と政治

豊田　和二

民主政期のアテナイでは、市民は平等であるという原理の下に理論的には成人男子市民であれば誰でも政治に参加することが可能であった。そういう意味では、今日の「政治家」と呼ばれる人々は存在しなかった。しかしアテナイ民主政を実際に運営した、国家政策の提案や政敵に対する告発などに常時かかわったいわば「積極的政治参加者」が存在するのであり、他方では多くの「消極的政治参加者」がいた。本稿は、前者はいかなる社会層を代表し、実際は後者との関係においてどのような状況におかれていたかという問題に光をあて、前五世紀末から前四世紀におけるアテナイ「民主政」の実情を探ろうとするものである。

1　アテナイの政治家

「積極的政治参加者」達のなかでも、政治的見解を公表し、国家の政策決定に中心的役割を果たしたのは、レートール（rhētōr＝一般には弁論家の意であるが、民会での政治についての弁論者の意味が含まれている）[1]などと呼ばれた政治家たちである。彼らはどんな社会層に属していたのであろうか。デイヴィスは、アテナイ政治史には本質的に三つの段階があるとしている。第一段階では、特別の祭儀を代々管掌している貴族の名門達が祭儀を通じて政治を司ったのであり、第二段階では、貴族やその祭儀は影響力を失い、政治はその富を市民の感謝（charis）を得るために、そして市民の支持を得るために様々な方法で用いた富裕者の手中にあり、さらに第三段階では富の力は減少して、弁論や行政技量が評価されたとする。(2)

つまり、民主政成立の間もない頃にアテナイの政治を担っていたのは、キモンやペリクレスなどに代表される伝統的に由緒ある貴族の子孫たちであり、彼らは貴族の子孫であることから当然、富裕者でもあったと考えられる。そして次に、ペロポンネソス戦争期（前四三一―前四〇四）には、(3)クレオン（前四二二没）やランプ製造の経営者ヒュペルボロス（前四一一没）などを代表者とする新興の商工業従事者で、これによって財を成し、その経済力を背景に政治において権力を行使する新興富裕層が登場するようになる。さらに前四世紀に入ると、こうした富裕層に加えて弁論に秀でた人物が政治に加わるようになるのである。

とすると、前五～前四世紀においてアテナイで成立した民主政は、富裕者層がその政治的実権を握っていたことに加えて、弁論や行政能力を備えた人々が参画したという実情があり、それが生み出された社会的状況は何かという問題が生じてくる。以下、この主張がどれほど有効性をもっているのか、史料に即して検証していきたい。

古典期アテナイにおいては、政治とは市民が国家に自発的に貢献するものであり、したがって「政治家」とは今日考えるようにその活動によって俸給が与えられ、生活の糧が得られるような生業ではなかった。それゆえ、一市民が積極的に政治に参加しようとすれば、自らの生業を離れるだけの時間的余裕と経済的余裕が同時に必要となり、そうした面からも政治に関与するには富裕者であることが好都合であった。また古典期のアテナイでは、積極的政治参加を果たすには弁論の能力が不可欠であった。最高決議機関であった民会（ekklēsia）には、成年男子市民全員が出席でき、決議にさいして一票を投ずることができたのであるが、発言も可能であった。またアルコン以下の役職に籤《くじ》で選出された場合、高度な弁論の技術はさらに必要となる。もう一つの無視できない分野が民衆法廷（dikastērion）であった。アテナイ十部族より六百人ずつ希望者のなかから籤で選ばれた任期一年の審判員（dikastai）がいて、彼らの中から裁判の性格や規模によって一定数が選任されて審理するのであるが、法廷での審理は訴訟当事者である原告と被告とが審判員の面前でそれぞれの主張を述べ立てて弁論するのであり、弁論は当事者が自ら行うのを原則としていたので、ここでも弁論術は不可欠であった。[4] このほか民会や五百人評議会での弾劾裁判（eisangelia）があるが、ここでも弁論術が重要であったことは論を待たない。こうした弁論術の隆盛は、「演説の観客（theatai tōn logōn）や出来事を聴く者（akroatai tōn ergōn）になることに慣れて将来の取るべき行動を能弁の中に求め、既に起きた事については、目撃された実際の行動よりも巧みな非難の言葉を通じて噂を信じるのだ[5]」、という皮肉をこめたクレオンの嘆きの声にも反映されている。

それゆえ、積極的な政治参加に必要な弁論術をうるためには、生まれながらに弁論の能力がある者を除いて、高額の授業料を払って弁論術を修得しなければならなかった。プルタルコスの伝えるところでは、デモステネスがイソクラテスに弁論術を師事できなかった理由は、一〇ムナ（一〇〇〇ドラクマ）の高額な謝礼が払えなかったことにあるという。[6] さらに法律や法廷技術に通暁している専門家である弁論作家に、報酬を支払って代筆を依頼する慣わしもあった。[7] そうした弁論作家として特に有名なのはシュラクサイ出身のリュシアス（前四五〇頃―前三八〇頃）とコリントス出身のデイナルコス（前三六〇頃―前二九一頃）の二人で、両人はアテナイのメトイコイ（在留外人）として生活したので市民ではなく、民会に出席して政治に参加することはできなかったが、代筆した弁論によってアテナイの政治に間接的に影響を及ぼしたことになる。

2 財力と政治活動

アテナイで積極的な政治参加をすることは、政敵から告発されて敗訴した場合には、かなり重い罰金を課される危険性をはらんでいた。アテナイ政治は、政治に参加する市民の無責任な行動を厳しく摘発する仕組みになっており、特に公職者の監視ないし責任追及のための制度である公職者弾劾制度の下に置かれていた。公的に選任された役人はすべて就任する前に資格検査（dokimasia）を受け、また任期中には定期的な弾劾や各種公訴によって随時告訴にさらされる危険があり、任期満了に際しても任期中の公務の内容について審査を受けねばならなかった。さらに公職者のみならず、民会や評議会で動議を提出する政治家にも、国家の政治に重要な責任を負う者としてその追及をするための手段があった。また、評議会や民会で違法な提案を行う者に対しては、違法提案に対する公訴（graphē paranomōn）による訴追が行えた。(8)

特に、前五世紀末以降のアテナイ政治は、政治家による政策の提示とこれに対する政敵の告発によって進展していく傾向が強まった。(9) 自身が政敵を告発する公訴に際して、これを撤回した場合には一〇〇〇ドラクマの罰金が科され、さらにその種の裁判に訴える権利を失うという部分的市民権剝奪（atimia）を被った。または反対に、訴えた相手から妨訴抗告（paragraphē）等の告発を受けて自身が被告となり、裁判で陪審員の得票の五分の一以下しか得られないと、一〇〇〇ドラクマの罰金と部分的な市民権剝奪の罰を受けた。(10) こうした危険性を考えると、政治家はある程度の財力を保有していることがまず前提とされたのである。

前四世紀の弁論作家で政治家であったデモステネスの作品からは、政治に係わる人々が一般市民より裕福である一方で、逆に貧しい人々の政治参加には困難があったことが窺われる。たとえば、多少の誇張もまじえて、「今日、公事に携わる個々人はあれ程の有り余る富があるので、彼らのある者たちは多くの公共建造物より立派な個人の邸宅を建造しているのであり、また数人はこの法廷にいる諸君全員のものより多くの土地を買い集めたのである」と書かれている。[11] 他方で、「もし多数のやり方が諸法を通して悪事を犯した者たちに可能であるなら、窃盗の例がある。君が体が強くて自身に頼れるなら、つかまえよ、危険は一〇〇〇ドラクマだ。君が腕力がない方なら、アルコンたちのもとに連れていきなさい。そうすればあの人達が後のことはやってくれるでしょう。こうすることも懸念するなら告訴しなさい。君が自らをけなす程の貧乏であり、一〇〇〇ドラクマを手に入れることができないのなら、窃盗の廉で調停人（diaitētēs）に告訴しなさい。そうすれば、君が危険な目にあうことはないだろう」とも述べられている。[12] 後者の言からは、裁判で敗訴すると一〇〇〇ドラクマの罰金を科される危険性があるので、貧者はその財力のなさから公訴などの積極的政治参加を果たしづらい状態にあることがみてとれる。

ロウズは、富裕者層に属する政治家と比較すると、相続した財産や人脈を持たない人物が政治的経歴を持つのは困難であり、かなり高齢になってから政治的地位を得る事例が、デモステネス（前三八四―前三二二）の時期の政治家に特に確認できるとして、次のような比較例を挙げている。[13] 富裕者出身の例として、前四三〇年代生まれのアリストフォンは前四〇四／三年の行為によってateleia（公課免除）を得、また翌年のペリクレスの市民権法の再制定に尽力した。またアンドロティオンは前四一〇年頃に生まれたが、前三五〇年代半ばにはすでに三〇年かそれ以上の政治的経歴を有していた。[14][15] 前四〇二／一年生まれのフォキオンは、二六歳でありながら副官として指揮権を委ねられ、八三歳で没した時には四五回将軍に就任していた。[16] 前三九〇／八九年に生まれたヒュペレイデスは前三三〇／二九年に仲裁人になっているが、前三六二年にアリストフォンを政治告発した。[17] 前三八四年生まれのデモステネスは、前三五四年頃から政治活動をしていた。もっとも、富裕者であっても政治活動に入るのが遅い場合もある。前三九〇年頃に生まれたリュクルゴスにあっては、[18] その政治活動が聞かれるようになるのはようやく前三四三年であった。これに対し、富裕者層の出身でない者としては、前四〇〇年以後の生まれではないが、前三七〇／六九年に九人のアルコンの一人であったエウブロスは、[19] 前三五〇年代の半ばまで政治の分野では知られていない。前三九〇年代に生まれたアイスキネスは、同様に前三五〇年代頃に政治世界に入った。デマデスとその息子デマデスについては、成り上がり者の父親が前三九〇年頃の生まれで、アテナイがカルキスに前三四一／〇年に貸与した船の保証人の一人なので、その頃までには裕福になっていたはずであるが、前三三八年までその政治経歴について何も知られていない。前三五〇年代に生まれたと思われるその息子はすでに富裕者の家庭に育っており、民会の動議の提案者であり、ヒュペレイデスによって前三二一年以前に告訴されている。[20]

3　富裕者の公共奉仕と市民の「感謝」

古典期のアテナイはポリス市民の財産や所得に対する直接税が存在しない世界であり、市民たちにとっては、それが人頭税を課せられるメトイコイとの身分上の標識の一つだと考えられていた。これは逆に言えば、国家による市民への公共サービスが前提となっていなかったからである。ただ、その代わりに、財政上重きを成したのが戦時の臨時財産税（eisphora）、加えて三段橈船の艤装費用負担（triērarchia）をはじめとする一連の公共奉仕（leitourgia）である。何れも生活に余裕のある中層以上の人々に課せられたが、このうち公共奉仕は富裕者の負担にかかっていた。[21] ということは、逆に国家の軍事及び祭礼の公共奉仕を負担したという証拠があれば、その人物は富裕者であるという判定基準になるのである。[22]

前四一五年春にアルキビアデスが行った演説には興味深い主張がみえる。「アテナイ人諸君、私は他の誰よりも将軍職につく権利を持っている。……私がニキアスに論難された諸点こそまさしく、私が自分の祖先や自分自身に栄光をもたらし、祖国に貢献した点だからである。……オリュンピア祭における私の功績によって、アテナイの力を実際以上に彼ら（ヘラス人）は評価した。すなわち私は七台の戦車を出場させたが、今まで誰も個人としてこれほど沢山の戦車を出した者はなく、しかもこれらの戦車が一着、二着、四着を得たのだ。そのうえ他の面でも私はこの好成績にふさわしいように全てを整えた。このようなことにtimē（名誉）が集まるのは当然であり、この成果の背後にある力の存在を人々に感じさせずにはおかない。アテナイ市内にあっては合唱隊奉仕やその他の業績で私が名声をあげている（lamprynomai）ことは当然アテナイ市民の妬みを買っているが、一方居留外国人にはアテナイの勢力そのものを私がみせつけたことになる。……それゆえ私は市民個人のためばかりではなくアテナイのためにも自らを使っている」と。[23]オリュンピア祭礼のようなギリシアの国際的な体育競技会のなかで、戦車競走は御者が優勝者の栄誉を受けるのではなくて馬の所有者が優勝者となる、当時から金持ちの道楽として考えられていた競技である。また、馬を飼育するのは、富裕者の特権として考えられていたのである。こうして自らの富を誇示しつつ、オリュンピア祭での優勝という名誉が祖国の名誉となり、また公共奉仕等の負担で名声をあげているのだから、自分が将軍職に就くのは当然であるという主張である。

そのように、富裕者がこうした公共奉仕に応じた動機は名誉心（philotimia）であり、その目的は名声（lamprotēs）であり、その報酬は仲間の市民たちからの感謝（charis）という確固たる利益であって、それらは国家の役職就任への梃子として、また困った時の方策として利用されたといえようが、[24]そのような風潮は時代が下がるにしたがってより顕著になる傾向があった。例えば、前四二〇年頃のものとされるアンティフォンの弁論には次のような一節がある。「一方、私の方は、今までの行為から、策謀を巡らしたり、不相応なものを狙ったりする人物ではないと認識なさるべきである。それとは全く反対で、私は何度もたくさんの臨時財産税を支払い、多くの三段櫂船奉仕を務め、立派に合唱隊奉仕を務め、多くの者に友情融資をなし、多くの者のために多額の保証金を払ってやったのである。私は財産を裁判に訴えて獲得したのではなく、働いて得たのですし、よく犠牲を捧げ、法に反したこともありません。私はそうした人間なのですから、どうか私を忌まわしく恥ずべき者などと断罪されませんよう」[25]。これは実際の裁判ではなく被告弁論の手本として執筆されたものであるが、困った場合に公共奉仕を並べ立てて自己の名声・名誉を訴え、審判員である市民の感謝を喚起して、裁判を有利に進めようという手法が見て取れる。また、前四〇二／一年のものであるが、イソクラテスにも次のような弁論が出てくる。「カッリマコスについては、何度でも告発できる。……私自身については公共奉仕のすべてには言及しないにしても、諸君が感謝して当然である（dikaiōs echoite charin）だけでなく、今般の訴訟事件全般についても証拠として採用できるものがある」と述べて、アイゴスポタモイの海戦（前四〇五年）後も兄弟で三段櫂船奉仕に尽くしたこと、リュサンドロスの包囲網を突破して輸送船を拿捕して穀物を運んできた功績のために賞揚されたことを挙げ、「感謝（charis）を捧げるべきは、被害にあった者ではなく、諸君のために働いた者にであり、その貧窮を憐れむべきは、財産を失った者ではなく、諸君のために私財を費やした者にである」と結んでいる[26]。ここでは私財を費やして公共奉仕を負担した者が市民の感謝を受けるべきという構図が、よく現れている。

父親がシュラクサイ出身でアテナイではメトイコイとして生活した弁論作家リュシアスの法廷弁論では、そうした姿勢がかなり露骨になっている。「つまり、私は五回、三段櫂船艤装の費用を負担し、四度、海戦に参加し、戦時には多くの臨時財産税を負担し、市民たちの誰にも劣らないほどのその他の公共奉仕に尽力した。しかもポリスによって割り当てられた以上にこれを出費した目的とは、諸君の下でより高い評価を得て（beltiōn nomizoimēn）、私が何かの不運に見舞われた場合には、裁判をより良い状態で闘いたいと思うからである」と。[27] 前三四九／八年の出来事に関して、富裕者であり政治家であったメイディアスに対するデモステネスの告発も興味深い。メイディアスの公共奉仕が裁判にかけられ、デモステネスは自分の公共奉仕をこれと対比することによって対抗する。「この人物はかつて合唱隊に奉仕し（kechorēgēke）、私は縦笛奏者たちに奉仕した。この費用がかの人物の出費よりもずっと多かったことを知らない人はいないはずである。しかも私は志願して行っているのに対し、この人物は財産交換（antidosis＝国家から公共奉仕や臨時財産税を課せられた市民が自分よりも富裕な者を指示して、その人物がこの公課を引き受けるかあるいは自分の財産と交換するかを請求するもの）からしたのであって、誰も彼に当然のことながら何らの感謝も（charin oudemian）けっして持ち得ないのだ」と断じるのである。[28]

前三三〇年のものと考えられるが、法廷弁論作家にして政治家のリュクルゴス（前三九〇―前三二四）によるレオクラテス批判はさらに過激である。「(レオクラテスの支持者の）ある者たちはもはや諸君を議論で騙そうとするのではなく、すでに彼らが果たした公共奉仕を理由として告発された者たちの放免を願い出るのがふさわしいと考えているのである。これらの者たちを私はとりわけ不快に思う。というのも、自分たちの家のためにそれらを負担しているのに、諸君に公の感謝を（koinas charitas）要求しているのである。もしある者が馬の飼育をしたり、立派に合唱隊奉仕を果たしたり、そういった他のものに何かを出費したりしたとしても、諸君からそれほどの感謝（charitos）を受けるに値するものではなく、これらの事は彼だけの栄誉でありまったく他の人々に利益を得させるものではないのであって、そうであるのは、彼が三段櫂船奉仕を立派に果たしたり、祖国のために城壁を巡らしたりして、自分らの財産から公共の安全のために拠出した場合なのだから」[29]。この時期になると、上記のアルキビアデスの時代では公共奉仕等を理由として当然の如く官職を要求するのに対して、公共奉仕の中身次第ではその要求に異議を唱えるといった風潮の違いが鮮明になっている。だが市民の感謝（charis）に訴えるというやり方自体は、個人に関するアテナイの法廷弁論に一貫して登場する。上記レオクラテス批判にみられるような異論もでてくるにせよ、前四世紀の後期まで持続していることを考慮すれば、このやり方が基本的な常套手段というよりは、アテナイの社会的通念の重要な要素を具体化していると言えるのではなかろうか。

こうした状況の中で「感謝」（charis）は、官職への選出と政治的権勢の発揮という双方で影響力を及ぼすことになる。リュシアスの法廷弁論で、ある弁者はこう述べている。「そこで私の方に関してですが、父について申し上げます。あたかも罪を犯した者という告発がすでになされていますが、彼がポリスや友人達に出費をしたことを、私が申し上げることを皆さんお許しください。というのも、名誉心のためでは（philotimias heneka）なくこういうことをしている人物だという証拠があるのです。その同じ人は強制されなければ多大な出費をしませんでしたし、最大の危険を伴う公共に関する事を担いたいとは願いはしないのです。だが、そのためにだけではなく、官職就任（archein）のために諸君から倍の評価を認められることに意を注いで、前もって出費する人達がいるのです。さて私の父はというと、官職就任を一度も願ったことはなく、その一方で全ての合唱隊奉仕を務め、三段橈船奉仕を七回果たし、多額の臨時財産税を数多く支払ったのです」[30]。ここには、公共奉仕に尽力することで市民の感謝を得て、それを梃子にして官職就任を求めるという図式がよく見て取れる。

ではそうした公共奉仕にはどのくらいの費用がかかったのであろうか。限られた史料しか残されていないが、最も安いeutaxia（秩序税）は五〇または一〇〇ドラクマの出費であったと考えられるし、小パンアテナイア祭でのディテュラムボス歌の合唱隊への奉仕には三〇〇ドラクマを必要とした[31]。以下、大または小パンアテナイア祭のpyrrhichistai（武器を携えた戦いの踊り手たちへの奉仕）に七〇〇ないし八〇〇ドラクマ[32]、gymnasiarchia（駅伝走者チームの奉仕）に一二〇〇ドラクマ[33]、喜劇の合唱隊には一六〇〇ドラクマとなるが[34]、さらに各種の合唱隊の奉仕には三種類の金額、一五〇〇ドラクマ以上あるいは二〇〇〇ドラクマまたは五〇〇〇ドラクマを要した[35]。悲劇の合唱隊奉仕については三〇〇〇ドラクマという例が唯一伝えられている[36]。architheōria（祭儀の使節団の長を務めること）は三段櫂船奉仕とは出費額が異なり[37]、この奉仕とarrhēphoria（名家から選ばれた少女たち四人が、アテナ女神のために聖衣を織る作業を監督し、聖秘物運びの宗教行事を行うための奉仕）を合わせた金額は三〇ムナ（三〇〇〇ドラクマ）以上で、パンアテナイア祭の三段櫂船レースには一五〇〇ドラクマかかった[38]。さて一番の関心となる三段櫂船奉仕（triērarchia）に関しては、三回の三段櫂船奉仕に要した八〇ムナ（八〇〇〇ドラクマ）[39]という金額をはじめとして二〇ムナ（二〇〇〇ドラクマ）[40]、四八ムナ（四八〇〇ドラクマ）[41]、五一四二ドラクマ[42]といった様々な金額が伝承されており、さらに請負仕事に出された一タラントン（六〇〇〇ドラクマ）[43]という金額まである。

こうした数字のほとんどはリュシアスの法廷弁論から知られているものであり、自分の名声をあげるために金額を誇張している節がある点に注意しなければならない。また、公共奉仕は国家が行うべき仕事を市民個人に肩代わりさせる行為であるから、税金のように定まった金額が徴収されるのではなく、同じ三段櫂船奉仕でも担当した船の状況や負担者の熱意の度合いによって出費金額が変わってくると考えられる[44]。したがって、上記の公共奉仕の金額は一応の目安でしかないが、たとえ富裕者といえども一〇〇〇ドラクマを越える公共奉仕には、その年だけではないので、やはり苦痛を感じていたと思われる。

4　政治の「専門化」と一般市民

こうした「積極的な政治参加者」が有する経済的理由に加えて、前四世紀に入るとアテナイの政治には「専門性」への要望が高まりをみせる。特に軍事的分野ではその種の専門家が登場して活動するようになり、さらにはペロポンネソス戦争後では「アテナイ帝国」解体後のアテナイ経済の再建のために、財政に通じた政治家が大きな役割を果たすようになった。[45] たとえば軍事関連分野では、アテナイでの政治的事情で失脚したり軍事活動に失敗したりしてアテナイを離れた場合でも、他国に行って将軍として働くことができるような者が出てきた。最も著名な例は、イフィクラテス（卑しい身分の出）、ティモテオス、カブリアス、カレスであり、彼らはアテナイ人でありながら、それぞれがトラキアとシリア、ペルシア、エジプト、そしてペルシア（反ペルシア反乱に参加）で傭兵隊長として戦ったのである。また、カリデモスの場合のように、エウボイア島のオレオスの出身であるにもかかわらず、将軍に選出されるためにアテナイ市民権を与えられるといった情況を生むにまで至っている。

弁論術に関してもすべての人に浸透しているような一般的能力ではなく、民会での発言や民衆法廷での告発の効果を高めるために弁論能力を磨き、専門性を必要とする修辞学の訓練を受けなければならなくなった。特に政治的弁論の訓練はいわゆるソフィストたちによって与えられたが、そうした高望みをしない者には専門的な法廷弁論作家の存在があった。彼らは裁判を説明し、稽古して裁判で暗誦できる弁論を代筆したので、前四世紀には弁論作家（logographoi）[46] と呼ばれた。法廷弁論作家は顧客の法廷での弁論を準備したのだが、当然見返りとしての報酬が期待されていた。そこに、上記のようにメトイコイながらリュシアスやデイナルコスらが活躍できる素地があったのである。だが法廷弁論作家の職業としての評価は低く、デモステネスやヒュペレイデスのようなアテナイの政治家たちは、法廷弁論作家としてその経歴を開始したが、できる限り早くその仕事をやめようとする傾向があった(47)。

この頃には政治家が弁論術に長じた専門家であり、一般市民とは異なる存在になっていたことは、デモステネスの次の一文からも明らかである。「もし諸君が〔アンドロティオンを〕無罪とするのなら、評議会は語る人達のものに（epi tois legousi）なるだろうし、諸君が有罪とするなら、一般人（idiōtai）〔議員〕のものとなるだろう。それ故、大多数の人々がlegontes（語る人達）の不正によって評議会が失った栄誉を見て、彼らがそういった行為を済んでしまったものとするのではなく、最上のものを手に入れたいと望む。もしそういった事が普通となり、徒党を組んだ政治家たち（rhētores）を諸君が取り除くなら、アテナイ人諸君よ、すべてがふさわしいものになるのをみるだろう(48)」。ここでの言葉から、アテナイの評議会の特殊性とともに、政治家たちがhoi legontes（語る者達）と称されていたことがわかる。また弁論術に長けていた専門家の政治家に対して、民衆法廷の審判員に籤で選ばれたidiōtai（私人、素人）は対照的な異なる存在として認識されていたのである。例えば、デモステネスの別の箇所では、一般市民と弁論術に長けた人々とを対照させている場面がある。「というのも私が思うに、彼（ソロン）はこのポリスにおいて、誰もが同じように口達者であったり、あるいは熟達し肝の据わっている人達であったり、あるいは普通人（metrioi）であったりすることは、ありえないことがわかっていたのだ。だから、もし普通人（metrioi）には裁きで不正を正すことで満足するようにと彼が立法しようとしたとすれば、多くの悪者達が無罪放免になるようにと導いてしまっただろうし、他方で肝が据わり能力がある人達には語ること（legein）でよいとするならば、同様なやり方〔語ること〕では一般人（hoi idiōtai）は裁きで不正を正すことはできないだろう(49)」。こうして、弁論術の修得には、天賦の才能がある者や親から子に教えられるなどの特殊な例外を除いて、相当程度の訓練と出費を必要とし、そうした教育や訓練の機会は広く一般市民に開かれていたとは言いがたいのである。

さらに国防、財政に関する知識や情報も、一般市民が容易に接することができるものではなかったと考えられる。クセノフォン（前四三〇頃―前三五四頃）の作品には、二〇歳にもならぬ若者グラウコンがそういった専門的知識のない存在の典型として登場する。政治的知識に欠けているにもかかわらず政治家になろうとしてはやるグラウコンに対して、ソクラテスは問答によってその専門的知識の貧弱さを露呈させる。ここでソクラテスは、ポリス財政の歳入と歳出及び増収のための施策、ポリスの陸・海軍の兵力と敵方の戦力、守備隊の配置と配分、銀山、穀物産出高の知識がグラウコンに欠落していることを確認すると、「私が思うに、あらゆる仕事において名声が高く尊敬されている人々は、最も精通している人々から出ているのであり、評判が悪く軽蔑されている人々は、最も無知な人々から出ていることを君は発見するであろう。そこでもし君がポリスにおいて名声を博し尊敬されたいと欲するなら、実行したい事柄の知識をでき得る限り努力して手に入れるように努めなさい」と諭すのである。[50]

加えて海外事情や国際情勢などの情報や知識も、同様に一般市民には容易には知り得ない代物であった。古代ギリシアでは、ポリスの枠を超えた個人的ネットワークとしてのクセニア（賓客関係、別の共同体からやってきた人物に歓待と援助を与え、また本人がそこへ出かけてその返報を受け取ることができる家同士の関係）という有力家系間の私的な紐帯が重要な地位を占めていたが、同様にプロクセニア（特定の外国からやってきた人物のすべての面倒をみ、自国内においてその外国人の利害を代表する者の関係）の役を果たすプロクセノスも、一般市民からではなくむしろ指導的人物や伝統的な名門に属する者が選出される傾向にあったことは想像に難くない。[51] そのクセニアやプロクセニアの関係を通して他国からやってきた人物から得られる情報や知識も、またその国際的な人的ネットワークも、伝統的な家柄や富裕者という少数の有力者の手中に握られていたことになる。

また、アテナイの評議会（boulē）を研究したロウズによれば、評議会には特定の議題を秘密事項として選択する権限があり、この場合には一般公開されなかった。[52] 彼は前四二〇年代までにこの秘密事項化の権限が制度化されたとし、その事例として、前四一五年のシチリア遠征出発前の二回の会合、アンドキデスの評議会への提案、前四〇四年のテオクリトスによる秘密会合の要求、前三九六年までにデマイネトスという人物が評議会の秘密会合の支持を受けてペイライエウスからコノンの許に赴いたこと、前三五七年にマケドニアのフィリッポス二世がアムフィポリスを奪った後の秘密交渉と約束を話し合った会合、前三四〇／三九年にアイスキネスが主張したアムフィッサに対する神聖戦争についてデモステネス側が求めた秘密会合、ラミア戦争（前三二三―前三二二）勃発前にレオステネスが要求した資金及び武器獲得のための秘密会合などを挙げている。こうした状況を証言している一人はデモステネスである。彼は、先日開かれた評議会での話をその場に居合わせて聴いたと報告している。[53] ということは、評議会の会合の傍聴が通常においては一般市民に開かれていたことになる。ところが、同じデモステネスがフィリッポス二世への第二回使節として自らが帰還した折になした報告の際、「私が述べようとしていることに多くの人々が関心を抱いている。というのも、評議会場（bouleutērion）は一般人（idiōtai）で一杯であった」と述べているのに対して、アイスキネスは「彼（デモステネス）が評議会場に入って来て一般人達（idiōtai）が追い出され、法案提出者の経験のなさに乗じて民会への予備的決議（probouleuma）が持ち出される」[54] と証言しているのである。さらにこれらに加えうるのは、「五百人評議会は取るに足らない柵（kigklis）のおかげで秘密を支配していて、一般人（idiōtai）を入れないのであり」、さらにアレイオス・パゴス会議も他の官職でも部外者は追い出されるのである、という記述である。[55] このように、民会における議論や報告は一般市民にも重要な情報源となることができたが、評議会の場合は特定の情報に限っては一般市民は排除され、非公開であったのである。

かくして政治に関する専門的な情報や知識は特定の人々、つまり政治家に偏在していたことになり、そうした知識や情報に通暁した政治家と一般市民との間には大きな格差が生まれて政治を専門的なものとしていたのである。

5 中下層の政治家

以上のように、「積極的政治参加者」であり政策決定において重要な役割を担ったのは、前五世紀末から前四世紀のアテナイでは、上層市民、つまりは富裕市民であった。しかしながら、この時期のアテナイ政治において政治家として活動したのは、富裕者層に限られなかったこともまた事実である。中下層出の市民でも、またその出自が判明しない市民でも、政治家のように常に政治に参画していたわけではないが、積極的政治参加をしていた事例を数少ないながら指摘できる。[56] では、一体、彼らの場合はどのようにして経済面での格差を克服し、専門的な知識や情報を得ることができたのか、以下、その経緯と理由をいくつかの例から検討してみたい。

貧困状態から身を起こしたアルケデモス（Archedēmos）（前五世紀末〜前四世紀初）は、ペロポンネソス戦争末期には民衆派の領袖となり、戦時難民救済用の「二オボロス基金」を委託されていたが、その戦争の終了直前にあたるアルギヌサイの戦い（前四〇六）に勝利を収めて帰還した将軍達の一人であるエラシニデスを、公金横領の廉で告発した人物である。彼の運命が上昇するきっかけは、ソクラテスの友人であった富裕者クリトンに見出されて、告訴常習者（sykophantēs）達に悩まされていたクリトンを助け、逆にその告訴常習者の一人を告発して成功するに至ったことにあった。その間、クリトンは経済的な援助をはじめ様々な機会にアルケデモスを助けた。こうして、クリトンの友人達も彼の紹介でアルケデモスを使って告訴常習者を退けることに成功するようになっていくのである。クセノフォンはアルケデモスを「何につけても金儲けというのではなく、人の為になることを愛するという人物であった」と述べているが、実際はそうでなく、リュシアスによれば、アルキビアデスが子供の頃に公金を横領しており、小才のあるどこかずる賢い男で、手柄を立てることを望むタイプの人物であった。しかも、その出自も家系は外来、つまりはアテナイではなく、アリストファネスの揶揄の対象となっている(57)。

次に、エロアダイ区のアンティドリデスの子ステファノスの例に言及しよう。彼は大した財産もなく情婦ネアイラの美人局《つつもたせ》として生活していたが、雇われて公訴・弾劾を提起して幾分かの積極的政治活動をするようになった。その過程で、当時の有力政治家アフィドナ区のカッリストラトスとの関係ができてから政治家として認められるようになり、経済的にも不自由な状態から脱した。彼はカッリストラトスの政策に反対するクセノクレイデスを弾劾するなどし、前三四九／八年には観劇手当関連の動議を出したアポッロドロスに対する弾劾を提起したし、前三四七／六年にはミュティレネとの同盟に関する動議を提案、前三四六年には隣保同盟に派遣された使節の一員として名が残っている(58)。

デモステネスの好敵手として知られているアイスキネスの場合はこうである。デモステネスの言によれば、彼は幼年時代を赤貧のなかで過ごしたということになるがこれはいささか誇張に過ぎる。本人は、デモステネスによる自分の両親への侮辱的な言葉に対して淡々として父親が市民であることを述べ、公共奉仕を誇るような弁論もない。それどころか父親が「三十人僭主」の下で追放され、傭兵稼業に入ったことを自ら告白している。こうした情報を総合的に判断すると、彼の社会的経済的な位置づけは中下層市民の範疇に留まるものである。彼の経済的状況を好転させたのは、富裕者の娘との結婚が要因であるかもしれない。アイスキネスは役者や書記補佐役といった経歴を経た後、政治の世界に進出していく。この政界進出に当たって最も重要な契機となったのは、富裕者で政治家であったフォキオン、そして当時最も大きな影響力を誇った政治家エウブロスとの関係であった。アイスキネスの政治家としての最初の積極的政治参加は、前三四八年のエウブロス派の政策推進を狙った評議会及び民会における応援演説であり、以後も同派の政策を支持した。前三九四年に彼が任務不履行で告発を受けた際には、エウブロスからの訴訟協力を得るのに成功している[59]。

以上、積極的政治参加を実現した三名の中下層出の市民の形跡を追ってみた。いずれの場合も、富裕者あるいはすでに勢力を有していた有力政治家の援助を受けて、その初期の政治活動を上位者の意向に沿った形で始め、それから地歩を築いていった足跡が共通点として指摘できるだろう。

6　財産政治の系譜

アテナイでは、前五九四年のソロンの改革でいわゆる財産政治（timokratia）が実施され、市民はその財産の額に応じて種々の官職就任の資格が得られることになった[60]。こうして富を基盤とした富裕者が政治に優先的に参加するという制度が始まったのであるが、実態としての当時の富裕者とは大所領を有した旧貴族であったので、伝統的に由緒ある家柄に属する人々に政治の実権は握られていったのである。だが、ペロポンネソス戦争期にクレオンらに代表される、商工業によって財を形成した新興富裕者層が政治の中心を担うようになって状況は一変した。こうして、前五世紀末から前四世紀に入ると、積極的政治活動を行う政治家は、その社会的出身母体としてはほとんどが富裕者からなるという傾向を強めていくことになる。そして、経済的条件や専門的知識・情報の少数者への集中という現実的事実から、アテナイの政治の中核は富裕者という一部の有力市民によって担われるようになるのである。ただ、この時期のアテナイ自体は、伝統的な家柄による政治を脱して、民主政治を整えてより幅広い市民の政治参加を制度上は可能にしていたので、中下層市民でも弁論能力や財務能力に秀でた人物の「積極的政治参加」を必ずしも排除するものではなかった。前四世紀のアテナイにおいては、一度の民会で常時とまでは言えないが、出席者は民会出席手当のおかげもあって六〇〇〇人弱であったと推定されるので、積極的政治参加をしていた人々の数は数百人を超えた程度だとされる。こうした人々は、比較的上位に属する市民であったが[61]、それでも中下層の野心のある市民も含まれていたと考えるのが現実的であろう。

注

（1）政治的指導者を指す言葉は、前五世紀後期のアテナイで変化が起こり、以前のhēgemōn（指導者）や官職をそのまま表わすarchōn、stratēgosなどから、新たにdēmagōgos（民衆指導者）、prostatēs tou dēmou（民衆先導者）そしてrhētōrが登場した。とりわけ、rhētōrは前四二〇年代までに「政治家」を指す一般的な語となった。（W. R. Connor, *The New Politicians of fifth-century Athens*, Princeton 1971, 108-119.）フィンレイは、戸外の数千もの聴衆の間で得票を得るための議論が弁論術であるから、政治的指導者を「弁論家」と呼ぶのは、特定の政治的人物の個人的な技能のたんなる印としてではなく、同義語として、まったく正確な言葉であると評している。（M. I. Finley, *Democracy Ancient and Modern*, 2nd ed. London 1985, 56.）

（2）J. K. Davies, *Wealth and the Power of Wealth in Classical Athens*, Salem 1981, 88-131. Cf. C. Mossé, La classe politique à Athénes au IVème siècle, in: W. Eder（Hg）, *Die athenische Demokratie im 4. Jahrhudert V.chr.*,

Stuttgart 1995, 67-77.

（3）Cf. Aristoteles, *Atheniensium Respublica* 28.3-5. ここでは前五世紀末の、アテナイの政治指導者とその政治的手法が概述されている。ペリクレス死後ではニキアス、父親のクレアイネトス（Kleainetos）が革鞣業を経営していたために鞣屋と呼ばれたクレオン、彼らの後のハグノンの子テラメネスと二オボロスの手当を創始した竪琴作りのクレオフォンらの名が挙がっている。だがこうした新興商工業従事者も、すでに上層市民の家系に属するものであった。クレオンの父親クレアイネトスは公共奉仕層に属しており、またクレオフォンの父親クレイッピデス（Kleippidēs）は前四二八年の将軍であり（Thucydides, 3.3.2）、さらにヒュペルボロスも三段櫂船奉仕者であったと思われ、彼の父親の名Antiphanēsも知られている（C. Mossé, *op. cit.*, 68）。

（4）前四世紀に入ると、市民人口の減少のために審判員希望者は全て終身でその任に当たりうるようになった。（伊藤貞夫『古典期アテネの政治と社会』東京大学出版会、一九八二年、九三-九五頁）。また、Plato, *Gorgias*, 452 e14で、「言論によって（tois logois）説得すること（to peithein）であって、法廷で審判員達を、評議会で評議会議員達を、民会で出席者達を、そして政治的集会となっている限りのその他のあらゆる集会において〔説得すること〕である」とゴルギアスが述べていることからわかるように、弁論術とは単なる演説術ではなく、はじめから政治的目的を持った言論を操る術なのである。

（5）Thucydides, 3.38.4.（『トゥーキュディデース』小西晴雄訳、筑摩書房、一九七一年、一部変更）

（6）デモステネスは、rhētōrのカッリストラトスが法廷弁論で成功したことに感化されて弁論家になろうとした。だが、その際「彼はイサイオスを弁論の師とした。たとえ当時イソクラテスが教授していたとはいえ、ある人々の言うことによれば、定められた謝礼の一〇ムナを孤児のためにイソクラテスに払うことができなかったからともいう」（Plutarchus, *Dem.* 5.4）。

（7）伊藤前掲書、九九頁。

（8）橋場弦『アテナイ公職者弾劾制度の研究』東京大学出版会、一九九三年、二一-五頁。

（9）Cf. Finley, *op. cit.*, 38-75; J. T. Roberts, *Accountability in Athenian Government*, Madison 1982.

（10）Demosthenes, 21.47.「告訴を取りやめたり、告訴しても五分の一の得票を得られない場合には、一〇〇〇ドラクマの罰金を国庫に支払う」、53.1「一〇〇〇ドラクマを失う危険」。その解釈については、M. H. Hansen, *The Athenian Democracy in the Age of Demosthenes*, Oxford 1991, 192-193参照。また佐藤昇「アテナイのパトロネジと積極的政治参加」『西洋古典学研究』四九、二〇〇一年、九九頁も参照。

（11）Demosthenes, 23.208. またDemosthenes, 21.189でも、「だがしかし、rhētōrが私や諸君が見ているような発言をする人々の何人か（enious tōn legontōn）の一人であるとするならばだが、恥知らずの輩は諸君からのもので財を成しているのであり、私はこのような人物であるはずがない」と述べている。

（12）Demosthenes, 22.26-27.

（13）P. J. Rhodes, Political Activity in Classical Athens, *Journal of Hellenic Studies*, 106（1986）, 144.

（14）Demosthenes, 20.149. ペイライエウスにいた民主派に、立替金五タラントンをゲラルコスが支払うようにと提案したのがアリストフォン。

（15）Demosthenes, 22.66「君が政治に係わって（politeuei）三〇年以上」、24.173「ティモクラテスとアンドロティオンよ、君らの一方が政治に係わって（politeuetai）三〇年以上」。

（16）Plutarchus, *Phocion* 8.2.

（17）Hyperides, 4.28.

（18）Cf. J. K. Davies, *Athenian Propertied Families 600-300 B.C.*, Oxford 1971, 350-351.〔以下Davies, *A.P.F.*と略す〕

（19）*Supplementum Epigraphicum Graecum*, xix 133, 4. Dynnikētosが筆頭アルコンであった年に、五百人評議会で承認されてアルコンになった九人の内に、エウブロス（碑文表記ではEubolos）が含まれている。

（20）Davies, *A.P.F.*, 100-101.

（21）伊藤前掲書、一二一–一二二頁。

（22）Davies, *A.P.F.*, xx. こうした政治家としてアンドキデス、アンドロティオン、アポッロドロス、カッリストラトス、デマデス、デモステネス、ヘゲシッポス、ヒュペレイデス、リュクルゴス、メイディアス、ティモクラテスらが挙げられている。

(23) Thucydides, 6. 16.1-3.

(24) Davies, *A.P.F.*, xvii.

(25) Antiphon, *Tetr.* I b 12.（『アンティポン／アンドキデス　弁論集』高畠純夫訳、京都大学学術出版会、二〇〇二年）

(26) Isocrates, 18.58-62.

(27) Lysias, 25.12-13.

(28) Demosthenes, 21.169, 225, 154-157.

(29) Lycurgus, *Leocr.* 139.

(30) Lysias, 19.56-57.

(31) Lysias, 21.2.

(32) Lysias, 21.1, 4. 大パンアテナイア祭で八〇〇ドラクマ、小パンアテナイア祭で七ムナ＝七〇〇ドラクマ。

(33) Lysias, 21.3. プロメテウスを祝って行われる松明競争のチーム奉仕、十二ムナ。

(34) Lysias, 21.4. この喜劇での優勝とそれに続くskeuē（船の索具そのほかの艤装品）の奉納での十六ムナなので、少し水増しされている金額。

(35) Lysias, 21.4.「少年の合唱隊に十五ムナ」、21.1「男性合唱隊に二〇〇〇ドラクマ」。21.2 男性合唱隊に五〇〇〇ドラクマだが、三脚鼎の奉納費を含んでいるのでかなり高額になっている。

(36) Lysias, 21.1. この三〇〇〇ドラクマという数字は、高額過ぎるのではないかという疑問が残る。なぜならMeidiasの提供した悲劇合唱隊の費用はデモステネスが提供した男性縦笛隊の費用より明らかに安いという証言（Demosthenes, 21.156）と、前三九〇年代の後期にAristophanēsが自身のためと父のために負担した二つの合唱隊提供の費用の合計が五〇〇〇ドラクマ（Lysias, 19.42）という証言が残っているからである。これら二つの証言を信じるなら二五〇〇ドラクマ前後ということか。

（37）Aristoteles, *Ethica Nicomachea* 1122 a24.
（38）Lysias, 21.5.
（39）Lysias, 19.29「三年連続して三段橈船奉仕を負担」、42「八〇ムナを三段橈船奉仕に費やす」。
（40）Demosthenes, 21.80.
（41）Lysias, 32.24「四八ムナをAlexisとの共同三段橈船奉仕で払う（syntriērarchōn）」、27「共同三段橈船奉仕の一方が二四ムナ」。
（42）Lysias, 21.2. 七年間の三段橈船奉仕で六タラントン、つまり三万六〇〇〇ドラクマであり、一年あたり約五一四二ドラクマとなる。
（43）Demosthenes, 21.155.「一二〇〇人の奉仕市民団から一タラントンを取り立て、その一タラントンで三段橈船奉仕を請け負わせる」
（44）Isaios, 7.38.「〔三段橈船奉仕を〕二年間休むことなく連続して、なおざりに行う（aphosioumenos）のではなく、最もふさわしいものを調達した」とあるので、熱意によって出費額に幅ができたことが推定される。
（45）Hansen, *op. cit.*, 276-277. 佐藤昇前掲論文、九九–一〇〇頁。
（46）Aeschines, 1.94「彼のために弁護を準備しているあるlogographosは、私が自分自身に矛盾したことを語っている、というのは彼が自分ではできないと思われるので……と述べている」。Cf. Theophrastus, *Characteres* 17.8. tōi graphsanti ton logon.
（47）Demosthenes, 32.32「私（デモステネス）としては、公事（政治）について発言し始めて以来、私的な訴訟事件の弁論にはただの一度も出かけず、政治に関するそういった事柄から手を引いたのだ」。Isocrates, 15.36ff.
（48）Demosthenes, 22.37. またAeschines, 3.233「それから、そういった審判員は法廷から出て行くことで、自身を無力にし他方で政治家（rhētōr）に力を与えることになる。というのも私人（anēr idiōtēs）はポリスにおいて法で民主政体をとり、投票で王となる。他の人にそういったことを委ねる場合には、自身が自分の権力を滅ぼしているのだ」も参照。

(49) Demosthenes, 22.25.
(50) Xenophon, *Memorabilia* 3.6.2-17.
(51) G. Herman, *Ritualised Friendship and the Greek City*, Cambridge 1987, 130-142. クセニアの発展型がプロクセニアだと論じているが、この論はクセニアが異なった共同体のエリート層同士を結びつける関係という点から出発している。
(52) P. J. Rhodes, *The Athenian Boule*, Oxford 1972, 40-42.
(53) Demosthenes, 8.4.「最近の評議会である人が述べていることを聞いたが、劣らず驚かされた」
(54) Demosthenes, 19.17; Aeschines, 3.125.
(55) Demosthenes, 25.i.23.
(56) 佐藤昇前掲論文、一〇一–一〇五頁参照。
(57) Xenophon, *Historia Graeca* 1.7.2.（民衆派の領主、エラシニデスの告発）。Xenophon, *Memorabilia* 2.9.4-8.「アルケデモスという大いに弁舌と実行の才のある貧しい男を見つけ出すが、その男は……告訴常習者（sykophantai）から絞り上げることは容易だと言っていたからである」ということからソクラテス・グループとの付き合いが始まるのである。Lysias, 14.25; Aristophanes, *Ranae* 416-421.
(58)［Demosthenes］, 59.39-43. ステファノスの出自とネアイラの話及びカッリストラトスとの関係。［Demosthenes］, 59.27. クセノクレイデス弾劾。［Demosthenes］, 59.3-8. アポッロドロス弾劾。Aeschines, 2.140. 隣保同盟への派遣使節。
(59) Demosthenes, 18.129-30, 258-60; 19.249, 281; Aeschines, 2.78, 147-8. アイスキネスの両親と彼の出自及び幼年期について。Demosthenes, 18. 261-2; 19.237, 246, 337. 初期の経歴について。Demosthenes, 18. 162. エウブロスへの追従。Demosthenes, 19. 10-12, 291, 302-6. 初期の積極的政治参加。Aeschines, 2. 170, 184. フォキオンとエウブロスの訴訟協力。cf. E. M. Harris, *Aeschines and Athenian Politics*, Oxford/New York 1995.
(60) Aristoteles, *Atheniensium Respublica* 7.3-4. ここで考えられている財産評価とは、五〇〇メディムノスといった言葉からわかるように、農業生産力による評価であることを認識しておく必要がある。

(61) M. H. Hansen, *The Athenian Ecclesia: A Collection of Articles 1976-83*, Copenhagen 1983, 1-23. 橋場弦『丘のうえの民主政』東京大学出版会、一九九七年、一〇一―一〇二頁も参照。J. Ober, *Mass and Elite in Democratic Athens*, Princeton 1989, 117.

第2章 テキストとしての『ゲルマニア』
――農地制度・政治組織・従士制――

千脇　修

1　方法的前提

本稿は、『ゲルマニア』第二六章の解釈を出発点に、著者タキトゥスが思い描いていたであろう古ゲルマン社会像の再構成を試みるものである。その際、以下に提示される像が現実の古ゲルマン社会をどの程度反映したものなのかに関しては、さしあたり考慮外に置かれる（それは考古学の問題である）。そうではなく、複数の情報源――たとえば国境警備にあたっていた軍人――からの間接的伝聞――それは自慢や誇張を多分に含んだ、文字通り玉石混淆のものであったに違いない――に基づいて執筆したであろう同書を、著者タキトゥスによる意識的構築物と見なし、テキストの内的整合性を仮構した上で、その統一的意味の確定を図るというものである。したがって本稿に関する限り、カエサル等、同時代の記述史料はもちろん、考古学的発掘の成果をも論拠として使用することはない。こうした素材は、タキトゥスのテキスト自体の内在的吟味という作業を各研究者がまがりなりにも終えた後に初めて、しかも総体としてのテキストが指し示す意味それ自体を照らし合わせの中心として設定した後に初めて、比較の場にもたらされるべきものと考えるからである。加えて本稿は『ゲルマニア』研究の現状を概観するものではなく、あくまでも筆者自身の「読み」の提

示であるため、学説史的検討も必要最小限にとどめられている。(1)

2　農地制度

『ゲルマニア』第二六章の農業に関する記述は、同書中最も有名であり、また最も激しい論議の対象となってきた箇所である。以下、その全文を訳出してみよう。(2)

《元手を動かし利子でふやすことは知られていない。それ故、禁止された場合より一層よく守られる。農地は耕作者の数に比例し全員により交替で占有され、次いでそれが互いの間で地位に従い配分される。配分の容易さは原野の広さが保証している。彼らは耕地を年ごとに変えるが、それでも農地はなお余る。というのも、彼らは果樹を栽培したり、牧草地を区切ったり、菜園を潅漑したりするために、労力を使って土地の多産さと大きさに立ち向かうことがないからである。大地にはただ穀物のみが求められる。そのため彼らは一年そのものを我々と同じ数の季節に区分しない。冬と春と夏の概念と名称を持ってはいるが、秋の名もその恵みも知られていない。》

以上を読んでまず気づくことは、冒頭の二文がいかにも唐突かつ場違いに見えることである。しかしながらだからといって、これらが先立つ章の内容を受けたものとは考えられない。第二五章の奴隷に関する記述は章末で一通り完結しているからである。他方、この二文のみが（農業とは別に）貸し付けに関する独立した記述である可能性も低い。もしそうなら、第五章の金・銀・貨幣に関する記述に組み入れられたであろうからである。したがって、第二六章冒頭の二文は、それに続く農地制度の記述を導くための前提であると見なさざるを得ない。そこでもう一度よく考えてみよう。元手（faenus）を運用して利子（usura）でふやすということを知らないというのは、定期金（Rente）という観念がないということである。定期金という観念がないということは、土地を貸して地代を取るという発想がないということである。そして地代という発想がないということは、土地を資産とは見ていないということである。つまり彼ら古ゲルマン人にとって、土地は資産＝富ではないということである。このことは、第五章における《牛こそが、彼らの唯一のそして最も好ましい富である》との記述により裏づけられる。よってタキトゥスは、古ゲルマン人にとっての土地は（ローマ人とは異なり）富ではない、との指摘をもって農地制度の記述を始めていることになる。これは注目に値する論点である。(3)

そして、それに続く農地制度の記述において特徴的なことは、わずか十行程の文章のなかに「地面」を表わす単語が五種類も使用されていることである――原野（campus）、農地（ager）、耕地（arvum）、土地（solum）、大地（terra）。筆者の見るところ、タキトゥスはこれらの語を明確に使い分けており、したがって、それぞれに他とは異なる意味を付与している。それればかりか、第一六章には次のような興味深い記述が見られる。

《彼らは、泉、原野、森が気に入ったところに、別れ別れに散らばって住み着く。村を作る場合でも、彼らは我々のように建物を結びつけ密着させることはない。》

ここには古ゲルマン人たちの居住地選択条件が示されている。すなわち、彼らは泉と原野と森があるところに居を構えるとタキトゥスは言っているのである。したがって、村——集村ではなく散村——を作る際にも、この三つの条件が備わった土地が選ばれたに違いない。ということは、森、原野、そして泉を含む領域が当該村落のテリトリー（勢力範囲、なわばり）を構成していたことになる。よって原野とは、村のテリトリー内の森と泉（あるいは湿地）以外の領域を指していると解釈される。

ここまで押さえた上で、第二六章に戻ろう。《農地は耕作者の数に比例し全員により交替で占有され、次いでそれが互いの間で地位に従い配分される》との文中の「農地が占有（occupare）される」とは、具体的には村のテリトリー内の原野の農地化、すなわち開墾作業を意味すると解する。《次いで（mox）》との語から、「占有」が状態を示しているのではなく、動作を示しているのは明らかだからである。すなわち、農地として占有されている状態ではなく、農地として占有する作業、つまりは農地化としての開墾を意味していると見なされるのである。その際、開墾面積は《耕作者の数に比例する》のだが、この耕作者が具体的に一体誰を指すのかが次に問題となる。結論からいえば、村落内の各世帯が所有する奴隷（servus 隷属民）である。第二五章には次のように書かれている。

《奴隷はそれぞれ自分の住居を持ち、家庭を営む。主人は一定量の穀物、あるいは小家畜、あるいは衣服を、小作人に対するかのように彼らに課す。》

奴隷が耕す土地は主人の土地であった。自分の土地なら、彼らは奴隷ではなく共同体の成員だからである。その同じ土地を、主人が自ら額に汗して開墾した上で「奴隷」に与えていたとは考えづらい。というのも《彼らに対して土地を耕せとか、年々の収穫に期待をかけよと説得するほうが、敵に戦いを挑め、傷を負えと説得するより難しい。いやそればかりか、血で獲得し得るものを汗で手に入れるのは怠惰であり拙劣とすら見なされている》(第一四章)からであり、《最も勇敢で最も戦争を好む者たちはみな何もせず、家や家庭や農地の世話を女や老人といった家族中の最も弱い者たちにまかせ、自分たちはのらくら暮らしている》(第一五章)からである。実際、普通のゲルマン人男性がもしも人から「耕作者」呼ばわりされたとしたら、その者はおそらく怒りで身を震わせたことであろう。(4) 他方、女性や老人が開墾の主体であったと考えるのは常識的にいってかなり無理がある。よって、開墾作業を現実に行なったのは各世帯所有の奴隷以外ではあり得ないとの結論が、比較的容易に導き出されるのである。もっとも、これはあくまでも実際の作業主体ということであって、権利上の占有主体はもちろん共同体成員としての各家長である。各家長が自らの義務と責任において、支配下の奴隷に作業を命じるのである。このことは《全員により交替で(ab universis in vices)》との語句に示されている。すなわち、「耕作者全員により」ということではなく、「村落の正式な構成員であるすべての家長(の責任)により」、しかも「全世帯総出ではなく、各家がローテーションを組み、一日あるいは数日交替で」それぞれの奴隷に開墾を行なわせる、との意である。

《次いで》、農地は《地位に従い(secundum dignationem)》各家に配分されるのだが、ここにいう「地位に従う」とは「村落内の序列順で」の意に解する。すなわち、村落は明確な序列に基づいて秩序づけられており、その序列に従い、有利で好都合な農地——たとえば日当たりや水はけが良く、家からの距離が近い農地——を順次各家に配分していく、との意である。その際、配分地の面積は各家が提供した《耕作者の数に比例》する。そして、村落内の序列が高ければ高いほど所有する奴隷の数もふえたはずであるから(理由は後述する)、結果として農地の配分面積も村落内の序列順になった——すなわち、経済的序列が政治的序列に対応した——はずである。にもかかわらず、《配分の容易さを原野の広さが保証している》とすれば、それは村落内の労働力による農地化可能な面積よりも村のテリトリー内の原野の方が圧倒的に広大であったため、狭小な農地を取り合う事態をあらかじめ回避し得たからであり、しかも各家所有の耕作者＝奴隷の数に比例して農地が配分されたため、奴隷一人当たりの農地面積は世帯ごとにほぼ均等だったはずだからである（たとえ、より多くの農地が配分されたとしても、耕作者が足りなければ放置する他あるまい）。

次に《彼らは耕地を年ごとに変えるが、それでも農地はなお余る》とタキトゥスが語る場合、彼は〈耕地〉という語で〈農地〉内の穀物が栽培されている区画を意味していると解する。つまり、農地の一部にしか穀物を作付けせず、しかも作付け場所を毎年変えている（いわゆる穀草農法）の意である。《というのも、彼らは果樹を栽培したり、牧草地を区切ったり、菜園を潅漑したりするために、労力を使って土地の多産さと大きさに立ち向かうことがないからである。大地にはただ穀物のみが求められる》。ローマ人タキトゥスからすれば、或る一定の土地が与えられた場合、それをたとえば穀物畑・果樹園・牧草地・菜園に四分割して、効率的かつ集約的な経営を行なうことが自明視されていたのではなかろうか。ところが彼らゲルマン人はその種のことを一切しない。つまり彼らは農業の集約化（＝多産さ）、効率化（＝大きさ）のために努力する（＝労力を使って立ち向かう）ということがないのである。実際にどうだったかはわからないが、少なくともタキトゥスはそう考えていたのである。そしてこのことは先に行なった第二六章冒頭部分の解釈——すなわち、古ゲルマン人にとって土地は資産ではなく、したがって地代を生まない（ゆえに効率性を追求する理由もない）——とも見事に照応する。おそらくは作付け場所を何回か変えた後、配分された農地は放棄され、新たに原野の占有＝農地化が村落全体でなされたのであろう（したがって占有は数年サイクルでなされていたことになる）。いずれにせよ、古ゲルマン人にとって穀物栽培はそれほど大きな比重を占めるものではなく、それよりも（タキトゥス自身が指摘するように）牛の飼育のほうがよほど彼らにとっては重要であったに違いない。そして、農地内の穀物作付け地以外の区画が牛の飼育のために使われていたであろうことは、まず間違いのないところである（ただし、柵で区切るようなことはしなかったろうが）。

以上から、タキトゥスの描くゲルマン人村落には厳然とした社会的序列が存在し、それに基づいて村のテリトリー内の農地が配分されていたことがわかる。したがって、たとえ彼らが隷属民（限りなく隷農に近い奴隷）を所有し、穀物や家畜を課していたとしても、それでも彼らは（主人ではあるが）領主ではない。彼らの土地は領地ではなく、序列に基づく配分地だからである。逆にいえば、彼らの社会的・経済的な力と影響力は（一見してそう見えるように）占有する土地の広さと支配する隷属民の数にではなく、何よりもまず村落内において彼らが占める序列の高さに依存していたことになる。ではこの序列とは一体いかなる性格のものであり、どのようにして決定されるのか。続く諸節のなかで検討していこう。

3　政治組織

タキトゥスは『ゲルマニア』第一二章の部族集会（concilium）に関する記述を、次の文章により、しめくくっている。

《同じ集会において、指導者たち——彼らは郷や村で判決を下す——が選出される。各人には平民から百人ずつの従者が、助言者であると同時に権限被委任者として付き従う。》

ここに現われた行政区分間の関係を筆者は、複数の村（vicus）により郷（pagus）が形成され、複数の郷の集合体として部族（civitas）が成立すると考える。そして指導者（princeps）とは、文字通り〈序列第一位の者〉の意であり、原則として各郷に一人ずついたと考える。そして彼らの百人の従者（comes）は、郷集会において指導者を補佐する者（consilium）であるとともに、指導者の居住村落以外の村において日常的に指導者の代わりを務める者（auctoritas）――ということは、各村落の序列上位者＝顔役的存在――であると解する。その論拠は、第二二章の次の一節である。

《彼らはたいてい昼まで睡眠をのばすが、それから目覚めるとただちに、多くの場合お湯で顔を洗う。彼らのところでは冬が一年の大部分を占めているからである。洗ってから食事をとる。……それから彼らは務め――それは少なからぬ場合しばしば宴会でもあるのだが――へと武装して赴く。昼も夜も立て続けに酒を飲んでも誰もそれをとがめない。……しかしながら、彼らが仇敵同士を和解させ、姻戚関係を結び、指導者を是認することについて、のみならず平和や戦争について相談するのも、多くはこの宴会においてである。……次の日に同じ問題が改めて討議される。そして、二度にわたる討議の両方に十分な顧慮が払われる。彼らは誤魔化すことの出来ないときに話し合い、誤る可能性のなくなったときに決定する。》

前述の部族集会（concilium）において選出（eligere）された指導者は、この宴会（convivium）でもある務め（negotium）で是認（adsciscere）される。[5] したがってこの〈務め＝宴会〉は、部族集会の下部組織としての郷集会であると考えられる。というのも、参加者たちは二日間をかけ泊まりがけで、しかも武装（＝正装）してこの集会に赴いている。よって、これを村の寄り合い、あるいは飲み会といった性格の会合とみなすことは出来ず、郷単位の（和戦の決定を下し得るほどの）正式な会合であったと考えないわけにはいかないからである。[6] また、仇敵同士の和解がなされているということは、この会合が裁判集会としての性格を合わせ持っていたことを示しており、助言者である百人の従者が司宰者たる郷の指導者を——和解のための償いとしての家畜数の決定等に関して[7]——補佐していたと考えられる。

ところで『ゲルマニア』には、もう一箇所「百人」という数が現われる。第六章における次の記述である。

《総体的に評価するならば、主力は歩兵にある。戦いは騎兵と混ざって行なわれ、歩兵は騎兵の戦闘に合わせ機敏に行動する。彼らはすべての若者から選ばれ、戦列の前に配置される。この数は一定で、各郷より百人ずつであり、この「百」という言葉が彼ら同士の呼び名となっている。こうして最初は数であったものが、今や呼称となり名誉となっている。》

ここにいう《若者（juventus）》とは、〈青年〉の意ではなく、〈子供でも老人でもない者〉すなわち戦闘参加資格を持つ〈成年〉の意だと思われる。[8] 青年と壮年が別の言葉——《若輩者（adulescentulus）》と《より頑強でずっと以前に成年式を終えた者（robustior ac iam pridem probatus）》——で区別されているからである（第一三章）。また《戦列の前（ante aciem）》との表現は、〈戦列の前方〉ではなく〈先頭集団〉の意だと思われる。第七章には《将軍は命令権によるよりはむしろ模範的行為により、もしも勇猛果敢で、もしも異彩を放ち、もしも戦列の前で戦うなら、それに対する賛嘆の念により、部下を統率する》との表現が見られるが、ここでの〈戦列の前〉とは明らかに「先頭に立つ」の意だからである。加えて《戦列は楔形に作られる》（第六章）のであるから、引用文中の〈百人〉は先の尖った戦闘隊形の先端部分に位置し、将軍はまさにこの《選ばれた（delectus）》部隊を自ら率いて戦うとともに、彼らによって守られてもいたのである。これはまさしく〈従士制（Gefolgschaft）〉と言い得るものである。では、〈百人〉とはいわゆる従士（comes, comitatus 従者・随行者）なのか。これが次節の検討課題である。

4　従士制

『ゲルマニア』のなかでも種々の意味で特に著名な従士制の記述（第一四章）は以下の通りである。

《いざ戦列につけば、勇気において引けを取るのは指導者の恥であり、指導者の勇気に比肩出来ないのは従者の恥である。ましてや指導者の戦死後、戦列から退いて生き延びたとなれば、全生涯にわたる不名誉であり恥辱である。指導者をかばい、守ること、そして自分の勇敢な行為を指導者の栄誉に帰すこと、これこそが誓うべき忠誠である。指導者は勝利のために、従者は指導者のために戦う。》

ここで言及されている指導者は、前節で引用した『ゲルマニア』第七章における将軍と如何なる関係にあるのだろうか。そこでもう一度、第七章の当該箇所を挙げてみよう。

《彼らは王を高貴さにより、将軍を勇敢さにより選ぶ。だが、王に無制限で自由な権力があるわけではないし、将軍は命令権によるよりはむしろ模範的行為により、もしも勇猛果敢で、もしも異彩を放ち、もしも戦列の前で戦うなら、それに対する賛嘆の念により、部下を統率する。》

この一節において、将軍（dux）は王（rex）と対比されている。そして王がいる限りにおいては、王こそがプリンケプス、すなわち序列第一位の者（princeps 指導者）であり他の者にこの名称を使うわけにはいかない（とタキトゥスは考えていた）というのが筆者の解釈である。ただしタキトゥスは、王政をゲルマン人の自由とは相容れない、（タキトゥス自身の考える標準的ゲルマン社会像からは明らかにずれているという意味において）変則的な体制と見ており[9]、本来は《部族の指導者（princeps civitatis）》（第一〇章）がその位置を占めるべきものと見なしていたと思われる。そして部族の指導者の下にあるのは明らかに限定語抜きのただの指導者であり、彼らが王との対比の上では将軍と呼ばれるのである[10]。したがって本節冒頭の『ゲルマニア』第一四章における従士団とは、詰まる所、前節で引用した『ゲルマニア』第六・七章における将軍に率いられた〈百人〉のことであると結論づけられる。さらに言えば、将軍、すなわち限定語抜きの指導者は、〈部族の指導者〉との対比の上では〈郷の指導者〉の意であることになる。〈百人〉が郷を単位として選ばれ、指導者は彼らの先頭に立って戦っているからである。となれば、第一二章における指導者に付き従い彼を補佐・代理していた百人の従者と、この〈百人〉は、平時と戦時の違いこそあれ、全く同じ者たちにより構成されていた可能性が極めて高くなる。文武未だ未分化であった古ゲルマン社会において、文官としての助言者・権限被委任者と、武官としての〈百人〉が、制度的にも人的にも峻別されていたとしたら、そちらのほうがよほど不自然であろう。そして実を言えば、前節冒頭で「指導者（princeps）とは、文字通り〈序列第一位の者〉の意であり、原則として各郷に一人ずついたと考える」と筆者が述べたのは、まさにこのことを根拠としていたのである[11]。

5　序列の決定

これまでの考察から結論づけられることは、各郷の指導者（序列第一位者）が率いる従士団と、戦闘時に楔形隊形の先頭集団をなす〈百人〉、および郷・村で指導者を補佐・代理する百人の従者は、事実上、同一集団の複数の側面が状況に応じて異なる姿で現われ出たに過ぎないということである。それなら、従士団の数もまた百人だったのだろうか。答えは否である。『ゲルマニア』第一三章には次のような記述が見られる。

《従者それ自体のなかにも、彼らが従う指導者の判断により、序列がある。従者たちは、誰が指導者近くの第一の場所を占めるかで激しく競《せ》り合い、指導者たちは、誰が最も多く最も勇猛な従者を持つかを競《きそ》い合う。これが権威であり、これが力である。多くの選び抜かれた若者の集団に常に囲まれていることは、平時にあっては評判となり、戦時にあっては護衛となる。》

従士団は、その数が多ければ多いほど、指導者の権威を高めるものであった。したがって、必ずしも百人に限られる必要はなかった。とはいえ、個々の従士間には厳然たる上下関係＝序列（gradus）が存在してもいた。そして《多くの選び抜かれた若者の集団に常に囲まれている》との表現が、第三節において引用した《彼らはすべての若者から選ばれ、戦列の前に配置される。この数は一定で、各郷より百人ずつであり、この「百」という言葉が彼ら同士の呼び名となっている。こうして最初は数であったものが、今や呼称となり名誉となっている》（第六章）との表現と照応していることに留意してほしい。前述のように、ここにいう「若者」とは戦闘参加資格のある成年という意味である。したがって、戦列の先頭で郷の指導者と共に戦う者たちは、従士のなかでも特に序列の高い者たちであり、その数は百人――厳密に百人であったかどうかはわからないが、名誉ある地位を意味するものとしての「百人」――であったことになろう。さらにいえば、この〈百人〉の間でこそ、指導者の恩顧をめぐって最も熾烈な序列争い（aemulatio 競争・嫉妬）がなされていたのであり、具体的にはそれは戦場における自らの勇敢さを如何にアピールするかの争いであったはずである。いわば、戦列の先頭に近い場所で戦えば戦うほど、そして指導者の近くで勇敢に戦えば戦うほど、従士団内の序列が上がる仕組みになっていたのである。加えて、各郷の指導者が率いる戦闘集団としての〈百人〉と郷・村で指導者を補佐・代理する百人の従者が同一の集団であることは、先に述べた通りである。結果、戦列内の位置と郷・村落内の序列は互いにほぼ一致することとなる。つまり、戦列内のより前で戦う者ほど、郷・村落内での序列が上なのである。そして、もしも自分が〈百人〉中の一人ともなれば、それはすなわち村の顔役の一人になることを意味する。だとすれば戦士たちは、それこそ死に物狂いで突進していったに違いない。彼らにとって戦争とは、敵に対して一致団結して戦うべきものであるとともに、味方同士の熾烈な序列争いの場でもあったのである。しかも両者は何ら矛盾するものではなく、逆にここにこそローマ人たちが驚嘆したゲルマン人の強さの秘密があったのである。このことは、彼らの戦闘隊形が楔形であったことからも傍証される。ゲルマン人の場合、歩兵と騎兵が混在していたことからもうかがえるように、戦列とはいっても整然と隊列を組んでいたとは考えにくく、むしろ郷単位で戦士全員が一丸となって敵に向かっていったと思われる。その際、各人は、自らの勇敢さを仲間に見せつけるべく可能な限り先頭近くで戦おうとしたであろう。結果、戦闘集団は、おのずと先の尖った楔形になったのである。

なお以上の論定は、『ゲルマニア』第二〇章における《勇気を最も強く鼓舞するもの、それは、その時々の状況や偶然の寄せ集めではなく、家族と親族が戦闘集団あるいは楔形隊形を作っていることである》とのタキトゥスの主張と、いささかも矛盾するものではない。ゲルマン人の場合、《姉妹の息子は父から受けるのと同じ名誉ある待遇を、母方の叔父からも受ける》（第七章）ことからもわかるように、父系親族と母系親族がほぼ同じ比重（共系）であったと推定される。そうなれば、親族全体の範囲は父系のみ・母系のみの場合に比べて格段に広くなり、おそらくは或る一定地域内に居住する住民は、互いにどこかで何らかの血のつながりを確認あるいは想定し得たと考えるべきであろう。したがって、郷単位で編成された戦列は、他面において血縁的な結びつきに裏打ちされてもいたのである。もっとも、共系親族の場合、同族の範囲＝限界を厳密に確定することは実際上不可能と言え、結局のところ、血縁に加え、近隣に住み日常的交流を絶やさないこと（地縁）が親族としての強固な結びつきの最終的根拠となり得たのである。[12]

そして、これらすべてを考え合わせたとき、戦場における女性たちの特異な役回りも納得のいくものとなる。それは『ゲルマニア』第七・八章において次のように描かれている。

《戦場のすぐそばには最愛の者たちがいて、そこから女の金切り声が、そこから乳児の泣き声が聞こえてくる。この者たちこそが、男たち一人一人にとって最も神聖な証人であり、最大の称賛者なのである。男たちは、母のもとへ、妻のもとへと傷をもっていく。女たちはおびえることなく傷の数を数え、傷の深さを調べる。そして戦士たちに食物と激励を運ぶのである。

伝えられるところによると、既に浮き足だち崩れかかっていた戦列が、女たちが一心不乱に祈り続け、胸を突き出し、捕虜となる運命が目前に迫っていることを示したことにより、立て直されたことが幾度かあったとのことである。》

女たちは何の「証人」なのだろうか。何を「称賛」しているのだろうか。もちろん、男たちの勇気である。誰がより勇敢に敵に立ち向かい、誰がそうでないのかを女たちは間近で見ているのである。筆者の立場からすれば、男たちの戦列内における序列争いを見届けているのである。そしておそらく女たちからの称賛は、一種の世論として序列の決定に一定の影響を及ぼしたのではなかろうか。というのも《彼らは、女たちには神聖な何か、先を見通す何かが宿っていると考えており、彼女らの助言をはねつけたり、返答をなおざりにしたりすることはない》(第八章) からである。とはいえ、戦列が崩れ戦いに敗れれば、序列争いどころではなく、殺されるか捕虜 (=奴隷) となる運命が待っている。つまり戦場における女たちの振舞いは、敵に対しては運命共同体、味方に対しては序列争い、という古ゲルマン社会における戦争の二面性を如実に示しているのである。

6 序列の意味

では、戦列の先頭集団を形成する序列上位者たちには、どのような実利的メリットがあったのだろうか。まず第一に考えられるのは、戦利品、とりわけ捕虜=奴隷の分配において有利な扱いを受けたに違いないということである。したがって、戦場における序列が上がれば上がるほど、その者はより多くの奴隷の所有者となる。奴隷の数が多ければ《耕作者の数に比例》して配分される農地面積が広くなる。農地面積が広くなれば、より多くの穀物を収穫し、より多くの家畜を飼育することが出来、より大きな富を左右し得るようになる。より大きな富が動かせれば、周囲の人間により大きな影響力を行使出来る。より大きな影響力が行使出来れば、声望が高まり、村落、ひいては郷内の序列がさらに上がることとなろう。第二に、《共同体においては、各人が自発的にしかも個々に、指導者に対して牛や穀物の一部を贈ることが慣例となっており、これは名誉なものとして受け取られ、その上、必要な出費にも充てられる》（第一五章）のであるから、[13]大きな富を有する者は、指導者に対してより多くの贈り物をすることが出来、結果として指導者の覚えがよりめでたくなり、仲間を出し抜くチャンスが増えることとなろう。

だが逆に、戦場において勇敢さを示せなかった者の運命は、悲惨という他はない。『ゲルマニア』第六章の末尾において、タキトゥスは以下のように述べている。

《盾を放棄することは、とりわけ恥ずべき行為である。このような恥さらしには、聖なるものに与ることも、集会に赴くことも許されない。それ故、戦闘を生き延びても、この汚名を首吊り縄で終わらせた者も多い。》

聖儀に参与し得ず、集会に参加し得ないということは、部族共同体の一員ではないということである。換言すれば、盾を投げ捨て、逃げ出すような臆病者は、それだけで既に共同体成員権の剥奪に値したのである。成員権を剥奪されれば、村のテリトリー内の農地の配分を受けることが出来ず、生活の手段を失うこととなる。そうなれば彼に残された道は、別の土地で奴隷に身を落として生きていくか、自ら命を絶つかのいずれかしかない。つまり、〈勇気・恥辱〉といった『ゲルマニア』に頻出する単語は、決して単なる個人的・倫理的特性を表現しているのではなく、すぐれて政治的・社会的・経済的な重みを有する言葉なのである。戦場における勇気は、共同体内における地位と富をもたらす。したがって、本稿第一節冒頭で引用した、『ゲルマニア』第二六章の農地制度に関する記述中の一節――《互いの間で地位に従い配分される》――は、以上のような重い現実と特異な背景を冷徹に見通す能力を持った希有の歴史家タキトゥスにして初めて、その十全なる含意の下に書き記し得たといえるのである。

注

(1) 村上淳一『ゲルマン法史における自由と誠実』東京大学出版会、一九八〇年。マックス・ウェーバー『古ゲルマンの社会組織』創文社、一九六九年。H・ダンネンバウアー『古ゲルマンの社会状態』創文社、一九六九年。ハンス・K・シュルツェ『西欧中世史事典』ミネルヴァ書房、一九九七年。

(2) 使用テキストは、*Cornelii Taciti, De Origine et Situ Germanorum*, ed., by J. G. C. Anderson, Oxford 1938, repr. 1958. なお訳出にあたっては、タキトゥス(國原吉之助訳)『ゲルマニア・アグリコラ』ちくま学芸文庫、一九九六年を常に参照したが、筆者の責任において適宜訳し変えた。

(3) 小プリニウス、カニニウス宛書簡(Ⅶ-18)《あなたは、私たちの自治市コムムの市民たちに、毎年祭の饗宴費として寄付してきた金を、あなたの死後も、確実に寄付し続けるには、どのような方法があるかと、私に尋ねています。この相談は私にとって名誉ですが、返答は容易ではありません。当局に基金の管理を任すとしましょうか。それが浪費されないか、と心配せねばなりません。土地を提供したとしましょうか。公共の財産として疎かにされるかもしれません。おそらく、私自身が択んだ以上に有効な手段は見つかりません。その市で自由な身分に生まれた男女の養育費として、私が市に約束した五十万セステルティウスの寄付の代りに、その金額より遥かに高い土地を、私の不動産の中から当局の管財人に譲渡したのです。そのあとすぐ、同じ土地を私の名義で借り受け、賃借料として毎年三万セステルティウスを支払うことにしました。この方法で市当局の資本は安泰であり、収入も確実です。土地自体から借地代の負担を遥かに凌ぐ収入があるため、この土地を借りて耕作する人はいつでも見つかりましょう。世間で私が寄付したと思われているよりも遥かに高い金額の土地を譲渡したのも、止むを得ません。毎年の定まった借地代が、いくら優れた土地でもその市場価格を下げるからです。しかし、私欲よりも公益を重んじ、この世の利益より死後の不滅の利益を優先させ、自分の財産より自分の贈物のことを真剣に考えるべきです。》國原吉之助訳『プリニウス書簡集』講談社学術文庫、一九九九年、二七八―二七九頁。タキトゥスは小プリニウスの親しい友人であり、同書簡集にもタキトゥス宛書簡が数通収録されている。

(4) ちなみに、小作人（colonus）と耕作者（cultor）は、同語源（COL-, 耕すの意）である。

(5) 指導者の〈選出―是認〉とはいっても、その内実は既成事実の追認を幾許も出なかったものと思われる。というのも、武装した従者を率いて集会に臨んだであろう各指導者にとって、部族集会は他の指導者に対して自らの力と影響力を誇示する場でもあったはずだからである。したがって「選出」とは名ばかりで、実際には各指導者間の顔見せあるいは旧交をあたためる機会といった程度のものだったに違いない（いわんや投票による〈選挙〉など問題外である）。同様のことは郷集会における「是認」に対しても等しく当てはまる。各郷単位で指導者に率いられて部族集会に赴いておきながら、当の指導者を郷集会で改めて「是認」し直すというのはいかにも不自然である。郷集会に参加することがそのまま郷集会の司宰者である指導者の権威を認めることを意味する、あるいは部族集会における他の指導者との顔見せが何事もなく無事に終わったことを祝う、といった程度の意味であろう。

(6) 重要案件の討議を宴会のただ中で行なうという習慣が、ローマ人タキトゥスにとってはかなり奇異に思われたのではないか。

(7)《父親あるいは親族が抱える仇敵関係は、その友好関係と同じく、これを引き継がねばならない。とはいえ、和解しない状態が長く続くことはない。というのも、殺人ですら一定数の牛や小家畜で償われ、この賠償を満足すべきものとして被害者側の全一族が受け入れるからである。》（第二一章）

(8)《馬に乗るのは子供の遊びであり、これが若者の競争であり、老人になっても続けられる。》（第三二章　テンクテリ族）

(9)《解放奴隷が一般の奴隷に比べて、はるかに高い社会的地位にあることはない。まれに家庭内で幾分か重きをなすことはあっても、共同体内では決してない。ただし厳密にいえば、王政をとっている部族は例外である。というのも、そこでは解放奴隷が生来自由人の上や貴族の上にまで登りつめているからである。その他の部族において解

放奴隷が自由人と対等でないのは、自由の存在を証拠だてるものである。》（第二五章）

（10）おそらくは限定語抜きの指導者の中から最も有力で最も声望のある者が〈部族の指導者〉に選出された、あるいはより正確には、担ぎ上げられたのであろう。

（11）筆者はタキトゥスの描く古ゲルマン社会の基本的構成単位を〈郷〉であると見ており、部族間の戦争とはすなわち郷の奪い合いであると考えている。『ゲルマニア』に挙げられている部族の大半が数世紀後にはもはや同定不可能となっているのも、郷を単位とする部族の離合集散がそれだけ激しかったためと思われる。

（12）民族移動期に血縁関係の地縁的裏打ちが失われ親族の紐帯が弛緩すると、弱体化した親族の保護機能が軍事的有力者による人身的庇護で（代替ではなく）補完されるようになり、部族の在り方が決定的に変質する。部族の基本単位としての〈郷〉の重要性が薄れ、王の軍事的優越性を核とする〈軍隊王権〉としての「部族国家」が編制される。筆者自身は、この点こそに、ゲルマン社会における古代から中世への転換を見ている。

（13）ここでいう必要な出費（necessitas）とは、たとえば郷集会における〈宴会〉の費用などがそれに当たるものであろう。ポランニーいうところの〈再配分〉の一例である。よって、『ゲルマニア』第一四章における《まずいがたっぷりと量のある饗宴や馳走は、給料と見なされている。大盤振舞の材料は、戦争と略奪による》との表現は、その直前の箇所で語られているように、高貴な生まれの（若者ならぬ）若輩者――たとえば指導者の子弟――による名声獲得（＝戦場での活躍）を求めての略奪行という特殊な状況下での話であって、シュルツェのように、「平時においても主君の屋敷で生活をともにする確固とした戦士共同体が形成され……従士たちは食べ物や飲み物、馬や武器を支給してくれる主君の家で生活した」（前掲書二九頁）とは考えない。シュルツェは同書三〇頁において、「長期にわたって家来たちを統率するためには、それ相応の物質的な基盤が存在しなければならなかった。このためには、おそらく、土地と数名の奴隷が付属する領主館があれば、それだけで十分であったろう。大所領は必要ではなかった。というのは、タキトゥスは、従士団を扶養するための源泉は略奪品であったと明瞭に述べているからである」と書いているが、百人規模の戦士集団に日々欠かさず食物を提供するために、どれほどの肉や穀物を周辺地域――タキトゥスの描くゲルマン人は明らかに定住民である――から略奪してこなければならないかを考えれば、従士団に関するシュルツェ（のみならず従来のほとんどすべての研究者）の見解が、如何に現実離れしているかがわかる。たとえば肉に関してだけでも、月に数十頭、年間では数百頭もの家畜――とりわけ牛――を略奪してこなければならなくなる。これだけで既にあり得ない数字だとは思うが、仮に可能だったとしても、肉の冷凍保存など望むべくもなかった当時、従士の食事に供するまでの間、主君の屋敷で生きた略奪品の世話をし続けなければならなかったはずである。さもなくば、週に一回程度の頻度で食料調達のための略奪行を定期的かつ恒常的に、それこそ仕事として行なわねばならなかったろう。こうなるともはや略奪ではなく、徴収である。あるいはまた穀物にしても、百人規模の成人男性を一年間養うに足るだけの穀物を収穫するのに当時どれほどの耕地が必要であったかを考慮すれば、略奪される側の穀物生産力をずば抜けて高く設定せねばなるまい（自分たちの生活を維持しつつ、略奪者の収奪に耐え続けねばならないからである）。となると、略奪対象となっていたのは一体どこのどういう人々なのかという問題が当然生じてこよう。少なくとも、近隣の対立する他のゲルマン部族ではあり得ない。彼らにそこまでの穀物生産力があるとは思われないからである（というより、当時のゲルマン人たちにそれだけの生産能力があれば、そもそも略奪で生活する必要がない）。が、だからといって、収穫期に一年分の穀物を略奪すべく、わざわざ遠方にまで出向いたと考えるのは、さらに非現実的である。それほどの穀物を円滑かつ組織的に運ぶ手段が見当らないからである。結局、『ゲルマニア』第一四章の当該箇所を含む部分は、前後の（部族共同体に関する）一般的な記述の間に、血気盛んな青年たちの特異な習俗としての略奪行に関する記述が挿入されたと見るべきである。これは叙述における著者タキトゥスの視点の移動を示すものだが、この種の自由な視点の移動（あるいは移行）は『ゲルマニア』というテキストに特徴的なものとしてあり、まさにこれこそが、当該テキストの整合的解釈を極めて困難なものとしているのである。

第3章　カール大帝期の宮廷とエリート

五十嵐　修

1　宮廷研究の進展

カロリング期の宮廷に関する研究はすでに長い歴史をもっている。一九世紀以来、ドイツの国制史研究は主だったデータを収集し、彼らの描くフランク国制像の中に宮廷を組み込もうと試みている[1]。また、宮廷の所在地としての王宮研究は、考古学と文献史学の密接な協力のもと、新しい成果を着々と生み出してきた[2]。

だが、カロリング期の宮廷の基本研究は、何といっても、一九五〇年代以降のJ・フレッケンシュタインのそれである。一九五九年に、フレッケンシュタインはカロリング期を扱った『ドイツ国王の宮廷礼拝堂』の第一巻を公刊したが、この研究は、カール大帝期の宮廷に関する他の二編の論考とともに現在の研究の出発点になったといってよい[3]。この時代の宮廷において宮廷聖職者が果たしていた役割を具体的に明らかにした彼の功績は大きい。

だが、彼の研究により、宮廷において聖職者が示していた位置がやや過大に評価されるようになったことは否めない。聖職者はたしかにカロリング期の宮廷では非常に重要な役割を果たしていたが、彼らが宮廷の基本政策をすべて取り仕切っていたわけではない。このことは、ヒンクマールの小論『宮廷について』を読めば、すぐにわかる[4]。ヒンクマールは、王国の教会問題を扱う最高責任者としての宮廷礼拝堂司祭長と並んで、世俗の問題に関する最高責任者として、宮中伯（comes palatii）を挙げているのである。[5] ルイ敬虔帝期の宮廷に関するドゥプリューの研究も、このことを裏付ける。ドゥプリューは、ルイ敬虔帝時代の宮廷人脈の具体的な様相を明らかにしようと試みている。彼は、二八〇名にものぼる宮廷関係者をリストアップし、それぞれの人物について、可能な限り正確な情報を集めることに成功したが、そのリストには数多くの俗人が含まれている。[6] 同種の研究は、他の国王の宮廷に関しては試みられておらず、今後、新しい成果が期待される。

宮廷文化研究も、近年の研究動向として注目される。一九九八年に行われた研究集会の報告をまとめた『中世初期の宮廷文化』は、新しい研究の可能性を示唆する。[7] ドイツの社会学者エリアスに端を発する宮廷研究は、ようやく、中世初期にも広がったように思われる。[8] とくに、この論文集のなかのＪ・ネルソンの「カール大帝の宮廷は宮廷社会か？」とＭ・イネスの「〈規律の場所〉―カロリング期の宮廷と貴族の若者たち」は、こうした新しい研究の試みである。[9] 残念ながら、エリアスが主たる研究の対象としたルイ一四世の宮廷のような豊富な史料は、この時代には残されていない。しかし、ネルソンやイネスの意欲的な試みやＣ・キュービットの序文、あるいは、別の論集におけるネルソンやＳ・エアリーの論文が示すように、カロリング期に関しても、宮廷を単に統治のための組織とみなすのではなく、国王と貴族たちが織り成す社会的な場として理解することで、この時代の研究に新しい光を照射することができるように思われる。[10]

本論のテーマは、これらの研究成果を利用しつつ、カール大帝期の宮廷とエリートの問題を論じることである。カロリング期のエリートについては、一九九八年に刊行された論文集『カロリング期のヨーロッパにおける王権とエリート』[11] があり、カロリング期のエリートの多様な側面が取り上げられているが、ここで検討する問題は含まれていない。それゆえ、カール大帝期の宮廷とエリートの問題を扱うのは、無益ではないだろう。

ところで、カール大帝期の宮廷の大きな特徴は、アーヘンが半ば恒常的な宮廷所在地となったことである。フランク王国では、おそらく、王位の分割継承の慣習の定着と関連して、政治的な中心地はいくつかあったものの、首都にあたる都市はなく、国王は一般に廷臣と下僕を引き連れて、支配領域を巡幸し、支配権を行使した。そして、このような支配形態は、東フランク＝ドイツ王国にも、西フランク＝フランス王国にも受け継がれるのである。ところが、カール大帝期の宮廷はちがう。七九四年から八一四年に没するまでのほぼ二〇年間ではあるが、カールはほとんど決まってアーヘンで冬を過ごした。本稿では、その特殊な時期の宮廷とエリートについて述べてみたい。

カール大帝期の宮廷を論じるまえに、ピピンの時代の宮廷がどうであったのか、また、どのような人々が権力の中枢にいたのかを簡単にみることにしよう。

2　カロリング朝初期の宮廷と貴族

ピピンの宮廷については、あまり多くの情報がない。だが、メロヴィング朝時代の宮廷[12]と異なる特徴的な点を三つほど指摘しておきたい。第一に、宮廷礼拝堂（Hofkapelle）がピピンの時代に組織化され、次第に重要な機関となっていったことを挙げうる。[13]宮廷礼拝堂の聖職者の本来の任務は、聖マルティヌスの外套などの聖遺物を護持し、宮廷の礼拝を掌ることであったが、宮廷礼拝堂は次第に役割を拡大し、王国の教会を統括する機関となっていく。[14]この宮廷礼拝堂を監督する宮廷礼拝堂司祭長職が新設されたのが、ピピンの時代である。サン・ドニ修道院長フルラートが初代の宮廷礼拝堂司祭長職に就任した。[15]この時期には、宮廷礼拝堂司祭長を示す特定の表現は存在しないが、彼はいくつかの史料で、単に宮廷礼拝堂司祭（capellanus）と呼ばれているだけでなく、archipresbiterとも呼ばれており、明らかに他の宮廷礼拝堂司祭と区別されていた。[16] 宮廷礼拝堂の機能や実態をあとづける史料は全く存在しないが、ピピンの時代にすでに、宮廷礼拝堂の機能が拡大し、単に宮廷の礼拝を掌るだけでなく、王国の教会に関する問題を統括する役割も担うようになっていたことが推定される。[17]

第二に、国王文書局が宮廷聖職者によって構成されていたことである。[18] 俗人が国王の証書を作成していたメロヴィング期と異なり、カロリング期になると、文書作成は聖職者に委ねられるようになる。独特の文体を用い、『サリカ法典』に新しい序文を書いたとされるバッディロ、そしてヒテリウス。彼らはいずれも聖職者であると推定されている。[19] フレッケンシュタインの推定によれば、宮廷礼拝堂の聖職者がすべて書記を務めたわけではないが、[20] すべての書記は同時に宮廷礼拝堂の聖職者でもあった。[21] このように文書作成業務が次第に聖職者の職分とされるようになったことは、きわめて重要である。このことは、聖職者がいわば文官の地位を占め、俗人は武官の地位を占めるという、宮廷内の役割分担の形成を示すといってよいだろう。

第三に、国王の意思が必ずしもつねに貫徹されたわけではなかったことを指摘しておきたい。これは、ピピンがランゴバルト遠征を計画したとき、反対にあって、一度計画が頓挫したという有名なエピソードに示されている。[22] このエピソードは、宮廷が必ずしも権力を掌握していなかったことを示している。[23] もともと、ピピンはカロリング家の宮宰として、大貴族の筆頭であったにすぎなかった。ピピンは、貴族の力をかりて国王になったわけであり、その権力基盤はなお不安定であったのである。国王証書をみれば、proceres et fidelesと呼ばれる多数の俗人貴族たちが、ピピンの周辺で重要な役割を演じていたことが想像される。[24] こうした貴族たちは国王に依拠する宮廷エリートではなく、地方で独自の権力基盤をもった人々であったと考えられる。

ピピンの宮廷では、聖職者が中心的な地位を占めるようになっていたと思われる。王朝交替に際して、サン・ドニ修道院長フルラートとヴュルツブルク司教ブルクハルトという二人の高位聖職者の名が年代記には登場するだけであり、俗人の名は登場しない。[25] ピピンの宮廷では、聖職者が国王の有力な側近となったことは確かだろう。

カールが弟のカールマンとともに父ピピンの宮廷を継承したとき、こうした特徴をもった宮廷を継承したわけである。当初、カールの宮廷もごく小規模の組織でしかなかったように思われる。[26]

七七一年に弟カールマンが没する。カールマンには遺児があり、この遺児がカールマンの王国を引き継ぐ可能性もあった。しかし、『王国年代記』の記述を信じれば、サンス大司教ヴィルカール、宮廷礼拝堂司祭長フルラートといった聖職者、そして、伯ヴァリン（Warin）、アダルハルト（Adalhard）といった俗人貴族（primates）の多くは、カールのもとに馳せ参じた。こうして、カールマンの分国は消滅し、カールマンの王妃は少数の支持者とともにイタリアへ逃亡した。[27] 俗人貴族のリーダー格として名前を挙げられている伯ヴァリンがいわゆる「ヴィドー家」（Widonen）に連なる名門貴族であったことは疑いえない。[28] 一方、アダルハルトに関しては、カロリング家とも血縁関係にあり、そして、後に宮廷で重要な役割を演じる、同名のコルビー修道院長とも何らかの血縁関係があったことが推定される。[29] この両名が宮廷官職保持者ではないことに注目しておきたい。彼らは、おそらく地方に拠点をもった有力貴族であった。このことは、宮廷官職保持者が必ずしも王国の有力者ではなかったことを示唆する。[30] あえて、大胆な表現を用いれば、この時期の宮廷は貧弱だったのである。[31] 宮廷は、国家を統制するにはあまりにひ弱かった。国王裁判証書（placita）にはっきりと示されるように、国王と宮廷は、王国内の紛争を最終的に決着させる機関として重要な役割を果たした。しかし、国王と宮廷の一握りのエリートたちが国家行政を担う状況からは、ほど遠かったといわざるをえないだろう。

3　アーヘン王宮の造営

メロヴィング朝の諸王と同じように、ピピンにもまた、お気に入りの王宮はあった。しかし、特に王国の中心地を定めようとすることはなかった。ピピンのお気に入りの王宮として挙げられるのは、パリ周辺ではキエルジ、ヴェルベリー、コンピエーニュである。このうち特に、ピピンがよく滞在したのはキエルジで、彼は宮宰時代から数えて通算八回、この王宮を訪れている。シャンパーニュ地方のアッティニも、ピピンがしばしば滞在した王宮であった(32)。もちろん、他の王宮にも滞在しているが、ピピンがオワーズ川とエーヌ川流域の王宮を好んだのは、明白である(33)。ピピンがこれらの王宮で宮殿の建設を命じたという記録はない。大規模な宮殿の建設も、ひとつの拠点を定めることも、ピピンと周囲の家臣たちの考えの及ばないことであった。だが、カールは違う。フランク王国の領土を大きく拡げたこの君主は、王宮の造営にも力を注ぐとともに、宮廷の規模も拡大した。

知られている限り、カールの最初の大規模な建築事業は、パーダーボルンの王宮と教会の造営である(34)。カールが、フランクのザクセン支配の拠点としたパーダーボルンに王宮を建設したのは、七七六年のことである。『王国年代記』によれば、翌年、この王宮で大規模な王国会議が開催されている(35)。王宮は七七八年にザクセン人たちの攻撃を受けて破壊され、その後、再建された。その遺構が発掘されているが、三一×一〇mの宮殿が建てられたらしい。

そのほかに、インゲルハイムとネイメーヘンの王宮にも、カールが宮殿を建てさせたことがわかっている。アインハルトは『カール大帝伝』のなかで、「王は立派な宮殿の建築にも着手した」と述べて、インゲルハイムとネイメーヘンの王宮の建設を挙げている。[36] ネイメーヘンの王宮については、残念ながら何もわかっていないが、インゲルハイムについては、考古学的調査が行われ、多くのことが知られている。[37] インゲルハイムの建設の時期について、当時の史料は何も書き記していないが、カールが七八七年のクリスマスから七八八年のイースターにかけてインゲルハイムに滞在していたことを考えると、すでにこの時期には造営が終わっていたと思われる。宮殿の内寸は三三×一四・五ｍであり、それはアーヘンの宮殿の約四分の三にあたる。[38]

カール（大帝）は、七九四年から、アーヘンをほぼ恒常的な冬季の滞在地とするようになった。そして、八〇二年以降になると、戦争に行く夏と狩に出かける秋を除き、カールはほとんどアーヘンに腰を落ち着けることになった。[39] 最近の研究成果にもとづけば、七八八年以前にアーヘンの王宮の大部分は出来上がっていたようである。[40] この推測が正しければ、カールはかなり早い段階から、少なくとも重要な拠点のひとつとして考えていたことが想像される。『一般訓令』は七八九年の三月にアーヘンで公布されているが、このときにはすでにこの大きな宮殿が建設されていた可能性が高い。カールは、アーヘンには、巨大な宮殿（両側に張り出しているアーチ状のスペースを計算に入れないで、内寸で四四×一七・二ｍ）と八角形のフォルムをもった礼拝堂を擁する王宮を建設させた。それは、現在、知られている他のどの王宮よりも大きく、威容をほこっていた。

アーヘンの王宮建設の意味については、いろいろな意見があるが、私はビザンツとの対抗意識の形成が重要な役割を演じたものと想像している。

七八一年にビザンツ皇帝コンスタンティノス六世とカールの娘ロトルーデのあいだに婚約が結ばれた。しかし、フランク軍の南イタリア侵攻とともにビザンツとフランクの外交関係は悪化し、七八七年にこの婚約は破棄された。[41] アーヘンの建築計画が始動したのは、外交関係が悪化する前だったのだろうか。それとも、後のことだろうか。いずれにしても、この頃には、フランク宮廷が自分たちの実力に自信を示し、ビザンツとの同等性を意識するようになっていたと思われる。アーヘンの王宮は、コンスタンティノープルを強く意識して建設されたのである。ビザンツと対等な外交関係を樹立し、また、ビザンツと対等な国家として国際的に認められるためには、従来の王宮では十分ではないと思われたのではないだろうか。カールは大きな宮殿と王宮礼拝堂が必要であると考えたのだろう。それでは、カールはアーヘンを「第二のローマ」、「新しきローマ」にしようとしたのだろうか。[42] いうまでもなく、この時点では、カールの皇帝戴冠はまったく話題にものぼっていなかった。カールが過去のローマ皇帝を強く意識して、アーヘンの建築計画を考えたとは思えない。カールの念頭にあったのは、過去のローマ皇帝ではなく、むしろ、今存在しているローマ皇帝、すなわち、ビザンツ皇帝のことであったにちがいない。

アーヘンの王宮で注目されるのは、廷臣たちの屋敷が立ち並んでいたことである。[43] ノートケルは、カール大帝が廷臣の邸宅を宮殿を取り囲むように建てさせたと記している。[44] この記述は、他の王宮とは異なるアーヘンの特徴をよく示している。たしかに、他の王宮でも木造の屋敷は存在していたのだろう。だが、廷臣たちがそれぞれの王宮に個々の屋敷を構えていたとは考えられないし、それを示す史料もない。アーヘンは異なる。アーヘンは、フランク王国の歴史の中で、明らかに首都に近い性格を帯びた唯一の都市であった。このようなアーヘンの王宮の発展は、カールと側近たちの抱いた理想的な国家像と対応しているように思われる。彼らは中央集権的な国家像を思い描いていた。だから、カール大帝はアーヘンを「権力を示すための劇場」[45] として様々に活用しようとした。それは当然ながら、宮廷構造そのものの変化を必要とした。

4　新しい宮廷の形成

フレッケンシュタインによれば、宮廷の拡大は、三つの段階に分けることができる。すなわち、(一)ピピンの宮廷の特徴を保持した時期、(二)およそ七八〇年ごろからの、外国出身の宮廷学識者が任命され、宮廷の機能と規模が拡大した時期、(三)七九四年ごろからの、アーヘンに宮廷が固定化しはじめ、さらに宮廷が膨張するとともに、外国出身の宮廷学識者に代わって、フランク人の宮廷学識者の活躍が顕著になる時期、である。[46] このような時期区分は概ね妥当なものといえるだろう。

カールの宮廷がもつ独特の風貌は、カールの「イタリア体験」によって生み出された。カール自身がイタリアに長期にわたり、滞在したこと、これが彼の宮廷に決定的な影響を与えた。もっとも重要な点は、カール自身が直接、イタリアの文化に接することで、文字文化への憧れを強く抱くようになったことである。カールとフランク軍は七七四年にランゴバルト王国を征服し、北イタリアを支配下に置いた。そこで、彼らは、ランゴバルト宮廷の知的水準の高さを知り、また、統治においてフランク宮廷以上に文書が使用されていることを知った。実際、カールの最初の勅令は、このイタリア滞在のときに出されたものなのである。[47]

カールの宮廷には、イタリアからやってきた教養ある聖職者の姿がみえるようになる。文法学に造詣の深いピサのペトルス、パウリヌス、のちにサン・ドニ修道院長に抜擢されるファルドゥルフ、パウルス・ディアコヌスがいる。[48] アイルランドやイングランド出身の教養ある聖職者もカールの宮廷に滞在するようになった。のちにサンス大司教となるアングロサクソン人ベオルンレッドや、カール大帝宛の書簡が残されているカトゥウルフ、文法教師クレメンスなど、アルクインがカールの宮廷に滞在するようになる前に、すでに、アイルランドやイングランドの聖職者が宮廷で活躍していた。[49] こうして、ガリアでは見出しえなかった、水準の高いラテン語の素養を身につけた聖職者たちが、カールの宮廷に集まってきた。

外来の人々がカールの宮廷で果たした役割は四つあるように思われる。

第一に、彼らはカールの宮廷に学芸を持ち込み、宮廷に知的サークルとしての特徴を付与した。ピピンの宮廷の知的水準の向上に関するP・リシェの主張にもかかわらず、ピピンの時代には、宮廷独自の文化活動はみられない。この時期には、文化の中心はサン・ドニ修道院などの教会機関に限られていたように思われる。[50] イタリア出身の学識者が高い水準の学芸を宮廷に持ち込んだことはまちがいない。これにより、宮廷がはじめて文化的な意味をもつようになった。ピピンの宮廷でも、カールの初期の宮廷でも、学芸はほとんど省みられることはなかった。学芸は、もっぱら、聖職者が職責を果たすための基礎教養として学ばれたにすぎず、宮廷では積極的な意味をもっていなかった。[51] また、詩歌が宮廷文化の一角を占めることもなかった。とくにイタリアからやってきた聖職者たちは、詩の愉悦を宮廷に持ち込んだ。詩は、次第に宮廷の人々を喜ばせるようになる。また、詩の価値を理解できる者が宮廷人として重用されるようになっていく。この傾向に決定的な影響を与えたのはアルクインであるが、すでにイタリアから到来した人々がその方向を導いたといってよいだろう。

第二に、宮廷がかつて以上に教育機関としての役割を果たすようになったことも見逃せない。もちろん、宮廷の教育機関としての役割は、カールの時代に始まるわけではない。しかし、カールの宮廷では、以前にもまして、教育が重要な役割を演じるようになった。たとえば、ピサのペトルスは何よりも文法教師であった。残念ながら、具体的な記述をこの時期に見出すことはできないが、宮廷礼拝堂や文書局に属する宮廷聖職者だけでなく、一般の貴族の子弟たちも、彼らの教えを受けたように思われる。そして、ここでの教育がまさに「カロリング・ルネサンス」を準備したのである。

第三に、彼らが教会聖職者として、フランク王国の教会政策に関わったことが推測される。彼らと宮廷礼拝堂との関係ははっきりしないが、カールがこれらの学識者を司教に任命していることを考えれば、彼らが教会政策にも影響を及ぼしたことは充分推定できる。

第四に、彼らは、行政および司法の分野でも、宮廷での文書の活用を促す起爆剤となったように思われる。七七九年三月の『エルスタール勅令』はその最初の記念碑である。[52] もちろん、急に多量の文書が作成されるようになったわけではなかった。しかし、世俗の規律に関する多数の条項を含む『エルスタール勅令』の起草には、イタリアからやってきた聖職者たちがかなり関与したと思われる。

5　アーヘンと宮廷エリート

D・バラの意見によれば、アルクインがカールの招請を受けてフランク宮廷にやってきたのは、七八六年ごろのことである。[53] アルクインが実際、宮廷でどのような役割を果たしたのかは、よくわかっていない。彼が、すぐにカールのもっとも有力な側近のひとりになったことはまちがいない。しかし、アルクインは特定の肩書をもたなかったし、宮廷礼拝堂とどのような関係にあったのかもわかっていない。彼は、たしかに「教師」(magister) としての役割を果たした。実際、きわめて優れた教師であった。また、文法学、正字法、修辞学に関する教科書も書き残している。だが、宮廷学校の校長のような地位にあったということはできない。

いずれにせよ、重要なことは、彼が宮廷に滞在するようになった時期に、宮廷で学芸が重んじられ、また、国王自身が学芸に強い関心を抱くようになったことである。アインハルトによれば、カールは文法に関しては、ピサのペトルスから学び、修辞、弁証、天文などについては、アルクインから学んだのである[54]。国王自身が、学芸に強く興味を抱き、自ら学ぶことを好んだこと、このことは決定的に重要である。それに応じて、学芸を学ぼうとする若者たちが宮廷に集まってくるようになる。

二人の例を挙げておきたい。アンギルベルトとアインハルトである。この二人には、いくつかの点で共通項がある。二人とも、宮廷で教育を受け、高い教養を身につけた。また、カールの恩寵を受け、修道院長のポストを与えられた。そして、国王の側近として政治にも深く関わった。二人は、新しい形の宮廷エリートの誕生を示す人物であった。

アンギルベルトは、七六〇年ごろに生まれた。彼の息子で『歴史』を書いたニタルトによれば、彼は、「その頃には知られた家柄の出」であった。アンギルベルトには、マデルガウドとリカルトという兄弟がおり、三人ともカール大帝に登用された[55]。ローマ教皇ハドリアヌス一世の手紙によれば、彼は小さいときから宮廷に預けられ、教育を受けていた[56]。おそらく、ピサのペトルスがカールの宮廷に招かれた頃だろう。アルクインが宮廷に滞在するようになると、アルクインの教えも受け、ホメロスと綽名されることになる。今日、二編しか伝承されていないが[57]、その詩作の巧みさを褒め称えられている。アンギルベルトは単に宮廷詩人として活躍しただけでなく、外交問題ではとくに重用された[58]。外交使節として、何度も重要な任務を帯びてイタリアに派遣された[59]。イタリア王ピピンの宮廷でも重要な役割を果たしたらしい[60]。アンギルベルトは、七八九年もしくは七九〇年に、サン・リキエ修道院長のポストを国王から与えられた。

彼は俗人だったのだろうか。それとも、聖職者だったのだろうか。また、彼は宮廷礼拝堂の構成員だったのだろうか。アンギルベルトは、のちに、カール大帝の王女ベルタを事実上の妻に迎えているから、彼が全くの俗人であったか、婚姻が許される下級の位階にとどまった聖職者であったことはまちがいない。フレッケンシュタインは、アンギルベルトが俗人でありながら、宮廷礼拝堂の一員であったと推定している。彼は次のような根拠をあげている。ローマ教皇ハドリアヌス一世の書簡で、アンギルベルトがabbas et minister capellaeと呼ばれていること[61]、また、アルクインがアンギルベルト宛書簡の中で、アンギルベルトをprimiceriusと呼んでいること[62]、さらに、この書簡の九世紀の写本では、この書簡のタイトルが、Ad Angelbertum primicerium palatii Pippini regisと書かれていること[63]、である。これらのことから、アンギルベルトは、少なくとも一時的にはイタリア王ピピンの宮廷礼拝堂を統率していたのではないか、とフレッケンシュタインは推定する[64]。B・カステンによれば、八〇一年三月のイタリアの裁判証書で、アンギルベルトはcustos sacre capelle palaciiと呼ばれており、この指摘はフレッケンシュタインの推測の正しさを裏付ける[65]。だとすると、問題が生じてくる。それは、アンギルベルトが俗人のままであった可能性が高いことである。ところが、宮廷礼拝堂は、王国内の教会の最高機関である。俗人が、そのメンバーであることは可能だったのだろうか。

おそらく、当時の宮廷組織のあり方を厳密に考えるべきではないのである。後で述べるように、宮廷の人々には、様々な職務が時に応じて与えられた。アンギルベルトは、俗人であったから、礼拝そのものには深く関わることはなかっただろう。彼は宮廷礼拝堂の政治的な側面だけに関わったにちがいない[66]。イタリア王ピピンの宮廷でもそうだったように思われる。

このように、アンギルベルトは、ピピンの治世にはみられないタイプの宮廷エリートであった。彼は、宮廷で教育を受け、学才を発揮し、宮廷サークルにおいても、そして国王からも高い評価を受けた。そして、宮廷の中で重要な役割を果たすようになり、その報償として、サン・リキエ修道院を下賜されたわけである。

『カール大帝伝』の著者として名高いアインハルトのキャリアも、アンギルベルトと似ている。[67] アインハルトは、七七〇年ごろにマイン川流域地方の貴族の子として生まれた。彼の一族のことはよく知られていないが、彼が著した『聖ペトルスと聖マリティヌス遷座記』やフルダ修道院への寄進証書などを手がかりに推測すると、彼は、この地域一帯に荘園をもっていた一族の生まれであるらしい。[69] しかし、伯などを輩出するような著名な家柄であったとはいえないようだ。アインハルトは、小さいときにフルダ修道院に教育のために預けられた。[70] 後に妻を娶っており、アインハルトが修道士にはならなかったことははっきりしている。アインハルトは初等教育を受けるためにフルダに預けられたにちがいない。アインハルトは学才を発揮し、当時の修道院長バウグルフに認められるようになった。そして、バウグルフの推挙で、参内することになった。ヴァラフリート・ストラーボの叙述を信じれば、それは、教養ある者を王国中から探しもとめたいという王の要請に応えたものであった。[71] アインハルトは『カール大帝伝』のなかで、カールによって「養われた」と述べているが、それは、彼が若い頃、宮廷で高等教育を受ける機会を与えられたことを意味するだろう。[72]

様々な意見があるが、七九六年ごろには、アインハルトが宮廷に滞在するようになっていたことは確かである。[73] アルクインが宮廷を離れてからは、アインハルトが宮廷の文芸サークルの中心人物となった。アインハルトは宮廷で認められ、重用されるようになった。彼が出世したのは、明らかに出自というよりも、個人的な能力を認められたからであった。アインハルトは、その能力を評価されて、参内が許され、さらに宮廷でも認められて、様々な仕事を任されるようになった。工芸にも造詣が深く、王宮の造営にも携わったようだ。[74] また、八〇六年には、『王国分割令』の承認を受けるために、ローマに派遣されてもいる。彼もまた、アンギルベルトと同じように、修道院長のポストを与えられた。[75] 宮廷礼拝堂との関係は、アンギルベルトの場合と同様、明らかではない。彼は妻帯しており、上級の聖職者であったことはありえない。フレッケンシュタインは、彼が結婚を許される下級の聖職者で、宮廷礼拝堂のメンバーであった可能性を示唆している。[76] しかし、アンギルベルトについて考察したように、聖職者ではなくとも、礼拝堂のメンバーであることは不可能ではなかったように思われる。

アンギルベルトとアインハルトの事例は、宮廷で教育の機会を与えられた若者たちが、宮廷エリートとして登用されたことを示している。宮廷礼拝堂の中核を担う、宮廷礼拝堂司祭長を頂点とする聖職者の群れだけでなく、宮廷官職を与えられた俗人宮廷エリートもいたし、そして、アンギルベルトやアインハルトのような、結局は聖職者にはならなかったとしても、高度な教養を身につけていた宮廷エリートがいた。彼らが宮廷を担い、この時期のフランク王国の政治を動かした。宮中伯（comes palatii）、内膳役（senescarius, regia mensae praepositus）、献酌役（buticularius, magister pincernarum）、厩役（comes stabuli）、納戸役（camerarius）といった俗人宮廷官職[77]にあった者は数人知られているが、出自のわかる者はひとりもいない。彼らがみな有力な貴族家門の出身であったとは限らない。彼らもまた、アンギルベルトやアインハルトのようなコースを歩んで、宮廷で重用されるようになったのかもしれない。

ノートケルの『カール大帝業績録』には、カール大帝が文法教師クレメンスに「貴族の少年や中流階層や下層の子供まで充分に大勢託し、子供には、銘々が必要とするだけの食糧を給し、勉学の生活に適した宿舎も提供させた」という文章がある。[78] もちろん、『カール大帝業績録』は、だいぶ後代に書かれたものであり、その筆致には明らかに誇張がみられるが、この文章は宮廷で多くの子供たちが学んでいたことをよく示しているように思われる。ノートケルは、カール大帝が宮廷で学んでいた子供の中から、出自の貴賤にかかわらず、優れた者を宮廷礼拝堂の司祭に採用したと記している。[79] おそらく実際には、宮廷との強いつながりを持った地方貴族の子弟と、とくに各地の修道院長だけからの推挙を受けた者以外には、宮廷で学ぶことはできなかったのであろうが、世俗の宮廷官職に関しても、同様だったように思われる。たしかに、メロヴィング朝時代でも、宮廷は教育機関としての役割を果たしていた。若者たちにとっては、宮廷は出世の機会を与えてくれる場であった。しかし、カール大帝のアーヘンの宮廷ほど大規模な宮廷はなかったし、ハイレベルの教養が求められた宮廷はなかった。カールの宮廷では、ますます多くの文書が作成されるようになっていったから、ラテン的素養は必要であった。そして、国王自身がラテン的教養をエリート層に求めたのである。

6　宮廷エリートと国家統治

ヒンクマールによれば、原則的に一年間に二回程度王国会議が開催され、王国の基本問題が話し合われたが[80]、それとは別にいわば顧問官会議と呼ぶべき、「助言者」たち（seniores et praecipui consiliares）の集まりがあって、彼らは必要に応じて会議を開き、案件を処理した[81]。いったい、「助言者」とは、どのような人々であるのか、ヒンクマールは明確には記していない。ただ、宮廷礼拝堂司祭長と納戸役だけはつねに国王に助言を与える立場であると述べているにすぎない[82]。しかし、納戸役以外の宮廷官職保持者（宮中伯、内膳役、献酌役、厩役）、宮廷礼拝堂の司祭長以外の聖職者、アルクインなどのように、肩書はとくにないが国王の信任厚い人々が、こうした会議に参加していたことは間違いないように思われる。

このような形で王国運営の一角を担う宮廷官職保持者の職務は、それぞれの役職名から容易に想像される役割に限定されなかった。たしかに、宮廷においては、たとえば、納戸役が主に会計を掌るというように、宮廷での主たる業務が決められていたが、彼らは、国王の意向を受けて、単に宮廷の問題だけではなく、王国全体の問題に関わり、ときには指揮官として兵を率いた。宮中伯Woradは七八二年には対スラヴ遠征の将軍となった（Annales qui dicuntur Einhardi［以下AQEと略記］a.782）。内膳役Eggihardusは七七八年にロンスヴォーで戦死した。内膳役Audulfusは七八六年にブルターニュ戦役に参加しただけでなく（ARF a.786）、八〇五年の対スラヴ戦役にも参加し、バイエルン軍を率いている。[83] 厩役Geiloは七八二年に東方辺境に派遣され、戦死。同じく厩役Burchardは八〇七年にコルシカ島へ艦隊を率いている（ARF a.807）。納戸役も例外ではない。納戸役Adalgisは七八二年にスラヴ人の反乱に対処するため、派遣されている（AQE a.782）。納戸役Meginfridは七九一年のアヴァール戦争で軍指揮官を務め、また、のちにイタリア王ピピンのベネヴェント遠征に参加、戦死している。このように、俗人の宮廷官職保持者には、軍人としての顔があった。カール大帝期の宮廷では教養が求められたから、こうしたエリートたちも、一定の教養をもっていたことだろう。たとえば、納戸役Meginfridは明確に教養サークルに属しており、アルクインの友人であった。しかし、こうした事例をみれば、宮廷官職を与えられた俗人エリートの場合、単に教養の高さだけが重んじられたわけではないことは明白である。行政手腕はもとより、軍人としての高い能力も必要とされていたにちがいない。

これに対して、アンギルベルトやアインハルトのような聖職者に近いエリートや宮廷礼拝堂の聖職者は、宮廷の外では、行政官や外交官の役割を果たした。三例だけ挙げよう。宮廷礼拝堂司祭長のヒルデバルトは、七九九年に教皇レオ襲撃事件の調査のために、ローマに赴いた（Liber Pontificalis 2, S. 6）。宮廷礼拝堂の聖職者イェッセ（のちにアミアン司教）は八〇二年から八〇三年にかけてコンスタンティノープルに派遣されている（ARF a.802; a.803）。また、アインハルトは、『王国分割令』（八〇六年）の承認を得るためにローマに派遣された（ARF a.806）。彼らは文官としての性格をもち、教会の問題に関わるだけでなく、幅広く、内政、外交に携わった。

『宮廷について』の著者であるヒンクマールは――おそらくは、原著者のアダルハルトも――、廷臣たちには二つの仕事があると述べている。それは、宮廷（regis palatium）の仕事と王国全体の仕事（totius regni status）である。[84] 宮廷のエリートたちの仕事は、両方にまたがっていた。それゆえ、宮廷礼拝堂は、宮廷の礼拝堂の組織であると同時に、王国全体の教会の統括組織としての性格を持ち、俗人の宮廷官職保持者は、狭義の宮廷実務責任者であると同時に、王国運営全体の中核を担うエリートでもあった。宮廷エリートのこの二重の性格ほど、この時代のフランク王国の国制を表しているものはない。宮廷エリートたちは宮廷の諸問題に携わると同時に、国家行政の責任を担ったのである。

カール大帝期に宮廷の規模が拡大し、高いラテン語運用能力と教養を身につけた廷臣たちが増加したことは間違いない。そして、宮廷は、国王の恩顧を得て、聖俗の重要な地位を得ようとする貴族の若者たちを惹きつけた。アーヘンは、貴族たちの憧れの地となった。

しかし、フランク王国の歴史を考えると、カール大帝の宮廷はむしろ特異である。アーヘン自体、ルイ敬虔帝期の政治的混乱のなかで首都的機能を喪失した。しかも、西フランク王国でも、東フランク王国でも、アーヘンのような特別な王宮は存在しなかった。八七七年に西フランク王シャルル禿頭王は、コンピエーニュにアーヘンのような地位を与えようとしたが、それは果たされなかった。[85] また、宮廷の規模も組織も、カールの時代にみられる変化がそのまま進展したのではなかった。

そのことの原因を単に、フランク王国の分裂にもとめるべきではないだろう。カール大帝期の宮廷ですら、個々の廷臣の能力と意欲に過度に依存していた。職業的な専門分化が不十分にしか行われず、宮廷での名誉ある官職はごくわずかな数にとどまった。出世の階段は存在せず、貴族の若者たちが栄達を望もうにも、道筋ははっきりとはみえなかった。この点で、王国の中心としての宮廷の位置をさらに強化するための工夫が充分になされたとはいいがたい。国王に依存する宮廷エリートを養成するための仕組みも、結局は不完全なままであった。なるほど、シャルル禿頭王の時代のドォーダの『息子のための手引書』が示すように、九世紀後半においても、宮廷は貴族の子弟を惹きつける魅力を失ってはいなかった。しかし、宮廷には王権を強化するための組織上の工夫が欠けていたように思われる。なぜ、フランク王国では、宮廷組織の改革が行われなかったのかは、大きな謎である。これはフランク国家の本質に関わる問題であり、今後究明すべきことであるにちがいない。

注

（1）ここでは、ヴァイツだけを挙げておく。G. Waitz, *Deutsche Verfassungsgeschichte*, Bd. 3, 2. Aufl. Berlin 1883, S. 493-554.

（2）*Deutsche Königspfalzen*（Bd. 1-6）, Göttingen 1963-2005; C. Brühl, *Palatium und Civitas. Studien zur Profantopographie spätantiker Civitas vom 3. bis zum 13. Jahrhundert*, 2 Bde., Köln/Wien 1975, 1990. カロリング期の王宮研究に関する比較的最近の総括として、Th. Zotz, Pfalzen zur Karolingerzeit. Neue Aspekte aus historischer Sicht, in: *Deutsche Königspfalzen*, Bd. 5, Göttingen 2001, S. 13-23.

（3）J. Fleckenstein, *Die Hofkapelle der deutschen Könige*, Bd. 1（Schriften der MGH, 16/1）, Stuttgart 1959; Ders., Karl der Große und sein Hof, in: W. Braunfels（Hg.）, *Karl der Große. Lebenswerk und Nachleben*, Bd. 1, Düsseldorf 1965, S. 24-50; Ders., Die Struktur des Hofes Karls des Großen im Spiegel von Hinkmars De ordine palatii, *Zeitschrift des Aachener Geschichtsvereins*, 83（1976）, S. 5-22. この二編の論文はいずれも、彼の論文集、

Ordnungen und formende Kräfte des Mittelalters, Göttingen 1989 に収められている。

（4）Hinkmar von Reims, *De ordine palatii*（MGH fontes iuris, 3）, Hannover 1980. 周知のように、この小論はヒンクマールが自分ですべてを書いたのではなく、カール大帝期の著名な宮廷人であり、カロリング王家の血筋をひくコルビー修道院長アダルハルトが書いたものを下敷きにして書き上げた作品である。アダルハルトの原著は失われており、それゆえ、ヒンクマールがどの程度、アダルハルトの原文を利用したのかは大きな問題となってきた。ヒンクマールは自分が仕える西フランク王カルロマンと司教たちに向けて、この小論を書いた。それゆえ、彼が自分の望む宮廷の理想像を書き込んだことは明白である。したがって、この作品をカール大帝期の宮廷の史料として利用するためには、つねに彼の執筆意図を考慮して、慎重に用いなくてはならない。

（5）Hinkmar, *De ordine palatii*, c. 5, S. 68.

（6）Ph. Depreux, *Prosopographie de l'entourage de Louis le Pieux (781-840)*（MGH Instrumenta, Bd. 1）, Sigmaringen 1997.

（7）C. Cubitt（Hg.）, *Court Culture in the Early Middle Ages*（Studies in the Early Middle Ages, Bd. 3）, Turnhout 2003.

（8）N・エリアス（波田節夫他訳）『宮廷社会』法政大学出版局、一九八一年。

（9）J. Nelson, Was Charlemagne's Court a Courtly Society?, S. 39-58; M. Innes, A Place of Discipline: Carolingian Courts and Aristocratic Yourth, S. 59-76.

（10）J. Nelson, Aachen as a Place of Power, in: M. de Jong/F. Theuws（Hg.）, *Topographies of Powers in the Early Middle Ages*（The Transformation of the Roman World, 6）, Leiden 2001, S. 217-242; S. Airlie, The Palace of Memory: The Carolingian Court as Political Centre, in: S. R. Jones/R. Marks/A. J. Minnis（Hg.）, *Courts and Regions in Medieval Europe*, Oxford 2000, S. 1-20.

（11）R. Le Jan（Hg.）, *La royauté et les élites dans l'Europe carolingienne*, Paris 1998.

（12）メロヴィング朝の宮廷については、佐藤彰一「六世紀メロヴィング王権の宮廷と権力構造」『ポスト・ローマ期フランク史の研究』岩波書店、二〇〇〇年所収、参照。

（13）Fleckenstein, *Hofkapelle*; vgl. R. Schieffer, Hofkapelle und Aachener Marienstift bis in staufische Zeit, *Rheinische Vierteljahresblätter*, 51（1987）, S. 1-21, bes. S. 3-4.

（14）Fleckenstein, *Hofkapelle*, S. 59.

（15）彼については、Fleckenstein, Fulrad von Saint-Denis und der fränkische Ausgriff in den süddeutschen Raum, in: G. Tellenbach（Hg.）, *Studien und Vorarbeiten zur Geschichte des großfränkischen und frühdeutschen Adels*（Forschungen zur oberrheinischen Landesgeschichte, 4）Freiburg 1957, S. 1-39およびA. Stoclet, *Autour de Fulrad de Saint-Denis*（v. *710-784*）, Genève 1993参照。

（16）Fleckenstein, *Hofkapelle*, S. 46f.; MGH *Diplomata Carolinorum*, Bd. 1, hg. von E. Mühlbacher, Hannover 1906, Nr. 27, S. 38; Flodoard, *Historia Remensis ecclesiae* II 17（MGH SS 36）hg. von M. Stratmann, Hannover 1998, S. 168.

（17）Vgl. Depreux, *Prosopographie*, S. 13ff.

（18）カロリング期の国王文書局については、一般に、R. -H. Bautier, La chancellerie et les actes royaux dans les royaumes carolingiens, *Bibliothèque de l'École des chartes*, 142（1984）, S. 5-80.

（19）Fleckenstein, *Hofkapelle*, S. 76.

（20）Fleckenstein, *Hofkapelle*, S. 78.

（21）たとえば、ヒテリウスは『教皇列伝』では、*capellanus et notarius*と呼ばれている（LP 1, S. 498）。しかし、このようにはっきり書かれているのは稀である。宮廷礼拝堂と国王文書局の関係を明確にできる充分な史料はない。二つの組織の関係を理解するためには、組織についての考え方が私たちの時代と異なることも考慮に入れなくてはならないだろう。Vgl. Bautier, Chancellerie, S. 11f.

（22）Einhard, *Vita Karoli* c. 6「王がいつも相談していたフランキアの貴族たちが何人も王の意向に烈しくたてつき、ついに〈われわれは王を捨てて、故国に帰る〉とあたりはばからず広言したほどである」（国原吉之助訳『カロルス大帝伝』筑摩書房、一九八八年、一三頁。なお、この訳書には、ノートケルの『カール大帝業績録』の翻訳も含まれている)。

(23) Vgl. W. Affeldt, Das Problem der Mitwirkung des Adels an politischen Entscheidungsprozessen im Frankenreich vornehmlich des 8. Jahrhunderts, in: *Aus Theorie und Praxis der Geschichtswissenschaft. Festschrift für H. Herzfeld*, hg. von D. Kurze, 1972, S. 404-423, bes. S. 410ff.

(24) J. Semmler, *Der Dynastiewechsel von 751 und die fränkische Königssalbung*, Brühl 2003, S. 58-86.

(25) *Annales regni Francorum*（以下、ARFと略記）a. 749.

(26) Vgl. Fleckenstein, Karl der Große und sein Hof, S. 39.

(27) ARF a. 771.

(28) B. Kasten, *Adalhard von Corbie*, Düsseldorf 1986, S. 17f., 198.

(29) Vgl. Kasten, *Adalhard*, S. 18f.; S. Abel, *Jahrbücher des fränkischen Reiches unter Karl dem Großen*, Bd. 1, 2. Aufl. Berlin 1888, S. 102 Anm. 1.

(30) ピピンの時代の宮廷官職保持者については、宮廷礼拝堂の聖職者を除けば、宮中伯以外知られていない。ただし、アルドの記述を信じれば、ルイ敬虔帝の宮廷で重要な役割を演じるアニャーヌのベネディクトゥスは、モンペリエ地方の伯であった父によって、ピピンの宮廷に教育のために預けられ、のちに献酌役に抜擢された。Depreux, *Prosopographie*, Nr. 43; Innes, A Place of Discipline, S. 63. ピピンの宮廷でも、メロヴィング朝の王の宮廷と同じように、貴族の子弟が宮廷で育てられる慣習があったことが想像される。宮廷で養育された若者たちの少なくとも一部は、一定期間宮廷で仕えたように思われる。

(31) Vgl. Bullough, *Aula Renovata*: the Carolingian Court before the Aachen Palace, in: Ders., *Carolingian Renewal. Sources and Heritage*, Manchester/New York 1991, S. 271.

(32) アッティニについては、特に、J. Barbier, Palais et fisc à l'époque carolingienne: Attigny, *Bibliothèque de l'École des Chartes*, 140 (1982), S. 133-162.

（33）E. Ewig, Résidence et capitale pendant le haut Moyen Age, in: Ders., *Spätantikes und fränkisches Gallien*, Bd. 1（Beihefte der Francia, 3/1）, Zürich/München 1976, S. 390-392.

（34）パーダーボルンの発掘の目覚しい成果については、いろいろな論文のなかで紹介されている。M. Balzer, Paderborn als karolingischer Pfalzort, in: *Deutsche Königspfalzen*, Bd. 3, Göttingen 1979, S. 9-85; B. Mecke, Die karolingische Pfalz Paderborn-Entdeckung und Ausgrabung, in: *Deutsche Königspfalzen*, Bd. 5, Göttingen 2001, S. 51-70; S. Gai, Die karolingische Pfalzanlage. Von der Dokumentation zur Rekonstruktion, *Deutsche Königspfalzen*, Bd. 5, S. 71-100; S. Gai, Die Pfalz Karls des Großen in Paderborn, in: Stiegemann/Wemhoff（Hg.）, *Kunst und Kultur der Karolingerzeit*, Bd. 3, S. 183-96.

（35）ARF a. 777.

（36）アインハルトはアーヘンについては、王宮礼拝堂に目を奪われたためか、宮殿そのものの建設には触れていない。Einhard, *Vita Karoli*, c. 17（邦訳二七頁）.

（37）W. Sage, Die Ausgrabungen in der Pfalz zu Ingelheim am Rhein 1960-1970, *Francia* 4（1976）, S. 141-60; H. Grewe, Die Ausgrabungen in der Königspfalz zu Ingelheim am Rhein, in: *Deutsche Königspfalzen*, Bd. 5, S. 155-174; Ders., Die Königspfalz zu Ingelheim am Rhein, in: Stiegemann/Wemhoff（Hg.）, *Kunst und Kultur der Karolingerzeit*, Bd. 3, S. 142-151.

（38）U. Lobbedey, Carolingian Royal Palaces, in: Cubitt（Hg.）, *Court Culture*, S. 143.

（39）ただし、八〇五年から八〇六年にかけての冬は、カールはディーデンホーフェンの王宮などに滞在し、アーヘンにはいなかった。ARF a. 805, 806.

（40）M. Untermann, *Opere mirabili constructa*. Aachener Residenz, in: Stiegemann/Wemhoff（Hg.）, *Kunst und Kultur der Karolingerzeit*, Bd. 1, S. 158.

（41）P. Classen, *Karl der Große, das Papsttum und Byzanz*, Sigmaringen 1988, S. 32.

（42）モドゥインの詩では、アーヘンは「新しきローマ」として称えられている（MGH *Poetae* 1, S. 385）。しかし、この詩は、八〇〇年を過ぎてから作られている。また、いわゆる『カール頌詩』でも、アーヘンはローマに喩えられている。この韻文も、かつての研究とは異なり、現在は八〇〇年以降に作成されたものと推定されている。これについては、拙稿「帝国理念の交錯―カール戴冠再考」『東洋英和女学院大学　人文・社会論集』一九、二〇〇二年、三三頁以下参照。

(43) Einhard, *Translatio et miracula SS. Marcellini et Petri* II, c. 3（MGH SS 15）, S. 246.

(44) Notker, *Gesta Karoli* I, c. 30（邦訳一〇二頁）.

(45) Nelson, Aachen as a Place of Power, S. 232.

(46) Fleckenstein, Karl der Große und sein Hof, S. 39.

(47) Karoli Magni notitia Italica, MGH Cap. 1, Nr. 88. S. 187f.『カール大帝の最初の勅令』（Karoli Magni capitulare primum）と呼ばれる勅令（Nr. 19）があるが、この勅令はおそらく、七八〇年代中葉に出されたものである。

(48) M. Garrison, The Emergence of Carolingian Latin Literature and the Court of Charlemagne (780-814), in: R. McKitterick（Hg.）, *Carolingian Culture: Emulation and Innovation*, Cambridge 1994, S. 117.

(49) M. Garrison, The English and the Irish at the Court of Charlemagne, in: P. Butzer/M. Kerner/W. Oberschelp（Hg.）, *Karl der Große und sein Nachwirken. 1200 Jahre Kultur und Wissenschaft in Europa*, Turnhout 1997, S. 97-124.

(50) P. Riché, Le renouveau culturel à la cour de Pépin III, in: Ders., *Instruction et vie religieuse dans le Haut Moyen-Age*, London 1981, XI, S. 59-70; vgl. Bullough, *Aula Renovata*, S. 125, 148 Anm. 8.

(51) Vgl. Garrison, Carolingian Latin Literature, S. 116.

(52) MGH Cap. 1, Nr. 20.

(53) D. Bullough, *Alcuin: Achievement and Reputation*, Leiden/Boston 2004, S. 336ff.

(54) Einhard, *Vita Karoli*, c. 25（邦訳三六頁）.

(55) Nithard, *Historiarum libri* IV, 5. マデルガウドは、おそらく、八〇二年に国王巡察使に任命された伯と同一人物である。R. Hennebicque-Le Jan, Prosopographica neustrica: Les agents du roi en Neustrie de 639 à 840, in: H. Atsma（Hg.）, *La Neustrie. Les pays au nord de la Loire de 650 à 850*（Beihefte der Francia, Bd. 16）, Sigmaringen 1989, Bd. 1, S. 231-269. Prosopographica, Nr. 204. リカルトも伯であり、王領地の監督を任されていた（*villarum provisor*: Astronomus, *Vita Hludowici*, c. 6）。Vgl. Depreux, *Prosopographie*, Nr. 230, S. 362.

（56）MGH Ep. 4, Epistolae Hadriani I. Nr. 2, S. 7.

（57）MGH *Poetae*, S. 358-366. Vgl. P. Godmann, *Poetry of the Carolingian Renaissance*, Norman 1985, S. 112ff.

（58）たとえば、七九四年のレーゲンスブルクのザンクト・エメラム修道院への寄進証書（DK, Nr, 176）では、カールの特使として登場している。

（59）S. Abel/B. von Simson, *Jahrbücher des fränkischen Reiches unter Karl dem Großen*, Bd. 2, Berlin 1888, S. 35, 80, 108, 113. 彼は、いわゆる「イタリア問題専門家」の一人とみなされている。Vgl. Th. Noble, *The Republic of St. Peter. The Birth of the Papal State, 680-825*, Philadelphia 1984, S. 154, mit Anm. 79.

（60）MGH SS 15, 1, S. 180.

（61）MGH Ep. 5, Nr. 2, S. 7. Vgl. Abel/Simson, *Jahrbücher*, S. 435 Anm. 6; S. 544 Anm. 1.

（62）MGH Ep. 4, Nr. 11, S. 37. Bullough, *Alcuin*, S. 38 Anm. 83 によれば、この書簡が書かれたのは、七九〇年代末である（MGHの編者Dümmlerは七九二年以前と考え、Jafféは七八三年から七八五年ごろと推測していた）。

（63）MGH Ep. 4, Nr, 11, S. 37 Anm. a.

（64）Fleckenstein, *Hofkapelle*, S. 67.

（65）Kasten, Adalhard, S. 46 Anm. 22.

（66）このことは、この時代に広まっていた俗人修道院長の仕組みを考えるとわかりやすいかもしれない。

（67）以下のアインハルトに関する記述は、拙稿「宮廷と修道院―中世初期における貴族の教育」（浅野啓子、佐久間弘展編『教育の社会史―ヨーロッパ中・近世』知泉書館、二〇〇六年所収）の記述と部分的には重なることをお断わりしておく。

（68）フレッケンシュタインらの一般的な意見による。J. Fleckenstein, Einhard, seine Gründung und sein Vermächtnis in Seligenstadt, in: Ders., *Ordnungen und formende Kräfte des Mittelalters. Ausgewählte Beiträge*, Göttingen 1989, S. 28ff., 67ff., 84ff. しかし、ガンスホーフのように、七七五年頃と推測する研究者もいる。

（69）W. Störmer, Einhards Herkunft - Überlegungen und Beobachtungen zu Einhards Erbbesitz und familiärem Umfeld, in: H. Schefers（Hg.）, *Einhard: Studien zu Leben und Werk*, Darmstadt 1997, S. 15-40.

（70）Walafrid Strabo, Prolog zur Karlsvita, MGH SRG 25, S. XXVIII, Z. 15-18.

（71）Walafrid Strabo, MGH SS SRG 25, S. XXVIII, Z. 24-26.

（72）Einhard, *Vita Karoli*, praef.（邦訳五頁）. Vgl. Schefers, Einhard und die Hofschule, in: Schefers（Hg.）, *Einhard*, S. 82.

（73）Vgl. Schefers, Einhard und die Hofschule, S. 82f.

（74）MGH Poeta, 2, S. 23; F. Lohier/R. P. J. Laporte（Hg.）, *Gesta sanctorum partum Fontanellensis coenobii*, Rouen/Paris 1936, S. 94.

（75）K. Voigt, *Die karolingische Klosterpolitik und der Niedergang des westfränkischen Königtums*, Stuttgart 1917, S. 73.

（76）Fleckenstein, *Hofkapelle*, S. 68.

（77）P. Schubert, Die Reichshofämter und ihre Inhaber bis die Wende des 12.Jahrhunderts, *MIÖG* 34（1913）, S. 427-501; W. Rösener, Hofämter an mittelalterlichen Fürstenhöfen, *DA* 45（1989）, S. 485-550.

（78）Notker, *Gesta Karoli* I c. 1（邦訳六〇頁）.

（79）Notker, *Gesta Karoli* I c. 4（邦訳六二頁）.

（80）Hinkmar, *De ordine palatii*, c. 6, S. 82.

（81）Hinkmar, *De ordine palatii*, c. 6, S. 84.

（82）Hinkmar, *De ordine palatii*, c. 6, S. 88. ヒンクマールは、宮廷礼拝堂司祭長を、apocrisiarius, capellanus, palatii custosという三つの表現で呼んでいる。apocrisiariusという特殊な用語をヒンクマールがなぜ用いているかということについては、レーヴェの鋭い分析がある。H. Löwe, Hinkmar von Reims und der Apocrisiar. Beiträge zur Interpretation von De ordine palatii, in: *Festschrift für Hermann Heimpel*, Bd. 3, Göttingen 1972, S. 197-225.

（83） Abel/Simson, *Jahrbücher*, Bd. 2, S. 324f.

（84） Hinkmar, *De ordine palatii*, c. 4, S. 56.

（85） J. Nelson, *Charles the Bald*, London/New York 1992, S. 246f.; S. Airlie, Palace of Memory, S. 15f.

第4章 中世初期領主制と鉄工業者
――従属と自立のはざまで――

丹下　栄

1　問題の所在

カロリング期大所領の社会的位置づけは、古くて新しい問題である。一九世紀の古典学説によって「古典荘園制」としてモデル化され、封建的土地所有・経営の古典的形態とされた大所領は、その後の古典学説批判のなかで歴史的意義をほとんど全否定されたかに見えた。一九六〇年代後半から顕著になる「古典荘園制」再評価の動きは、古典荘園的構造をとる大所領が決して普遍的存在ではないことを認めつつ、それに社会変革の最先端に位置する、同時代における理想的所領構造という地位を与えようとした。しかし中世初期社会のあり方を根幹で規定したのは大領主ではなく独自の経営を維持した自立的農民であるとする主張が力を増すなかで、一定の空間領域で（領主制という枠組みの内側と外側で）同時的に生活を続ける社会諸集団の関係を問いなおすことは、吃緊の課題となっていると言えよう。

こうした状況は、一方では領主制内部に組みこまれた領民諸階層のあり方を再検討することを要請している。カロリング期大所領の内部でマンス保有農民以外にもさまざまな領民が生活していたことは、つとに知られている。しかし、彼らに関心を寄せる歴史家は希であった。数少ない例外の一人であり、「古典荘園制」再評価の立役者でもあった森本芳樹の所説(1)は、マンス保有農民を、上昇しつつある奴隷的非自由人と没落し領主制にとりこまれつつある小土地所有・経営者双方の「合流点」として位置づけた。したがってそのモデルのなかでは、一つの社会に奴隷的非自由人、マンス保有民、さらには小土地所有・経営者、といった社会集団が同時に存在したことが含意されつつ、しかしその意味は十分に問われることなく、すべてはやがてマンス保有農民に収斂するという動態的モデルに解消されてしまったとの恨みが残らざるを得ない。しかしながら、通時的分析をひとまず措き、多様な領民がなぜ一個の領主制のなかで併存していたのか、また大所領の近隣に個別小経営が持続しえたのはなぜかと問うてみることは、中世初期大所領のあり方や社会的位置づけを解明するためにも、避けて通れない道であろう。

この作業の一つの手がかりになると思われるのが手工業である。なぜなら中世社会における生産者（そのほとんどは基本的には農民であった）の多様性は経営規模とともに、あるいはそれ以上に彼らの行う非農業的活動、特に手工業にはっきりと表現されているからである。本稿で主に扱うのは鉄の精錬・加工を中心とした鉄工業である。文字史料を見るかぎり、これに関わっているのは中世初期における生産者の一部にすぎない。しかしそれゆえに、鉄工業がどのような社会集団によって営まれているのか、あるいはまたどの地域に住む者がそれに関与しているのか、また領主層はそれにどう向きあっているのかは、かえって明確に読みとることができる。鉄工業という視座から中世初期領主制と生産者との関わりの一面を探り、大所領と自立的小経営とを通底するフランク社会における生産者のあり方、ひいてはその基盤となった中世初期社会の特質に迫ることがここでの課題である。

2　鉄工業をめぐる所領明細帳の証言

周知のように、鉄は人間の経済生活にとって最も重要な元素の一つである。[2] 人間が鉄を材料とした財を手に入れるには、鉄鉱石（酸化鉄）を炭素とともに加熱し酸素を分離する（還元）必要がある。この過程で還元剤である炭素は鉄鉱石から酸素を奪い、同時に必然的に鉄と結合する。精錬工程の核心は、鉄と炭素の比率をコントロールして望みの強度、加工性を持った材料鉄を得ることにある。一三世紀に始まり、やがて高炉を用いた間接製鉄法（高炉で鉄鉱石を溶解してまず炭素含有量の多い銑鉄を作り、その後銑鉄を製鋼炉で脱炭して炭素含有量の少ない鋼を得る）を生みだす技術革新が起こる以前、鉄はもっぱら直接製鉄法によって作られていた。この方法ではレン炉、あるいはシャフト炉と呼ばれる炉で還元を行うが、炉内の温度は鉄の融点に達せず、鉄は半溶解状態に止まる。材料鉄はこの半溶解状態の鉄塊をハンマーで打撃して不純物を除去することによって得られる。こうしてできた鉄は鋼よりもさらに炭素含有量が少なく、展性に富む。ただし鋳物には適さず、加工はもっぱら鍛造によって行われた。西欧中世初期において、鉄はすべてこの直接法によって生産されていた。いまひとつ確認しておくべきは鉄鉱石の加熱、還元に用いられる炭素の形態である。一九世紀まで、これは基本的には木炭に限られていた。石炭はヨーロッパに広く埋蔵されていたが硫黄分を含み、これを用いて還元した鉄材は硫黄と結合して実用性をまったく失ってしまう。伝統的な鉄工業はこうして、木炭、つまりは森林資源の大量消費を運命づけられていた。

中世初期の製鉄活動を記録する文字史料は、この時期の例に漏れず後の時代に較べるときわめて少なく、しかも断片的である。それでもR・シュプランデルが中世の製鉄に関する総合的叙述の末尾に列挙したカロリング期の史料証言は二一例に達し[3]、それ以外にも何例かの証言を見いだすことができる。また近年では中世考古学の業績が蓄積され[4]、鉄工業をはじめとする中世初期手工業についての情報は以前に較べて格段に豊富になってきた。これらの情報は随時用いることとして、本論の課題からすると、まず所領明細帳に現れる鉄工業の痕跡を一瞥するのが適切であろう。

カロリング期の所領明細帳は鉄工業に関する情報を、マンス保有農民やその他の領民による材料鉄や鉄製品の納付、また鍛冶屋 faber 等、鉄工業に関わる業務を行っていることを示す呼称を持つ領民、というかたちで内包している。サン・ジェルマン・デ・プレ修道院所領明細帳[5]の場合、こうした情報は第一三章（所領拠点はボワシィ・モージス Boissy-Maugis）に集中して現れる。まず、*Novavilla*（Neuville-en-Bois に比定される）所在の非自由人マンス保有民のうち非自由身分の者は、賦役労働、家畜や貨幣の納付に加えて、毎年鉄一〇〇リブラを納めるよう規定されている[6]。またこの章の末尾近くには鍛冶屋 faber という肩書きを持ち、「マンスの二分の一」（マンス種別は記載されていない）を保有する二人の領民、エルメヌルフスとハドが現れる。そして前者は槍を六個、後者は具体的な品名は不明ながら、しかるべき物品を「彼の鍛冶場から」納めるよう規定されている[7]。さらにこの章には、「所領役人 major であるアインフレドゥス、およびこの所領で同職にあるものはいずれも、クリスマスに豚を二頭、鉄箍を二個、斧を八個納め、復活祭にすべての賦課を納めるように」との規定が現れる[8]。

このような例はサン・レミ修道院所領明細帳にも見いだされる。すなわちクルティソル Courtisols の章に含まれる隷属身分男女領民の人名リストに鍛冶屋 faber という呼称を持つ者が一人記され[9]、また一〇世紀第四・四半期に作られたとされるサン・ティモテ修道院（ランス所在）の所領明細帳には、トレロン Treslon を記録する章の末尾に鍛冶屋が非自由民マンスの保有者として記載されている[10]。さらにプリュム修道院明細帳では、第四五章（所領拠点はヴィランスVillance）に含まれるウーモン Houmont で、鉱山師 fossarius への言及が見いだされる。[11] 彼の活動についての具体的記述は見あたらず、鉄鉱採掘と関係していたかどうかも不明であるが、fossariusという呼称を持つ者が個人名を伴って中世初期の史料に現れる事例はこれ以外には見あたらない。[12] また同じ場所に見られる「フニングスは四分の一マンスを一個保有する。毎年 patella を一個納め、それ以外は何もしない」[13] という文言に関してG・デスピィは、ここで言う patella は鉄製の鍋でフニングス自身が作ったものと解し、彼は鉄工業者であると主張した。[14] この解釈はL・クーヘンブーフによっても支持されている。[15]

マンス保有農民による鉄地金、あるいは鉄製品の納付が最も頻出するのはサンタ・ジュリア・ディ・ブレシア修道院の所領明細帳である。ここでは保有農民が鉄の棒あるいは鉄製農具を納付するとの規定があわせて八つの章に見いだされる。例えば第三章では、保有農民は貨幣、穀物、家畜等に加えて、犂先 vomer、斧 secures、手斧 mannaria、熊手 furcas、さらに鉄一〇〇リブラの納付を命じられている。[16] こうした所領はブレシア北西に位置する特定地域に集中しているが、この修道院での鉄納入義務の広がり、鉄を納める保有民の数の多さは、他の所領明細帳において鉄に関わる負担はごく一部の所領でのみ見られるのと較べると、きわめて特徴的と言えよう。

所領明細帳に現れる断片的証言を通覧したとき印象づけられるのは、鉄工業に対する領主の関与が限定的、あえて言えば消極的な点である。『御料地令』は第四五条で荘園管理人が確保すべき「良き職人」として鉄鍛冶屋 faber, ferrarius をあげ、[17] また第六二条で荘園管理人に対して鉄鉱山 fossa（および他の鉱山として鉛鉱山をあげている）からの収入を管理し、報告するよう命じている。[18] しかし所領明細帳には領主による鉄工業への積極的な関与を示す文言は見あたらない。もちろん、そもそも所領明細帳は領主の意図を記録するものではないという考えもあろう。しかし、例えばサン・ジェルマン所領明細帳第一三章（他ならぬ鉄工業についての記録を含む章である）に見られる「水車が七基あり、うち六基は旧く、他の一基は修道院長イルミノン殿が設置した」[19]、あるいは第一四章ティエ Thiais の、「古い葡萄畑が一三五アルパン、修道院長イルミノン殿が植えた新しいものが八・五アルパン、合計で葡萄一三〇〇ミュイが収穫される」[20]（同様の文言は第七、九、一九、二四、二五章にも現れる）という記述は、この明細帳の作成者たるイルミノンが水車経営、葡萄栽培に積極的に関与し、改善を図っていたことを示唆する。またプリュムの例では、ヴィク・シュル・セーユ Vic-sur-Seille（第四一章）所在の製塩所に関して、管理人に塩の価格を注意深く監視するよう指令した、『御料地令』第六二条を彷彿させる文言[21]があるが、しかし鉄に関してはこのようなものは見あたらない。城戸照子が指摘しているように[22]、所領明細帳において、領主直領地の構成要素として鉄工業に関する施設が明記されている例は、今のところ知られていない。所領明細帳はしばしば領民に紡績・織布賦役を課し、またそのための作業場を記録しているが、おそらくは一部所領には存在していたであろうと思われる領主の鍛冶場について、この史料は何も語っていない。所領明細帳を見るかぎり、当該所領において鉄工業はもっぱら領民によって、領主の明示的な関与なしに営まれていたことになる。そして鉄工業への領主の強い関心を示すかに見える『御料地令』にあっても、その主たる関心は人材と収益の確保であった。王領地、教会領を通じて、領主の鉄工業に対する関心は一種間接的なものであったように思われる。

3　鉄工業者の社会的地位

前章の印象が正しいとして、それではなぜ鉄工業に関しては領主による主導の痕跡が見いだされないのだろうか。この問いに答えるには、所領内で鉄工業に関わる領民の社会的位置づけを検討しなくてはならない。所領明細帳において、鉄工業に従事している領民が一定数のまとまりを示すのはサンタ・ジュリア・ディ・ブレシア、サン・ジェルマン・デ・プレ両修道院のマンス保有民に限られ、それ以外はプリュム修道院領に居住するフニングスのような小地片の保有者が散発的に現れるだけである。サンタ・ジュリア・ディ・ブレシア修道院の例を別にすると、鉄工業に関わる領民の所領内での地位は必ずしも高くはなかったように見える。サン・ジェルマン領で一〇〇リブラの鉄を納めているマンス保有農民は全員、非自由民マンスを保有しているだけでなく、自身の身分規定も非自由身分として史料に明記されている。言いかえると、非自由身分を持たない者が鉄を納めている事例は見あたらない。それを端的に示すのは第八七節、非自由民四家族と解放自由民一家族が保有した非自由民マンスの記録である。ここには「同様にする。非自由民である者は――（空白）を除いて鉄を納める。解放自由民である者はスペルトを納める」[23]とあり、鉄を納める義務が非自由身分の者にのみ課されていることが疑問の余地なく明示されている。

一般に所領明細帳において、一つの所領に居住するマンス保有農民の負担が均一でなく、いくつかのパターンに分かれているのはさほど珍しくはない。しかしサン・ジェルマン明細帳において、特定の負担がマンス種別ではなく保有農民の身分規定と厳密に対応しているのは、唯一ここに見られる鉄の納付に限られる。しかも鉄を納める保有農民は、彼が保有するのが完全マンスか分数マンスか、あるいは複数家族で一マンスを保有しているのかを問わず、一律に鉄一〇〇リブラを納めなければならなかった。一般に、マンス保有農民の負担はマンスを単位として課され、複数家族が一マンスを保有する場合では当該の家族が連帯して一マンス分の負担を履行するのが原則であることを考えると、サン・ジェルマンの鉄納付義務は、この義務を負う保有民が通常のマンス保有農民とは異なった、おそらく人身支配的要素を色濃くまとった関係を修道院ととり結んでいるのではないかという想定を可能にするように思われる。そして彼らがすべて非自由民として記録されているという事実は、彼らの地位が通常のマンス保有民より一段と隷属的な地位にあったことを示しているかに見えよう。

すでに見たように、所領明細帳にはまた、マンスに較べて狭小な土地を保有したハド（サン・ジェルマン領ボワシィ）やフニングス（プリュム領ウーモン）のような存在が随所に現れる。彼らの姿は、かつて森本芳樹がサン・ベルタン修道院所領明細帳を扱うなかで子細に論じた「非古典荘園制的領民」、特に第一層のそれと一脈通じるものを持っている。ここで森本は狭小な土地を保有し、さまざまな労働を行っている領民の起源を領主屋敷内に居住した奴隷的非自由人であると主張し[24]、その起源を所領外で独自経営を行っていた自由人に求めるF・L・ガンスホーフ[25]を鋭く批判した。森本の説を援用すれば、サン・ジェルマン、プリュム等に見られる鉄工業に携わる小保有者をマンス保有農民に較べて一段と自立度の低い隷属的存在と捉えることには、さらに鞏固な根拠が与えられることになろう。そしてまた、コルビー修道院長アダルハルドゥスの作成した、いわゆる『アダルハルドゥス指令書』第四章に見られる、「菜園番は毎年慣習に従って、車を車置から受けとる。すべての鉄製用具が会計係――鍛冶屋を監督している――から受けとられるべし[26]」という文言もまた、鉄工業者が会計係の監督下にあること、すなわち所領内で与えられた地位が必ずしも高いものではなかったことを示唆しているように思われる。

しかしながら、鉄工業に関与する領民、なかでも小保有民の隷属的性格を強調する考えは、さきに見た、鉄工業への領主層の関わりの薄さという様相と必ずしも適合していないように思われる。マンス保有農民について言えば、サンタ・ジュリア・ブレシア修道院所領で鉄を納めているのは当該所領での標準的な保有民であり、鉄との関係を持たない所領の保有農民と較べても、隷属的性格が強いとあえて判断する根拠は見あたらない。一方、サン・ジェルマン明細帳で毎年鉄一〇〇リブラを納めると規定された保有民は、いずれも非自由民マンスに居住しているのみならず非自由身分にあると明記され、領主との関係にも人身支配的要素が含まれていた可能性がある。しかし彼らが軍役税として羊一頭を納めている点を見逃してはならない。軍役税は一般に自由民にのみ課されるとされ、サン・ジェルマン領でもほとんどの場合は自由民マンス保有者の負担になっているにもかかわらず、鉄を納める保有民はこの税を負担している。彼らをその身分規定ゆえに隷属的な、自立性を欠く存在として捉えることは正しくないであろう。

分数マンス、あるいはマンスという呼称を持たない小保有地を持つ領民の場合も、彼らの自立性を想定させる文言を見いだすことは困難ではない。すでに何度かふれた、ボワシィで二分の一マンスを保有するハドについて書かれた、「マンス（の負担）の半分を彼の鍛冶場から支払う」[27]という記述は、彼が自前の作業場を持っていた、つまり鍛冶屋として独自の経営を行っていたことを示唆する。そしてウーモンでクアルタリス（四分の一マンスとほぼ同義）を保有し、鉄製鍋を納めているフニングスについての、「それ以外は何もしない」[28]という規定は、彼がアメルリクス（四名で一マンスを保有。彼が当該所領の保有農民に対する負担の代表例となっている）[29]と同等の存在として認識されていたと思わせる。史料から浮かんでくる小保有民の姿は、領主から給養を受けつつ家内雑事の一環として鉄工業を行う隷属民というイメージとは明らかに一線を画していると言わねばならない。

ここで想起すべきは、大所領の外部で、おそらくは中小の自立的経営主体によって営まれていた鉄工業の存在である。例えばロルシュ修道院文書に見られる私人の寄進では、鉄鉱山の三分の一が寄進の対象となっている。[30]この史料文言を文字通りに受けとるならば、寄進者は問題の鉄鉱山の三分の二を依然として手中に収めていた、少なくとも鉱山収入の一定部分を収受し、あるいは鉱山の経営・管理に関与しつづけていたことになろう。独自の経営を行う鉄工業者の姿は、九世紀前半に書かれた『聖フベルトゥス第一奇蹟伝』の第二挿話[31]からも浮かびあがってくる。マルロワ Marloie に住む鍛冶屋アングレマルスは、視力の回復を願って、おそらくは彼が製造した鉄の棒（棒状の材料鉄）をサン・テュベール修道院に奉納した。さらに彼は修道士の慫慂を受けて、修道院内の鍛冶場でその後の生涯を過ごすことになる。彼が住んでいたマルロワについて、『奇蹟伝』は「サン・テュベールの修道士たちの支配下にある[32]」と記している。アングレマルスが視力を失う以前からサン・テュベール修道院と何らかの関係を持っていた可能性は否定できないが、デスピィが指摘しているように[33]、彼が自分の意のままになる鉄材を持ち、さらに出処進退を自ら決めたこともまた確かである。そして『御料地令』第四五条のいう鍛冶屋の確保が時としてこのような方法で、外部からの人材徴募によって行われたと考えることも、あながち不当とは言えないであろう。少なくとも『聖フベルトゥス第一奇蹟伝』の挿話は、鉄工業に関する技術は大所領の内部でも外部でも基本的には同一であり、鉄工業者は領主制の内外を分かつ境界を容易に越えることができたという事情を示していると言えるのではないだろうか。このこともまた、大所領内部で活動する鉄工業者がいくらかなりとも自立的性格を持っていることの一傍証となるであろう。

中世初期鉄工業者がたとえ小保有者であっても、必ずしも隷属的存在ではなかったとして、それではなぜ彼らはある種の自立性を持ちえたのであろうか。言い方を変えると、なぜ領主は鉄工業者に対して自立性を認めていたのであろうか。この問題に十全に答えることはきわめて困難であるが、非文字史料はいくつかの糸口を示している。

サン・ジェルマン所領明細帳の新しい刊本と同時に刊行された考証のなかで、K・エルムスホイザーとA・ヘトヴィックは第一三章に記された鉄工業について特に一節を設け、自然地理的条件、考古学や地名学の知見、等々を検討している。[34] それによると、この所領が立地するペルシュ地方には地表から二～五メートルの位置に通常は五〇センチメートル程度、厚いところでは約三メートルに達する褐鉄鉱の鉱脈が広がっていた。鉱石は河岸では崖に露頭し、鉱石を容易に得ることができた。この地域では古代末期にはすでに製鉄が行われていたことが確認できる。実際この近辺には Minière や Montferré など、鉱山や鉄に由来する地名が頻出している。ただしエルムスホイザーとヘトヴィックによれば、この地で製鉄が行われた理由は鉄鉱石が近隣で産出したこと以上に、周囲をとりまく森林資源の豊かさであった。パリ北方、ヴィリエ・ル・セック Villiers-le-Sec やバイエ・タン・フランス Baillet-en-France 等いくつかの小村（サン・ドニ修道院領）の発掘報告も同様の指摘をしている。いま名をあげた二村落からは鉱滓や熱で赤化した土壌が発見され、カロリング期にこの地で製鉄が行われたことは確実とされている。そして、その近隣にはたしかに褐鉄鉱の鉱脈があるものの、溶解炉の設置を決定づけたのはそれ以上に森林の存在であったという。J・ルウーによると、一般に製鉄の立地は木材の入手を第一条件とし、次に鉱石の搬入、鉄製品の搬出のための交通の便を勘案して決められた。[35] こうした指摘が正しいとすると、中世初期の鉄工業、特に精錬の立地を決定するのはまずもって木材資源と交通の便という自然地理的要因であり、領主による新規開発や現状変更の余地はきわめて少なかったことになる。事実、ペルシュ地方でも、またブリュッセル南東に広がるソワニィの森 Forêt de Soignes でも、考古学の成果は、製鉄活動が比較的狭い空間でガロ・ローマ期から一二世紀まで長期にわたって続けられたことを示している。[36] そうであれば、領主層の製鉄への関与は、自然地理的条件を含む既存の（しばしば改変の困難な）諸条件を受けいれつつ経営の持続を計ろうとする、あえて言えば受動的・間接経営的性格を持ったものにならざるを得ないであろう。[37] 鉄工業者の自立的性格はこうした領主の指向とも合致するものであった。

4　鉄工業から見る中世初期社会

前章で見てきたところでは、中世初期において領主が鉄工業の直接経営に乗りだす余地は小さかったと思われる。けれども、中世初期社会研究にとって鉄工業の意義は否定すべくもない。その理由の一つは、鉄工業者、特に所領内に小規模な保有地を持つ者たちの存在によって、中世初期大所領の構造に独自の方向からの照明が与えられる点にある。

すでに見たとおり、カロリング期の所領明細帳はほとんど例外なく、マンス保有農民とは別に、一マンスに満たない狭小な土地を保有する領民を多数記録している。しかしこれまでの研究史は、ともすれば彼らを「古典荘園制」モデルにとっての「不純物」、「夾雑物」と見なしがちであった。森本芳樹の構想[38]（大いに傾聴すべきものであることは論を俟たないが）においても、こうした零細保有民は奴隷的非自由民からマンス保有農民へと「成長」する途上にある者として、奴隷制から封建制への移行という大きなコンテクストに位置づけられることによって初めて、歴史的意義を獲得しているように思えてならない。しかし彼らをそれ自体として、ある時点での大所領の構成要素として、いわば静態的に観察したとき、いくらか異なった論点も浮かんでこよう。

すでに見たように、少なくとも鉄工業に関わる小保有民については、彼らの保有する土地の狭小さから直線的に生計基盤の弱さを想定し、そこから領主への隷属性の強さを結論するのは困難であった。とすれば、彼らは保有地以外にしかるべき生計基盤＝収入源を持っていたことになろう。槍を六個納めると規定された鍛冶屋エルメヌルフスについて、エルムスホイザーとヘトヴィックは彼が納めるのは生産物のごく一部にすぎなかったと想定している。[39] おそらく彼の生計のかなりの部分は、『聖フベルトゥス第一奇蹟伝』に登場する鍛冶屋アングレマルス（おそらく彼は、商品の一部を寄進した）と同様、鉄製品の売却によって支えられ、それが彼の自立性を担保していたのではないだろうか。『アダルハルドゥス指令書』にある、「秋に土地をならし、春に植えつけを手伝い、夏に除草するために必要なときに雇われた者のために、菜園番の修道士のそれぞれに、そのたびごとに俸給のためのパン一〇〇個を与えるように」、また「［菜園番の］各々に、上述のような雇い人のために修道院長から年間五スーが与えられる」[40] という文言もまた、繁忙期のみ俸給（貨幣やパン）を得て修道院のために働く、言いかえると所領外で曲がりなりにも自身の生計を維持していた集団が存在したことを示唆している。言うまでもなく、一年に数度、定期的に賃労働を行うという状況がある期間持続するならば、賃労働者＝小経営主体は、雇い主である領主に対して一種の従属関係に組みこまれることになろう。この場合、彼らを完全に自立した経営主体と呼ぶことはできないかもしれない。しかしこのとき、コルビーの雇い人と小保有民としての鉄工業者は、領主との従属関係から得られる生計基盤（前者では賃労働、後者にあっては保有地）と独自のそれ（前者では例えば自有地、後者では手工業）とを組みあわせてある程度の自立性を維持していたという点できわめて近しい存在となる。これはまた、鉄工業者に限らず、所領明細帳に頻出する零細保有民の少なくとも一部は保有する小地片以外に独自の生計基盤を持っていたのではないかという考え、さらには、中世初期の大所領が狭義の領主制（土地を媒介とした領主・農民関係）だけではなく、人身的支配・保護関係、あるいは補助収入手段の提供など、さまざまな方策の総体として成立していたという認識を導きだすであろう。

そして中世初期社会それ自体にとっても、鉄工業の持つ意味は決して取るに足らぬものではない。それは経済生活への寄与という側面でも確認できる。伝統的な見解は『資材帳範例 Brevium exempla』などに見られる用具リストに金属製大型農具がほとんど見られないことを一つの根拠として、鉄は当時の経済生活にほとんど関係していなかったと主張してきた。[41] しかしサンタ・ジュリアの所領明細帳を見るかぎり、農民が納める鉄製品には犂先、熊手、鎌などがあり、しかも最も頻出するのは犂先である。これはあくまで南欧の事例であり、ロワール以北の史料で金属製の犂が納入されている事例が見あたらないことは認めなくてはならない。しかし武器以外の金属製品が史料に現れる事例は皆無ではない。例えばモンティエ・ラン・デル修道院所領明細帳には、森（森番）から手斧がもたらされるとの記述がある。[42] クーヘンブーフはこれをもとに、森番、水車番が手工業にも関わっていた可能性を指摘した。[43] エルムスホイザーとヘトヴィックもまた、サン・ジェルマン領において所領役人や森番など鍛冶屋以外の肩書きを持つ領民が金属製品を納めている事例を指摘し、こうした「専門外」の領民が納めるべき金属製品の調達方法として購入、あるいは自身での製作という選択肢をあげている。そのどちらをとるべきかについて彼らは沈黙しているが、[44] いずれにせよこれは鉄製品、あるいは材料鉄の需要が文字史料からうかがえる以上の広がりを持っていたことを示唆していよう。事実、中世考古学は、鉄工業、少なくとも鉄製品の加工が中世初期においてもきわめて広範に、極言すればほとんどすべての定住地で行われていたことを明らかにしつつある。

鉄工業の広がりを示すものの一つに水車がある。サン・ジェルマン・デ・プレ所領明細帳には一七所領で合計八四基の水車が記録され、他の所領明細帳も相当数の水車を記録している。[45] D・ロールマンはサン・ジェルマン明細帳の第一三章で、水車のうち六基が「旧い」と註記されていることに注目し、この地において水車はイルミノンによる所領明細帳作成作業、あるいは彼が行った新しい水車の設置（「一基を修道院長イルミノン殿が作った[46]」）より相当以前から稼働していたと想定した。ペルシュ地方の森林地帯で早期に水車が普及した理由を、彼は水流の豊富さとともに、この地域で行われていた鉄工業の存在に求めている。[47] 水車と鉄との関連について、『アニアヌのベネディクトゥス伝』第四節は興味深い挿話を伝えている。ベネディクトが修道院を開いて間もなく、「邪悪な考えにとりつかれた客が夜、彼らのところまでやって来たので、彼らはその客ができるかぎり回復するようロバの寝床に泊めた。しかしその男は邪心を抱いて眠らずにいて、修道士たちが休んだときに起きあがり、自分でそこにおいて堕落し、水桶から水を流して運び、そして水車の鉄でできた部品も忘れることなく、善に対して悪で報いて立ち去った」[48]。ここに記された「水車の鉄でできた部品」が具体的に何をさすのかは不明である。しかし、水車の普及が鉄に対する需要を喚起したことは十分に考えられる。少なくとも中世初期において鉄はもっぱら武器に使われ、農業生産の拡大には貢献しなかったとする考えは捨てられねばならないであろう。

5　小農民としての鉄工業者

最後に残った問題は、所領内で鉄工業に携わる者のほとんどが小保有者であった、言いかえると農業と手工業という二つの生計基盤を持っていたことの意味である。この問題を考える手がかりとして、ロールマンの指摘を想起しよう。彼は、所領明細帳に記された水車の多くが相当以前から存在し、また小経営主体が水車を設置した例も少なくないことを指摘した[49]。それは、水車に関する技術が大所領ばかりでなく独自小経営の部門でも広範に求められていたことを意味する。そして「水車の鉄でできた部品」という文言は、たしかに片言隻句ながら、何らかの鉄製品への需要が所領の枠を越えて広がっていたことを暗示していると言えるであろう。こうした状況は、領主屋敷に緊縛された手工業者が領主から原料や生産手段を与えられ、もっぱら家内需要を充たすために作業を行うという事態とは決して適合的でない。少なくとも、所領外に存続した中小規模の独自経営に対しても鉄製品を供給する仕組みは不可欠であった。その仕組みとは、鉄工業者の（完全ではないにせよ）自立的な経営から生みだされた製品が市場を通じて分配されることであっただろう。ちなみに、神聖ローマ皇帝オットー二世がリエージュ司教に与えた、ヴィゼ Visé における流通税免除特権は免税となる商品として鉄をあげ[50]、鉄が市場で日常的に取引されていたことを示している。

しかし一方で、鉄製品に対する需要は持続的ではあっても、クーヘンブーフも指摘するように[51]、専業的鉄工業者の存在を可能にするほどの水準には達していなかったと思われる。したがって鉄工業者は別の生計基盤、すなわち食料調達手段を必要としていた。その手段とは、まずもって農業であろう。つまり手工業は農民の副業として営まれることによって初めて維持可能となり、広範にしかも持続的に存在するが、しかし総量としては必ずしも大きくない手工業製品の需要に応えることができたと思われる。

小規模農業と手工業が同一の生産者によってなされる状況は、分業が未発達の状態としてしばしば否定的なニュアンスで語られてきた。けれども農工兼営状態はまた、伝統社会において日常的に見られるように、手工業製品の売却による補助収入が零細農民（生計維持に必要な食糧を生産できるだけの土地を持っていない）の生計維持（不足する食糧を市場で購入）を可能にする機能も持っていた[52]。鍛冶屋アングレマルスが視力を失うまで小農民としての一面を持っていた可能性は決して低くなく、奇蹟が起こった後の彼がサン・テュベール修道院から若干の土地を与えられ、それを耕作しつつ鍛冶場での作業を続けたという想定もまた可能であろう。そしてまた、サン・ジェルマン明細帳に現れる、三ボニエの耕地を保有し鉄箍を作る領民[53]について、彼を領主屋敷内の奴隷的非自由人に近い存在としてではなく、小保有地の耕作と鉄工業との兼営によって自己の家計を維持する自立的経営主体として捉えることも、少なくとも選択肢の一つとしては十分に可能と思われる。

それではなぜ、アングレマルスのような独自の経営を曲がりなりにも維持していた手工業者が領主制の内部に入ってきたのか。森本芳樹が呈示する「荘園制の進化モデル」においても、自営民が領主制に組みこまれる過程は織りこまれていた。ただしここで主として着目されていたのは自身が従属民を持つ中規模領主層で、彼らの領主制への統合は従属民の自立化（奴隷制からの離脱）が経営を困難ならしめたがゆえに発生したとする理解を伴っていた。この稿で問題としている手工業者層はより経営規模の小さいものであったと思われ、したがって従属民の自立化によって彼らが領主制に組みこまれていったとする説明は適用困難と言わねばならない。

ここでふたたび『聖フベルトゥス第一奇蹟伝』を見よう。修道士たちは視力を回復した鍛冶屋に修道院に留まるよう要請し、鍛冶屋はそれに応じて後半生を修道院で過ごしたとある。ここから読みとれるかぎりでは、鍛冶屋の独自経営がもはや困難になっていたとは考えられず、しかし、修道士の慫慂を振りきってまで独自経営に固執する動機も、彼の側にはなかったと言えよう。いずれにしても鍛冶屋を修道院につなぎ止めたのは、一つには聖人の取りなしによる視力の回復という「経済外的」要因であった。しかしそれがすべてではないであろう。考えられる可能性の一つは燃料の確保である。コークスを燃料とする精錬技術が確立するまで、鉄工業は燃料・還元剤として木炭を必要不可欠としていた。中世の製鉄においては一〇〇～一五〇キログラムの鉄鉱石を溶解するのに木炭三〇〇キログラムを要し、それによって得られる鉄地金は好条件が揃った場合で三〇キログラム、通常は一七～一八キログラム程度であったという[54]。つまり一キログラムの鉄を得るのには、二〇キログラム近くの木炭が必要となる。そして木炭を作るには、その重量の三倍程度の原料木が必要であった。それに加えて鍛冶屋が鉄を加工する際にも熱源としての木炭は不可欠であった。鉄工業者は、一面では常に森林資源の大量消費者、時としては破壊者とならざるを得ないであろう。

ところで中世初期、森林は生計基盤として、耕地に匹敵する地位を占めていた。森林のもたらす生活必需物資はきわめて多岐にわたる。木材が建築資材、用具材、燃料等に用いられるだけでなく、放し飼いにされた豚や野生の鳥獣、森林内の水流で獲れる魚、さらに野草や果実（特に栗）が食に供された[55]。いくつもの文字史料が、中世初期にすでに森林の利用をめぐる紛争が各地で発生していたことを伝えている[56]。その一例は八二七年にルイ敬虔帝とロタールが共同で発給した一通の文書である[57]。アルデンヌ地方（中世初期、この地方ではプリュム修道院所領明細帳が記録するウーモンをはじめとして、各地で製鉄が行われていた）に所在する *Astanetum* の森をめぐるスタヴロ・マルメディ修道院と王領地トゥー Theux の管理人との争いの解決を求められ、二人は紛争当事者の双方とも豚やその他の動物を養育し、建築用材を切りだし、さらに魚を獲ることが平等に認められるが、しかし森林を根こそぎにしたり森のなかに屋敷や菜園地を作ってはならない、と裁決した。ここには手工業に関わる文言はまったく現れない。しかしこの文書から読みとれる、森林資源の持続的な、節度ある利用をめざす指向と大量の木炭を得るために森林を根こそぎにする製鉄業者の行動は、やがて相容れないものになっていくであろう。さまざまな利害関係者が錯綜するなかで森林の伐採を続けるには、何らかの権力の後ろ楯を必要とする。さらに、手工業者の生計維持には、特にそれが小農民の家計補助手段としての性格を持っていたとき、自己の製品を販売するための在地市場が不可欠であった。こうした市場もまた、多くは領主、特に修道院の影響下にあった。いささか逆説めくが、鉄工業者がある程度の独自性を保ちつつ生計を維持するには、森林や市場を管理下に置き、あるいはそれに関わる利害を調整しうる大領主と関係をとり結ぶ必要があり、領主の側でも、こうした「便宜供与」を通じて手工業者を含む多様な生産者を（ある程度の自立性を認めつつ）自己の影響圏内に取りこむことは、領主制の維持に大いに寄与していたと言えるのである。

6　総括と展望

以上、わずかに残された史料証言のつながりから浮かんできたところが的はずれでないとすれば、カロリング期の鉄工業は領主制との関連で次のようにまとめることができよう。まず、この時期、鉄工業の担い手として文字史料に現れるのは、大半が一般のマンス保有農民に較べて狭小な土地を保有する零細保有民であった。彼らは、材料鉄や鉄製品を領主に納めていたが、領主の持つ作業場で賦役労働の一環として鉄工業に携わる事例は、少なくとも所領明細帳からは読みとれない。そしてまた、彼らは生産した鉄製品の一部を売却していた可能性が高い。一般的なマンス保有農民が鉄製品を納めているサンタ・ジュリア・ディ・ブレシア修道院の例を含めて、鉄工業は主として農民の副業として営まれていたと言える。そのことは鉄工業従事者が専業化するほどの需要がなかったことを意味するが、一方、こうした農工一体の状態が、同時代の社会と適合的であったという一面を見逃してはならない。また、鉄工業従事者の社会的地位、あるいは所領内での位置づけは、必ずしも高くなかった。しかし彼らがきわめて隷属的な存在であったということはできない。独自の経営を行っていた鍛冶が領主制に（決して強制的にではなく）入ってきた事例からも、彼らの出自を、保有地の狭小さのみを根拠として一律に領主屋敷内に緊縛された奴隷的非自由人とするのは再考を要するであろう。中世初期荘園制において、領民を所領内につなぎ止める契機はきわめて多様であった。質量とも中心的存在となるのはマンス保有農民であるとしても、その他さまざまな領民が全体として領主制、あるいは領主を一つの核とする社会秩序を作りあげていた。そのなかで小土地保有者としての鉄工業者は、生計基盤の一部を農業に求め、さらには森林利用、市場参加にあたっての利便供与を受けることによって、必ずしも多くない需要に耐えて鉄工業を維持することができたと思われる。つまり彼らは自立的性格と従属的性格とを併せもち、しかしその一方に完全に塗りこめられることなく、自らの持つ技術によって中世初期社会のなかで独自の存在感を主張しうる存在であった。彼らを「エリート」と呼ぶことは滑稽であろうが、しかるべき技能によって社会の中間層としての地位を確保するというその姿は、「エリート」の一面を彼らも共有することを示してはいないだろうか。そして彼らの存在が、中世初期の領主制が単なる土地経営組織ではなく、社会統合組織（それは社会構成員の生計維持装置としての一面を持つ）でもあったという事情に光を当てているとすれば、彼らの歴史研究に対する寄与のあり方は、さまざまな時代のエリート層のそれ（「時代の鏡としてのエリート」）と一脈通じると言えるのではないだろうか。

注

（1）森本芳樹『西欧中世形成期の農村と都市』岩波書店、二〇〇五年。

（2）以下の記述はL. Beck, *Die Geschichte des Eisens in technischer und kulturgeschichtlicher Beziehung*, 3. Abteilung, Braunschweig 1897（中澤護人訳『技術的・文化史的に見た鉄の歴史』第一巻第三分冊、たたら書房、一九七七年）、堀越宏一「中世フランスにおける製鉄業の発展と鉱業特権の形成」『史学雑誌』一〇〇－二、一九九一年、一－三九頁による。

（3）R. Sprandel, *Das Eisengewerbe im Mittelalter*, Stuttgart 1968, pp. 357-358.

（4）一例として、J. Cuisenier/R. Guadagnin, *Un village au temps de Charlemagne. Moines et paysans de l'abbaye de Saint-Denis du VIIe siècle à l'An Mil*, Paris 1988; P. Defosse/J. Quairiaux/P. -P. Bonenfant, Paléosidérurgie, *Annales d'Histoire de l'Art et d'Archéologie*, XIII (1991), pp. 130-133.

（5）D. Hägermann（ed.）, *Das Polyptychon von Saint-Germain-des-Prés. Studienausgabe*, Köln/Weimar/Wien

1993. 以下PSGと略し、引用は章（ラテン数字）および節番号（アラビア数字。ゲラール版、ロニョン版と共通）で示す。

（6）PSG, XIII-64: Solvit ad hostem multonem .I., et denarios .IIII. de capite suo, et .C. libras de ferro, scindolas .L., axiculos .L., dovas .VI., circulos .III., de fumlone sestarios .II., faculas .VII. Arat insuper annum perticas .VI. Facit caropera.

（7）PSG, XIII-103: Ermenulfus faber medietatem mansi de .VI. lanceis. XIII-104: Hado faber prosolvit medietatem mansi de fabricina sua.

（8）PSG, XIII-100: Ainfredus, maior, et unusquisque homo, qui de eadem villa maior fuerit, solvit ad Nativitatem Domini porcos .II., ferreolos .II., Coniadas .VIII. ... Totidem censum solvit ad Pascha.

（9）J. -P. Devroey（ed.）, *Le polyptyque et les listes de cens de l'abbaye de Saint-Remi de Reims*（*IXe-XIe siècles*）, Reims 1984, p. 26: Inguisus faber seruus, Flodoldus filius eius seruus.

（10）*Ibid.*, p. 84: Mansum seruilem tenet Erchanfridus faber in beneficium; debet similiter.

（11）I. Schwab（ed.）, *Das Prümer Urbar*（*Rheinische Urbare*, 5. Band）, Düsseldorf 1983（以下PUと略記）p. 206: Angelulfus mansum dimidium, solvit similiter et habet duas partes quartalis, de illo solvit, Teoduinus fossarius ut oportet.

（12）A. Verhulst, *The Carolingian Economy*, Cambridge 2002, p. 76.

（13）PU, p. 207: Huningus quartalem .I., solvit annis singulis patella .I., nichil aliud.

（14）G. Despy, Villes et campagnes aux IXe et Xe siècles: l'exemple du pays mosan, *Revue du Nord*, 50 (1968), pp. 145-168（平嶋照子・森本芳樹訳「九～十世紀の都市と農村―ムーズ地域の場合」森本芳樹編『西欧中世における都市と農村』九州大学出版会、一九八七年所収、一一五頁、註二八）.

（15）L. Kuchenbuch, *Bäuerliche Gesellschaft und Klosterherrschaft im 9. Jahrhundert. Studien zur Sozialstruktur der Familia der Abtei Prüm*, Wiesbaden 1978, pp. 290-291.

(16) G. Pasquali (ed.), S. Gullia di Brescia, in: A. Castagnetti/M. Luzzati/G. Pasquali/A. Vasina (ed.), *Inventari altomedievali di terre, coloni e redditti,* (*Fonti per la Storia d'Italia,* No. 104), Roma 1979, p. 54: manentes XXVIII, sortes absentes X et VII, qui reddunt insimul de argento solidos XII de grano modia XXII, berbices XIII, formaticos XII, Vomeres XX, secures III, mannaria I, furcas ferreas II, et alio ferro libras C, pannos rusticos X, leguminis sestaria V, pulli XI, ova LX, fascicula de tea II; ...

(17) C. Brühl (ed.), *Capitulare de villis cod. Guelf. 254 Helmst. der Herzog August Bibliothek Wolfenbüttel,* Stuttgart 1971, p. 60: Ut unusquisque iudex in suo ministerio bonos habeat artifices, idest fabros ferrarios, et aurifices vel argentarios, ...

(18) *Ibid.,* pp. 61-62: Ut unusquisque iudex per singulos annos ex omni conlaboratione nostra, quam cum bubus quos bubulci nostri servant, quid de mansis qui arare debent, ... quid de piscatoribus, de fabris, scutariis vel sutoribus, ... quid de tornatoribus vel sellariis, de ferrariis et scrobis, id est fossis ferrariciis vel aliis fossis plumbariciis, ...

(19) PSG, XIII-A: Habet ibi farinarios .VII., sex vetustos et unum quem domnus Irmino abba fecit; ..

(20) PSG, XIV-1: Habet ibi de vineas veteris aripennos .CXXXV., de vinea novella, quam domnus Irmino abba plantavit, aripennos .VIII. et dimidium, ubi possunt in totum colligi de vino modii .MCCC.

(21) PU, p. 197: Ideo precipimus inquiere, quando vel quantum burdura ascenderit vel descenderit, que aliquando duobus constat denarios tantum aliquando usque ad .XVI. denarios, aliquando usque ad unciam pervenit.

(22) 城戸照子「中世初期イタリア北部の農村構造―サンタ・ジュリア・ディ・ブレシア修道院所領明細帳の分析から」『経済学研究』(九州大学経済学会) 五九―三・四、一九九三年、二三五頁。

(23) PSG, XIII-87: Solvunt similiter. Illi, qui sunt servi, solvunt ferrum praeter...; et ille, qui lidus est, solvit modium de spelta.

(24) 森本芳樹「サン＝ベルタン修道院所領明細帳の分析」森本『西欧中世形成期の農村と都市』所収、一三八―一四三頁。

（25） F. -L. Ganshof（ed.）, *Le polyptyque de l'abbaye de Saint-Bertin*（*844-859*）. *Édition critique et commentaire*, Paris 1975, p. 36.

（26） J. Semmler（ed.）, Breuis quem Adalhardus ad Corbeiam regresus anno incarnationis domini DCCCXXII mense ianuario indictione quinta decima imperii uero Gloriosi Chluduici Agusti octauo fieri iussit, in: K. Hallinger（ed.）, *Corpus consuetudinum monasticarum*, t.1, Siegburg 1963, p. 381: Carra uero accipiant ortolani de bura omni anno secundum consuetudinem. Omnia utensilia ferrea debebt accipere a camerario qui fabros prouidet secundum consuetudinem communem.

（27） PSG, XIII-104: Hado faber prosolvit medietatem mansi de fabricina sua.

（28） PU, p. 207: Huningus quartalem .I., solvit annis singulis patella .I., nichil aliud.

（29） *Ibid.*, p. 201: In villa Lubin habet Amulricus, Rainfridus, Folcricus et Helpricus mansum .I. et solvent in mense decembrio inter illos porcos .IIII. aut denarios .XX.. In mense maio solvunt pro hostilicio friskingas vervecinas .IIII. aut denarios .XX.; linum fusa .LX.. In mense augusto pro corvada porcellas .IIII. aut denarios .XVI.; faciunt .XV. noctes duas, ubicumque eis precipitur. ...

（30） K. Glöckner（ed.）, *Codex Laureshamensis*, Darmstadt 1929-1936, t. 3, p. 193（3701c）: Dedit quoque in ipso pago in Wanendorpher marca Adelot terciam partem de sua mina ad faciendum ferrum.

（31） Miraculorum S. Huberti post mortem. Liber primus, *Acta sanctorun. Ex Latinis et Graecis aliarumque gentium Monumentis, servata primigentia veterum Scriptorum pharsi*, Nov., t. 1, pp. 819-822.

（32） *Ibid.*, p. 819: In villa quoque vocabulo Marlida, quae fratrum ditioni subjecta est, ...

（33） Despy, Villes et campagnes aux IXe et Xe siècles, 邦訳、九四頁。

（34） K. Elmshäuser/A. Hedwig, *Studien zum Polyptychon von Saint-Germain-des-Prés*, Köln/Weimar/Wien 1993, pp. 196-201.

（35） J. Le Roux, La métallurgie, in: J. Cuisenier/R. Guadagnin, *Un village au temps de Charlemagne*, pp. 291-296.

（36） Elmshäuser/Hedwig, *Studien*, pp.196-201; Defosse/Quairiaux/Bonenfant, Paléosidérurgie.

（37） 所領経営への領主の関与が直接的なものになるか間接的なものになるのかは、経済活動の形態（例えば牧畜主体か森林利用主体か）によって決まり、必ずしも領主の積極的経営指向の有無によるのではないことについては、舟橋倫子「一二世紀修道院領の積極経営とは何か？―アフリヘム修道院領をめぐって」田北廣道・藤井美男（編著）『ヨーロッパ中世世界の動態像―史料と理論の対話』九州大学出版会、二〇〇四年、三九七―四一四頁参照。

（38） 森本『西欧中世形成期の農村と都市』

（39） Elmshäuser/Hedwig, *Studien*, p. 199.

（40） Semmler（ed.）, Brevis quem Adalhardus ad Corbeiam regresus ..., p. 381: Constituimus etiam illis dare ad conducendos homines qui areas leuent in autumno et plantationes primo tempore facere adiuuent nec non et sarcolare herbolas in aestate cum necesse fuerit unicuique fratri ortolano per uices panes centum prouendaricios. p. 382: ... et unicuique debent dari ab abbate solidi quique per annum ad conducendos homines sicut diximus.

（41） G. Duby, *L'économie rurale et de la vie des campagnes dans l'Occident médiéval*, Paris 1962, t. 1. pp. 100-127.

（42） C. -D. Droste（ed.）, *Das polyptichon von Montierender. Kritische Edition und Analyse*, Trier 1988, p. 19: ... silvam ubi possunt saginari porci mille. Exit inde unoquoque anno securis .I. et dolatoria .I.

（43） Kuchenbuch, *Bäuerliche Gesellschaft*, p. 291.

（44） Elmshäuser/Hedwig, *Studien*, p. 199.

（45） E. Champion, *Moulins et meuniers carolingiens dans les polyptyques entre Loire et Rhin*, 1996, p. 32.

（46） PSG, XIII-A: ... et unum quem domnus Irmino abba frcit; ...

（47） D. Lohrmann, Le moulin à eau dans le cadre de l'économie rurale de la Neustrie（VIIe-IXe siècles）, in: H. Atsma（ed.）, *La Neustrie. Les pays au nord de la Loire de 650 à 850*, Sigmaringen 1989, t. l, pp. 370-371.

（48）Vita Benedicti abbatis Anianensis et Indensis auctore Adone, *MGH. SS*, t. XV, pars 1, Hannover 1887, p. 203: Instigatus autem malignis cogitationibus quadam eis nocte ospes advenit, quem iuxta posse refectum in strato aselli collocant. At ille male vigil, quiescentibus illis, surrexit, et secum in quo iacuerat perferens situlamque de qua auserat aquam, set et ferramenta molini non oblitus, abscessit, pro bonis mala rependens.

（49）Lohrmann, Le moulin à eau, pp. 383-386.

（50）*MGH, Diplomatum Regum et Imperatorum Germaniae*, t. 2, pars 1, No. 308, p. 365: ... et quod quaelibet indiciaria potestas nostro permissu vel districto comitis L. de iure praedii possidebat, quicquid videlicet ex coemptione animalium vel ex omni genere tam vestium quam ferri et metallorum vel ex reditu navium vel ex omnium commercio vectigalium vel ex iure forali vel districto iudicali possit provenire, ...

（51）Kuchenbuch, *Bäuerliche Gesellschaft*, pp. 290-291.

（52）森時彦「産業―中国の『産業革命』」狭間直樹他『データで見る中国近代史』有斐閣、一九九六年参照。

（53）PSG, IX-211: Tresberto dedimus partem .I., habentem de terra arabili bunuaria .III. Facit inde buculas.

（54）Elmshäuser/Hedwig, *Studien*, p. 199.

（55）R. Noël, Pour une archéologie de la nature dans le nord de la《Francia》, in: *L'ambiente vegetale nell'alto medioevo*（*Settimane di studio del centro italiano di studi sull'alto medioevo*, XXXVII）, Spoleto 1990, pp. 763-820.

（56）C. Wickham, Space and Society in Early Medieval Peasant Conflicts, in: *Uomo e spazio nell'alto medioevo*（*Settimane di studio del Centro Italiano di studi sull'alto medioevo*, L）, Spoleto 2003, pp. 563-566. 城戸照子「九世紀ポー河流域の森林の用益―八二四年裁判集会に見られる修道院の一円的所有と農民の用益権の対立」『大分大学経済論集』五六―六、二〇〇五年、五五―七三頁。

（57）J. Halkin/C. -G. Roland, *Recueil des chartes de l'abbaye de Stavelot-Malmédy*, t. 1, Bruxelles 1909, pp. 73-75.

［付記］本論は二〇〇五、二〇〇六年度科学研究費補助金（基盤研究（C）、研究番号一七五二〇五〇一）による成

果の一部である。また原稿作成にさきだって早稲田大学史学会（二〇〇六年一〇月一四日、早稲田大学文学部）で報告する機会を与えられ、多くの有益な指摘を得たことを感謝する。

第5章　シトー会修道院『ヘンリクフの書』にみる一三世紀ポーランド社会の変容

――土地領主制・「公の農民」・ドイツ植民――

井内　敏夫

1　『ヘンリクフの書』について

シロンスク（シュレジエン）の中心ヴロツワフからシレンザ川に沿って南西にチェコへの街道が伸びている。その古くからの防衛拠点としてニエムチャがあるが、そこから東南に一〇数キロの地点、オワヴァ川に小さな支流のモジナ川が流れ込む付近にヘンリクフと呼ばれる所がある。ここに一二二〇年代末、シトー会の聖処女マリア修道院が建立される。これがヘンリクフ修道院である。

当時のポーランドは小公国の分立状態にあり、その分裂はボレスワフ三世が一一三八年に死去し、その息子たちが各地に割拠することで始まった。シロンスクを得たのは長男であったが、彼は再統合の戦いで弟たちに敗れ、ドイツに亡命した。その二人の息子が皇帝フリードリヒ一世の後援と伯父たちの同意を得てシロンスクに帰国するのが一一六三年である。その内の兄にあたるボレスワフ長身公の子ヘンリク一世髭公が一二〇一年に父の公位を継承するが、その時までにこの家系がヴロツワフを中心とするシロンスクを、長身公の弟であるミエシコ弱足公の家系がラチブシとオポレ（上シロンスク）を支配する体制が固まった。この間、ボレスワフ長身公は一一七五年、ザクセンのプフォルテからシトー会の修道士たちを招いてルビョンジのベネディクト会修道院を再建させた。これがポーランドで最初のシトー会修道院である。その後ヘンリク髭公は一二〇二年にトゥシェブニツァにシトー会の尼僧院を建て、次いで彼が息子のヘンリク二世敬虔公の名において建立するのがこのヘンリクフの修道院であった。設立そのものの決定は、その実質的な建立者であり、当時公の尚書長であったミコワイがヘンリクフ村で一二二二年に催した祝宴で行われていた。そこにルビョンジから修道士たちが到着するのが一二二七年五月二八日、木造教会の二つの祭壇が聖別され、髭公が建立特権状を発給するのが一二二八年六月六日のことである。

ルビョンジからの最初の到来者として記憶されているのは、院長と九名の修道士であった。いずれもドイツ人であるが、この修道院で土地獲得の歴史を記したラテン語の記録が作成される。これが『ヘンリクフの書』と呼ばれるものである。(1)

修道院の文書庫に眠っていた手稿本の存在が世に知られるようになったのは一八四六年のことである。一八五四年にはステンツェルによって全文が刊行された。(2) それは、修道院の建立と一二五九年までの土地獲得の歴史を綴った第一部と、その後一三一〇年までの同様の歴史を記録した第二部、および歴代のヴロツワフ司教の人名録からなっている。彼の刊行本にはさらに、詳細な序文と注釈の他に、一四世紀初め頃までの証書六〇点が付されている。その後一九二七年に修道院の近くに住む教区司祭のブレトシュナイダーがドイツ語に翻訳し、一九四七年にはグロデツキによってポーランド語版の刊行がなされた。(3)

この史料に関する基本的な見方を作り上げたのはステンツェルであるが、グロデツキによれば、『書』の第一部と司教人名録の作成者は最初にヘンリクフにやってきた修道士の一人で、やがて修道院の納戸役を務め、第三代の院長となったピョートルであり、(4) その作成年代は彼が院長職を辞した一二六八年ないしは六九年から遅くとも一二七六年までの間と見られている。もっとも、彼が院長職からの退任後にこの計画を思いつき、一気に書き上げたわけではない。『書』の内容から分かることであるが、彼の情報源は三つある。一つは修道院が保管する文書類。いま一つは生き証人としての自分自身による見聞。そして、自分よりもはるかに年上の司教や農民に尋ねて得た話である。しかも『書』の作成目的自体が、修道院が獲得した土地財産を元の所有者やその親族から奪い返されないようにするため、そのような危機に陥った時に後継の修道士たちが法廷で合理的に反駁できるようにすることにあった(5)。したがって、ピョートルは情報を書き留めておいたメモなども利用して、院長職を辞した後でそれらをまとめたものと考えられる。第二部は下級の修道士の筆になるもので、一三一〇年一二月の記事が最後であることから、作成の完了時期はこの年以後というぐらいしか分からない(6)。

『ヘンリクフの書』は全ての所領の歴史を網羅しているわけではないが、そこには一二世紀から一四世紀初頭に生きたほぼあらゆる階層の土地所有者が登場する。しかも修道院の財産と関係する人々の描写は実に生き生きとしており、証書史料では決して知りえず、また味わえない情報や魅力を秘めている。その上、もちろん、残存する証書史料との齟齬や意図的な記述も多分に窺われるが、将来の法廷闘争に備えるという執筆目的からしても土地取引などの基本的な事実関係に関する記事の信憑性には疑問の余地はない(7)。

それだけに、この特異な史料はドイツやポーランドの史学界で重視されてきた。その際、ドイツの史家たちはシロンスクという地方的・領邦的歴史を照らす史料として、他方ポーランド史学は、ピアスト期ポーランド全体の社会経済的諸関係や法制度の研究に必須の手掛かりとして利用する傾向にあったという(8)。もっとも、ポーランド史学においてもこれを唯一、あるいは主要史料として詳細に分析しようとする研究はそれほど多くはなく、それらは、シトー会修道院としての大土地所有の形成過程やその経営方法を主たる対象とする研究(9)と、小土地所有者の動向に重点を置くもの(10)とに大別できる。両者はむろん無関係ではないが、本稿の関心は後者にある。他国の史学と同様に、ポーランド中世史学の古くからの重要課題の一つに領主制的な大土地所有の形成・成熟過程の問題がある。この問題に関しては、マウェツキが一世紀以上も前に述べたように、大土地所有の側からだけではなく農民を始めとする下位の社会層の実態に迫らない限り、明確な像は打ち出し得ない。(11)そのような視座をもち、わけても一九八〇年代までにモゼレフスキが提示した枠組(12)を参考にしながら本史料を読み直し、紹介してみること、これが本稿の課題である。なお、ここでは分析の主たる対象を第一部に限定する。これは紙幅の関係ゆえでもあるが、拙稿のテーマに関する見通しは、基本的にはこの部分で得られると考えるからである。

2 尚書長ミコワイと修道院の大土地所有形成過程

土地領主制の成熟過程を問題とする以上、まず出来事をほぼ時系列にそって整理しなおし、その上で三つの時期に分けて紹介する。ヘンリクフ修道院の所領は、ミコワイが最初に集積した基礎的部分と、その後修道院自体が獲得したものとからなり、後者の経過においては筆者のピョートル自身がモンゴル襲来の一二四一年を節目としているからである。

(1) ミコワイによる土地集積

ミコワイは、「大層高貴でもないが、かといって最下級でもなく、中位の騎士を親として」(13)クラクフ公国で生まれ、聖職者となってヘンリク髭公の治世にシロンスクに移住した。彼は、そこでは一片の土地ももっていなかったが、ヴロツワフ司教座の有力な聖堂参事会員の引きを得て同参事会員となり、この参事会員が

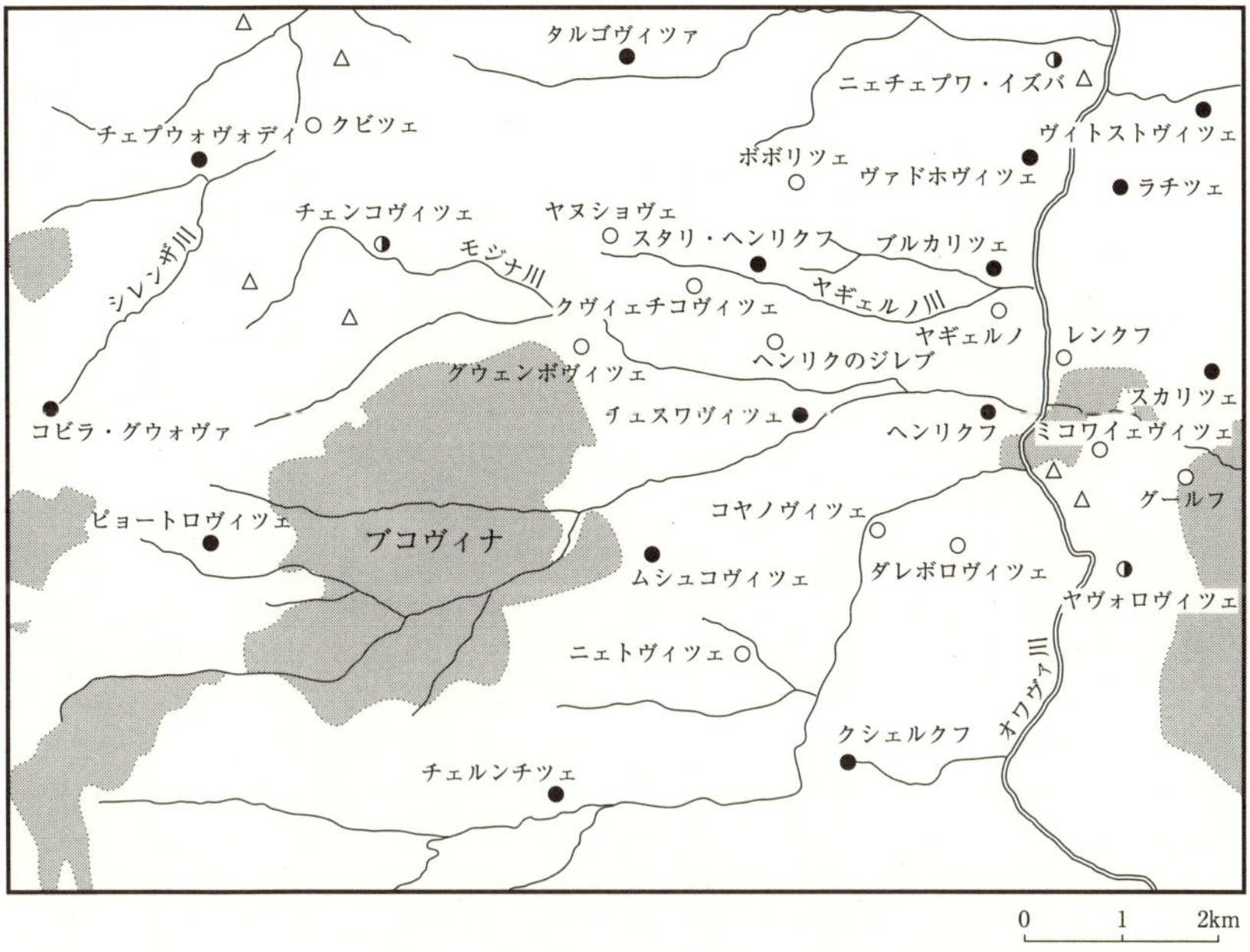

ヘンリクフとその周辺―13世紀初めの定住地の状況―

●現存する定住地　◑その後吸収され一部が消滅した定住地　○その後吸収され消滅した定住地　△発掘で確認できた定住地の遺跡

・森（薄黒い部分）は19世紀初めの状態を示す

Stanisław Trawkowski, *Gospodarka wielkiej własności cysterskiej na Dolnym Śląsku w XIII wieku,* Warszawa 1959, s. 38より作成

ルブシュ司教職に就くと、その後継として公の聴聞司祭にして尚書長に抜擢された。一二〇八／九年頃のことと見られる[14]。

ミコワイが最初に獲得した土地は、ヤギェルノ川の水源付近のヤヌショヴェと呼ばれる「村（villa）」であった。ここには実の兄弟であるヤヌシュとドブロゴストの二人の「小騎士（militelli）」が定住していたが、弟は掠奪行為を働いてまだ妻も娶らぬ前に国から追放され、一方兄のヤヌシュは「相続人を残さずに（sine herede）」死んだ。そこでミコワイは、このジレブが「空いた（vacantem）」のを見て公に嘆願し、この「そう大きくはない領域（modicum territorium）」を下賜された（donari）[15]。

次いで彼はジュコヴィツェを入手した。ここはヤヌショヴェに接し、「公の農民たち（ducis rustici）」が住む「大きな土地（terre bonam quantitatem）」であったが、彼らの中でも「豊かで、抜きん出ている」ジユクとクシェピシが争って二人とも死去し、他の農民たちも「離散した（sunt dispersi）」。ミコワイは、「これらの農地が空いた」ので、公の同意を得て（de voluntate domini ducis）この地を自分のジレブであるヤヌショヴェに加えた（coniunxit）。

この旧ジュコヴィツェに後日修道院が建てられるが、ヤギェルノ川とモジナ川の間には、「騎士と自称していた（habebat se pro milite）」ヘンリクがもち、ヘンリクフと呼ばれるジレブがあった。ミコワイはその者と土地の等価交換を行うことになる。ヘンリクフを得たミコワイはヤヌショヴェの名を消し、自分の地所全体を主君のヘンリク公の名に因んで命名する。これがヘンリクフという地名の起源であるが、「小騎士」とも記されるヘンリクが代わりに得たのは、旧ジュコヴィツェの南側の部分であり、チェスワヴィツェと呼ばれるようになる。

ミコワイはさらに、コワチョヴェの一部を手に入れた。「遠い昔」、コワチと呼ばれる「公の農民」がオワヴァ川の東側に位置する「小さな砦に（in castello）」住んでいた。「当時この地域は至るところ森と荒野であった」ので、彼は「多くの茂みと森とを支配し」、それゆえ、この地域一帯は古くからコワチョヴェと呼ばれていた。しかし、コワチの子孫たちは「長い代替りの過程で」没落して行き、ミコワイがコワチの「相続人たち（heredes）」と出会ったときには、彼らは「貧しく」、同じその小さな砦にひっそりと住んでいた。ミコワイは「彼らの頼み（ipsorum bona voluntate）」に応じ、「彼らに贈り物を与えて（datis eis muneribus）」立ち退かせ、「彼らの農地のすべて」を自分のものとした。この地所が後にミコワイェヴィツェと呼ばれるようになると考えられるが、コワチョヴェの他の地域には、いつしか、境界付けされたヴィトストヴィツェ、それにラチツェ、スカリツェ、ヤヴォロヴィツェの四つの「小村」ができる。[16][17]

ミコワイは、ヘンリクフの西南にあるグウェンボヴィツェの森の一部をも手に入れていた。その昔、ボレスワフ長身公は「様々な場所で自分の農民たちに土地を分け与えた」が、グウォンプという「自分自身の農民（rustico suo proprio）」にこの森を授けたという。彼は実際に森の一部を開墾し、それが「大草刈地」と称されたことからこの森の全域もこの農民の名で呼ばれるに至ったという歴史がある。しかしその相続人たちは有力な隣人であるモイコの祖父によって抑圧され、中でもグウォンプの孫にあたるクヴィェチクの一家はグウェンボヴィツェの丘の上へと引越し、クヴィェチコヴィツェを開いた。ミコワイは、こうして占有者のいなくなった草刈地とその近辺の森の一部をヘンリク髭公の許しを得て占拠した（de licentia ... domini ducis subiugavit sibi）。[18]

修道院の建立の承認が、ミコワイが「自分のヘンリクフ村」で催した一二二二年の宴会で行われたことについてはすでに述べた。それまでヘンリク髭公はミコワイの死後にこの地を自分のものとし、自分の「クリア」を築くつもりであったが、司教たちの支援を受けたミコワイの嘆願を容れ、修道院の招致を認めた。[19]それゆえ、彼が少なくともヘンリクフを構成する三つの地所（ヤヌショヴェ、ジュコヴィツェ、ヘンリクフ）をこの時までに獲得していたことは確かである。グウェンボヴィツェの入手も、その件を語る際にヤヌショヴェについて触れているので、おそらく一二二二年以前であろう。コワチョヴェの一部であるミコワイェヴィツェの取得も比較的早かったと思われる。

ミコワイは、修道士たちが到着した年の一二二七年一一月三〇日に死去した。翌年の髭公の建立特権文書には、自分の公国内にあるミコワイの生前の所有地として、他に、ジミグルド近辺のオシェク、リフヌフの森の一〇〇大ワン相当部分が挙げられている。加えて、彼には、先祖からの相続地としてクラクフ近くの二つの村と、オポレ公からの下賜としてのミレヨヴィツェ村があった。ヘンリクフはこの時までには境界を付されていたが[20]、これを元の構成要素に分解して計算すれば、ミコワイの生前の地所は一〇カ所[21]ということになる。なお、特権状の付与に際して修道院には新たに、チェコとの国境近辺で、ヘンリクフから西へ三〇キロほどの地点にあるブズフの森から五〇大ワン分と、リフヌフの近くにある五〇ワンのフヴァリシュフの森が与えられた[22]。

（2）一二二八年—一二四一年

修道院の土地財産は、その後、寄進や購入、あるいは交換によって徐々に形を変え、増加していった。その基本的な方向は本拠地のヘンリクフと地続き、あるいはその近くの地所の獲得にあるが、その反面、喪失の不安に常に苛まれていた。

修道院は早くも一二二九年にグウェンボヴィツェを失う危険に遭遇することになる[23]。騒動の演出者は、森の西側のコビラ・グウォヴァに住む「騎士」のステファンであった。ステファンは、モジナ川上流域のチェンコヴィツェの「相続人たち」で、「公自身の農民たち」であり、「裕福な」ピロシュの子孫たちを唆した。彼ら農民は髭公に直訴して、自分たちの祖父であるピロシュはグウォンプの実の兄弟であり、それゆえ自分たちは草刈地と森の一部の相続権を持つにもかかわらず、ミコワイが力ずくでこれを奪い取ったと述べ、公は彼らの訴えを認めた。それを見た騎士のステファンは、銀二八グジヴナ(24)相当の立派な軍馬を公に献上し、土地を増やしてよりよく公に仕えたいと述べ、まんまとこの物件を手に入れた。しかし、この問題に関する公の証書によれば、修道院長は激しく抗議し、ステファンに軍馬代を支払う羽目になったとはいえ、草刈地と森とを取り戻すことには成功した。この一連の騒動の決着は、ニエムチャで公と「多くの貴族」の前で行われたが、公は、後日、院長の求めに応じて直々にこの地所の「境界付けを行う（circuivit）」とともに、この森の自分の持ち分から八ワンを修道院に与えたという。以来、この森はブコヴィナと呼ばれ、グウェンボヴィツェの地名は「大草刈地」のジレブの名として残ることになる。

この騒動は相続地に対するいわゆる「親族の権利」に起因するものであり、これが『ヘンリクフの書』の執筆動機の一つになっているのであろうが、修道院には同じ年の一二二九年に寄進もあった。寄進者は、ヘンリクフの西方一〇キロメートル程に位置するチェプウォヴォディを相続地とし、「コメス（comes）」の称号を持つ「有力な騎士」で、「ウィカ」と「髭」の二つの綽名をもつアルベルトであり、物件はその相続地からの「犂二つ分」の土地であった。このアルベルトはミコワイの「親族（cognatus）」と名乗っており、モンゴルの襲来後には修道院の「保護者（advocatus）」と主張して修道院を困らせることにもなるが、役に立つ人物でもあった。「犂二つ分」の土地については、これが二・五大ワンと一モルガの大きさであることが後に分かる。(25)

一二三三年には、かつてのコワチョヴェにできた村の一つであるスカリツェの一部を手に入れた。ここには、「ヘンリクフの古い教会」の司祭であるミコワイと弟のステファンが他の親族とともに住んでいた。ステファンは俗人で「相続人」と記されているが、農民とか騎士といった社会的地位を表わす表現は付されていない。司祭のミコワイには、自分が教会十分の一税を徴収する権利をもつ地域内に尚書長の大所領ができ、それが修道院に引き継がれたがゆえに大きな収入が安定的に入るようになった。そこでそのことに感謝して、弟と相談の上で自分たちの相続地の内の三分の二を髭公の前で修道院に寄進した。だが、その直後にヘンリクフを訪れたヴロツワフ司教から貧しい修道院に対する十分の一税の徴収を叱責され、司祭は二年間悩んだ末にすべての権利を放棄してカミェニェツの修道院に入った。ステファンも、一二三九年、その時には小さな息子のヤンがいたにもかかわらず、前年の父の死で公位に就いていたヘンリク二世敬虔公の前で、残る相続地の三分の一を銀二七グジヴナで修道院に売却した。修道院はこうしてスカリツェの全体の三分の一を確保した。[26]

その同じ一二三九年にはヘンリクフの北辺にあたるボボリツェの一部を得た。そこにはプシビスワフら四人の「相続人たち」が他の親族と一緒に住んでいたが、四人は盗賊行為の嫌疑で投獄され、決闘による神判の結果、絞首か身代金の支払いかを言い渡された。彼らには金がなく、親族たちも彼らの相続地の購入を拒否した。修道院はヘンリク二世敬虔公の意を受けてこれを境界付けされた形態で買い取り、プシビスワフに七グジヴナ、残りの三人に一二グジヴナを支払った。[27]

一二四一年までの時点で最後の記事は、ブズフの森に近接するルドノの森の五〇大ワンについてである。この国境沿いの森は、もとは君主の所有であったが、交換と売却を経たのち、公の尚書長のコンラドが銀三四グジヴナで購入していた。そのコンラドは以前にヘンリク髭公の同意を得て修道院に対し、修道院近くの自分の地所であるヤギェルノを死後に寄進すると約束していた。しかし、彼は死の直前になって自分の甥にヤギェルノ村を相続させることにし、その代わりに修道院にはルドノの森を寄進することになった。この遺言の確認は、一二四〇年、ヘンリク敬虔公と「宮廷の多くの騎士と召使い」を前にしてコンラドの村であるゴワで行われた。この時の公の証書には、ブズフとルドノの森にそれぞれドイツ人の村をつくることが承認されている。[28]

(3)　一二四一年——一二六二年

一二四一年のモンゴル軍の侵攻でヘンリク敬虔公が戦死し、ポーランドの再統合を果たす可能性を秘めていた両ヘンリクの王国は瓦解した。幼い公たちの下で秩序も乱れた。著者のピョートルはこの大事件に頻繁に触れ、その中で、「高名な公が殺害されてからこの国では騎士たちが支配するようになり、めいめいが公の相続財産の内から気に入ったものを分捕った」[29]と書いている。

修道院の財産自体も例外ではなかった。建物は灰燼に帰し、修道院が消滅したような状況を利用して、「コメス」のピョートルがブズフとルドノの二つの森を横領した。彼は森に隣接するピョートロヴィツェ村をもっており、ドイツ人のシボドを建設請負人に任じ、そこにシェーンヴァルデという名のドイツ人村をつくろうとしていた。修道院はその回復に難儀したが、一二四四年、ヴロツワフ近郊の平原で開かれた総集会でようやくこの問題が取り上げられ、森が修道院のものであることが確認された。しかし、ピョートルはその後も脅し続けた。結局、髭のアルベルトの助言に従い、修道院が二つの森から七ワンずつ、計一四ワン分をピョートルに分与することで彼との和解が成立した。[30]

修道院を擁護したアルベルトもこの混乱に付け込んだ一人であった。彼は自分の地所と接する「公の二つの相続地」、チェンコヴィツェとクビツェを幼いボレスワフ公から銀三〇グジヴナという「わずかな金で」

獲得した。この二つの村には「相続人たち」が住んでいた。チェンコヴィツェに住む相続人たちとは、明らかにあのピロシュの子孫である。アルベルトは「相続人たちを排除し」、チェプウォヴォディをも利用してここに三〇大ワンの一つのドイツ人村をつくろうとした。しかし、その計画の実現のためには先に修道院に寄進した土地が必要となり、彼は修道院を説き伏せてこの「犂二つ分」を返却させ、代わりにチェンコヴィツェから同じ広さの二・五ワンと一モルガの土地を修道院に与えた[31]。

この件で修道院に無理強いをしたアルベルトではあったが、彼は修道院の財産を増やしもした。一二四三年の聖マチエイの日にボレスワフ公はレーヴェンベルクで騎乗試合を開催した。この時、アルベルトは他の騎士たちと図って、試合開催の条件として公が神に寄進することを約束させ、その結果ヘンリクフ修道院にヤヴォロヴィツェが与えられることになった。これは、コワチョヴェのあとにできたもう一つの村であり、公の「極小の地所（predium parvissimum）」であったが、ここには少なくとも二人の「大工（charpentarios）」であるドブロシュとその弟が住んでおり、彼らも修道院に寄進された（dedimus）[32]。

だが、このヤヴォロヴィツェは一二四八年の政変で一時没収される。弟のヘンリク三世はボレスワフ公をヴロツワフから追い払い、兄の措置を無効とし、父ヘンリク敬虔公の財産を回復する政策を展開した。その過程で修道院はヤヴォロヴィツェを失うのであるが、院長のボドは諦めず、方々への謝礼も含めて総額一一〇グジヴナで一二五五年にこれを買い戻した。ピョートルはその理由を、もしもヤヴォロヴィツェが誰か「有力な騎士」に与えられたら、「建設用の砂を採取する場所がなくなり、修道院周辺の家畜の放牧地がかなり狭まる」ことになると書いている[33]。

そのヤヴォロヴィツェの西側でオワヴァ川の対岸にあたり、修道院領とも境を接する所に、故ダレボルの息子で、「騎士」にして「コメス」のミハウが所有するダレボロヴィツェがあった。この村は市場町のミュンスタベルク（今のジェンビツェ）の方角に伸び、かなり広かったようであるが、修道院はその一部を一二五四年に交換によって獲得した。ミハウはしばしば修道院に嫌がらせをした。それだけでなく、この村にはドイツ人が入植しており、祭日になるとドイツ人の女や娘たちが修道院の敷地内で踊るようになり、この「不浄」を遠ざける必要があったからとピョートルはその理由を記している。修道院が交換地としたのはミコワイェヴィツェの「全相続地」であった。そこには秋播き穀物六九コジェッと春播き穀物四八コジェッが播種された耕地と「立派な管理棟（curiam bene edificatam）」があり、その農場管理棟（クリア）には有角家畜二〇頭、豚三〇匹の他、荷車、犂、桶、鍋、鉄製品とその他の道具があったが、これら全てに加えて髭公からの贈り物でクラシツェにあった水車もミハウに与えられた。修道院がダレボロヴィツェに得た土地は長さと幅において同等の土地であったが、修道院がこれだけ余分のものを彼に与えたのにはそれなりの理由があり、修道院の取得地にいたドイツ人農民を修道院に属する者としたこともその一つであったろう。しかし、彼らドイツ人農民は農奴のように譲り渡されるのではない。修道院は彼らに別の土地を与えただけでなく、彼らの土地の用益権をも買い取らなければならなかった。農民へのその支払い総額は銀八〇グジヴナであった[34]。

時間を一〇年ほど遡ることになるが、修道院は、一二四五年に亡くなったグウォンプの孫の「クヴィェチクのおかげで、モンゴルの襲来後にブコヴィナと呼ばれる森と、現在クリアが置かれているグウェンボヴィツェのジレブを得た」と書かれている。著者のピョートルは、このクヴィェチクのために祈りを捧げるように修道士たちに勧めるとともに、別の箇所ではクヴィェチコヴィツェに関して、「現在ここに修道院のクリアがある」とも記している。この部分の記述は実にあいまいなのであるが、先述のグウェンボヴィツェの一件と考え合わせると、おそらくクヴィェチクは、死ぬ前に、グウェンボヴィツェの草刈地と森の一部に対する自分の権利を放棄することを約束し、また自分のクヴィェチコヴィツェを修道院に寄進したものと思われる。元気な頃のクヴィェチクは「親族の中で他の者に優る豊かさ」を誇っていたが、修道院が置かれた頃には腕を一本失っており、もう片方の腕も剣で傷を受けていて自由に動かせない状態にあった。それゆえ彼は、修道院の建立の頃から修道院で頻繁に食事の施しを受けるようになり、その際に付近の歴史をピョートルに語るのであるが、この「寄進」はそうした施しへの返礼であろう。そしてまた、この寄進に際しては、コワチョヴェの時と同様に、君主が介在した形跡は一切窺われない[35]。

第一部の最後を飾るのが、ヤギェルノ川の下流域に位置したブルカリツェ関係の叙述である。ここはチェコからやってきたボグフヴァウが開いた地所であった。ボレスワフ長身公は様々な場所で「高貴な者たちや中位の者たちに相続地や土地（nobilibus et mediocribus hereditates et predia）」を分配したが、ボグフヴァウも長身公に仕え（servivit）、「雄牛四頭分の土地」を与えられたという。「当時この地域は森ばかりで、耕作者はほとんどいなかった」ので、彼は「大犂三台分」に相当する近くの原生林の一部をも占有した。その後聖職者の娘を娶ったが、この「太っちょで粗野な農民の娘」は立ち通しで頻繁に石臼で穀物を挽いていた。不憫に思ったボグフヴァウは、「寄越しなさい、わしが挽くからお前は休んでいなさい[36]」と言って彼らは交互に石臼を回した。これを見た隣人たちは彼をブルカル（石臼挽き）と綽名し、その子孫たちはブルカリツェと呼ばれるようになった。

ブルカルには三人の息子があり、彼らは父の死後に相続地を三つに等分して所有した。一二五七年のヘンリク三世の証書によれば、ブルカルが残したジレブは全部で九小ワンであった。修道院に最初に土地を明け渡したのは、長男の子、ボグシャとパヴェウの兄弟である。父がオポレの公国で死んだ時、彼らは共有する持ち分を売ろうとし、「あなた方が我々のジレブを買うか、我々が誰か騎士に渡すかだが、騎士はあなた方修道院にとってもたいそう厄介な存在になるだろう」と言って修道院を脅した。院長は交換を提案し、兄弟はヴィエルコポルスカ公国にあるオフラ村を選び、そこで等量の土地を得ることになったが、彼らは「貧しい」ことを理由にさらに「援助」を要求した[37]。

ブルカリツェの問題はこれで終わらなかった。三年後の一二五六年に兄弟は、オフラの持ち分の買い取りを要求し、結局修道院はその三小ワンを銀二〇グジヴナで買い戻すことになる。筆者のピョートルは、この後、ブルカルの次男と三男の系統とその財産の行方について話を進める途中で筆を止めているが、彼が続けて何を書きたかったかは、修道院文書と合わせれば分かる。すなわち、まずは三男の家系が次の息子の代で断絶し、その遺産である三ワンをボグシャとパヴェウの一組の兄弟、ならびに次男の一人息子であるピョートルが等分した。その後、一・五ワンを得た兄弟は一二五九年に再び修道院と土地の交換をした。修道院側は、オポレ公国内のミレヨヴィツェ村にあるその二倍の三ワンの土地と、さらに家畜を兄弟に与えた。一方、次男の息子ピョートルは自分の持ち分の四・五ワンをある者と交換したが、一二六二年、修道院がこれを銀五〇グジヴナで買い取ることになる[38]。

この他、『ヘンリクフの書』には三件の諍いが記されている。一件は、ボボリツェの四人の子孫たちと親族が、修道院が不当に自分たちの相続地を奪ったとボレスワフ公に訴えたことである。この告訴は、一二四七年レシニツァでの集会で却下された[39]。いま一つは、スカリツェのステファンの子であるヤンが成長し、伯父と父の措置を白紙に戻そうとした行為である。院長は、「ほどほどの贈り物」と、修道院領のシェーンヴァルデ村にある二小ワンの土地を与えることで彼を宥めた。この取引は一二五九年ヴロツワフで公によって確認されているが、ヤンはこの二小ワンに対して修道院に地代等の何らの義務も負わなかった[40]。

第三の諍いはこのシェーンヴァルデ村で起こっている。修道院はコメスのピョートルと和解した後、彼の建設請負人のシボドに銀四グジヴナを支払い、請負人としての権利を放棄させた。シボドの権利がかくも安価であったのは、二年間の在任中に彼が「誰も入植させてはいなかった」からであった。この放棄は、「レヴィンシュタインの市民たち（civibus de Lewinstein）」の前で行われた。この後、修道院は同じピョートル側のマルチンという一人の建設請負人に森の測量を行わせ、次いで修道院側の請負人として聖職者の息子のヤンを置いた。ヤンのもとでドイツ植民による村の建設が開始されるが、彼は周辺の騎士たちの開墾熱にならって、君主がその開発を禁じていた防衛施設のプシェシェカへも突き進むようにと農民たちに命じた。このようなスデーティ（ズデーテン）山地の東麓での開墾競争の中で、事件は起こることになる。騎士のプシベク側のドイツ人農民たちが修道院領の森の奥深くへと入り込んで開墾を始め、ヤンの率いる農民たちが彼らを力ずくで追い出したのである。仲裁に入ったのは髭のアルベルトであった。彼は公の権威の下で当事者と証人たちを集め、チギンルツケの山頂に登って改めて修道院領の森の境界を引き直した。[41]

3　ヘンリクフ周辺にみる土地領主制と「公の農民」

（1）土地領主制と「公の農民」に関する議論

土地領主制は、領主の優越的な地位の源泉が土地にあり、その所有する土地内に居住する従属的な直接的生産者を前近代的、封建的に支配する体制と定義されるが、フランク王国の世界についてその土地領主制の成立過程に関する議論が一九世紀以来二転三転していることは周知の事実である。この学説の揺れは、農奴制的大土地所有の構造をもつ西ローマ帝国と長期にわたって接触し、かつその上に国家を築いたゲルマン系の諸部族にあっては無理からぬことのようにみえる。しかし、ローマからの直接的な影響の圏外にあったポーランドのような所でも、その土地領主制に関する学界の議論は単純ではない。

有力者はほぼ常に自分の奴隷を抱えており、その労働力を使ってより広い土地を支配し、さらには、ポーランドの君主が奴隷を「十人組（decimi）」に組織したように、彼らに土地を分与してこれを農民化し、土地領主になることができる。また、何らかの理由で土地を手放し、他者に依存して生きていかなければならない者もいる。この種の農民的な存在は、大別して、犂と牽引家畜を持つ者（ゴシチ＝客人）とそうした農具を持たない者（ラタイ＝耕作人）とに分かれるが、彼らを自分の土地で利用する有力者も一応の土地領主であろう。しかし、奴隷や自由に移動する一部の農耕者しか利用できないような状況であれば、土地領主制は一般的な体制とはなり得ない。その発達と成熟の条件としては、この『ヘンリクフの書』にみえるような、自分の土地を持ち「公の農民」と称される「相続人」を、君主をも含めた有力者がその土地とともに自分の私領民として組み込みうるような状況の成立が必須となろう。だが、同じ史料を念頭に置きながらも、研究者の間では「公の農民」概念の解釈に関してすら一致はない。

いくつかの学説を拾えば、古くは、征服による国家形成説をとり、早くから厳格な身分制が成立していたと見るピエコシンスキは、中世期を通して一般の「戦士」たちは通常一カ村程度、「貴族（シュラフタ）階級」は数カ村から十数カ村をもち、農民は、君主やそれらの支配階級の領地内で原初的占有による自分の小土地（相続地）をもつものの、その土地に緊縛され、人格の自由をもたなかったと述べる。彼にあっては、君主の所有地に居住するその種の農民が「公の農民」であった。第二次大戦後においても立論の根拠は異なるとはいえ、不自由で農奴的な「公の農民」は一〇／一一世紀の国家成立期にはすでに存在しているとする見解は少数派ながら続いている。その一人がモゼレフスキと論争を繰り広げながら初期中世ポーランドの新しい見方を作り上げてきたブチェクである。彼は、国家の形成にともなってレガリアとしての「公の権利」

が生まれ、それに対応する形で「騎士の権利」と「農民の権利」という基本的な集団の法（prawo grupowe）が形作られていくとみる。そしてそれらの法において、「完全な」という意味での自由な土地所有権（上級所有権 dominium directum）をもつのは騎士のみであって、「公の農民」が時に「相続人」と呼ばれるのはポーランドの相続法に基づいて自分の土地を相続するからであるが、彼らが住んでいるのは君主の土地であり、そこから自由に離れることはできなかったと主張する。(42)

これに対しマウェツキは、ポーランドで最初に『ヘンリクフの書』に本格的に取り組んだ一人であるが、彼は「公の農民」をとりたてて特殊な概念とはみなさず、一三世紀半ば、さらには一三世紀末においても農民相続人はまだ人格的に自由であり、土地の自由処分権をもっていたと考えている。近年ではグレツキも、「自由」や「不自由」、「所有」や「保有」といった概念の持ち込みを峻拒するとはいえ、「公の農民」とは単に公の臣民を意味し、公の農奴ではないと述べている。(43)こうした理解は部族制から国家形成期にかけても大量の一般自由民が存在したとみるいわゆる共同体説に立脚するものであろうが、同様の立場に立ちながらも、いま一つ異なる説明の仕方をする流れが存在する。たとえば、一九六〇年代にいたるまで学究生活を送ったティミエニエツキは、一二世紀のコワチやグヴォンプの時代にはすでに自由な「相続人」の間には土地の所有権に関して差異が発生しており、農民的な「相続人」の土地に対しては君主の上級所有権が被さっていて、その表現が「公の農民」概念の出現であるとする。そしてまた、土地の所有形態に差異をもたらす原因は主に所有する土地の規模にあったとも述べている。「公の農民」に関するこのような見方は、概ねバルダフの法制史の教科書においても受け継がれている。(44)

以下ではそのような観点を踏まえ、「公の農民」の状況と実際に領主化する可能性をもった者たちの地所の構造とを中心として、これまで見てきた『ヘンリクフの書』第一部を修道院が建立される一二二〇年代末までとそれ以降とに分けて検討してみるが、その前に触れておくべき問題がある。それは、ボボリツェやスカリツェ、ならびにブルカリツェの者たちのように、「相続人」以外に社会的地位を表わすタイトルのない人々をどう位置づけるかという点である。

マウェツキはボボリツェとスカリツェの住人を農民と考えている。ティミエニエツキはブルカリツェを含むこの三家系を「公の農民」とは区別し、「小騎士」のヤヌシュやヘンリクと同列の「自由な小土地所有者」として考察しているが、かといって彼らを「小騎士」とか「騎士」と呼ぶこともない[45]。一方、トラフコフスキやブチェクらの第二次大戦後の研究はこれらの三家をほぼ問題なく「小騎士」と見ている[46]。本稿もこの戦後研究の立場に立つ。ブルカルの家系が農民的な性格ではないことは明らかである。ブルカルは長身公に「仕えていた」し、その孫のボグシュらがヴィエルコポルスカに土地を得るに際してはグニエズノの公を訪問しており、さらには、彼らはポズナニ司教パヴェウの「親族」であった[47]。スカリツェの兄弟は、コルタによれば、一三世紀初めのシロンスクの史料に現われるコメスのアンジェイ・ザレンバの子孫である[48]。ステファンの子ヤンがドイツ植民で作られた二ワンの土地を修道院から地代農民としてではなく地主として得たことも、これで首肯できよう。ボボリツェの住民についても、身代金の問題で公がわざわざ修道院に照会していることや、一二四〇年代に「親族の権利」を盾に修道院に土地の返還を要求する際でも、堂々と公国の総集会に訴え、公自身が修道院側の弁護人として立っていることからも、到底単なる農民とは考えられない。

「騎士」と「小騎士」の差異も微妙な問題であるが、相当の有力者でも「騎士」のタイトルが付されない場合が頻繁にあり、この史料の中で「騎士」と記される者は、かなりの出費を要する騎士の叙任を公の宮廷で受けた者とも考えられる。なお、「コメス」という称号にも議論はあるが、ここでは宮廷や地方城砦の高官と理解しておく[49]。

（2）一二世紀―一三世紀初めの状況

さて、コワチやグウォンプを始めここに登場する農民は、たしかに、一貫して「公の農民」あるいは「公自身の農民」と呼ばれている。そしてその概念には、農民は君主たる公に永続的に帰属し、農民たちの相続地には君主の上級所有権が当然のごとく設定されているかのような意味が窺われる。筆者のピョートルは、尚書長のミコワイによるヘンリクフの統合所領の形成に際して、「兄弟たちよ、上述のことを我々が書いたのは、今ある者たちと将来の者たちが、修道院の周りに持っているものは、すべて、髭公の綽名で知られるヘンリク老公殿と、その後継者たちの土地（fundum）以外の何物でもないということを知ってもらうがためなのである」と強調し、またグウェンボヴィツェの獲得の段でも同様の記述を繰り返している。[50]もっともこれらの叙述の範疇にはグウェンボヴィツェやコワチョヴェの農民の土地だけでなく、小騎士の土地も含まれているが、農民の相続人たちが住むクビツェとチェンコヴィツェは明確に「公の相続地」であると記されていた。グウォンプの入植はボレスワフ長身公の時代とされるが、彼がクヴィェチクの祖父であることを考えるとそれ以前のことかも知れないし、コワチの場合は一二世紀前半の可能性がある。[51]したがって、ピョートルの記述を素直に読めば、こうした一二世紀や一三世紀初めにおいても、あるいはブチェクらがいうようにはるかに遠い時代から、君主の農奴というような意味での「公の農民」概念がすでに存在したということになる。だが、はたしてそうなのか。

そのような疑問を持つとき、「公の農民」について考えるには、まずは、マウェツキが行ったように農民の土地に関する所有ないしは保有権の移転の状況をつぶさに検討するほかない。この一三世紀初めまでの時代におけるその種の出来事は、ミコワイによるジュコヴィツェとグウェンボヴィツェとコワチョヴェの獲得であるが、前二者の場合はいわば無主地として公によって処理されており、小騎士のヤヌショヴェの扱いと同じであって、ここからは「公の農民」の権利を推察することはできない。これに対しコワチョヴェの場合は、その持ち主がからむだけでなく、零落したコワチの子孫たちと尚書長との直接取引として描かれている。彼らの申し出が「自発的」であったかどうかは別にして、ミコワイは彼らに「贈り物」を与え、コワチョヴェを去らせている。この「贈り物」とは購入の婉曲的表現であろうが、そこには公が介在した形跡は一切見えない。もしもこの時代に公が農民の土地に対して上級所有権を持っていたとすれば、これはありえないことであろう。しかもヘンリク髭公は建立特権状でミコワイや修道院によるこのコワチョヴェ（ミコワイエヴィツェ）の所有を認め、何らの異議も差し挟んではいない。このことは当時においては君主の直接の支配下にある農民相続人の土地に君主の所有権はまだ及んでおらず、農民には相続地の自由処分権があったことを示唆するものであろう。

農民相続人に土地の自由処分権があったとすれば、彼らの移動の自由については検討するまでもないが、ブチェクはピエコシンスキと同様に、ジュコヴィツェの住人やクヴィェチク一家の移動はせいぜい公のある土地から公の別の土地への移住であって、農民の退去の権利といえるほどのものではないとする。だが、はたしてそのような論理は成り立ちうるのであろうか。その論理に立つならば、国内のどこに居住しても税金の徴収を免れない我々現代人にも移動の自由はないということになりかねない。ともあれ、ジュコヴィツェやコワチョヴェの住民の行き先に公をはじめ誰も関心をもっていないのである。

それでは、土地領主化する可能性をもっていた小騎士や騎士自体の地所の起源やその内部構造はどうであろうか。彼ら軍事奉仕の義務をもつ者たちの地所は当時においても、相続地を保有する農民を抱え込んでいたり、農民の相続地を君主からの下賜などによって得たりした土地であったであろうか。『書』はこの点を具体的に語るものではないが、多少の取っ掛かりはある。たとえば、チェコ人のボグフヴァウ・ブルカルは三人の息子に九ワンの耕地を残したが、それは無主地と森を開発したものであり、そこには農民の相続地はなかった。一ワンが農民小家族の標準的な経営単位であったことを考慮すれば、労働力としては、家僕やラタイの利用は排除できないが、主体は家族労働であった。そのことは、夫婦が交替で石臼を挽いていたことでも分かるが、ボグフヴァウがブルカルと綽名されたことはさらにこの点を確認する証左ともなろう。なぜなら、臼挽きは女性の仕事であって、これを男が行ったからそう綽名されたのであり、しかるに妻が臼挽きをするならば、夫たるボグフヴァウや息子たちは農作業をやらざるをえないはずである。(52)

このように、奴隷の家僕やラタイ、あるいはごく少数のゴシチの存在は否定できないが、農民相続人を抱えず、家族労働を主体とするというのが小騎士の典型的な姿ではないであろうか。ヤヌシュ兄弟のヤヌショヴェやヘンリクのヘンリクフという地名は、彼らが最初の入植者であったことを示している。加えて、未婚のドブロゴストが盗賊行為で追放され、ヤヌシュが子孫を残さずに死ぬとそのジレブが「空になった」という叙述も、農民相続人の不在を証明する証拠であろう。(53) 一方、ボボリツェとスカリツェも尚書長のミコワイが生きていた時代にはすでに存在したと思われるが、親族の多家族が居住するそのような地所には、ゴシチすら存在する余裕はないであろう。(54)

これに対し、近隣の中規模の土地所有者を代表するような髭のアルベルトは、父方はドイツのチュルバン家の出であり、母方はヴロツワフのイタリア通りのイタリア人であったと記される。アルベルトのいま一つの綽名「ウィカ」には「都市民」という意味がある。彼はすでに一二〇九年の文書に公の宮廷裁判官の肩書きで証人として登場しており、それゆえ遅くとも一一九〇年頃には生まれていたはずである。彼は「高貴な生まれ（nobilis）」のジェルシコの娘と結婚したが、その妻は娘を産んだ際に亡くなり、その頃に実父も死去し、それが犂二つ分の土地の寄進につながったようである。その寄進の年である一二二九年には、やはり贖罪のためにプロイセンへの十字軍に髭公とともに参加し、もし自分が死ねば、チェプウォヴォディの全相続地を修道院に贈与すると約束した。幸いにも帰還した彼はドイツ人の女性と再婚し、さらに息子たちや娘たちに恵まれることになる。(55)

他にはコビラ・グウォヴァのステファン、ミハウの父のダレボル、クヴィェチクを追い出したモイコの祖父、コメスのピョートルの父ストシュと伯父などがこの時代の近辺における中位の土地所有者といえるだろう。彼らの多くが小騎士らとは違って日常的に生産労働に勤しむ存在でなかったことは容易に想像できるが、アルベルトをはじめ、彼らの地所の内部構造もやはりよくわからない。(56)しかし、彼らの土地が農民相続人をその相続地もろとも君主によって下賜されたり、あるいは君主からそれらを直接購入したりしたものであったかといえば、その可能性はないであろう。

その点は、長身公が「高貴な者たちや中位の者たちに」分配した土地が結局は荒野や森であっただけでなく、尚書長ミコワイの大土地所有の形成方法をみても理解できよう。彼は公の側近として頭抜けた政治力をもっていただけでなく、一二世紀から一三世紀半ばまでを見渡しても公国内で五指に入る大土地所有者であった。(57)その彼の土地でさえ、素性のわかる既開発の地所はすべて、君主のカドゥキの権利（不帰属財産処分権）や購入と交換によって獲得した農民相続人と小騎士の土地であり、その他は未開発の原生林であった。また、髭公がミコワイのヘンリクフをやはりカドゥキの権利に基づいて接収し、ここに自分のクリアを置こうとしたことも、この時代においては君主でさえ農民相続人の土地財産に恣意的に手を付けることができなかったという事実を物語っていよう。(58)モイコの祖父もグヴェンボヴィツェの森の一部を得たかもしれないが、クヴィェチクの一家を丸ごと支配下に置くことはできなかった。(59)他方、コメスのピョートルの父と伯父は、原生林の中に隠れ住んで「公の面前にまったくあるいはめったにしか現われず」、ブズフの森をドイツ植民によって開発するために一二二一年に髭公が置いた建設請負人のメノルドの活動を妨害しただけでなく、まだ少数とはいえ近くに住む「貧しい人々」に暴力を振るった。しかし彼らとて、この「貧しい人々」を領民化できたようにはみえない[60]。

当時の比較的大きな騎士の地所では、ミコワイェヴィツェが示すように、労働力が比較的少なくて済む畜産に農耕と同等の力点が置かれていたと考えられる[61]。加えて、農地も直営地が大部分を占めていたようにみえる。ミコワイのヘンリクフの統合所領においてさえ、農民用の経営地は極めて少なかった。史料は、司祭のミコワイの下にあった十分の一税の徴収権の範囲について、「ヘンリクフにおけるすべての畑地から、すなわちスクリボシュフ（ヤギェルノ）まで、そしてその村の向こう側からモジナ川に至るまでのミコワイ殿の直営地から（de aratura domini Nycolai）」と書いている。トラフコフスキはこの記述から、統合所領の中で農民用の分与地が置かれたのはヤヌショヴェの地域だけだったと見ている[62]。もちろん、その農民とは外来農民のゴシチでしかありえない。

加えて、コワチの子孫を除くこの時代の農民相続人は豊かであっただけでなく、君主との関係も非常に近しかったように見える。クヴィェチクは、その陽気さと変人振りで髭公とその供の者たちを大いに笑わせ、公のクリアでは「自分の親族の誰よりも」好かれていた[63]。農民たちはボグフヴァウにブルカルという綽名を付け、からかったが、そこからも、農民と小騎士たちとの間には君主に対する義務の違いこそあれ、相互間に支配・被支配の関係がないだけでなく、その社会的格差も大きくはなかった様子が読み取れる。

（3）一二三〇／四〇年代以降の変化

このようにミコワイが尚書長として活躍していた時代でさえ、公の上級土地所有権が被さっているという意味での「公の農民」概念に合致するような状況は窺われない。ヘンリクフでの修道院の本格的な活動が始まる一二三〇年代においても、少なくとも法的な関係面での変化は『書』の記事からはやはり見えない。修道院は「公の農民」とされる者との土地取引を行っていないし、また修道院が手に入れる小騎士や騎士の土地の構造についてはすでに検討済みであり、尚書長のコンラッドが約束を反故にしたヤギェルノに関しても、そこに農民相続人がいたとは考えられないからである(64)。

だが、モンゴル侵攻後の一二四〇年代になると再び分析の手掛かりが現われる。この時期の記事の中には農民や農民的な直接生産者が関係する土地取引が三件記されている。一つはクヴィェチクの寄進らしき行為であり、いま一つはアルベルトによるチェンコヴィツェとクビツェの購入、そしてヤヴォロヴィツェである。ヤヴォロヴィツェには二人の「大工」の兄弟が住んでいたが、公はこの兄弟の意思を聞かずに騎乗試合の場でこの自分の「相続地」の修道院への寄進を決定している。しかし、この種の下賜は歴史的には特別なことではない。この「大工」は「公の奉公人」と呼ばれる社会グループに属する。「公の奉公人」は自分の相続地をもち農業で自活する者であるが、一般農民のグループとは違って宮廷や地方の国家機関に対して特殊な義務をもつ者たちである。この住人の場合は、建設関係の業務を負っていたということになる。彼らは、一種の特権グループであったが、君主との関係がより密接なためか、君主の私領地の典型である十人組の村と同様に、その土地とともにポーランドでは早くから教会機関などへの下賜の対象となっていた(65)。

したがって検討に値するのは第一と第二の例であるが、マウェツキは後者よりもクヴィェチクの寄進を重視する。しかし、この見方は逆であろう。たしかにクヴィェチクの修道院への寄進にあたっては公の介在はやはり窺えず、法形式の上では農民相続人の自由処分権の範囲内での行為であると理解できる。しかし、これに対し、チェンコヴィツェとクビツェには「相続人たち」がいた。クビツェの相続人たちの社会的性格はわからないが、チェンコヴィツェの相続人たちが「公の農民」とされるピロシュの子孫たちであることは明白である。しかも、この取引では、アルベルトが農民からではなくボレスワフ公から買い取り、彼らを土地から除去し、三〇ワンのドイツ人の村をつくった。しかるに、マウェツキは君主への支払いという事実を軽視し、逆に、ミコワイがコワチョヴェの際にしたようにアルベルトは農民たちに「贈り物」を贈ったはずだと推察するのである。彼がそのように判断したがる理由は一三世紀末の一件にある。一二九六年、クヴィェチク家とは別系統で、グヴォンプの曾孫と名乗るミコワイが現われ、グウェンボヴィツェの相続権を主張する。彼は結局、権利の放棄と引き換えに修道院から銀二グジヴナを得ただけであったが、マウェツキはこれを土地の自由処分権をもつ「公の農民」の黄昏の姿とみるのである。[66] だが、変化を認識する上で重要なのはやはりアルベルトの購入の件であろう。著者のピョートルは、常々すべての土地は君主のものであると述べ、またここでも二つの村は「公の相続地」であると明言しているが、まさにここにいたって初めて、農民の土地に関する限り、その言葉と合致する状況が出現しているのである。一二九六年の件は、ブチェクがいうような、農奴が持つ用益地の相続権を示すにすぎない。

ピョートルの執筆時期は一二七〇年代である。このチェンコヴィツェの例を見れば、その頃には確かに、上記のような農奴という意味での「公の農民」概念は成立していたといえる。換言すれば、ポーランドではこの一三世紀半ばに、土地領主制の成熟の時代を迎えるのである。君主はようやく農民相続人とその土地を比較的自由に処分しうるような状況に達したと言い得るからである。ピロシュの孫たちが修道院を訴え、その根拠が認められたにもかかわらず、グウェンボヴィツェ自体は騎士のステファンに横取りされたという事実は、農民相続人の土地への権利が変質し始める曲がり角を示唆しているのかもしれない。しかし、ピョートルがコワチやグヴォンプを「公の農民」と書くとき、それは自分たちの時代の概念とイデオロギーを遠い過去に持ち込んだに過ぎない。それゆえ、モゼレフスキは、執筆当時の公式的なイデオロギーにおいては不法であるからこそ、尚書長のミコワイとコワチの子孫との直接取引やクヴィェチクの寄進を婉曲に、あるいはぼかして表現せざるをえなかったのであろうと推測するが、それは的を射た指摘であろう。[67]ガルが一一〇年代に書いたポーランド最初の年代記には「公の農民」とよく似た表現が使われている。王家の始祖であるピアストが、当時の支配者であったポピエル公との関連で「上記の公の耕作人（aratoris predicti ducis）」と記されている。[68]しかし、この二つの表現は同じ意味をもつものではないと考えられる。年代記の表現は「ポピエル公の耕作人」ということであり、ここには公家への従属の永続性が感じられない。おそらくは、公の統治下にある農民程度の意味で使用されているのであろう。もしもそうではなく、しかもこの一二世紀初めに「公の農民」概念が普及していたとすれば、ボレスワフ三世はガルを許しはしなかったであろう。

このような、あたかも公の私領民というような意味での「公の農民」概念の成熟の道筋を考えることは本稿の課題を越えているが、やはりモゼレフスキのこの点での考察も参考になろう。史料としての出発点は、一一三六年にグニエズノ大司教の「所領」を確認した教皇の証書である。そこには、奴隷や「公の奉公人」だけでなく、大量の農民相続人がいて、彼らはポセソレス（possessores）の一般名称で表記され、その村名と個人名が書き込まれている。だが、それらポセソレスのほとんどすべては、君主が単純にインムニテートを付けて大司教に下賜したものではなかった。大司教を二つの城砦管区の長官に任命し、その国家役人がもつ範囲内での裁判権と徴税権を与えるという方法が取られているのである。[69]

この「インムニテートなきインムニテート」という回りくどい方法は、農民相続人が私領民化することへの彼ら自身の嫌悪感だけでなく、俗人高官をはじめとする貴族・騎士層の抵抗の強さを示している。なぜなら、農民相続人は各種の貢租、移動する君主や役人の接待、各種の交通・運輸義務を負担することによって国家を支えている存在であり、しかも史学史上「公の権利体制」と呼ばれる国制の中で、聖俗の高官は、これら農民相続人や「公の奉公人」が供出するモノやサーヴィスを君主とともに分け合っていたからである。(70)だが、教会はようやく一三世紀初めから、領内の奴隷や「公の奉公人」、農民相続人の間に存在する差異の解消に乗り出し、依然として君主と宮廷が彼らに対して保持している権限についてはインムニテートを要求するとともに、彼らを一括して自領の農奴という意味合いをもつ「教会の民（homines ecclesie）」、あるいは「登録民（ascriptitius）」と総称し始める。つまり、「公の農民」という概念の成立は、この「教会の民」概念を下敷きにし、そのような教会のイデオロギーが一三世紀半ばに国家のイデオロギーとして浸透した状況を物語っているとモゼレフスキは考えるのである。(71)たしかに、一二二九年にピロシュの孫たちが修道院を告発した時の公文書では、彼らは単に「余の農民たち（rustici nostri）」と記されているだけである。(72)「余の」という この言葉は、騎士やコメスを形容する際にも頻繁に使われている。

それでは、なぜ一三世紀半ばなのか。著者のピョートルは、モンゴル侵攻が政治的経済的に大きな損害をもたらし、それが状況を変えたことを強調するが、その問題については今後の課題とし、少なくとも農民相続人の経済基盤がすでに一二三〇年代には弱化し始めていたということをこの史料の範囲内で指摘しておきたい。

一二一〇年代におけるコワチの子孫の没落は、おそらく養蜂と狩猟主体の生活から農耕への移行に失敗した例とみられる。(73)一方、豊かであったピロシュの子孫たちが一二三〇年代にどうなったかは分からない。しかし、クヴィエチク家は確実に落ちぶれていた。彼は労働能力を失っていたものの、自分の相続人たちをもっており、その頃には成人した後継者たちもいたはずである。それにもかかわらず、彼は修道院の扶養を受けるほどに零落し、最後には自分の土地を修道院に譲り渡すことになった。(74)農民相続人がそのように貧困化していくメカニズムの一端をこの『書』で垣間見ることができるように思われる。

一言でいえば、その原因は人口増と土地の狭隘化である。ブルカリツェやボボリツェに窺われるように、世帯の数やその人口は確実に増えていったはずである。人口が増えれば耕地を増やさなければならないが、容易に耕地化しうる場所は限られている。いたるところに林があったであろうし、湿った重たい地質の土地を耕作できる重量有輪犂（大犂）が普及している時代ではない。それゆえ、当時の各世帯の耕地は小地片が散在し、耕地の拡大とはより遠方の未利用地の取得と開発を意味した[75]。いわば、各地所には厳密な意味での境界というものがなかった。ジュコヴィツェが「広かった」のは、幾つかの農民家族が思い思いに耕地化できる土地を取得していったからであろう。しかし、この自在の耕地の拡大も、ヘンリクフ周辺のように定住地が増えれば自然に抑制される。

加えて、ミコワイや修道院の地所に見られるように、大土地所有者はその「境界付け」を行いだした。この境界付けという法的作業は、ブズフとルドノの森の例が示すように、君主の権威の下に周辺の住民を証人として集めて行われたが、それは境界付けされた領域内の土地資源が隣人たちによって利用されることを禁じる措置であった。したがって、境界付けは土地領主制の確立にとって必須の措置の一つなのである。この措置は、まだ境界内の土地資源以外の森林や水産資源の隣人による利用を排除するものではなかったが、修道院自体は他者のそのような行為を嫌っていたように見える[76]。しかも、修道院はその境界内の耕地の拡大に勤しんだ[77]。こうしてヘンリクフの周辺では、ミコワイの大土地所有が出現し、それを修道院がさらに発展させることによって、その近辺の住民には従来の粗放的な生活システムが機能しなくなり始めたと考えられる。生活システムの機能不全化とは、国家システムの行き詰まりを意味する。俗人に与えられた通常にして真正のインムニテート特権状でポーランドに残存する最古のものが、一二五二年であることも偶然ではない[78]。

4　ドイツ植民と新しい土地領主制

これらのことは、ポーランドにおける土地領主制の起源そのものは相当に古いものの、公の権利体制から古典的なインムニテートに基づく農奴制的な土地領主制への転換が、教会の先導で一三世紀初頭に始まり、一三世紀半ばの国家の追随で本格化し始めたことを意味する。だが同時に、その頃には新しい土地領主制のモデルが登場していることをもこの史料は明示している。ドイツ植民と彼らがもたらすドイツ法である。ドイツ人農民が人格の自由と恵まれた権利をもつというその一端は、ダレボロヴィツェの一件に示されている。また、ドイツ植民が都市の建設を伴うこともレヴィンシュタインの市民たちの登場がこれを証明する。つまり、新しいモデルとは市場経済と人格の自由に基づく土地領主制であるといえる。これに伴って、建設請負人のソウティスや都市民といった新たな社会的エリートも出現している。このいわばポーランド法とドイツ法に基づく二つの土地領主制がいかに競合し、影響し合っていくか、そしてまた新しいエリートたちがどういう運命をたどるかがその後のポーランドの歴史であるともいえるが、ここでは一三世紀半ばの土地領主制の展開にドイツ植民が果たしえたと考えられる役割を二点指摘するにとどめたい。

第一点は、修道院も世俗の有力者もドイツ植民を受け入れて初めて、大量の地代農民を抱える大所領を形成しえているという点である。このことは、ドイツ法に基づくポーランド人村の建設許可がいまだ例外的な措置ながらすでに一二二八年に下りていることと考え合わせれば[79]、ドイツ植民が古い「公の権利体制」の解消を加速させると同時に、本格化しつつある農奴制的な土地領主制にも変化を促すという二重の機能をもっていたことがわかる。いま一つは、領民としての意識の変化に及ぼす影響である。ブズフとルドノの開墾に携わった修道院側のドイツ人農民たちは、この森に入り込もうとする騎士のプシベク側の農民を追い払う際、「余所者が植民を目的に我々の主人たちの相続地を侵蝕し、後々も我が相続人たちの労働の果実が毟り取られるというのは我慢ならぬ」といって襲いかかった[80]。自己の上に君主以外の主人が介在することを嫌うポーランドの農民相続人の意識とは実に対照的である。

それにしても、活動的なのは貴族・騎士層である。『ヘンリクフの書』には彼らへの警戒心が満ち溢れている。彼らもモンゴルの襲来に際して被害を受けたはずであるが、かえってその混乱を好機としてとらえ、所領の拡大に精を出している。その代表格がアルベルトやストシュの子ピョートルである。そしてその混乱が一段落するとスデーティ山麓の原生林やプシェシェカへの積極的な植民が始まる。この大規模な担い手はヴロツワフ司教座やヘンリクフ修道院などの教会機関であったが、騎士たちも負けてはいなかった。防衛施設への開墾を進めるソウティスのヤンは、「ご主人様、私は、プシェシェカに沿った所領をもつ近隣のすべての騎士と同じ事をやっているだけです」と院長に述べている[81]。

むろん、彼らのすべてがそれ相応の土地領主となりうるわけではない。だが、農民相続人と同様に危機にある小騎士といえども、その土地への執着と支配欲は非常に強い。ボボリツェの者たちの訴えは却下されたが、司祭の弟の子であるヤンはシェーンヴァルデに自己の所有地として二ワンを獲得した。ボグフヴァウの孫たちは結局ブルカリツェを去ることになったものの、ボグシャとパヴェウの兄弟は持分地の二倍の三ワンと家畜を修道院から勝ち取った。一方、一三世紀末、グヴォンプの曽孫のミコワイはグヴェンボヴィツェに対する相続権の放棄を余儀なくされ、その代わりに修道院から得たものは銀二グジヴナだけであった。これは農民相続人の「親族の権利」が用益権の形態でいまだ生命力をもっていることを示すものであろうが、騎士層との権利上の格差は歴然としている。

加えて、彼らの旺盛な活動力の源泉を考えるにあたっては、独特のネットワークにも注目する必要があろう。『書』では不思議な「親族」組織の存在を確認できる。尚書長のミコワイはアルベルトだけでなく、ポズナニ司教パヴェウの「親族」でもあり、[82]チェコ人のボグフヴァウも前述のようにこの司教の「親族」であった。彼らの間には血族関係や縁戚関係を想定することはできない。それにもかかわらず、アルベルトがミコワイとの関係を理由に修道院への保護権を主張したことは、そのような擬似的な親族関係にも一定の法的能力が認められていたことを示唆するものであろう。[83]しかも、このネットワークは有力で高貴な者と下級の小騎士をもともに包摂している。ガルの年代記では、貴族と一般騎士の間の社会的格差は非常に大きかった。[84]小騎士から大貴族をも包摂するシュラフタ身分という、ポーランドの貴族身分は一三世紀末から一四世紀に形成されるといわれるが、その流れがすでにこの頃には現われていることをこの史料は示しているのであろう。

以上、『ヘンリクフの書』第一部を用いて一三世紀中葉までのポーランド社会の変化を考察し、中・近世における社会的エリートとしての土地領主の生成過程を探ってきた。ポーランドが統一国家として歴史の舞台に登場するのは、先述のように一〇世紀半ばのことである。土地領主制への条件が成熟するには、そこから数えてもおよそ三〇〇年の時間を要したということになる。もっとも、こうした点も、ここに提示しえたその他の幾つかの命題をも含めて、他の膨大な証書史料と突き合わせて再検討されるべきことはいうまでもない。

注

(1) 本稿ではテキストとして、ヴロツワフ司教座創設千周年記念版の *Księga Henrykowska, Liber Fundationis Claustri Sancte Marie Virginis in Heinrichow, w 1000-lecie Biskupstwa Wrocławskiego*, redaktor przewodniczący Ks. Józef Pater, Muzeum Archidiecezjalne we Wrocławiu, 1991を用い、以下の注記では *KH* (*Księga Henrykowska*) と略記する。この版は、注3に記すグロデツキ版のいわば第二版に相当するが、他にマトゥシェフスキの第二版への序文と、『ヘンリクフの書』の手稿原本のファクシミリ版が収められている。なお、この『書』は二つの部分からなるが、修道士の到着日は、第一部では五月二八日 (s. 114)、第二部では六月九日と記されている (s. 155)。ラテン語テキストの第一部は一〇九–一五三頁、第二部は一五四–一九二頁に収められている。

(2) *Liber Fundationis Claustri Sanctae Mariae Virginis in Heinrichow. Oder: Gründungsbuch des Klosters Heinrichau*, erläutert und durch Urkunden ergänyt Gustav Adolf Stenzel, Breslau 1854 (以下Stenzel). なお、一八四六年のWilhelm Pfitznerの出版については、同書V頁。

(3) Paul Bretschneider, *Das Gründungsbuch des Klosters Heinrichau*, Breslau 1927; *Księga Henrykowska*, przetłumaczył i wstępem poprzedził Roman Grodecki, w aneksie tekst łaciński Księgi, Poznań/Wrocław 1949. なお、Piotr Góreckiによる英訳版、*A Local Society in Transition: The Henryków Book and Related Documents*, Kalamazoo: Cistercian Publications, 2000が出ているようであるが、未見である。

(4) 人名や地名の表記は、原則として*KH*に従う。

(5) 一例をあげる。「[この書を書くのは]…キリストの戦士たちが、あらゆる問題において苦情を言う者たちに反駁でき、そしてこの書を通して各相続地の寄進の起源と理由を知り、自分の修道院の敵に対して合理的な熟慮によって答え得るようにするためである」。*KH*, s. 109.

(6) *Ibid.*, s. XXIV-XXXVI, 155-156.

(7) グロデツキは四点の矛盾を指摘している。*Ibid.*, s. XXXVII-XXXIX. 信憑性については、マトゥシェフスキもその序文で確言している。*Ibid.*, s. XIII.

(8) *Ibid.*, s. XL.

(9) 差し当たり、二点を挙げておく。Stanisław Trawkowski, *Gospodarka wielkiej własności cysterskiej na Dolnym Śląsku w XIII wieku*, Warszawa 1959; Henryk Dąbrowski, Uformowanie się wielkiej własności feudalnej klasztoru cystersów w Henrykowie, *Roczniki Historyczne*, 21 (1956).

(10) Antoni Małecki, Ludność wolna w Księdze Henrykowskiej, *Kwartalnik Historyczny*, 8 (1894); Kazimierz Tymieniecki, *Z dziejów rozwoju wielkiej własności na Śląsku w wieku XIII*, Poznań 1926, odbitka z IV tomu Prac Komisji Historycznej Poznańskiego Towarzystwa Przyjaciół Nauk.

(11) Małecki, s. 391.

(12) モゼレフスキの成果は、Karol Modzelewski, *Chłopi w monarchii wczesnopiastowskiej*, Wrocław 1987 に集約されている。拙稿『初期中世ポーランドの国家・社会構造—公の権利体制—の研究』(平成十一—十四年度基盤研究c研究成果報告書、課題番号一一六一〇四〇六)、二〇〇三年(以下、『科研報告書』と略記)は、この著作を紹介したものである。

(13) "parentibus non valde nobilibus nec etiam omnino infimis, sed mediocribus militibus", *KH*, s. 109.

(14) *Ibid.*, s. 109-110, 114, oraz przypis 6 na stronie 2.

(15) *Ibid.*, s. 118. なお、史料ではvilla(村)やvillula(小村)という用語が多用されるが、後述するようにそのほとんどは農民が集住しているような「村」ではない。また、ジレブ(źreb)のラテン語はソルス(sors)。ジレブとは一世帯がもつ経営地の総体であり、耕地や菜園、宅地だけでなく、草刈地なども含まれる。それゆえジレブの面積は、世帯の員数や犂と牽引家畜の数によって異なるが、いわゆる小家族の場合でも、播種地と休閑地を含めて三〇ヘクタールほどを必要としたという。sorsもźrebも原義は籤であり、土地の利用を籤引きで決めていた古い時代の名残りと考えられている。Modzelewski, *op. cit.*, s. 26-29.『科研報告書』一四—一五頁。

(16) 境界付け(cum suo circuitu)の意味については本稿の一三九頁を参照のこと。

(17) *KH*, s. 118-120. なお、原文地名Nyclawiczを*KH*はニクウォヴィツェとするが、この地名だけは、トラフコフスキらに従ってミコワイェヴィツェと表記する。

(18) *Ibid.*, s. 133-134. テキストではあいまいに、ミコワイが占有したのは「現在ブコヴィナと呼ばれている森」と書かれているが、後でも触れる一二二九年の文書には「草刈地とその側の森の一部」とある。Stenzel, Urkunde, III, S. 150. また、Modzelewski, *op. cit.*, s. 225-227.

(19) *KH*, s. 112-114, 120. ここでのクリアとは、おそらく、直営農場か直営農場付きの狩猟用の別荘かであろう。

(20) "Henrichow cum suo ambitu", Stenzel, Urkunde, II, S. 148; *KH*, s. 117.

(21) Wacław Korta, *Rozwój wielkiej własności feudalnej na Śląsku do połowy XIII wieku*, Wrocław 1964, s. 29 は、コワチョヴェとミコワイェヴィツェを別個のものと見て、ミコワイの地所を十一カ所としている。

(22) *KH*, s. 116-117; Stenzel, Urkunde, II, S. 148-149. 大ワン（mansus magnus）は、ドイツ植民によってもたらされるドイツ法の地積単位で、約四三モルガ（約二三ヘクタール）。なお、小ワンは約三〇モルガ（約一七ヘクタール）。

(23) この件に関しては、『書』の記述と伝来する証書との間にいくつかの齟齬がある。第一に、筆者のピョートルはこの事件に際してヘンリク髭公の証書が発給されなかったことを強調しているが、実際には真正文書と判断される一二二九年の年号をもつ髭公の証書が存在すること。第二は事件の時間的経過に関してである。『書』はこの事件がミコワイの死後の一年目（一二二八年ということになろう）に発生し、ようやく一二三四年に騎士のステファンから森を取り戻したと書いているが、証書によれば、すべてのことが一二二九年に始まり、済んでいる。本稿はこの時間的経過に関しては証書の記述に従う。*KH*, s. 135-137; Stenzel, Urkunde, III, S. 150-151.

(24) 一グジヴナ（marca）は、約二一〇グラム。

(25) *KH*, s. 121, 123.

(26) *Ibid.*, s. 126-128.

(27) *Ibid.*, s. 124.

(28) *Ibid.*, s. 139-141.

(29) *Ibid.*, s. 121-122.

（30）*Ibid.*, s. 139, 142-145.

（31）*Ibid.*, s. 122.

（32）*Ibid.*, s. 129-130. このトーナメントは、史料で確認できるポーランドで最初の騎乗試合である。

（33）*Ibid.*, s. 130-131.

（34）*Ibid.*, s. 132-133; Trawkowski, *op. cit.*, s. 69-71は、ミコワイェヴィツェの播種地面積を三大ワンと計算している。

（35）*KH*, s. 134-135.

（36）『書』の中で書きとめられている"Day, ut ia pobrusa, a ti poziwai"が、史料に現れる最初のポーランド語の表現といわれている。*Ibid.*, s. 147.

（37）*Ibid.*, s. 147-149.「援助」の内訳は次の通り。三グジヴナ相当の馬二頭、二・五グジヴナの雄牛四頭、一グジヴナの雌牛二頭、一匹が四分の三グジヴナの豚五匹、一匹が三分の一グジヴナの羊五匹、一グジヴナ相当の二組の衣服、ならびに彼らの母のために半グジヴナのコート、そして一グジヴナ分のライ麦八コルツァ。その他に院長は、兄弟がヴィエルコポルスカ公から土地取得の確認状をもらいにグニエズノに行く旅費として一グジヴナを与え、また、彼らの妻と子どもたちを家財とともに引越しさせるために馬八頭と荷車二台を銀二グジヴナで借りてやった。

（38）*Ibid.*, s. 149-153; Stenzel, Urkunde, XV, XVI, S. 162-164; *KH*, przepis 61 na s. 56. なお、オフラの持ち分の買い取りに関しては、ヴィエルコポルスカ公の確認状とシロンスク公の確認状とでは齟齬がある。

（39）*Ibid.*, s. 125.

（40）*Ibid.*, s. 128-129.

（41）*Ibid.*, s. 145-147. シャルル・イグネ（宮島直機訳）『ドイツ植民と東欧世界の形成』彩流社、一九九七年、三二九頁にこの境界の線引きの模様が引用されている。ただ、アルベルトが修道院長と記されている。プシェシェカ（przesieka）とは、原生林内の木を切り倒した帯状の地帯であり、敵の侵入を防ぐためにつくられる。

（42）Franciszek Piekosiński, *Ludność wieśniacza w Polsce w dobie piastowskiej*, Kraków 1896, s. 146; Karol Buczek, O chłopach w Polsce piastowskiej, część druga, *Roczniki Historyczne*, XLI（1975）, s. 4-5. なお、このプチ

ェクの長大な論考は、Oskar Kossmann, *Polen im Mittelalter, Beiträge zur Sozial- und Verfassungsgeschichte*, Marburg 1971 の批評論文であるが、コスマンもいわゆる「国王自由人」学説からの立論とはいえ、「公の農民」概念をブチェクと同様に早期に成立する不自由な農奴と理解しているという。「騎士の権利」については、拙稿「初期中世ポーランドにおける騎士の権利と大土地所有―ルーシへのまなざしをもって」鈴木健夫編『ロシアとヨーロッパ―交差する歴史世界』早稲田大学出版部、二〇〇四年所収、八一―一一二頁。

（43）Małecki, s. 398, 402, 416; Piotr Gorecki, Viator to Ascriptitius: Rural Economy, Lordship, and the Origins of Serfdom in Medieval Poland, *Slavic Review*, 42-1（1983）, p. 22.

（44）Tymieniecki, *Z dziejów rozwoju wielkiej własności*, s. 3-6; Tymieniecki, *Historia chłopów polskich*, t. I, Warszawa 1965, s. 97; J. Bardach/B. Leśnodorski/M. Pietrzak, *Historia ustroju i prawa polskiego*, wydanie czwarte, Warszawa 1998, s. 39-40. Dąbrowski, s. 122-123 も、農民相続人と騎士の間には土地所有権の強度において一三世紀初めにはすでに差異が生じていると考えている。

（45）Małecki, s. 403-408; Tymieniecki, *Z dziejów rozwoju wielkiej własności*, s. 3-6, 37-40; Tymieniecki, *Historia chłopów polskich*, t. I, s. 103.

（46）Trawkowski, *op. cit.*, s. 117-118; Buczek, s. 2-4; Marek Cetwiński, Pochodzenie etniczne i więzy krwi rycerstwa śląskiego, [w:] *Społeczeństwo Polski Średniowiecznej. Zbiór studiów*（以下 *SPŚ*）, t. 1, Warszawa 1981, s. 67. ただし、Gorecki, Viator to Ascriptitius, pp. 23-24 はブルカリツェをも農民とみている。

（47）本稿注37および *KH*, s. 150.

（48）Korta, *op. cit.*, s. 32.

（49）参考として、Ambroży Bogucki, Termin *miles* w źródłach śląskich XIII i XIV wieku, [w:] *SPŚ*, t. 1, s. 222-263, とくに 227-231.

（50）*KH*, s. 120, 134.

（51）Małecki, s. 399-400; Dąbrowski, s. 121. ミコワイがコワチョヴェを手に入れたのは、コワチから「長い代替り」

を経た後の子孫からであった。

（52）Cf. Tymieniecki, *Z dziejów rozwoju wielkiej własności*, s. 37.

（53）ティミエニエツキ（*Ibid.*）は少なくともヤヌシュの地所にはゴシチなどの外来農民もいなかったと見るが、Dabrowski, s. 122は、あいまいな表現ながら、両地所には「封建的に従属する者たち」がいたとみる。なお、第二部によれば、一三世紀後半のチェスワヴィツェでは一人の父が二人の息子に一二ワン強の耕地を残している。*KH*, s. 189.

（54）Tymieniecki, *Z dziejów rozwoju wielkiej własności*, s. 37.

（55）*KH*, s. 121, 123; Cetwiński, s. 60.

（56）Korta, *op. cit.*, s. 33 はアルベルトがもう一つの村を所有していたと考える。その根拠は、一二三九年の証書に証人として登場するcomite Alberto de Karcinである（*KH*, s. 125）。

（57）Korta, *op. cit.*, s. 50-51.

（58）髭公はトゥシェブニツァ修道院の所領を築くにあたって一二〇四年に特権状を発給したが、それによれば、集めた領民はゴシチとラタイと「公の奉公人」、それに十人組だけであった。*Schlesisches Urkundenbuch*（以下*SUB*）, Bd. 1, Bearbeitet von H. Appelt, Wien/Köln/Graz 1971, nr 93, S. 63-66.

（59）*KH*, s. 134; Trawkowski, *op. cit.*, s. 39-40.

（60）*KH*, s. 139, 144-145. だからこそ、ピョートルはドイツ植民に頼るのであろう。

（61）Trawkowski, *op. cit.*, s. 172-173; Korta, *op. cit.*, s. 123-124.

（62）*KH*, s. 126; Trawkowski, *op. cit.*, s. 116-118.

（63）*KH*, s. 134.

（64）このヤギェルノは遅くとも一二七〇年代にはScriberdorfと呼ばれるようになるので、ドイツ植民を招いたものと考えられる。*Ibid.*, s. 140.

（65）Modzelewski, *op. cit.*, s. 99-103, 211.『科研報告書』四七–五一、一一九–一二〇頁。

(66) Małecki, s. 402, 414-415; Stenzel, Urkunde, XLII, S. 192-193.
(67) Cf. Modzelewski, *op. cit.*, s. 225-227.『科研報告書』一二八−一二九頁。
(68) Galli Anonymi Cronica, *Pomniki Dziejowe Polski*, s. II, t. II, Kraków 1952, s. 9. なお、荒木勝「匿名のガル年代記（翻訳と注釈）」『岡山大学法学会雑誌』四二巻一号—四八巻一号、一九九三年—一九九八年がある。
(69) *Kodeks dyplomatyczny Wielkopolski*（以下 *KWp*）, t. 1, Poznań 1877, nr 7, s. 10-14; Modzelewski, *op. cit.*, s. 142-150, 193-207.『科研報告書』七四−七八、一〇五−一一六頁。
(70) 一二四四年にポズナニ司教座に交通・運輸関係のインムニテートが与えられようとしたとき、ヴィエルコポルスカの「すべての騎士」がこの措置に反対している。拙稿「初期中世ポーランドの運搬と交通奉仕義務—プシェヴドを中心に」『早稲田大学大学院文学研究科紀要』四七−四、二〇〇二年、一六頁。
(71) Modzelewski, *op. cit.*, s. 207-218.『科研報告書』一一六−一二四頁。*Kodeks dyplomatyczny Katedry Krakowskiej Ś. Wacława*, t. 1, Kraków 1874, nr 10, s. 14-15; *KWp*, t. 1, nr 174, s. 150-151.
(72) Stenzel, Urkunde, II, S. 150.
(73) Tymieniecki, *Z dziejów rozwoju wielkiej własności*, s. 38.
(74) *KH*, s. 134-135. 後継者たちがモンゴル襲来の際に殺害された可能性もあるが、修道院の建立の頃からすでに彼らが修道院の扶養を受けていたことが重要である。
(75)『科研報告書』一二−一五頁。
(76) 同、八五−八九頁。『書』の第一部では、ダレボロヴィツェのミハウによる「いやがらせ」という記述、第二部では、チェスワヴィツェの隣人たちが、修道院の森や水産資源、草刈地にしばしば損害を与え、彼らに神罰が下ったとの記述がある。*KH*, s. 189.
(77) 司祭のミコワイは引き続きヘンリクフの「修道院の犂から（de aratris claustri）」十分の一税を徴収していたが、その増収について、「明らかに、私の主人であるかれら兄弟団がここに来てからは私の教会収入はかなり増えている」と述べている。*Ibid.*, s. 126.

（78）*Kodeks dyplomatyczny Małopolski*, t. II, Kraków 1886, nr 436, s. 85-86. 通常のインムニテートとは、ドイツ植民の際に適用されるインムニテートではないという意味である。
（79）*SUB*, I, nr 297, S. 219-220.
（80）*KH*, s. 146.
（81）*Ibid.*
（82）*Ibid.*, s. 116.
（83）*Ibid.*, s. 123; Cetwiński, s. 65.
（84）Galli Anonymi Cronica, s. 46.

（本稿は早稲田大学特定課題研究二〇〇五B－三五、二〇〇六B－二六の研究成果の一部である）

第6章　大シスマ（一三七八―一四一七）と学識者
――枢機卿フランチェスコ・ザバレッラの場合――

青野　公彦

1　大シスマの勃発

一三七七年一月にローマへの帰還を果たした教皇グレゴリウス一一世は翌年三月になくなり、四月、枢機卿団はウルバヌス六世を教皇に選出した。しかし、まもなく教皇と枢機卿団との関係が悪化すると、フランス人を中心とする枢機卿の大部分は先の教皇選挙を無効とし、九月に改めて選挙を行いクレメンス七世を選出した。それに対しウルバヌス六世が自らの正統性を主張して譲らなかったため、結局、ローマとアヴィニョンに二人の教皇が並び立つ事態となった。大シスマ（教会大分裂）は、このように枢機卿団による教皇の二重選出という半ば偶発的な要因によって勃発したのである。[1] ところで、それがこの後四〇年間ほども続いた背景には、皇帝権をはじめ各地の王権もまた政治的な混迷の中で弱体化していたという事情があったことも見落とせない。[2] シスマの解決に向けて積極的にイニシアチヴを取ることのできる世俗の政治勢力が見あたらず、そのためローマ、アヴィニョン双方の支持勢力が拮抗し、膠着状態に陥ったからである。

このような中で、大学を中心とする神学者や法学者によるシスマ解決のための議論が俄然クローズアップされ、彼らの発言が社会的に大きな影響力を持つ状況が生まれてくる。最近、Ｊ・ヴェルジェの『ヨーロッパ中世末期の学識者』が刊行され、一四、一五世紀のヨーロッパで学識を持った人々が一つの社会層として出現し、様々な領域で著しい貢献をしたことが認識されるようになってきた。(3) 教会史の領域では、一四世紀のアヴィニョン教皇庁時代に中世では例外的に中央集権的な官僚制が成立し、大学で法学教育を受けた聖職者が多数登用されていたことが知られている。(4) シスマは、まさにそのような時代に勃発したのである。大シスマ期は、ヨーロッパの政治的秩序という点では確かに深刻な混乱に満ちた時代であったが、知的な世界に目を向けるならば、パリ大学やボローニャ大学を中心に全ヨーロッパで学識ある人々がシスマの解決方法をめぐって数多くの論考を発表し、活発な議論を積み重ね、直面する困難な状況に立ち向かおうとした活気ある時代であったと言えよう。(5)

今回、本稿で取り上げるフランチェスコ・ザバレッラ(一三六〇—一四一七)は、そうした大シスマ期に活躍した神学者、法学者たちの中でも最も重要な人物の一人である。彼は、教会法学者として、教皇の招集によらない公会議の開催を法的に正当化し一四〇九年のピサ公会議の合法性を基礎づけただけでなく、その後、枢機卿として一四一四年に始まるコンスタンツ公会議を一貫して指導した人物の一人である。また彼は、同時期に活躍した枢機卿ピエール・ダイイやパリ大学学長ジャン・ジェルソンなどと並んで、教皇に対して公会議の優越を説いたいわゆる公会議主義者の一人とみなされることが多い。

ザバレッラについては、筆者自身すでに以前執筆した論文の中で取り上げたことがある。(6) しかしそこでは、一四一五年四月六日にコンスタンツ公会議で決議された教令「ハエク・サンクタ」の解釈の方に力点があり、ザバレッラの生涯と思想をそれ自体として問題にすることはなかった。そこで本稿では、先学の業績に依拠しながらではあるが、ザバレッラの学識者としての生涯を概観した上で、彼が枢機卿として深くかかわったコンスタンツ公会議での彼の行動を手がかりにその思想の一端を明らかにしてみたい。

2　これまでのザバレッラ研究

ザバレッラに関する研究はすでに一九世紀から積み重ねられてきたが、学問的な価値を持つ研究としては一八九一年に公刊されたA・クネールの学位論文が最初のものであろう。[7] クネールはザバレッラの生涯に関して、一次史料を用いて基本的な事実の確定を行っている。たとえば、ザバレッラの生年月日を、それまで彼の墓碑銘から一三三九年とされていたのを一三六〇年八月一〇日と訂正した点などは高く評価されるべきであろう。しかし、残念ながら続編が書かれなかったために、ザバレッラの生涯で最も重要なコンスタンツ公会議での活動にはまったく触れられていない。また、大シスマ期に唱えられた様々な公会議学説に関して、それらはすべて、いずれも反教皇的な著作によって破門されたオッカムのウィリアムとパドヴァのマルシリウスに由来するとする従来の認識をそのまま受け入れ、ザバレッラもそうした公会議主義者の一人としているために、彼の独自性が不明確なままとなっている点にも問題があったと言えよう。

それに対して、いわゆる公会議主義者とされた人々の中でのザバレッラの立場を明確にするため大きな一歩を踏み出したのが、W・ウルマンである。ウルマンは、自著『大シスマの起源』（一九四八年）に補遺として執筆した「枢機卿ザバレッラと公会議運動における彼の立場」の中で、ザバレッラの学説を人民主権を主張するマルシリウスやオッカムの異端の教説に由来するとするのは誤った解釈であり、同時代人は彼をそのようなイデオロギー的、論争的な著作家の中に位置づけることはなかった、ザバレッラは、政論家（publicist）ではなく教会法学者（canonist）として理解されねばならず、事実、彼はその時代に最も名声のある教会法学者とみなされていた、と論じている。[8]

このようなウルマンの見解は、B・ティアニーによって継承された。ティアニーは、『公会議理論の基礎』(一九五五年)の中で、大シスマ期の公会議に関する学説は一二、一三世紀の教会法学に起源があるとして、ザバレッラの学説をそのような中世教会法学の到達点と位置づけている。[9]今日、ウルマンやティアニーの見解は、ザバレッラに関してはおおむね妥当なものとみなしてよいと思われる。ザバレッラが、一貫して(枢機卿となってからも)教会法学者として思考し行動したことは、後に見るように明白だからである。

ところでザバレッラの生涯と思想に関しては、その後T・E・モリセイがティアニーのもとで研究を行い、その成果を一九七三年に学位論文として刊行した。[10]先行する文献や公刊されている史料のみならず、ヨーロッパ各地の図書館に所蔵されているマニュスクリプトを網羅的に分析した六〇〇頁を超える総合的研究である。個々の論点で批判の余地はあるものの、引き続き発表された諸論文[11]をも含めてモリセイの業績は、今後のザバレッラ研究の基礎となると言ってよいであろう。[12]

3 ザバレッラの生涯

ここでザバレッラの生涯を概観しておきたい。[13]フランチェスコ・ザバレッラは、一三六〇年八月一〇日にパドヴァの東南およそ二〇キロメートルのところにあるピオーヴェ・ディ・サッコで生まれた。この都市はパドヴァの領域内にあったため、終生、彼は「パドヴァ人」を自認することになる。彼の幼少期については、親類の一人でボヴォレンタの主席司祭であったロレンツォ・ザバレッラのもとで初等教育を受けたこと以外ほとんど分かっていない。

一三七八年、彼が一八歳になる年に、パドヴァ―ヴェネチア間の戦争が再開されたのを機会に彼はボローニャへ移り、その地の大学でその後五年間法学の勉強にいそしむことになる。まさしくシスマ勃発の年に彼が法学の学問的キャリアを開始している点は、その後の彼の人生行路を暗示していて興味深い。一三八三年、ヨハネス・デ・レニャーノのもとで教会法の修士号を取得したが、同年二月にレニャーノがなくなったためフィレンツェ大学へ移り、一三八五年にそこで両法博士の学位を取得した。同年秋から一三九〇年末まで同大学の教壇に立ち、教会法大全の中の『第六書』や『クレメンス集』に集成されている教皇令について講義をした。

ザバレッラにとって、七年間に及ぶフィレンツェ時代はきわめて実り多いものであった。教会法学の領域で研鑽を積む一方、生涯にわたってザバレッラの親友となるピエトロ・パオロ・ヴェルジェーリオ、フィレンツェの書記官長コルッチョ・サルターティ、ポッジョ・ブラッチョリーニ、レオナルド・ブルーニなど多くの人文主義者たちとの交流が生まれ、活発な書簡のやりとりが始まったのもこの時期である。[14]また、一三八六年にはフィレンツェの司教代理に指名され、後に彼がフィレンツェ司教に叙階される下地が形成された。[15]そのほかこの頃から、様々な方面からの諮問や依頼に応じて法学的な見解を数多く執筆するようになった。

一三九〇年末、ザバレッラは出身地のパドヴァに帰郷した。ミラノのジャン・ガレアッツォ・ヴィスコンティの支配を脱しパドヴァの統治権を回復したカッラーラ家によって、パドヴァ大学法学部に招聘されたためである。以後ザバレッラは、一四〇六年一月にパドヴァがヴェネチアに屈服しその支配を受けるまで、大学での教育活動のかたわら、カッラーラ家の要請で外交使節としてローマ統の教皇やフランス国王のもとに派遣されるなど、しだいに政治、外交部門でも実務家として活躍するようになる。特に一三九八年春ローマに派遣された際に、ローマ統の教皇ボニファティウス九世からシスマの解決策について諮問を受けたことは、その後彼が教会政治に深くかかわっていくきっかけとなった。

一四〇六年以降、ヴェネチアの支配下においてもザバレッラのパドヴァ大学における地位は揺るがず、彼の法学者としての名声はさらに高まっていった。そうした中で、この時期に彼が『当代のシスマについて』（*De schismate sui temporis*, 1403-1408）を執筆し、教会統一の問題に関して自らの法学的見解を明らかにしている点は特に重要であろう。この論考は、ボローニャ大学を中心とした当時のイタリアの教会法学者たちの見解を集大成したものと評価されている。[16] 三つの部分から構成されており、第一部はドイツ王ループレヒトに向けて執筆されたもので、王に対し統一問題への介入を要請している。第二部は、一四〇五年にローマ側の枢機卿バルタザル・コッサ（後のピサ統の教皇ヨハネス二三世）の諮問に答えて執筆され、教皇の招集によらない公会議の開催を法的に正当化したもので、その際特に枢機卿の役割と権限を強調している。第三部は、一四〇八年にすでに翌年のピサ公会議の開催を決定していたローマ、アヴィニョン双方の枢機卿団の行動を擁護し正当化するために執筆されたものである。[17]

一四〇九年三月—八月に開催されたピサ公会議にザバレッラが出席していたかどうかは明らかではないが、依然としてローマ統のグレゴリウス一二世を支持していたヴェネチアが非公式に使節団をピサに派遣しており、彼がアドヴァイザーとしてそれに加わっていた可能性が指摘されている。[18] ただ、ザバレッラはこの時点ではまだ高位聖職者ではなかったから、彼がピサ公会議で主要な役割を果たさなかったとしてもそれは当然であろう。しかし、公会議を主宰した枢機卿団からの信頼は厚く、特にコッサとの結びつきは決定的であった。

ピサ公会議で枢機卿団は新教皇アレクサンデル五世を選出したが、廃位された二人の教皇を実力で排除できなかったためにシスマが解消しなかったことはよく知られている。翌一四一〇年五月アレクサンデル五世が死去し、コッサがヨハネス二三世として教皇に選出されると、彼は自己の立場を強化するため、有能な人材を次々に側近に登用していった。彼は同年七月一八日にザバレッラをフィレンツェ司教に叙階した後、一四一一年六月六日には枢機卿助祭（通称フィレンツェの枢機卿）に指名した。こうしてザバレッラは、トップレベルの教会政治の場で教皇の代弁者として重責を担い活躍していくことになる。

その後のザバレッラの主要な活動としては、公会議の開催地をめぐるドイツ王ジギスムントとの折衝、コンスタンツ公会議開催のための事前の準備、公会議開会後は一般会期での教令の朗読、ウィクリフ、フスの異端など信仰問題に関する委員会での審理、ヨハネス二三世の逃亡によって解散の危機に瀕した公会議の取りまとめ、改革問題での論争など、外交、実務、執筆活動から教義、典礼に至るまで枚挙にいとまがない。三年半にわたって開催されたコンスタンツ公会議（一四一四年一一月―一四一八年四月）で取り上げられた実に多方面にわたる諸問題のほとんどすべてに、ザバレッラはかかわったと言ってよい。高度な学識と誠実な人柄に加え当該問題に対する公正で妥当な判断によって、彼は敵味方なく信頼を集め、賞賛された。そのため多くの人々から次期教皇を嘱望されたが、惜しくも公会議開催中、一四一七年九月二六日に死去した。

ザバレッラの著作としては、先に紹介した『当代のシスマについて』や、それと内容的に重なるところの多い『公会議』（*Consilia*）のほか、大学教授時代に継続的に執筆された『グレゴリウス九世教皇令集』と『クレメンス集』についての膨大な注釈が残されている。また公式の場で行われた説教や演説、非公式に回覧されたメモランダム、その時々に聖俗様々な権力者の諮問に応じて執筆された法学的な見解、同僚の法学者や親しい関係にあった人文主義者たちと交わされた書簡などがあるが、今日それらの多くは失われている。

4　コンスタンツ教令「ハエク・サンクタ」とザバレッラ

以上、ザバレッラの生涯を概観してきたが、彼の学識者としての活動の特徴としてまず挙げられることは、大学での教育と教皇令集の注釈をのぞけば、その大部分が他律的な活動に終始していることであろう。執筆にせよ、政治・外交の実務にせよ、依頼主の必要に応じた活動が大きなウエイトを占めていると言ってよい。その点でザバレッラは、いかなる状況のもとでも教条主義的に原理原則に固執するタイプの学者ではまったくなかった。むしろ逆に、彼はその時々の状況や相手しだいでいくらでも柔軟な対応をとることのできる学者だった。このような特徴は、同時代の人文主義者たちと共通するものかもしれない。しかし、だからと言って、彼が状況追随型の恣意的な法解釈をこととするいわゆる御用学者であったと言ってよいであろうか。もちろんそうではないことは、コンスタンツ公会議で教皇ヨハネス二三世が逃亡した際、彼がそれに追随することなく公会議にとどまり続けたことからも推測できよう。本稿では、さらにこの点を明らかにするため、コンスタンツ公会議で教皇に対する公会議の優越を規定した教令「ハエク・サンクタ」が決議された際にザバレッラがとった一連の行動に注目してみたい。

ザバレッラがとった一連の行動とは次のようなことである。ひとつは、一四一五年三月三〇日の第四会期で、朗読係であったザバレッラが決議されるべき教令の一部を故意に省略して朗読したこと。もうひとつは、続く四月六日の第五会期で教令の朗読を拒否しながらも、しかしこの会期に出席し黙認の態度をとったことである。[19] 以下、それらを見ていきたい。

コンスタンツ公会議は、ピサ統の教皇ヨハネス二三世がドイツ王ジギスムントに強く促されて招集したもので、一四一四年一一月に開会された。ヨハネス二三世はピサ公会議の決定を再確認することだけを考えていたが、他の二人の対立教皇が依然一定の支持勢力を有していたため、公会議の初期段階でピサ公会議の決定を無効とし、改めてシスマ解決のため三人の教皇の自発的退位を求める声が高まっていた。一四一五年二月には、多数を占めるイタリア人の高位聖職者を当てにしていたヨハネス二三世を退位に追い込むため、ジギスムントの主導のもとにナツィオ（国民）単位採決が導入された。追いつめられたヨハネス二三世は、三月二〇日の深夜、ライン川沿いの都市シャフハウゼンへ逃亡し、公会議を解散に追い込もうと試みた。そのため枢機卿九名のほか教皇に追随してコンスタンツを離れる聖職者が相つぎ、公会議の存続が危ぶまれる事態となった。これ以後、公会議はザバレッラ、ダイイ、フィラートルなどその地にとどまった枢機卿たちや、ドイツ王ジギスムント及びゲルマニア・アングリア・ガリア・イタリアの四つのナツィオのメンバーによって続行されることになった[20]。

このような情勢の中で、公会議の合法性を確立するべく一般会期で決議される教令が起草された。三月二六日の第三会期で決議された次のような教令が、問題となる「ハエク・サンクタ」の最初のテキストである[21]。

（前文）（略）この聖なる公会議は、聖なるコンスタンツ公会議と呼ばれ、教会の頭と体に統一と改革をもたらすために、この地に聖霊のもとに合法的に招集され、以下のように命令し、宣言し、定義し、定める。

（第一条）この公会議は、合法的にこの地都市コンスタンツに招集されたし、現在もされている。そして同様に、合法的に開催され、運営されてきたし、またされている。

（第二条）我々の教皇の都市コンスタンツからの離脱、そして他の高位聖職者や他のいかなる人々の離脱も、この聖なる公会議を解散するものではなく、たとえ教皇令が反対のことを命じ、あるいは将来命じることがあっても、公会議は完全に、そして権威をもって存続する。

（第三条）この聖なる公会議は、現在のシスマの完全なる解決、教会の頭と体の信仰と倫理についての改革を達成するまでは解散されてはならないし、解散されないであろう。

（第四条）この聖なる公会議は、しかるべき理由で、十分な審議の後にこの公会議が決定するのでなければ、他のいかなる場所にも移転されてはならない。

（第五条）（略）

この第三会期の教令は、ザバレッラが朗読している。ただし、草案は当日の諸ナツィオの集会で準備され、枢機卿団には開会直前に示されたため、ザバレッラが起草にかかわることはなかった[22]。その後、この教令の内容に不満足なゲルマニア・アングリア・ガリアの三ナツィオは、三月二八—二九日に集会を開き新たな教令の起草を試みた。この集会からは枢機卿団とイタリア・ナツィオは締め出されていたので、この時もザバレッラは起草にはかかわっていない。そして翌三月三〇日の第四会期でこの草案がそのまま教令として採択される手はずであったが、朗読係のザバレッラは第一条の最後の箇所（「神の教会の頭と体の一般的な改革」という語句）と、それに続く第二条を故意に省略し、以下のような形で教令を朗読した[23]。

（前文）この聖なるコンスタンツの公会議は普遍公会議を構成し、現在のシスマの根絶、統一、神の教会の頭と体の改革のために開催され、全能なる神を称賛し、聖霊のもとに合法的に招集され、神の教会の統一と改革を容易に安全に自由に実り豊かに達成するために、以下のように定め、決定し、確立し、命令し、宣言する。

（第一条）この公会議は聖霊のもとに合法的に招集され、普遍公会議を構成し、戦うカトリック教会を代表し、その権限を直接キリストから授けられており、すべての人々は、いかなる身分、位階の者も、教皇でさえも、信仰、シスマの根絶、（神の教会の頭と体の一般的な改革）に属する事柄に関しては、この公会議に服従する義務がある。

（第二条）我々の聖なる教皇ヨハネス二三世は、教皇庁とその書記たちをこの都市コンスタンツから他の場所へ移転させてはならない。またこの聖なる公会議の審議と同意なしに彼らを強制的に従わせてはならない。（略）そしてもし教皇が、過去、現在、将来において、教皇庁の書記たちや他のこの公会議の支持者たちを従わせるために、訴状や命令を発したとしても、また教会的な譴責や他のあらゆる種類の処罰を含むいかなる処置をとったとしても、さらに脅迫や攻撃を行ったとしても、そうしたものはすべて無効であり、そのような訴状、譴責、処罰に対していかなる遵守もする必要はない。この公会議がそれらを無効とする。上に述べた書記たちは、この聖なる公会議が都市コンスタンツで開催されている限り、以前と同様にこの地で自由に彼らの職務を遂行しなければならない。

（第三条）、（第四条）、（第五条）（略）

第四会期では、ザバレッラによる省略が受け入れられ、それを教令として採択し終了した。ところがその直後、前日の二九日にヨハネス二三世がさらにライン川を下り、ラウフェンブルクへ再逃亡したという知らせがコンスタンツに伝えられた。このことが三ナツィオの側に一気に強硬な態度を取らせるきっかけを与えた。

こうして四月六日の第五会期の教令では、第四会期でザバレッラによって省略された第一条の最後の箇所と第二条が復活されることになり（ただし、第一条に関しては、マンシの『教会会議記録集成』に従えば、「一般的な（generalem）」という語が省かれている）、三月三〇日の第二、三条はその第三、四条に移された。第五会期で復活された教令の第二条は以下の通りである。[24]

（第二条）いかなる地位、身分、位階の者も、教皇でさえも、先に述べられた事柄、あるいはそれに属する事柄について、この聖なる公会議、並びに他のすべての合法的に招集される普遍公会議の命令、法令、決定、指導をかたくなに拒み、服従しない者はすべて、もしその者が悔悛しないならば、それにふさわしい贖罪を科せられ、そしてもし必要ならば、他の法的手段をもって適切に処罰される。

この第五会期でザバレッラは教令の朗読を拒否したので、代わってポズナニ司教アンドレアス・ラスカリスがそれを朗読した。しかし、彼はこの会期に出席し、黙認の態度をとった。

以上が問題とされるザバレッラの行動であるが、彼を代表的な公会議主義者の一人とみなす立場からはそれらの事実は意外なのではないだろうか。我々はザバレッラの行動をどのように理解すればよいのだろうか。この点について、ザバレッラの同僚の枢機卿ギヨーム・フィラートルは彼の日記の中で、特に第四会期での「省略」の理由に関して、次のような注目すべき情報を伝えている。

「しかし、教皇に優越する普遍公会議の権限に関する見解の対立から、とりわけその第一条に記されていたような教会の改革に関する事柄をめぐる見解の対立から、フィレンツェの枢機卿（ザバレッラ）は、その一節並びにそれにもとづいた以下の条項を、その条項が法的に正確ではないという理由で、読み上げるのを省略した[25]」。

モリセイは、このフィラートルの証言の中の「法的に正確ではない」というザバレッラの反対理由を第五会期での「朗読拒否」の理由にも適用し、「ザバレッラが反対したものは、そこで採用された語法に含まれている曖昧さであった」としている[26]。この問題については、以前拙稿でも触れたのでここでは立ち入らないが[27]、マンシの『教会会議記録集成』に収録されているテキストだけから確定的な結論を引き出すことは難しいと思われる。それにフィラートルが「教皇に優越する普遍公会議の権限に関する見解の対立」と述べているように、ザバレッラがこだわったのは語法の問題などではなく、もっと原則的、根本的な立場の問題だったのではないだろうか。

コンスタンツ公会議での枢機卿ザバレッラの行動を理解するためには、当然のことながら教会法学者として彼が執筆した著作との関係を考察する必要があろう。中でも先にあげた『当代のシスマについて』は、教皇の招集によらない公会議の合法性を基礎づけたものであるだけに、ザバレッラが教皇と公会議との関係をどのように認識していたかを知る上でとりわけ注目に値しよう。

5　ザバレッラの法学的立場

ザバレッラの思想の全体像を問題にするのであれば、マニュスクリプトも含めて彼のすべての著作を詳細に検討しなければならない。しかし、今回は『当代のシスマについて』の一点に関してすらその余裕がないので、モリセイの業績に依拠してその主要な論旨を提示し[28]、基本的な研究の方向を示すにとどめたい。

先述したように、『当代のシスマについて』の第二部と第三部は枢機卿コッサ（後の教皇ヨハネス二三世）の諮問に答えて執筆された。それらの論考の中で、ザバレッラの基本的な主張は、正統か異端かをめぐる信仰問題に関しては公会議に決定権があるということであった。彼によれば、教皇位を主張している者どうしの論争はこの範疇に属する。それゆえ公会議はこの問題を決定しうる。なぜなら公会議は異端の罪で教皇を裁くことができるからである。その際もし教皇が抵抗すれば、彼は教会を破壊することになるであろう。公会議は全体教会（ecclesia universalis）を代表するがゆえに最終的な権威を有する。そのような状況のもとでは、教会の権威は公会議によって行使される。公会議の決定は聖霊に導かれており、実定法に従属しないのである。その法は神の法である。もし公会議が教皇から権力を奪うとすれば、それは人の行為ではなく神の行為である。

また、ザバレッラは、公会議だけでなく枢機卿の役割も強調している。すなわち、教皇選出において枢機卿団は全体教会とみなされる。教皇が公会議を招集しえないときは、枢機卿団がそれを招集する義務がある。さらに、シスマと異端との関係については次のように記している。シスマは異端を引き起こす。疑いのない教皇でさえ、もし彼が頑迷で教会が傷つけられているのならば、彼は異端者とみなされる。

断片的な紹介ではあるが、以上のようにザバレッラは、公会議の権限、枢機卿団の役割、シスマは異端であることなどを主張しているのである。しかし、その一方で彼は、教皇がペトロの地位と権威を継承し、神の法に由来する特権を有し、教会の最も重要な要素であることを認めている。一見矛盾するようであるが、これは彼が、伝統的な教会法学に内在している、全体教会を生ける有機体と見る団体理論（corporation theory）に立脚しているからにほかならない(29)。ザバレッラにとって、教皇を頂点とする全体教会の階層秩序は自明の前提であった。ただし、全体は部分に優先するのであって、教皇といえども全体教会の利益に合致しない恣意的な権力行使は許されないのである。

ザバレッラの法学的立場を以上のようにまとめるならば、コンスタンツ公会議での彼の行動はどのように理解できるだろうか。彼の立場からすれば、第五会期の教令第二条に記されているような、公会議を恒常的に全体教会の最高決定機関とする規定は到底容認することはできなかったと思われる。その点で彼は公会議主義者ではなかったと言えよう。また彼は、ピサ公会議の決定を安易に変更することには反対であったが、しかし、疑いのない教皇でさえ、もしその者がシスマを助長しているのであれば異端者とみなされ、公会議によって裁かれる、という自らの法学的見解がヨハネス二三世自身にも適用され得ることを否定できなかったであろう。第五会期で、彼が教令の朗読を拒否しながらも、そこに出席し、黙認の態度をとった理由はその辺にあるのではないだろうか。

今回取り上げた例だけから断定的な結論を引き出すことはできないが、彼には彼なりの思想と行動の一貫性があったと言えよう。教会法学者として、教会法学がそれまで長年にわたって築いてきた普遍的な基盤――たとえそれがカトリック教会の支配体制を擁護する保守的なものであったとしても――に立脚した自律性とでも言うべきものを、彼は生涯を通して持ち続けたのではないだろうか。

注

（1）シスマの勃発に関しては、以下の文献を参照。W. Ullmann, *The Origins of the Great Schism. A Study in Fourteenth-Century Ecclesiastical History*, London 1948.

（2）シスマの勃発と同じ一三七八年にルクセンブルク家の皇帝カール四世がなくなり、長子ヴェンツェルがドイツ王となるが、その統治は混乱に満ち、一四〇〇年には諸侯・諸身分によって彼は廃位される。その後、プファルツ伯のループレヒトがドイツ王に選出されるが、一四一〇年に彼がなくなると、選帝侯が二派に分かれてルクセンブルク家のハンガリー王ジギスムントとメーレン辺境伯ヨープストの二人をドイツ王に選出する。こうして、依然として王位を主張するヴェンツェルとあわせて三人が並び立つ事態となった。ヨープストの死後、一四一一年にヴェンツェルと和解したジギスムントが再選出されて一応混乱は収束した。成瀬治・山田欣吾・木村靖二編『世界歴史体系　ドイツ史』第一巻、山川出版社、一九九七年、特に、その中の第八章「ドイツと中欧」（池谷文夫）を参照。

イングランドでは、一三九九年に国王リチャード二世が廃位されプランタジネット朝が断絶し、ランカスタ朝が成立する。またこの時期、カスティーリャ、ポルトガル、アラゴンでも王朝交替があった。フランスでは、一三九〇年代以降、国王シャルル六世の精神状態が思わしくなく、フランドル伯領を獲得したブルゴーニュ公が実権を掌握し、オルレアン公を中心とするアルマニャック派との対立が尖鋭化する。

（3）J・ヴェルジェ（野口洋二訳）『ヨーロッパ中世末期の学識者』創文社、二〇〇四年。なお、原著の初版は、一九九七年に刊行されている。「学識者」の概念については、以下の論文も参照。野口洋二「中世の『知識人』から『学識者』へ」『創文』四七四、二〇〇五年四月、六–九頁。

（4）樺山紘一『パリとアヴィニョン—西洋中世の知と政治』人文書院、一九九〇年、を参照。

（5）大シスマ期における知的世界の動向については、以下の文献を参照。R. N. Swanson, *Universities, Academics and the Great Schism*, Cambridge 1979. また、この問題の一端を扱った論文として以下の拙稿がある。「教会法学の発展の中でみたピサ公会議（一四〇九年）—二教皇の廃位と異端条項をめぐって」『研究年誌』（早稲田大学高等学院）四一、一九九七年、六七–七六頁。

（6）拙稿「コンスタンツ教令『ハエク・サンクタ』の解釈について」『西洋史論叢』（早稲田大学西洋史研究会）九、一九八七年、一–一三頁。ただし、論証がやや稚拙な上に、いくつかの基本的な事実認識に誤りがあり、以下の別稿で訂正するつもりである。「コンスタンツ教令『ハエク・サンクタ』のテキストについて」『研究年誌』（早稲田大学高等学院）五一、二〇〇七年三月予定。

なお、ヨーロッパ中世史研究会編『西洋中世史料集』東京大学出版会、二〇〇〇年、三六〇–三六二頁には「公会議主義」の項があり、コンスタンツ教令「ハエク・サンクタ」とザバレッラの著作の一部が、池谷文夫氏によって訳出されている。

（7） A. Kneer, *Kardinal Zabarella* (*Franciscus de Zabarellis, Cardinalis Florentinus*) *1360-1417. Ein Beitrag zur Geschichte des grossen abendländischen Schismas.* Erster Teil., Diss. phil., Münster 1891.

（8） W. Ullmann, Appendix: Cardinal Zabarella and his Position in the Conciliar Movement, in: Ullmann, *op. cit.*, pp. 191-231.

（9） B. Tierney, Part III — (IV) Franciscus Zabarella, in: Tiermey, *Foundations of the Conciliar Theory. The Contribution of the Medieval Canonists from Gratian to the Great Schism,* Cambridge 1955, pp. 220-237, Enlarged New Edition, New York 1998, pp. 199-214. ティアニーの見解については、以下の論文も参照。矢吹久「公会議主義の展開—その政治思想史的考察」『慶応義塾大学大学院法学研究科論文集』一九、一九八三年度、一六一—一七五頁。

（10） T. E. Morrissey, *Franciscus de Zabarellis* (*1360-1417*) *and the Conciliarist Traditions,* Cornell University, Ph.D., 1973.

（11） T. E. Morrissey, The Decree Haec Sancta and Cardinal Zabarella. His Role in its Formulation and Interpretation, *Annuarium Historiae Conciliorum,* 10 (1978), pp. 145-176; Franciscus Zabarella (1360-1417): Papacy, Community, and Limitations upon Authority, in: G. F. Lytle (ed.), *Reform and Authority in the Medieval and Reformation Church,* Washington 1981, pp. 37-54; Emperor-elect Sigismund, Cardinal Zabarella, and the Council of Constance, *Catholic Historical Review,* LXIX (1983), pp. 353-370; The Call for Unity at the Council of Constance: Sermons and Addresses of Cardinal Zabarella, 1415-1417, *Church History,* 53 (1984), pp. 307-318; Cardinal Franciscus Zabarella (1360-1417) as a Canonist and the crisis of his age: Schism and the Council of Constance, *Zeitschrift für Kirchengeschichte,* 96 (1985), S. 196-208.

（12） たとえば、現在のところ最も信頼の置ける通史であるW・ブラントミュラー『コンスタンツ公会議（一四一四—一四一八）』第一巻（W. Brandmüller, *Das Konzil von Konstanz 1414-1418,* Band I: Bis zur Abreise Sigismunds nach Narbonne, Paderborn 1991, Zweite Aufl. 1999) でも、教令「ハエク・サンクタ」の決議に至る経緯とザバレッラの態度については、モリセイの一九七八年の論文に大きく依拠している。

(13) 以下、ザバレッラに関する伝記的情報の大部分は、先にあげたモリセイの学位論文に負っている。

(14) コルッチョ・サルターティ、レオナルド・ブルーニ、ポッジョ・ブラッチョリーニなどフィレンツェで活躍した人文主義者については、根占献一『フィレンツェ共和国のヒューマニスト』創文社、二〇〇五年、を参照。

(15) 三森のぞみ「十四、十五世紀フィレンツェにおける司教選出とその法規定」『史学』（三田史学会）六五—一・二、一九九五年、七七—一〇八頁、一〇〇頁を参照。三森氏のこの論文には、ザバレッラをも含めて歴代フィレンツェ司教についての伝記情報が集成されていて興味深い。フィレンツェの司教座が一四一九年に大司教座に昇格したこともこの論文で知ることができた。

(16) Swanson, *op. cit.*, p. 153.

(17) 前掲拙稿（一九九七年）、七五頁注（12）を参照。

(18) Morrissey（1973）, pp. 340-341.

(19) この問題は、前掲拙稿（一九八七年）でも取り上げている。コンスタンツ公会議の経過について、邦語文献としては、フーベルト・イェディン（梅津尚志・出崎澄男訳）『公会議史』南窓社、一九八六年、がある。ただし、八四頁の「フィラストルは、教令の読み上げを拒否した」は誤りで、読み上げを拒否したのはザバレッラである。

(20) コンスタンツ公会議初期の経過については以下の二つの拙稿を参照。「ヨハネス二十三世の正統性—ピサ派のジレンマをめぐって」『史観』（早稲田大学史学会）一四三、二〇〇〇年、四九—六五頁。「コンスタンツ公会議における『国民』単位採決方法の導入について」『文学研究科紀要』（早稲田大学大学院）別冊第十七集、哲学・史学編、一九九〇年度、二五三—二六一頁。後者では、Germania, Anglia, Gallia, Italiaの各ナツィオ（natio）をドイツ、イングランド、フランス、イタリアと訳したが、誤解をまねくので本文中のようにした。

(21) J. D. Mansi（ed.）, *Sacrorum conciliorum nova et amplissima collectio*, 31vols., Firenze/Venezia 1757-1798, new ed., 60 vols., Paris 1898-1927（以下、Mansiと略記）, 27: 580. ラテン語のテキストは、前掲拙稿（一九八七年）、

一一頁に掲載してある。なお、これ以後の一連の「ハエク・サンクタ」のテキストの公刊本相互の異同については、前掲拙稿（二〇〇七年三月）を参照。

（22）Morrissey (1973), p. 428.

（23）Mansi, 27: 585-586.

（24）Mansi, 27: 590.

（25）H. Finke (hrsg.), *Acta Concilii Constanciensis*, 4vols., Münster 1896-1928, Vol. II, S. 27-28; J. H. Mundy/K. M. Woody (eds.), L. R. Loomis (trans.), *Council of Constance. the Unification of the Church*, *Records of Civilization. Sources and Studies*, LXII, Columbia University Press 1961, p. 228.

（26）Morrissey (1978), pp. 169-170.

（27）前掲拙稿（一九八七年）、六頁、及び一二頁注（25）を参照。

（28）Morrissey (1973), pp. 272-291.

（29）団体理論については、オットー・フォン・ギールケ（阪本仁作訳）『中世の政治理論』ミネルヴァ書房、一九八五年、を参照。

第7章　一四〜一六世紀初めのドルドレヒト市行政職就任規定と執政門閥

田中　史高

1　ドルドレヒト市行政職の就任規定

ホラント南部の港市ドルドレヒト（略称ドルト）は、一三世紀から一六世紀初めにかけてホラント伯領随一の河川商業活動と政治力を誇った最有力都市であった。後発のホラント諸都市、例えばロッテルダム、アムステルダムなどは、一時期この都市を当面の目標として発展していったといっても過言ではない。ドルトでは一四世紀以降、他のホラント都市にも共通する門閥中心の政治がおこなわれた。[1]小論ではこれとの関連でまず、一四世紀から一六世紀初めの同市について設けられた一連の都市行政職就任規定をたどる。そのあと具体例としてドルトの最有力執政門閥オーム家（de Oems）を取り上げ、同家の行政官就任状況、そして行政職と親族（血族と閨閥）との関連を検討する。こうした作業から当時の同市市政の特徴を考えてみたい。

（1）都市行政官の就任条件

都市執政門閥個々の勢力を示す重要指標は都市行政職への就任の多寡である。ドルドレヒトでは一四世紀以降、二名の市長（一五世紀からは分化し共同体側市長・君主側市長各一名）、九名の審判人（うち一名は原則的に君主側市長兼任）、五名の市参事会員が都市裁判所を構成し、その他に一五世紀以後都市財政専管

表１　ドルドレヒト都市行政職就任規定

文書年次	資産条件	同時在職禁止親等	その他
*1345			伯官職との兼任禁止（〜1486）
*1401			ScBSRA：10年間（以上）のドルトの居住者か婚姻による市民権取得者
1409	SRB200n、A100n		SRB：土地生まれの市民か５年間以上の在住市民
*1432		SRBg：甥姪の子以上に近い血族・閨閥２名以上	
*1432			SRBA：未婚の伯役人を子にもつ親や、市内で公然と浮気した者は不可
*1437		SRBg：兄弟２人か父子	
1444		親等禁止規定廃止	
*1455		SRBg：甥姪の子以上に近い血族・閨閥２名以上	
1456	V候補者100n、Bh300n、A150n	SRBg：同一門閥の甥姪の子以上に近い血族・閨閥２名以上	SRBgは退任後２年間再任不可
*1462 (5/25)		親等禁止規定廃止	
1462 (5/31)			四〇人団選出の撤廃
*1473			市長・財務官など都市行政職就任拒否・出張拒否などの禁止
1478	V150nの資産の既婚者、vt200n		SR任期２年、Bg：審判人・市参事会員職経験者
1481	V1000G＝40Gr（＝75n）、SR800G（＝60n）、A400G（＝30n）	（SRBg）同一門閥の兄弟・姉妹以上に近い２名以上	
*1486			1345年以来の伯官職と都市行政職兼務禁止規定廃止
1494	V1000G（＝75n）、SR800G（＝60n）、A400G（＝30n）	（SRBg）同一門閥の兄弟・姉妹以上に近い２名以上	

＊：都市自体による文書。他はホラント領邦君主による
B：市長（h：君主側、g：共同体側）、S：審判人、Sc：スハウト、R：市参事会員、A：八人団、V：四〇人団、vt：審判人・市参事会員の14人の候補者、n：ノーブル、Gr：フローテン、G：グルデン

の財務官二名が都市行政の主要な役職であった。[2] こうした行政職については都市政府自体か領邦君主ホラント伯が一連の就任規定を設けていった。以下それを年代順に見ていこう（**表1**参照）。

一三四二年、ホラント伯ウィレム四世はドルト都市当局に審判人・市参事会員両職を毎年改選するよう命じている。[3] 一三四五年には、ドルドレヒト市自体が、「（伯の役人である）管財人・堤防長官・流通税徴収官・権杖持ちその他伯殿の官職を保有する者は都市裁判所の審判人団に在職してはならない。違反者は罰して生命を失う」と規定する。[4] こうした領邦君主の諸官職と都市行政職との兼務禁止の背景には、市民が伯の属吏として支配を受けながら都市行政職の権限も行使すれば、都市側の自由が縮小する、という市民の警戒があった。この禁止規定は一四八六年に廃止されるまで一世紀半近くの間厳守され、都市行政官在任者が伯配下の官職に就任する場合には前者を任期途中で退任したのである。また、一四〇一年の都市法書第二〇〇条では、スハウト（都市裁判長）、市長、審判人、市参事会員、八人団（共同体側市長の選出母体）への就任者は、一〇年間（以上）のドルト在住者か、市民との婚姻による市民権取得者たるべきことが定められる。[5]

領邦君主側からは、一四〇九年伯ウィレム六世がドルドレヒトに対し、「その土地生まれの市民か、五年間同市に居住していて、二〇〇ノーブル以上の財産をもつ者でなければ、都市裁判所に在職してはならない」とし、初めて行政職就任条件として資産額も定めた。このとき八人団についても一〇〇ノーブル以上という条件が決められている。[6]

一五世紀半ばにはさらに、今度は都市政府によって、一定の親族が市政に過大な勢力をもつのを防ぐための制限が設けられる。この規定からは、ドルトで当時市政をめぐって親族というものがどのような親等範囲内のものとして理解されていたのかもある程度うかがえよう。まず一四三二年、「今後互いに甥姪の息子

(aftersuster kint) 以上に近い血族 (maegscappen) か閨閥 (zwagherscappen) の二名以上の者が都市裁判所に在職してはならない。違反すれば六〇ポントの罰金と一ルーデの城壁建造費を科される」と決定された。[7] この証書や後述する一四五五年と一四五六年の文書では、就任制限が血族以外に閨閥にも向けられているので、姻戚関係にある門閥どうしが重要行政ポストの占有をおこなっていたことが見て取れる。また、同じ一四三二年に都市当局が発給したもう一通の文書では、同様の罰金をもって、「その土地の生まれで未婚であり、伯の権杖持ち・造幣官職を保有する息子の父親は都市裁判所に在職してはならない」と定められる。これは息子の仕えこの規定は行政官自身ではなくその未婚の息子が伯に仕えているケースについてである。これは息子の仕える伯の不興を買うまいとの親心から、父親である都市行政官が領邦君主の恣意に対し断固とした態度をとれなくなるのを予防しようとするものであった。同時に設けられたもう一つの規定では、「ドルドレヒト市内で公然と浮気をした者は決して裁判所や八人団に在職してはならない」とされた。[8] この規定からは、当時夫婦間の純潔が守られていないケースが少なくなかったと推定されるものの、風紀改善以外の目的は不明瞭である。非嫡出子ともども行政官に就任して権勢をもつようなケースがあったのかもしれない。

五年後の一四三七年、都市当局は「兄弟二人や父子が同時に都市裁判所や八人団に在職してはならない」と定め、親族制限を緩和する。この証書の末尾には当事者・証人として三〇人の有力ドルト市民の名前が列記され、その中にホトスハルク・オームの名も見える。オーム家が親族就任の規制緩和に加わっていることは後述する門閥勢力維持との関わりで注目に値しよう。[9]

ところで、このころホラント伯領を統治するに至ったブルゴーニュ家のフィリップ善良公は一四四四年、ホラント不在中、代理として公妃イサベラを派遣した。同妃が発給した同年の君主文書は都市政府を次のように非難する。「ドルドレヒト人たちは、甥姪の息子以上の近親のいかなる者も同市の裁判所に同時に在職してはならない、との条令を定めた。これは、わが殿が任意に同市の裁判所の成員を退任させ、別の好ましい者たちを任命できるという特権に反するものである。ドルドレヒト人たちは同市において一名の「共同体側」市長を任命している。この市長は非常に奇妙な勤務を様々な形で彼らのためにおこなっている」と。[10] この文書では、先に見た都市当局の親族規定が君主側によるスハウト・市長らの任意任命の障害となっていたことがわかり、親族規定が一時廃止される。また、ドルト市長は定員二名で、このうち君主側市長は君主が指名したが、市民だけの手で選任されていた共同体側市長は、都市権力の反君主的役職とみなされたのである。

一四五五年には都市当局が行政職就任条件を以前（一四三二年）どおりに厳格化し、特定親族による占有を問題視する。「今後決して、甥姪の息子以上に近い親等の親族関係にある二人以上の者が同時に都市裁判所に在職してはならない。現在この条令に反して、同一の血族と閨閥で甥姪の息子以上に近い続柄にある四人の者が同時に在職している。この者たちは退任するべきであり、甥姪の息子以上の親等ではない別のよき人士たちを代わりに選任するべきである」と。[11] 後述するヤン・オームという人物一人が名指しされ、この人物の汚職が非難されているので、当規定はオーム家に反対する勢力の立場から設けられたものといってよいだろう。

翌一四五六年になると今度はフィリップ善良公が、一〇年間の期限つきで、行政職就任資格を再確認する。「都市裁判所にまる二年間在任した者は、それに続く二年間はこの裁判所に在職してはならない。また、同一の門閥（eenen geslachte）で、血族か閨閥で三親等、つまり甥姪の息子たち以上に近い続柄の二名以上の者がこの裁判所に同時に在職してはならない」と。[12] 親族制限は前年の都市側規定をほぼくり返しているが、血族と閨閥のいわば上位概念として「門閥」の語が登場する。この語は後述する一四八一年と一四九四年の君主発給文書でも用いられているが、都市作成の証書には見られないので、君主側には支配地域の都市の門閥について市民以上の認識がうかがえるのではなかろうか。なお、一四五六年の同文書は資産条件を、八人団について一四〇九年の一〇〇ノーブルから一五〇ノーブルへ、市長については二〇〇ノーブルから三〇〇ノーブルへ増額しており、また、四〇人団の候補者を一〇〇ノーブル以上の資産者に限定している。

一四六二年五月二五日には、領邦君主による親族関連の都市行政職就任制限が都市特権に反するという理由で都市当局によって廃止される。「一四五五年七月五日に取り決められたこと、つまり今後ドルドレヒトの裁判所には、同一の血族や閨閥で互いに甥姪の息子以上に近い親等の二名以上の者が同時に在職してはならない云々は、我々の諸々の都市法と特権に反するものであり、今後は撤廃される」と。[13] この年、反君主的勢力（釣針派）が市政を掌握したので、この廃止は彼らが自派門閥の勢力拡大をはかったものであろう。

それを証示するように、一週間もたたない同月三一日、フィリップ善良公は一四五六年の文書内容のうち四〇人団や審判人・共同体側市長選出方法を当初の一〇年期限を四年残して廃止する。「四〇人団その他の者たちの選出について、非常な不和と敵対と争いが生じたし、さらに多くの争いが生じるおそれがある。それゆえ、なお四年間継続するはずの、この選出方法に関する余の文書は撤廃される」と。[14] ここからは、ドルト市内での不穏な政情とともに、都市と領邦君主との関係がやはり齟齬を来していたことがうかがえる。

その後、シャルル豪胆公を経て、新君主となったその娘マリーと夫ハプスブルク家のマクシミリアンは、一四七八年、行政職の選任方法と被選出者の条件に関する新たな文書を発給する。「ドルト人は四〇人団を、一五〇ノーブル以上の富裕さであり、現在結婚しているかかつて結婚していた者たちの中から選ぶことができる。この四〇人は、二〇〇ノーブルの富裕さをもつ一四人の者を、その四〇人か都市の有資格者たちの中から選出する。我々［領邦君主］はその一四人の中から四人の審判人と三人の市参事会員を選び、この七人は二年間在職する。また、翌年には前述の四〇人が再び一四人を選出し、そこから我々が五人の審判人と二人の市参事会員を選んで、この者たちがその後二年間在職する。［四つの市区から六人ずつ、合計二四人から選出される］八人団は慣例どおり、都市ドルドレヒトの共同体側市長を選ぶ。ただし、市長に選ばれる者はドルドレヒトの審判人か市参事会員経験者に限る」と。(15) ここでは、四〇人団の資産条件が一四五六年の規定額一〇〇ノーブルから一五〇ノーブルへと引き上げられているが、審判人・市参事会員の二〇〇ノーブルについてはすえ置かれている。新たな補則としては、市長候補者は審判人・市参事会員職経験者に限られ、行政官候補者は既婚者か婚姻経験者であることが条件とされている。このように既婚が条件とされた理由には、社会的信用のほか、妻子持ちは未婚者よりも都市との関わりが多く、市内への定住性が強いという点を挙げることができるだろう。もっともこの規定が設けられる以前には未婚者からも行政官が選任されており、オーム家にも四件の事例がある。逆に既婚者であれば、前述した閨閥関連の親族規定に抵触する可能性が生じる。この文書に親族規定がないのは、そうした点を回避するものであろう。

ところで、三年後の一四八一年にやはり両君主がドルドレヒトに発給した文書では、行政職就任条件が資産面・親族について大幅に緩和される。「四〇人団へ選出される者は一〇〇〇グルデン、審判人や市参事会員たちは八〇〇グルデン、八人団は四〇〇グルデン以上の富裕さであるべきである。また、同一の門閥で兄弟・姉妹の息子たち以上に近い関係にある二名以上の者が同時に在職してはならない」と。(16) 一〇〇〇、八〇〇、四〇〇グルデンはそれぞれ七五、六〇、三〇ノーブルに相当したから、資産条件は三年前の条件の十分の三へと大幅に減額されている。たびたびの選任で条件を満たしうるほどこうした有資格者（資産者）が多くなかった、というのも一つの理由であろうが、他面では、この一四八一年に市外からの奇襲クーデタが成功して鱈派が市政における支配権を確立するので、領邦君主側も親族規定を緩めることで、君主に好意的な鱈派政権の後押しをしようとしたのであろう。親族制限の方は先述のように都市当局の手で一四六二年にいったん廃止されていたが、ここでは廃止以前の一四五六年の「甥姪の息子以上云々」という規定が緩和されて、「兄弟・姉妹以上の親等の二名以上を禁止する」という内容で復活している。

一四八六年には、ドルドレヒト当局の文書によって、一四世紀半ば以来の、君主配下の官職と都市行政職との兼任禁止が解かれる。「一三四五年に作成された、今後、管財人、堤防長官、流通税徴収官、権杖持ちなど、我々の君主たる［ホラント］伯から公職を保有している何人も同時に都市裁判所に在職してはならない、との条文は、スハウト、市長たち、審判人たちと市参事会、旧参事会、八人団らによって全て取り消される」と。[17] この措置の背景には後述する鱈派勝利後の都市と君主の密接な関係があったであろう。

一四九四年にはハプスブルク家の君主＝執政マクシミリアンと息子のフィリップ美男公が一四八一年の文書内容を二五年間延長する新たな文書を発給する。[18] これは一五一九年まで効力をもち、この種のドルト行政職規定としては最後のものとなる。

（2）ドルドレヒトの党派紛争

ホラント伯領では一四世紀半ばに親君主的な鱈派とこれに対立する釣針派との党争が始まり、[19] オーム家はドルドレヒトにおける鱈派の有力家門の一つとなっていった。一五世紀中頃からは、都市内外で諸門閥がこの二派に分かれてさらに激闘をくり広げたので、闘争緩和のためブルゴーニュ公が介入するに至る。一四四七年の君主文書は次のように命じている。「ある者たちの間で殺害・手足の切断・重傷害が起きている。両党派で戦闘に加わらなかった無辜の者たちはみな六週間の平和を享受し、その間、被害の和解をなすべきである」と。[20] しかし、結局ドルドレヒトでは両派の反目が一四八一年の鱈派の最終的勝利まで間歇的に続く。

こうした党争もまた、同市の門閥的政治に大きな刻印を残しているのである。

この当時、党争ゆえに公職を追われるか市外追放されるか落命するかの危険から身を避けようとして、選任された行政職を辞退する者が相次いだ。一四七三年には就任忌避に関する禁令と罰則が都市当局によって定められるまでになる。「市長職、財務官職その他の都市勤務に選ばれた者たち、とくに都市のために出張をおこなうように選ばれ、都市の共通福利や都市の利益をはかるようにと選抜された者たちの何人かがそれに従わず、在職しようとせず、都市勤務を実行しない、ということがしばしば起きている。そのため都市がはなはだしい不利益をこうむり、多くの困難が生じている。市長職、財務官職、都市の何らかの勤務か官職か出張へと選ばれた者は、それを拒むか、就任しないか、おこなおうとしなかったならば、逮捕されるべきであり、一年間拘留され、その期間のあと罰金として二ルーデの城壁建造費か一ルーデにつき五〇〇〇ブルゴーニュ・スヒルデンを支払うべきである」と。[21] 都市行政官に就任することは、市民として大きな影響力と声望を手にするチャンスであったが、他面では党争激化で身の危険をともなうものとなっていたのである。就任を制限する規定とこうした就任強制規定という、対照的な諸規定を設けざるをえなかったこと自体、門閥的市政の不安定な一面を物語るものであろう。

さらには、都市行政官の汚職が深刻化し、都市当局がこれに関する規制を設けている（一四五五年、六七年、七三年）。公職にあって、不当な謝礼、贈与や何らかの利益を受け取るか、与えるか、誰かの便宜をはかって利権を与えるかした者は罰金を科され、その職を追われることになっていた。[22] オーム家では一四五四年、市政の重鎮ヤン・オームがそうした汚職のかどで都市行政職から閉め出され、この人物の返り咲きを支援した弟のティールマン・オームとその息子たちも追放される（ただしヤンは六三年、特赦を得て共同体側市長へと選出される）。彼が追われたあと、釣針派・鱈派間で勢力均衡が試みられるが失敗し、都市支配が鱈派と釣針派相互に入れ替わる不安定な状況が続く。この時期に同市市政で支配的だった党派は、一四六二年〜七三年と七八年〜八一年が釣針派、一四七三年〜七八年が鱈派であった。一四五七年〜八〇年に党争・対立は頂点に達するが、一四八一年君主配下のヤン・ファン・エフモントがドルト奇襲に成功し、釣針派を政権から駆逐して最終的に鱈派政権が確立する。このあと宥和もおこなわれて市内の釣針派勢力は沈静化し、同市の党争はようやく終焉を迎えるのである。

2　オーム家と都市行政職

（1）オーム家の発展と行政官就任状況概観

今まで見てきた諸点をふまえて、以下では具体例として当時のドルドレヒト市における最有力門閥オーム家を取り上げ、これと行政職の関わりをたどろう。オーム（Oem）という名は一二六九年の審判人文書に初出し、この名の人物が両親のドルト人夫妻から財産権を保証されている[23]。オーム家は一三世紀末から同市の家門として登場する。同家の由緒を物語る伝説によれば、一一世紀後半、神聖ローマ皇帝ハインリヒ四世の軍勢がこの地に来襲したとき、迎え撃ったホラント土豪軍の中に知略家の騎士（オーム家の祖）がおり、平原に芝土で覆い隠した多数の陥穽を仕掛けさせた。皇帝軍はこれにまんまとはまり込み大敗して退却したという[24]。オーム家の家紋にはこのときの芝土がデザインされている。伝説はともかく、同家は一四世紀に執政門閥へ台頭する一方、商業活動で成功し、家業として白ワイン・木材・菜種油・新造船などの商取引で利益を上げていった[25]。例えば、ホトスハルク・オームは一四二六年、君主フィリップ善良公からドルト市内のワイン卸売権を息子と二代にわたって付与されたし、ヤーコプ・オーム（一五〇〇頃〜五八年）は著名な材木商であった。

ここでオーム家と土地との関連についても一言述べておこう。一四世紀以後、ドルドレヒトの市域はマース川に沿う港側と陸側に二分され、さらにその港側の南が第一市区、北が第二、陸側の北は第三、南が第四市区に細分されていた。中でも第二市区は同市の商業活動が集中していた区域で、そのウェインストラートの両側には、白ワインなどの商品の貯蔵庫、貯木場、造船工房、クレーン、富裕市民の住居が立ちならんでいた。オーム家の成員もまた主にこの第二市区の家屋取得者・居住者として言及される。[26] ドルドレヒトの執政諸門閥はさらに、こうした市内の屋敷地以外に、一四世紀初め以降、近隣のドゥッベルダムを皮切りに、「郡」(ambachtheerlijkheid)と呼ばれる市外の土地を占有し始める。ドルトの有力市民による郡の占有数は一五世紀に一二まで増加する。オーム家の占有郡数は二から五まで変動するが、一五七五年まで、おおむね市民中の最多保有家門でありつづけた。ホトスハルク・オーム(図1Ⅷh)は一五世紀前半、新たにウェインハールデン郡も手にし、以後この系統のオーム家にはファン・ウェインハールデンという所領名が加わることになる。[27] 本来貴族のものであるこうした郡を占有することで、市民もそれに準ずる高い地位と収益を得た。そうした利権としては、所領内の犯罪に関する罰金収入の三分の一受領権、狩猟権、風車稼働権、農産物収穫十分の一税の三分の一受領権、引き網漁労権、河川渡し場権などがあった。

ドルドレヒトでオーム家初代として史料に登場するのはクレイス・オームという人物で、やはりドルトの名門となるダイク家から妻をめとり、息子クラースが一三一二年、同家で初めて行政職(審判人)に就任する。この一四世紀初めからドルドレヒト市を去る一五七二年まで、オーム家の都市行政職就任者の延べ人数は、スハウト職が一三人、市長職(一四世紀)六人、共同体側市長職(一五世紀以降)二五人、君主側市長職(同)二四人、審判人職九八人、市参事会員職四三人、財務官職二四人である。一三五〇年から一五六五年まで全てを合算したオーム家の在職年数は二〇五・〇年で、ドルト市の執政諸門閥中トップであり、同期間の他の上位執政諸家門総計の二一・七％、総在職者中五・六％を占める。第二位のファン・スリンゲラント家の合算年数は一六一・六年で大差がある。また、オーム家では一門の一部の者が職務を独占したのではなく、むしろより多くの成員が就任しており、上位家門中では一人あたりの平均在職年数が相対的に短かった。(28)

オーム家の成員は、都市行政官以外に、ホラント伯の評議員や所領役人、市内に設置されていた伯造幣所の長官としても出仕することがあった。しかし、前述したように一三四五年から一四八六年まではドルト市自体が領邦君主からの影響を制限しようとして、都市行政職と伯配下の公職とを兼務することを禁止していた。一方では、一四三二年以降、同一家門が同時に都市行政職に就任することが制限されていた（ただし一四四四〜五五年と一四六二〜八一年は一時的に親族制限廃止）。また逆に、ときには前述したような就任拒否もありえたので、右の公職就任数は一定の制約下での結果ということになる。

オーム家の都市行政官在職状況を一〇年ごとに示したのが**グラフ1**である。とりわけ同家の属する鱈派が市内の党争に最終的勝利を得た一四八一年以後に就任数のピークがある。在職数減少期について見ると、一三四五年に釣針派・鱈派党争が始まり、対立陣営の釣針派が市政で支配的であった時期、例えば一三五〇年代と一四世紀末に一時的な後退がある。また、一四三〇年代は行政職就任に親族制限が設けられた時期であり、同家にもこれは逆風であった。規制緩和のための一四三七年の条令制定に先述のようにオーム家の人物が参加しているのは、この経緯からは当然であろう。その一方では、この時期、同家の有力者ホトスハルク・オームが造幣官・評議員としてブルゴーニュ公に出仕しており、その分、都市行政職在任回数は少なくなっている。一五三〇・四〇年代には、同家の就任する役職に変化が見られ、市参事会員としての在職数が

グラフ1　オーム家行政官在職者数の推移

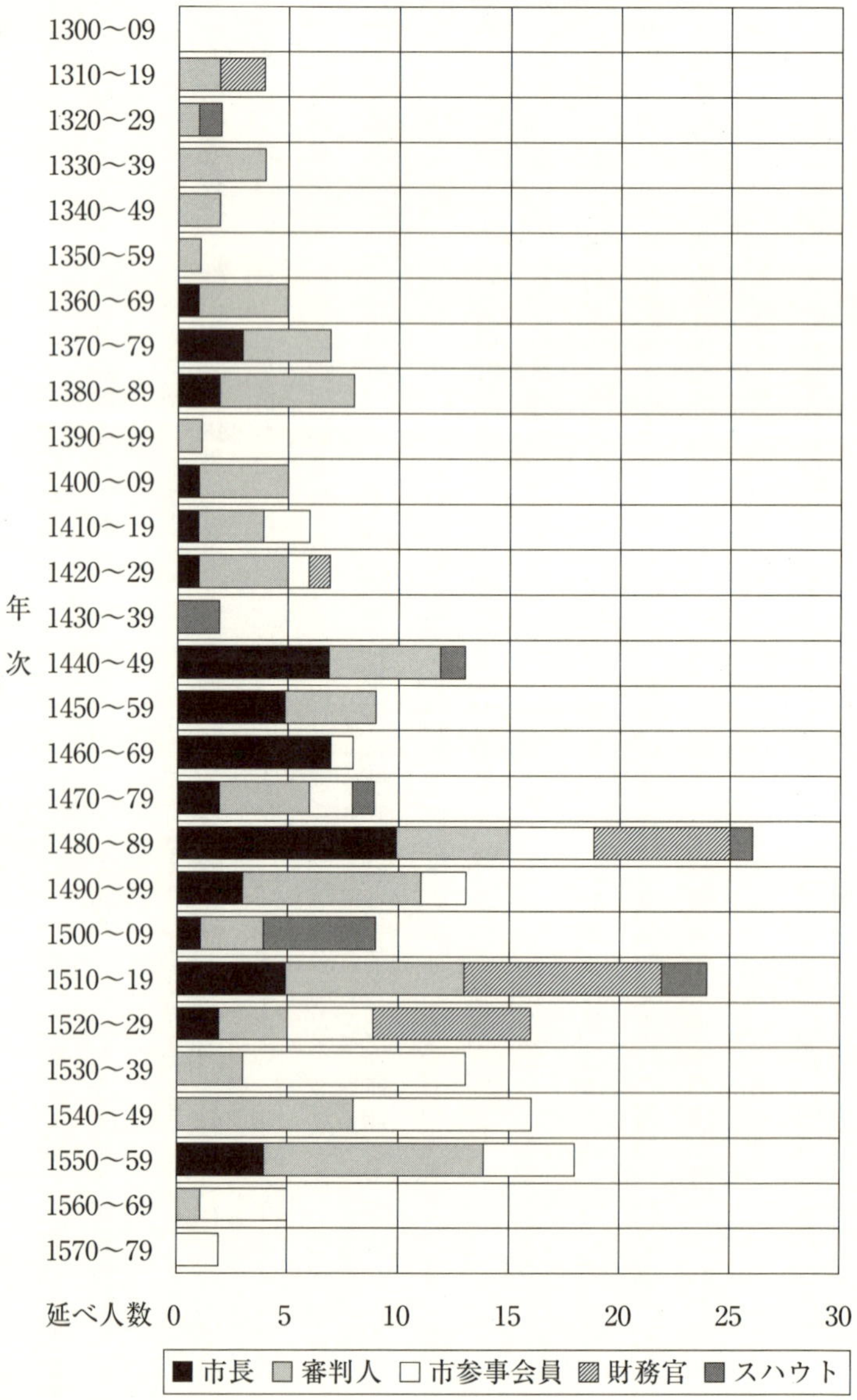

（主としてVan Beveren; Balen; Bruyniksにより作成）

多くなる。この職は、市長・審判人に次ぐいわば格下の役職であったので、[29] 実質的には行政家門としての同家の勢力はこの時期にふるわなくなっていくと考えてよいだろう。

（2）婚姻と行政職就任

オーム家の系図をたどると、同家が一三世紀末から一五七〇年代までのおよそ三世紀間に一三の市内有力家門と縁組みをしたことがわかる。相手方の家門名は以下のとおりである〔家門の古さの指標として（　）に行政職就任初出年次を記す〕。ハリンク（一二七〇）、ファン・ラーティンゲン（一三〇九）、ファン・ストレイエン（一三四一）、ファン・アメロンゲン（一三五一）、ダイク（同）、ファン・デン・ステーンハイゼン（一三五三）、ファン・ベーフェレン（一三八三）、ファン・マイルウェイク（同）、ファン・スリンゲラント（一三八五）、ファン・ディーメン（一三九八）、デ・ヨンゲ（一四〇八）、ファン・デル・デュッセン（一四〇九）、ファン・デル・メイレ（一四四〇）、ファン・エームスケルク（一四五一）、ファン・ボーモント（一四五七）、ストープ（一四六七）、フェイク（一四七二）、コール（一四九二）、ファン・ドリール（一四九五）、マイス（一五三九）、ブーケ（一五五四）、ヘールマン（一五六六）、ホインク（一五七二）。

こうした家門のうち、一五世紀初め以前に行政官を輩出している家門はオーム家と並ぶ旧家であった。いうまでもなく、旧家どうしの縁組みは市政における発言力、要職就任機会を維持するうえで双方にとって有利な結びつきであった。

しかし、二三家門のうち半数の一一は一五世紀半ば以降の新興家門である。オーム家に限らず、ドルトの執政門閥は、閉鎖的な集団ではなくて、むしろ新たな血を外部に求める傾向があった。入住した新市民がオーム家との縁組み以後、ドルト市政に進出したケースもある。例えば、ブリーレ市審判人・市長を歴任したヘイスブレヒト・ヒューホー・ネーフェンゾーンはドルト移住後オーム家と縁組みし、誕生した息子がヤーコプ・ヘールマンとしてドルトのヘールマン家を興し、一六世紀後半、行政エリート家門となっていく[30]。有力市民との婚姻は一つのステータスであり、転入者が都市行政エリート集団に加わる最善の手段とみなされ、婚姻と子孫とを通じて家産と権力の座が次世代へ伝えられたのである。市外から転入した有力新家系の傾向を比較すれば、同じホラント伯領でもライデン市は地元ホラント地域、とりわけレインラント出身の家系が圧倒的に多い（九四％）のに対し、ドルドレヒトではホラント出身は全体の約三分の二で、残余の三分の一はヘルレ、ブラバント、ドイツ方面など他地域出身の家系であった[31]。

（3）父子と姻戚の行政職就任

次に、オーム家の血族と閨閥（姻戚）がどのように在職したのかを見てみよう。ここでは親子関係にしぼり、職種は主要な行政職である市長、審判人、市参事会員、財務官、スハウトに注目して家系図[32]をたどる。まず血族内ではどうだったただろうか。それを示したものが**図1**である。

オーム家が実の父子で行政官に就任しているケースは二七あり、とくに直系第二代から第九代まで（Ⅱａ〜Ⅸａ）じつに八代にわたり都市行政官を輩出している。また、最も多くの息子たちが行政職に就いたのは、ヤーコプ・オーム（Ⅷａ）で、自身も一四七五年審判人、翌年君主側市長をつとめた。八人の息子のうち、長男・六男・七男が審判人、次男は審判人・財務官、五男が審判人・共同体側市長に就任している。

次いで、オーム家の成員とその配偶者について見てみよう。義理の父子関係として、まずオーム家の成員とその岳父とがともに都市行政職であった場合は次の三件のみである。すなわち、前出ヤーコプ（Ⅷａ）の義父レイニール・デ・ヨンゲが一六世紀半ばにたびたび共同体側市長をつとめている。一六世紀初めに審判

図1　オーム家の行政職就任者関連系図

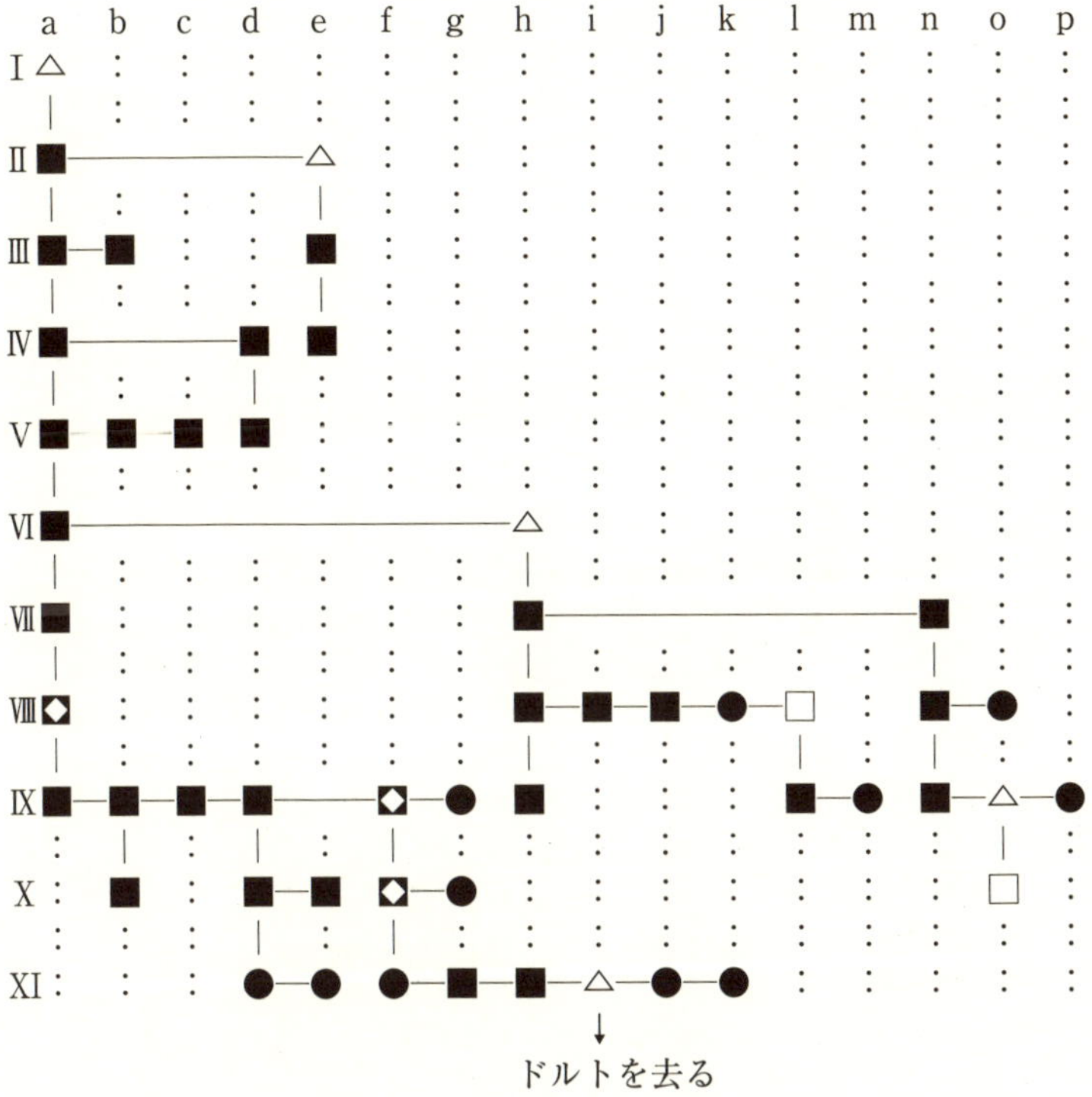

■：行政職経験者
◘：自身と岳父がともに行政職経験者
□：岳父のみが行政官経験者の行政職未経験者
△：岳父ともども行政職未経験者（原則的に世代間のつながりを示す者のみ表示）
●：夫（＝非オーム家）が行政職経験者
｜：親子関係
―：兄弟・姉妹関係
（Van Beveren; Balen; Bruyniksにより作成。ローマ数字は世代。a ～ p は本文との対照のための便宜的なもので、おおむね直系 a からの遠さを示す）

人・財務官を歴任したダニエル（Ⅸf）の岳父コルネリス・ハークは一四七二年、市参事会員であった。また、一六世紀半ばに三度審判人となったヘルマン（Ⅹf）の岳父ヤン・ファン・アルブラスは、一五二〇・三〇年代に頻繁に共同体側市長職をつとめた有力者であった。件数の少なさは、こうしたつながりの重要性が低かったこと、言い換えれば、オーム家には他家の岳父の力を借りる必要があまりなかったということを証示するものであろう。

また逆に、オーム家の岳父と他家門の娘婿とがともに行政官となったケースをひろい上げると一〇件ある。オーム家の女性の嫁いだ夫が行政官経験者であるケースは第八代以降に出現し一一例あり、この一〇件とほぼ重なっている。こうした事例の最初は、一四二八年共同体側市長をつとめたファン・アメロンゲン家の夫ノエイデとレイスベルト・オームとの縁組み（Ⅷk）で、以後一六世紀半ばまで八人の夫が審判人経験者である。最高職の市長経験者との婚姻はもう一件あるのみで、他には市参事会員経験者である夫が二名いる。

3　オーム家の家運転変――ドルト執政門閥から市外「逃走者」へ

（1）市外税廃止とオーム家成員の転出

ところで、一六世紀に入るとオーム家はしだいにドルト以外の都市との結びつきをもち始める。

ちなみに中近世のホラントやその周辺の諸都市には市外税（exue/pontgelt）という特異な租税があった。一四三四年のドルドレヒト市条令は、財産を相続するために市外から来る者は、同市に十分の一を納付するべきである、と規定している。[33] 他のホラント諸都市でもこうした課税がおこなわれた。ところが、一五世紀半ばから一六世紀末にかけて、ドルトは他都市を相手にこの税の相互廃止協定を結ぶ。年代順に協定相手を記せば、一四五四年ロッテルダム、一四七五年ハールレム、一五二五年スホーンホーフェン、一五四一年ミッデルブルフ、同年ユトレヒト、一五四三年アムステルダム、一五四六年ハーグ、一五四七年ホリンヘム、一五五三年ブリーレ、一五八二年ジーリクゼー、一五九八年ライデンの一一都市である[34]。これらの協定文書からは、廃止された市外税の課税対象が詳しくわかる。それによれば、（ア）一方の都市の市民が市民権を喪失したときや、（イ）結婚により新たに財産の所有権を得たとき、（ウ）他都市の縁故者の死亡による相続、遺贈、贈与、購入、交換による所有権の移動時や、（エ）市民が一方の都市から他都市へ動産や家僕（gesinden）とともに転居したときに、市外税の納付義務が生じていた。とくに（ア）は、市民権を意図的に放棄する際の一種の転出料を含んでいる。この税が廃止されたことで都市間の移住は以前よりも容易になった。ドルトと前記一一都市との協定はとりわけ一五四〇年代に集中している。一五四一年以降、皇帝カール五世によりドルドレヒトの伝統的な河川商業特権が大幅に削減されるのであるが[35]、市外税廃止はそうした経済状況の激変とも連動していた。

こうした流れを受けてオーム家でも、一五世紀末からは、他都市の人物と縁組みするケースや、ドルドレヒトから転出する者が目立ってくる。縁組みでは、アドリアナ・オームはデルフト人と婚姻し（一五〇〇年頃）、コルネリア（一五二〇年没）はドルト市長をつとめたユダヤ系家系の夫との死別後、ホリンヘム人と再婚している。一六世紀前半、マリア・オームはブリュッセルの「騎士」に嫁ぎ、カタリナはブリーレの代官と婚姻をとり結んだ。独身者として他都市の宗教施設に入った場合もある。例えば、アドリアナ（一五二七年没）はライデンの女子修道院長となったし、ヨハナ（一五八六年没）はデルフトで修道女となり、ヤン（一六世紀前半頃）はリエージュの聖堂参事会員・学院長となる。他都市で有力者へとのし上がるケースもあった。ウィレム・オーム（一五七九年没）はロッテルダム市長の娘と結婚し、有力市民との婚姻関係も梃子にして同市の市参事会員・市長へと選任され、ティールマン（一五一八～九八年）はスヒーダムへ移住して同市市長となるのである。

（2）オーム家のドルドレヒト退去

一四世紀から一五世紀にかけてドルドレヒト市はホラント伯領の身分制議会で名実ともに諸都市の筆頭格として行動した[36]。一四八〇年、同市は君主マクシミリアンからホラント伯領の代表会議開催時に諸都市の中で第一投票権をもつことをあらためて承認されている[37]。後代一七世紀中頃、ドルト出身の詩人J・レカイユは、郷土の都市を依然として、ホラント州議会で最初に発言する権利をもつ第一の都市、と謳う[38]。しかし、このとき現実には同市はアムステルダムに次ぐホラント第二の都市へと格が下がっていた。

ドルドレヒト市の歴史は一六世紀半ばに大きく転換する。一三世紀末から同市は内陸水系の商業を主たる繁栄基盤とし、河川ゲートウェイ（海上商業とリンクする大集散地）へと発展していった[39]。その際、特権を付与し、同市の最も強力な後ろ盾だったのが歴代ホラント伯であり、ドルト市政はおおむね歴代君主と共同歩調をとりつつ展開されたのである。しかし、ホラント伯の称号をもつハプスブルク家のフェリペ二世が周知の厳酷な政策をおこない、これに対する反乱が勃発し、一五七二年「海乞食」がマース川河口地帯を占拠して河川商業も封鎖する気配を見せると、結局ドルト政府は君主に背を向け、反乱軍側につく。三世紀間にわたって同市の有力市民であったオーム家は、都市と君主とのこうした乖離を契機として、同年ドルドレヒトを去ることになる。この年、「海乞食」に市門を開いたあと、都市政府は改変され、カルヴィニズムの導入が始まる。他方では、同年のうちに「逃走者たち」（glippers）と呼ばれる一部の有力ドルト市民が、スペイン国王の権威復活と自分たちの再度の政権返り咲きを期待しつつ都市を離れるに至る[40]。その中にオーム家（コルネリス・オームXIｉ）もいたのである。このあと彼は国王裁判所の評議員としてフェリペ二世に仕えることとなる。また、この地域への新教の伝播以来、一五一九年にルター派反駁の書を著すフロリス・オーム（一五三三年没）を早い事例として、カトリック信仰を堅持する傾向はオーム一族の家風となっていった(41)。彼らにとりホラント君主は、伝統的なドルト権益の擁護者であっただけでなく、尊ぶべき旧教の「保護者」にもなっていた。その意味でコルネリス・オームの都市退去と君主伺候はいわば当然の帰結であった。この時期、他の諸都市でも、国王側を支持し旧教信仰を守り続けた家門は都市行政から滑り落ちていく(42)。さらに、オーム家の生業を見ると、一六世紀半ばを境として商業活動は衰え、これに代わってユトレヒト市などでカトリック教会の聖職に就く者の数が増加する。また、ドルトを去った前出コルネリス・オーム（一五三九～九九年）をはじめ、両法博士などの学位取得者が輩出し、むしろ知識人としての活動が活発になる。そしてそれとともに新天地を市外に求めることにもなったのである。

一五七二年以降の二百年間にドルドレヒト最大の行政エリートとなるのはデ・ウィット家（都市行政職の延べ在職年数は二五六年）である。一四世紀以来ドルト市で目立たぬ旧家であった同家の市政における躍進が一五七〇年代に始まり、ウィレム・デ・ウィット（一五一六～九六年）は審判人・共同体側市長を歴任するほか、オランイェ公ウィレムの評議員にもなる。オーム家と姻戚関係を結んだこともある旧家、ファン・ベーフェレン、ハリンク、ファン・スリンゲラントの諸家も、オーム家が市内で地歩を保てなかったのとは対象的に、新たな時流に乗り、有力行政家門として再出発することになる。

この三家では、コルネリス・ファン・スリンゲラント（一五〇七～八三年）が一五七二年、ドルト開催のホラント州議会で同市代表として、信仰の自由とオランイェ公ウィレムの州総督職復帰の決議に参加する。一五七〇年代にドルト初の新教徒市長となるコルネリス・ファン・ベーフェレン（一五二四～八六年）は、都市代表としてオランイェ公と接触し早々と反乱を支持した。また、ヤン・ハリンク（一五四〇～九六年）は、若いころ審判人や護送船団指揮官として自市に貢献したあと、ホラント州議会代表となり、晩年には州総督マウリッツの評議員もつとめる。[43] 旧家の当主たちのこうした経歴をたどる限り、ドルドレヒトに軸足を置きつつも、反乱者や新教の側に身を投じて、市外へ活動の場を拡げている。不測の事態が頻発するこの激動期にあって、新たな状況にこのように臨機応変に対応することももちろんドルト家門としての命脈を保つことにつながっていった。しかし、それとともに、代々の定住を通じて築きあげた市内での名望家的地位・足場を決して放棄しないことが、執政門閥の存続には必要不可欠の条件であったように思われる。

注

（1）P. van Uytven, Plutokratie in de "oude demokratieën der Nederlanden", in: *Handelingen van de Koninklijke Zuidnederlandse Maatschappij voor Taal- en Letterkunde en Geschiedenis*, 16 (1962), p. 400; W. P. Blockmans, Mobiliteit in stadsbesturen 1400-1550, in: D. E. H. de Boer e. a.（red.）, *De Nederlanden in de late middeleeuwen*, Utrecht 1987, pp. 236-239, 241-248, 255f, 258f. ヨハンネス・ウェルソル（一四八二年頃没）ら幾多の同時代人が都市指導層のもつ政治的意味に論及しているが、ここではさしあたり、ドルドレヒトの門閥とは、同市最上層の資産者市民であり、高い都市行政職占有率をもつ特定家系のことである、と定義しておきたい。Cf. U. Meier, *Mensch und Bürger*, München 1994, pp. 100-111; A. Löther, Bürger-, Stadt- und Verfassungsbegriff in frühneuzeitlichen Kommentaren der Aristotelischen *Politiek*, in: R. Koselleck e. a.（uitg.）, *Bürgerschaft*, Stuttgart 1994, pp. 97-103.

（2）詳細は、拙稿「一四・一五世紀ドルドレヒト市政制度の発展と行政エリート」『比較法史研究』一四、二〇〇六年〔以下「行政エリート」と略記〕。N. Sanderson, Politieke en sociaal-economische aspecten, in: L. M. VerLoren van Themaat（red.）, *Oude Dordtse lijfrenten*, Amsterdam 1983, pp. 27-29. 類例としてハールレムに関して、拙訳「ハールレム都市法（一二四五年）」『日蘭学会会誌』三〇-一、二〇〇五年を、ユトレヒトについては拙稿「低地地

方北部の司教都市」同誌二四-一、一九九九年、八-一二頁を参照。

（3）P. H. van de Wall (uitg.), *Handvesten, privilegien, vrijheden, voorregten, octrooien en costumen ... der stad Dordrecht*, Dordrecht 1790［以下*Handvesten*と略記］, pp. 187f.「　」に掲げる訳文はすべて試訳であり、中略記号は割愛した。

（4）*Handvesten*, p. 197. 市内の伯造幣所の造幣官、南ホラントその他の代官・管財人などの地方役人もこの規定に該当した。

（5）J. A. Fruin (uitg.), *De oudste rechten der stad Dordrecht en van het baljuwschap van Zuidholland*, *dl.1*, Den Haag 1882［以下*Rechten*と略記］, p. 68. Cf. B. H. D. Hermesdorf, *Rechtsspiegel*, Nijmegen 1980, pp. 112f.

（6）*Handvesten*, p. 412. Cf. J. P. H. Monté Ver Loren, *Hoofdlijnen uit de ontwikkeling der rechterlijke organisatie in de Noordelijke Nederlanden tot de Bataafse omwenteling*, Deventer 1982, pp. 172f.

（7）*Handvesten*, p. 521.

（8）*Handvesten*, pp. 521f.

（9）*Handvesten*, pp. 532-534.

（10）*Handvesten*, pp. 560, 562f. Cf. M. J. van Gent, The duke of Burgundy and Dordrecht, in: *Les relations entre princes et villes aux XIVe -XVIe siècles*, Neuchâtel 1993, p. 65. Cf. E. Verwijs/J. Verdam, *Middelnederlandsch woordenboek*, Den Haag 1885/1969, dl. 1, kol. 282: s. v. aftersuster; dl. 2, kols. 282f.: s. v. geslachte §2; dl. 4, kols. 951f.: s. v. maechscap; dl. 7, kols. 282f.: s. v. swagerschap §1.

（11）*Handvesten*, p. 593.

（12）*Handvesten*, p. 601: ... ende daer toe en sullen int voirsz. gerechte mogen wesen niet meer dan twee personen van eenen geslachte die welcke niet nader en sullen mogen bestaen in maeschappe ofte swagerschappe dan ten derden te weeten after susters kinderen ....

（13）*Handvesten*, p. 617.

(14) *Handvesten*, p. 618.

(15) *Handvesten*, pp. 680-685.

(16) *Handvesten*, p. 694.

(17) *Handvesten*, p. 712.

(18) *Handvesten*, p. 751.

(19) 党争の発端については、拙稿「フィリップス・ファン・ライデンの『君主国家論』における都市観」『聖学院大学総合研究所紀要』二七、二〇〇三年、三二四頁以下参照。

(20) *Handvesten*, pp. 581f.

(21) *Handvesten*, p. 650. Cf. J. L. van Dalen, *Geschiedenis van Dordrecht, dl. 1*, Dordrecht 1931, pp. 163f. ドルドレヒト都市法の釣針派・鱈派関連規定は、*Rechten*, nr. 92（一四五四年）, pp. 301; nr. 101（一四五六年）, p. 307.

(22) F. van Mieris（uitg.）, *Groot charterboek der graaven van Holland, van Zeeland en heeren van Vriesland, dl. IV*, Leiden 1756, pp. 917-922, 921; *Rechten*, nr. 92, p. 301; *Handvesten*, pp. 593-595, 650f.

(23) J. G. Kruisheer（uitg.）, *Oorkondenboek van Holland en Zeeland tot 1299, dl. III*, Assen e. a. 1992, nr. 1513, pp. 573f. Cf. J. van Herwaarden e. a.（red.）, *Geschiedenis van Dordrecht tot 1572*, Hilversum 1996, p. 266.

(24) Van Herwaarden, *a. w.*, p. 265.

(25)「行政エリート」二三〇、二三三頁注58。Van Mieris, *IV*, p. 830; Van Herwaarden, *a. w.*, pp. 229, 232f., p. 260 tabel 2.

(26) Ch. M. Dozy（uitg.）, *De oudste stadsrekeningen van Dordrecht 1284-1424*, Den Haag 1891, pp. 94-99, 101, 101-108. Cf. Van Herwaarden, *a. w.*, pp. 208-211, 229, 232f.

(27) Van Herwaarden, *a. w.*, pp. 268, 274-276.

(28) J. van Beverwijk, *'t Begin van Holland in Dordrecht*, Dordrecht 1640（ND Nieuwendijk 1972）, pp. 173-238; M. Balen, *Beschryvinge der stad Dordrecht, dl. 1*, Dordrecht 1677（ND Dordrecht 1966）, pp. 234-387; M. J. van

Gent, *'Pertijelike Saken,'* Den Haag 1994, pp. 478-482; I. C. Sigmond, De geslachten Van Slingeland(t) in Dordrecht en het Baljuwschap Zuid-Holland in de 14de en 15de eeuw, in: *De Nederlandsche Leeuw,* 118（2001）, kol. 547; N. J. Bruyniks e. a., *Vijf eeuwen Ooms,* Schoorl 1995, pp. 229-242.「行政エリート」三三四頁以下も参照。なお、オーム家は概してファン・スリンゲラント家よりも子沢山という傾向があった。

（29）Blockmans, t. a. p., pp. 243-245.

（30）Van Herwaarden, *a. w.,* p. 259.

（31）H. Brand, *Over macht en overwicht,* Leuven 1996, pp. 11f.; dez., Nieuwelingen in de Leidse vroedschap tussen 1420 en 1510, in: D. J. Noordam e. a., *Macht, aanzien en welzijn,* Leiden 2003, pp. 33, 69f.; F. van Kan, De Leidse politieke elite tot 1420, in: *ibid.,* p. 16; Van Herwaarden, *a. w.,* pp. 258f., 281f. bijlage.

（32）前注（28）の諸文献に基づいて作成。

（33）*Rechten,* p. 109.

（34）*Handvesten,* pp. 592, 654, 926, 1028f., 1029f., 1082f., 1100, 1118f., 1153f., 1437f., 1601.

（35）C. Lesger, Intraregional trade and the port system in Holland, 1400-1700, in: K. Davids e. a.（uitg.）, *The Dutch economy in the Golden Age,* Amsterdam 1993, pp. 196, 216f.

（36）拙稿「一四世紀後半ホラント伯領諸都市の会合行動」小倉欣一編『ヨーロッパの分化と統合』太陽出版、二〇〇四年所収、一三九頁以下参照。

（37）*Handvesten,* p. 688.

（38）A.-J. Gelderblom（samenst.）, *'k Wil rijmen wat ik bouw,* Amsterdam 1994, pp. 24f., 141f.

（39）J. Weststrate, The organisation of trade and transport on the Rhine and Waal rivers around 1550, in: H. Brand（uitg.）, *Trade, diplomacy and cultural exchange,* Hilversum 2005, pp. 95f.

（40）Balen, *Beschryvinge, dl. 2,* p. 845; J. C. Boogman, De overgang van Gouda, Dordrecht, Leiden en Delft in de zomer van het jaar 1572, in: *Tijdschrift voor Geschiedenis, 57*（1942）, pp. 98f.; W. Frijhoff e. a.（red.）,

Geschiedenis van Dordrecht van 1572 tot 1813, Hilversum 1998, pp. 15-17.

（41） J. C. Kort, *Het Archief van de familie van Slingelandt*, Den Haag 2004, p. 80. 第一二世代傍系のコルネリス・オームは、反乱者の一人としてアルバ公に追放され、のちにはオランイェ公ウィレムの葬儀にも出席する。しかしこうした経歴は同家では例外的であった。Cf. Bruyniks, *a. w.*, p. 241.

（42） J. Gabriëls, Patrizier und Regenten, in: H. Schilling e. a.（uitg.）, *Bürgerliche Eliten in den Niederlanden und in Nordwestdeutschland*, Köln 1985, pp. 39f. 例えばロッテルダム市では、一五七二年の政変でフルートスハップ二四名のうち九名が市外へ逃亡する。H. ten Boom, Het patriciaat te Rotterdam voor en na 1572, in: *Rotterdams Jaarboekje*, 9. r. 8（1990）, pp. 184f. bijlage.

（43） Frijhoff, *a. w.*, pp. 212-214; Kort, *a. w.*, p. 4; Balen, *Beschryvinge, dl. 2*, pp. 959f., 1079.

第8章　近世スイスの都市門閥
――ルツェルンの場合――

踊　共二

1　問題の所在

周知のように、ヨーロッパ中世都市の形成には封建貴族の家人（ministeriales）や騎士が参画することがあり、彼らの子孫は都市内において古い貴族家門をなしていた。一方、中世盛期から近世にかけて遠隔地貿易や土地への投資によって財産を築き、皇帝や国王から貴族の地位を新たに与えられた上層市民もいた。彼らは、都市の政治、経済、文化、宗教のあらゆる面で重要な役割を果たした[1]。やがてこうした新興の上層市民たちは、古代ローマ（共和政期）において公職を担った貴族（patricii）と彼ら自身の姿を重ね合わせるようになる。その背景には、ローマ法の継受と人文主義の影響があった。人文主義者コンラート・ツェルティス（Konrad Celtis, 1450-1508）は、はやくも一四九六年に、都市ニュルンベルクの賛歌のなかで当地の有力家門にこのパトリキという優雅な呼称を与えている。この言葉は、一六世紀後半になるとヨーロッパ各地の都市で使われた[2]。

都市門閥は、伝統的な貴族文化の模倣者であった。彼らは政治や軍事のかたわら田園地帯に所領と城を購入し、馬上槍試合に参加した[3]。イングリート・バトリの研究によると、ドイツ都市の門閥（Patriziat）は、「都市政治における特権的地位」（市参事会員の地位や主要官職の独占）、「社会的閉鎖性」（他の階層の人々と自己を遮断する門閥団体の形成や封建貴族との姻戚関係)、「卓越した経済力」(地代収入や商業による富)によって特徴づけられる。(4) ハインツ・シリングやマクシミリアン・ランツィナーの指摘によれば、一七世紀初頭には新種の企業家(Unternehmer)たちが力をつけ、前世紀までに形成されていた門閥と争うこともあった。(5) なおクリスティアン・シュミッツは、門閥や上層(Oberschicht)、指導層(Führungsschicht)、指導集団(Führungsgruppe)、エリート(Elite)といった用語は定義が曖昧であるから、近世都市を牛耳った人々の研究においては「市参事会家門 Ratsfamilien」という概念を使うべきであると主張している。(6) しかし本稿では、当時の都市エリートの「自己理解」の検証も意図しているので、曖昧さを承知のうえで、あえて「門閥」という当時の史料用語を軸にして考察を進めたいと思う。

ヨーロッパ諸都市の門閥は市民革命の時代まで力を維持し、場合によっては、ハインツ・ドゥーフハルトが述べているように、革命の荒波を乗り越えて指導的市民の地位にとどまったケースもある。(7) ハプスブルク支配からの解放闘争の過程で共和政と平民国家の理念が深く浸透していたはずのスイス諸邦でも、門閥の存在は随所で確認できる。マルティン・ケルナーは、スイスにおいて門閥による「貴族政 Aristokratie」の傾向が生まれたのは一六世紀のことであると述べている。(8) ハンス・C・パイヤーは、手工業者の政治力が弱いベルン、フリブール、ゾーロトゥルン、ルツェルンだけでなくツンフト都市であるバーゼル、チューリヒ、シャフハウゼン、ザンクト・ガレンにおいても一六世紀から一七世紀にかけて「貴族政化 Aristokratisierung」が進行したと述べている。(9) ウルリヒ・イム・ホーフによれば、いわゆる「絶対主義」への傾向はスイスにも見られ、それを担った諸邦の門閥はフランス宮廷に憧れていたという。(10)

本稿の目的は、近世スイスにおける都市門閥の具体像を一六世紀から一七世紀初頭のルツェルンの事例に則して描き出し、その「貴族政」のスイス的特徴について考察することにある。そもそもスイスは農民と市民の「盟約者団」(Eidgenossenschaft) であり、ハプスブルク家の騎士軍をモルガルテン(一三一五年)、ゼンパハ(一三八六年)、ネーフェルス(一三八八年)で撃破する戦いのなかで形成された反貴族同盟であった。[11] 近世においても反貴族的イデオロギーは健在であり、後述するように、民謡や演劇、政治的宣伝文書を通じて、英雄ヴィルヘルム・テルの物語とともに繰り返し語られていた。それにもかかわらず、一六世紀から一七世紀初頭にかけて「貴族政」が成立しえたのはなぜであろうか。

2　都市ルツェルンの統治体制

ルツェルンの地は、現在のホーフ教会(Hofkirche)の前身であるベネディクト会修道院(八世紀に建立)の荘園に由来する。九世紀からはエルザス(アルザス)のベネディクト会修道院ムルバハ(Murbach)の支配を受けるが、一一七八年には都市が建設され、自立性が高まっていった。しかし、一二九一年にムルバハ修道院は、財政難ゆえにこの地をハプスブルク家に売却してしまう。ルツェルン市民は、一三三二年にスイス原初三邦(ウーリ、シュヴィーツ、ウンターヴァルデン)と同盟を結んでハプスブルク家の支配に抵抗し、一三八六年にゼンパハの戦いで決定的な勝利を収めた。その後ルツェルンは周辺部に領邦支配権を拡大し、一五世紀末までにほぼ現在の領域に匹敵する代官区(Vogtei)を得た。[12]

近世ルツェルンの都市法制は、一二五二年に作成され、その後いくたびか増補、更新された『誓約文書』(der Geschworene Brief)で定められていた(一六世紀には、一四九八年の更新版が使われていた)。これによると市政の最重要機関である小市参事会(kleiner Rat)は三六名からなり、半数ずつ六月二四日(洗礼者聖ヨハネの日)と一二月二七日(福音書記者聖ヨハネの日)に任命された。ただし彼らの地位は終身であり、ある年度に任期六か月目を迎える一八名が、一二か月目を迎える一八名を再任する形式をとった（彼らの任期は古くは半年であったが、前任者が新任者を助ける慣例があり、事実上一年間にわたって公務にたずさわっていた）。小市参事会に欠員が生じた場合は、自己補充形式で後任が迎え入れられた[13]。

市長（Schultheiß）をはじめとする高級官職を得たのは小市参事会員であった。一四あった農村の代官区の統治も、多くの場合、小市参事会員に委ねられた（なお代官区は「郡 Amt」とも呼ばれた）。財務長官（Säckelmeister）、建設長官（Baumeister）、救貧長官（Spitalmeister）などもそうである。都市書記官（Stadtschreiber）の地位も重要であったが、市参事会員が兼職することはできなかった。それでも都市書記官は、ラテン語、イタリア語、フランス語の能力が採用条件であったこともあり、外交官としての役割も求められていた。ところで小市参事会は、行政権だけでなく流血裁判権を行使し、民事事件も裁いていた。裁判の主催者は市長である。市長は任期一年であり、二年連続して務めることはできなかったが、一年空ければ何度でも就任することができた。そのため、ごく少数の実力者が長い年月にわたって市政に君臨することもできた。一年の任期を終えた前任市長（Altschultheiß）は現任市長（Amtsschultheiß）を補佐し、必要があれば代理を務めた。市長選挙はいわゆる百人会（die Hundert）の役割であった。百人会は三六名の小市参事会員と六四名の拡大市参事会（großer Rat）のメンバーで構成されていた（古くは拡大市参事会員だけで一〇〇名であり、それ自体として百人会と呼ばれていたが、一四九二年に六四名に削減された）。拡大市参事会は、本来は一般市民の利益の代弁者であり、小市参事会とは別に会議を開くことができたが、一五世紀後半になると小市参事会による統制が進み、構成員も同質化していった。なお拡大市参事会の選出方法は小市参事会の場合と同じであり、任期も終身であった。一般市民は、夏と冬に市民総会（Gemeindeversammlung）に出席し、市民誓約を行った。総会のさいに市民たちは、新しい法令や租税の

承認、和戦の決定などに参画できたが、それらは形式的行為にすぎなかった。(14)

市参事会資格は、当然のことながら市民権と結びついていた。以下、門閥形成の社会的背景を知るために、市民権をもっていた人々の職業ならびに彼らが所属していた団体について述べておきたい。ルツェルンにおいては、バーゼルやチューリヒのように政治団体としてのツンフトは存在せず、ゲゼルシャフトと呼ばれる相互扶助団体があるだけであった。しかしこれをあえてツンフトと呼ぶルツェルンの歴史家もいる。(15)古い貴族層や門閥は「ゲゼルシャフト・ツー・アッフェンヴァーゲン Gesellschaft zu Affenwagen」に集っていた。その会館は贅沢な造りで、窓にはフランス王家の紋章が描かれていた。ここには、公式行事にさいして外国の使節や高位聖職者、スイス諸邦の使節、ルツェルン諸郡の使節、ルツェルン市長、遠征地から帰還した将校、出征前の将校、書記官といった地位の高い人々が宿泊した。しかしこの団体は、一五八六年に「ゲゼルシャフト・ツー・シュッツェン Gesellschaft zu Schützen」と合同し、看板を降ろすことになる。「ツー・シュッツェン」は射撃団体であり、その会館にはスイス諸邦の使節、軍人、狩猟家などに宿を提供する役割もあった。後述するように、ルツェルンは近世スイスにおける傭兵業の一大中心地であり、傭兵企業家たちは政治にも深く関わっていた。なお当時のルツェルンでもっとも所帯の大きい団体は「ツム・サフラン zum Safran」であった。本来の構成員は小売商人であったが、やがて大工や石工、医師や薬剤師、芸術家などが加わり、門閥も出入りするようになった。この団体は、一五世紀半ばからは「フリッチゲゼルシャフト Fritschigesellschaft」とも称した。フリッチは聖フリドリン（St. Fridolin）の名に由来する。一四四六年三月六日、この聖人の祝日にスイスの軍勢がラガッツ（Ragaz）でオーストリア軍に勝利を収めた。ルツェルンではその戦勝記念パレードを「ツム・サフラン」の面々が謝肉祭の時期に賑やかに挙行するようになって今日に至っている。(16)「ツム・サフラン」のほか、ルツェルンには「肉屋」「パン屋」「鍛冶工」「皮鞣《なめ》し工」「仕立工」「毛皮工」の団体があった。こうした団体はすでに述べたように政治的機能をもたなかったが、中世後期からそれらの構成員が市参事会に入り、手工業者の利益のために活動したのは事実である。[17]

3　都市門閥の台頭と「貴族政」のはじまり

ルツェルンの都市書記官レンヴァルト・ツィザート（Renward Cysat, 1545-1614）は、その職務にあった一五七五年から一六一四年にかけて、市参事会書記局の資料を用いて住民調査と家系研究を行い、新旧の貴族および市民の家門を総覧している。何種類かの一覧表のなかには、家名の脇にn（nobilisつまり古い血統貴族）、pa（patriciusつまり門閥）、pl（plebeiusつまり平民）といった記号（形容詞の頭文字）が付されているものもある。[18]ツィザートによれば、ルツェルンには「数多くの貴族家系の人々ein stattliche zal adels fürnemmer lüten」が住んでおり、彼らは「門閥や市民と姻戚関係にあるhyratetend zu den patricijs und burgern」ことも多い。[19]政治家や軍人（傭兵隊長）のなかにはローマ教皇や外国の君主によって騎士に叙せられた者もいる。神聖ローマ皇帝、フランス王、ハンガリー王、ロレーヌ公、サヴォア公などがスイス諸邦の市民に騎士の称号を与えてきた。ツィザートが挙げているルツェルンの新しい事例は、ハインリヒ・クロース（Heinrich Cloos）、ヴァルター・アム・リーン（Walter Am Rhyn）、ハインリヒ・プフィーファー（Heinrich Pfyffer）などである。なおハインリヒ・プフィーファーは後述するルートヴィヒ・プフィーファーの息子である。[20]

こうした新しい騎士の家門は、貴族に分類してよいのか市民（平民）と位置づけたほうが正しいのか定義が難しい。ツィザートは、それらを貴族とはせずにたんに「騎士 ritter」と注記している場合もある。「門閥ないし貴族 pa. vel n.」、「貴族ないし門閥 nob. vel patricij」といった曖昧な記述も見られる。フェール家（die Feer）のように「かつては門閥、現在は貴族 tunc patricij nunc nobilis」とされているケースもある。フォン・ヴィール家（die von Wyl）にいたっては、「昔は貴族であったが、その後は門閥、そして現在はほぼ貴族 Olim nobiles, poster iterum patricij et nunc quasi nobiles」と記されている。家門の構成員の地位を個々に評価すればこうした表現になるのかもしれないが、どう考えても明確な定義ではない。なおアム・リーン家の場合は、一族全体としては「平民」とされているが、ときおり個人名の脇に「騎士」との但し書きが添えてある。[21]「門閥の起源は古い名家であるが、それらは貴族から出たものではない。しかし、百年にわたって自由な身分にあって地代や利子で暮らしている家門は貴族に数えられる」とツィザートは述べている。[22]しかし、このような区分で貴族と門閥を現実に見分けることができたとは思えない。新興の門閥は、地代や利子で生活が成り立つようになって百年たたなくても、十分に貴族的な存在であった。[23]

一六世紀ルツェルンの門閥について統計的な研究を行ったクルト・メスマーによると、ルツェルン小市参事会員三六名のうち騎士の称号をもっていた者は一五一六年には三名だけであったが、一五九一年には九名に増えていた。門閥の権力の伸張は明らかである。一五二一年から一六〇〇年の間に一時的にせよ小市参事会員を出した家門は全部で八三であった。しかし、出征やペストなどによって多数の市民が死亡していた近世において、それらの家門の栄枯盛衰は激しかった。上述の八三家門のうち三三家門は、一代限りで小市参事会から姿を消している。一六世紀後半には、特定の家門が複数の代表者を市参事会に送り込む例が増えていった。一五九七年には三六名の小市参事会員のうち二四名がフェール家およびフェール家の親類で占められる事態が生じている。[24]門閥支配が一六世紀末に強まったことは明らかである。ペーター・ホッペの研究によれば、一七世紀になると最有力家門の数は二〇以下に減ったという。主要な官職はそれらの家門の構成員によってほぼ独占されていた[25]。

ドイツのニュルンベルクではすでに一五二一年に特定の家門にしか市参事会資格を与えない法令が発せられて門閥支配が完成したが、ルツェルンではそうした法的措置はとられていない。しかし、一五九一年から一六〇〇年の一〇年間に新たに小市参事会入りした家門は一つだけ（カイザー家 die Kaiser）であり、しかも一代限りであったから、事実上すでに小市参事会は閉鎖集団になっていた[26]。彼らが約四〇〇〇人の都市住民の頂点に立ち、その一〇倍の数の農村住民を統治していたのである[27]。メスマーは、一六世紀末にルツェルンにおいても「貴族政すなわち特定門閥による集団支配」が、言い換えれば「スイス的特徴をもった絶対主義 der Absolutismus eidgenössischer Prägung」が始まったと述べている[28]。「絶対主義」概念の適否は別として、事実上の「貴族政」としての門閥支配の始まりをこの時代に見るのは妥当であろう。この時代に権力の集中が進んでいたことは、いわゆる枢密参事会（Geheimer Rat）の誕生からもわかる。これは重要な外交問題や宗派問題を協議するために新旧の市長や軍司令官（Pannerherr）、都市書記官など、七名から一〇名程度の顔役が集まる会議である[29]。

ところで、都市ルツェルンでは一四世紀から皮鞣し工のグンドルディンゲン家（die Gundoldingen）のような手工業者の成長が確認できる。同家は市参事会に入り、市長の地位も手に入れた。一五世紀には遠隔地商業で産を成したフェール家の台頭がめざましい。同家は一四八八年にハンガリー王（兼ボヘミア王）から貴族の位を授与された。プフィーファー家は一六世紀に急速に台頭した門閥で、もともとの家業は仕立工である。この家門の繁栄は、本業ではなく傭兵業のおかげであった。スイス傭兵への需要は、ブルゴーニュ戦争（一四七四―七七年）においてスイス傭兵が当時ヨーロッパ最強と言われたブルゴーニュ公の軍勢を破ってから急速に高まり、フランス、サヴォア、ミラーノ、オーストリア、ハンガリー、ローマ教皇庁、さらにはスペインとの傭兵契約（同盟）によってスイス諸邦は財政的に大いに潤った。プフィーファー一族は傭兵隊長としてしばしばフランス王に仕え、武勲をたて、莫大な傭兵契約金（年金）を手に入れた。フランス王への奉仕はハンス・プフィーファー（Hans Pfyffer, 1438-1540）の代に始まり、その子ヨスト（Jost Pfyffer）、カスパル（Kaspar Pfyffer）も同じ働きをして蓄財に成功し、かつ貴族（騎士）の仲間入りを果たした。もう一人の息子レオデガル（Leodegar Pfyffer）は、農村部の代官や財務長官を務めた。レオデガルの子ルートヴィヒ（Ludwig Pfyffer, 1524-1594）も傭兵隊長になった。彼は六〇〇〇人のスイス兵を率いてユグノー戦争中のフランスで戦い、国王を守って名声を手に入れた（一五六七年）。その一〇年前に彼はすでに騎士の称号を得ていた。帰郷後、一五七一年から一五九四年までルートヴィヒは一年おきに市長を務め、スイスのカトリック邦全体にも影響力を行使し、「スイス人王 Schweizerkönig」と渾名された[30]。

傭兵契約金（年金）は莫大であり、たとえば一五八六年にフランスからルツェルンに与えられた年金の総額は一七三一五フランであった（一フランは約一・三ルツェルナー・グルデン）。そのうち約六分の一にあたる二八三五グルデンはプフィーファー家の人々に配られていた。その年に市長であったヨストの取り分がもっとも多く、九五〇グルデンであった。年金分配のかたよりは明らかであり、小市参事会員に総額の五七・五パーセント、拡大市参事会員に二六・五パーセントが渡っていた。プフィーファー家に敵対した門閥は年金分配から排除され、市参事会からも去っていった。このころすでにプフィーファー家は手工業をやめ、政治と軍事に時間を費やし、また土地への投資、鉱山業・漁業などへの投資、金融業などに手を染めた。ヨストやルートヴィヒは、国庫から五パーセントで金を借り、その金を一〇パーセント以上の利子でフランスに貸し付けるといった「錬金術」も得意としていた。ルートヴィヒ・プフィーファーには利子だけでも年間一五〇〇〇グルデンの収入があった。一六世紀末の手工業親方の収入は建具師が一〇五グルデン、石工が一二五〜一三五グルデン、鍛冶工が一八〇グルデンであったから、プフィーファーは少なくとも彼らの一〇〇倍は儲けていたことになる。(31)

ルートヴィヒ・プフィーファーと交替で市長を務めた門閥ハインリヒ・フレッケンシュタイン（Heinrich Fleckenstein）は、宿屋の営業と葡萄酒の取引を行う市民の家に生まれたが、騎士身分を得てからは地代や年金で暮らした。スイス諸邦の都市門閥はドイツに見られるような「商人門閥 Kaufmannspatriziat」ではなく「傭兵門閥 Soldpatriziat」であったとメスマーは述べているが、これは正鵠を射た表現である。一六〇〇年ごろの小市参事会員三六名のうち二八名までが将校として外国に出征した経験の持ち主であった。以下、当時の有力な「市参事会家門」を挙げておこう（一六〇〇年から一六五〇年まで半世紀にわたって間断なく小市参事会員を出した家門には＊印を付してある）。すなわち、アン・デア・アルメント家（die an der Allmend）、アム・リーン家（die Am Rhyn*）、バルタザル家（die Balthasar*）、ビルヒャー家（die Bircher*）、クロース家（die Cloos*）、ドゥリカー家（die Dulliker）、フェール家（die Feer*）、フレッケンシュタイン家（die Fleckenstein*）、ハース家（die Haas）、ハインゼルリ家（die Heinserli）、ヘルムリ家（die Helmli）、フォン・ヘルテンシュタイン家（die von Hertenstein*）、ホルダーマイヤー家（die Holdermeier）、フーク家（die Hug）、クレープジンガー家（die Krepsinger）、キュンディヒ家（die Kündig）、キュンク家（die Küng）、フォン・メッテンヴィル家（die von Mettenwil）、マイヤー家（die Meyer*）、メール家（die Möhr）、プフィーファー家（die Pfyffer*）、ラッツェンホーファー家（die Ratzenhofer）、シンドラー家（die Schindler）、シューマッハー家（die Schumacher*）、シュルプフ家（die Schürpf）、ゼーゲッサー家（die Segesser*）、ゾンネンベルク家（die Sonnenberg*）、フォン・ヴェルティ家（die von Wälti）、フォン・ヴィール家（die von Wyl）、ツァギルゲン家（die Zurgilgen）である。(32)

ところで、前述の書記官レンヴァルト・ツィザートは、ミラーノから来た移民の子であった。この一族がルツェルン市民権を得たのは一五四九年のことであり、父親の代まで家名はイタリア式のチェザーティ（Cesati）であった。レンヴァルトは長男であり、ホーフ教会のラテン語学校に通い、大学に行こうと考えていたが、四歳で父を亡くしていたためもあって家計が苦しく、進学の希望は叶わなかった。彼はけっきょく家業を継いで薬剤師になる。しかしツィザートは、働きながら独学で歴史や自然誌の研究に没頭した。また彼は多くの言語を修得し、古典語（ラテン語とギリシア語）のほかイタリア語はもちろんフランス語にも堪能であった。一五七〇年、ツィザートは二五歳で下級書記官（Unterschreiber）に起用される。一五七三年には拡大市参事会に入り、その二年後には都市書記官（Stadtschreiber）の地位に就いた。その後ツィザートは、四〇年の長きにわたってルツェルンの内政・外交全般に関わる実務を担うことになる。同時に彼は、市長ルートヴィヒ・プフィーファーとともにカトリック改革に情熱を注いだ。ルツェルンがスイスにおけるカトリックの「代表邦 Vorort」と位置づけられ、イエズス会が招致され、常駐教皇大使がこの都市に居を構えるようになったのも、プフィーファーとツィザートの働きによるところが大きい。なお、すでに述べたように書記官には外交使節として外国の君侯や政治家と交渉を行う役割も求められた。ツィザートは市長とともにスイスにおけるカトリック諸邦の連帯強化（一五八六年の黄金同盟）をはかりつつ、教皇庁との関係強化、スペイン王との同盟（一五八七年）、サヴォア公との協力関係の構築などに尽力した。一五九七年にツィザートはローマ教皇によって騎士に叙せられ、ルツェルンの門閥社会に加わった。もちろん彼は「ツー・シュユッツェン」の会員であった。[33]

ツィザートの父親がルツェルンの市門をくぐった時期、この都市はまだ外来者に対して開放的であり、市民権を得るのも難しいことではなかった。[34] 一六世紀半ば以降にもペストがしばしば流行して市民数が減り、有力門閥が断絶し、新市民の受け入れと市参事会員の補充の必要が増した時期があった。しかし、一五八八年からは新市民に市参事会資格を与えない政策がとられ、新市民の受け入れ自体も人口増加に応じて少なくなっていった。[35] こうした人口問題も、ルツェルンの「貴族政」を後押しする作用を果たした。農村領域の支配や外交の複雑化・高度化もまた、政治と軍事に専念できる門閥層の存在を求めていた。また、プロテスタント諸派の宗教改革およびカトリック改革が各地の領邦や都市の権力装置を手足として実行に移されていたことも、「貴族政」強化の要因であった。この「宗派化 Konfessionalisierung」の時代において、諸宗派の聖職者や法学者たちは、領邦国家だけでなく自治都市の権力にも神学的な根拠を与えた。「神の意志」に由来する権力を担う都市門閥は、ますます特権意識を強めていった。[36]

4 スイス人はみな貴族である――“So sind die Schwizer all edelman.”

スイスでは近世においても封建貴族の圧政に対する抵抗意識が根強く、すでに述べたように、当時の民謡や演劇、政治的宣伝文書は反貴族的精神に満ちていた。ヘルムート・トムケによれば、人文主義の影響を受けた一六世紀スイスの演劇には、一五一二年にウーリで初演されたヴィルヘルム・テル劇に見られるように、共和政的な国家意識が色濃く反映されていた。暴君に抵抗したスイス原初三邦の勇敢な農民たちは共和政の体現者であり、彼らはスイス諸都市の市民たちにとっても「反貴族的・反諸侯的な国家 das adels- und fürstenfeindliche Staatswesen」の基礎を築いた先達であった。[37] こうした環境のなかで都市門閥の「貴族政」が誕生しえたのはなぜであろう。

その理由の一端は、人文主義的な国家観が共和政ローマをモデルとしていたことにある。このモデルに従えば、権力者の単独支配は認められないが、「貴族共和政」は評価される。スイス都市の門閥がパトリキを自称して古代ローマの元老院議員のように振る舞ったとしても、それは共和政の理念と矛盾するものではなかった。それだけではなく、当時のスイスには「貴族性」を「血統」と結びつけず「精神」として解釈する言説が流布しており、ここにも門閥の「貴族政」を成立させる土壌があった。ゾーロトゥルンのドルッセン・ハイデンマイヤー（Drussen Heydenmeyer）と称する人物が一五四七年に書いた『誉れある盟約者団への心からの忠告』には、次のように記されている。「これらの役立たずのいまいましい貴族（Adel）はスイス農民（schwitzer buren）によって撃破された。その［貴族の］称号を私はこの貴人たち（edlen）に与えよう」と。「貴人たち」とは明らかにスイス農民のことである。(38) これより先、一五一四年にチューリヒのバルタザル・シュプロース（Balthasar Spross）が創作した『若いスイス人と年老いたスイス人』という劇のなかには、次のような対話が見いだされる。「徳が貴族をつくる／農民にはそれがない」「農民は農民／貴族は貴族」と主張するフランス人に対して、スイス人が反論する。「農民が徳に従って戦うとき／その農民から貴族が誕生する」「貴族は農民となり／農民が貴族となった」「だからスイス人はみな貴族である」と。(39)

傲慢な貴族を追放した中世のスイス人の戦いを賞賛し、かつスイス人の精神の貴族性を説く文書は、一七世紀においても無数に存在する。一七世紀初頭の民謡のなかには、外国の「騎士 Ritterschaft」を撃破したスイス農民の「勇敢さ Tapferkeit」を強調し、戦うスイス人こそ「騎士的 ritterlich」だと讃える歌が散見される。一六三三年にバーゼルで上演された演劇『不和と一致 COMOEDIA von Zwietracht und Einigkeit』においては、「おおスイス／古い高貴な部族よ O Schweiz / alter und edler Stamm」と唱えられている。(40)

勇敢な行い、騎士的な戦いぶり、武勇と徳が人を貴族にするという観念は、スイス都市の「傭兵門閥」にも影響を与えていたであろう。マティーアス・ヴァイスハウプトによれば、観念的レヴェルにおける農民の

「貴族化Veradelung」ないし「騎士化 Verritterlichung」は、外国の封建勢力から「貴族の権力の簒奪者、反逆者」の誹りを受けていたスイス諸邦のエリートたちが自己弁護を試みるなかで起こったことであった[41]。もちろんそれは農村邦だけでなく都市邦の指導層にとっても有益な理論であった。武勇と徳によって「農民が貴族になる」のであれば、同じようにして「市民が貴族になる」こともできるからである[42]。都市門閥は「貴族政」を展開し、騎士の地位を手に入れ、所領と城を買い、甲冑をつけて馬上槍試合に加わり、子弟を外国の大学や宮廷に遊学させ、貴族的教養を身につけさせようとした。こうしたことは、騎士的な徳と精神の貴族性を称揚する文化が近世スイス社会に根づいていたからこそ可能であったと考えられる。

5　抵抗のイデオロギー

ルツェルンの門閥支配は「貴族政」の特徴を備えていたが、一般市民の生活を無視した統治が行われていたわけではない。たとえば、都市当局は、プロテスタント世界からしばしば到来する亡命者（改宗者）たちを受け入れるさい、手工業親方たちの意向を念入りに尋ねた。公益を守る「国父」の自覚をもって、亡命者の職業が親方たちの営業に不利益をもたらさないかどうかを気にしていたのである。亡命者が当局に居留民の資格や市民権を求めるさいにも、身元引受人である親方の推薦が必要であった[43]。君主政の擁護者であったフランスの法学者ジャン・ボダン（Jean Bodin, 1530-1596）は、一五七六年に書いた『国家論』のなかで、ジュネーヴやチューリヒ、バーゼル、シャフハウゼン、ベルン、ルツェルンといったスイスの都市共和国にも論及し、諸都市の市長（Bourgomaistres あるいは Avoyer, qu'ils appellent ein Schuldthessen）、市参事会（le grand conceil および le Senat）、ツンフト（les confrairies, qu'ils appellent Zunfft）の機能を紹介しながら、「貴族政的に統治される民主国家 estat populaire gouvernee aristocratiquement」ないし「民主的に統治される貴族政体 aristocratie gouvernee populairement」の複雑な姿を描き出している。[44] ハンス・C・パイヤーは、この時代の門閥支配に関して「貴族民主政 Aristodemokratie」という概念を使っているが、これも言い得て妙である。[45]

農村住民の動向も重要であった。ルツェルンには、チューリヒやベルンと同じように、和戦や同盟の締結といった国政の重要問題に関して農民の意見をたずねる「民衆諮問 Volksanfrage, Ämteranfrage」の慣行が一五世紀からあった。[46] 農民の利益を蹂躙しつづけると、反乱の嵐が起きた。一五七〇年のアムト・ローテンブルク（Amt Rotenburg）の反乱は、最終的には鎮圧されたが、当局に大きな恐怖を与えた。蜂起の失敗後、農民たちは「ヴィルヘルム・テルのような指導者がいなかったこと」を悔やんだという。なお、この地では教区司祭も反権力的であり、ある外国人から「この土地に貴族はいないのか」と問われると、「貴族は追い出されて一人もいない。いるのは農民だけで、有力者も牛を飼い、乳搾りをしなければならない」と答え、「プフィーファーは貴族か」という質問には、「彼はただの仕立工の出身で、古ズボンの繕いが仕事だった」と答えたという。[47]

農村住民の反抗心は、封建貴族を追放した勇猛果敢な父祖たちの伝承から養分を得ており、それは都市門閥が権力の獲得のために利用したイデオロギーと同根であった。都市支配下の農村住民にも、「傭兵門閥」に勝るとも劣らない勇敢な戦士としての自負があった。一五八七年の統計では、武器を自弁して従軍できる住民は都市部に一五〇〇人（居留民を含む）、農村部に一〇五〇〇人であった。農村部から徴募される人員の比率は、領域支配の拡大とともに一五世紀中に九〇パーセント前後に達していた。[48] 農村住民は、「もの言わぬ臣民」ではなく、傭兵隊長の指揮下、イタリアやフランスで戦う兵士であった。ヴェルナー・マイヤーによれば、兵士の多くはつねに戦いを求める「傭兵文化 Reisläuferkultur」の担い手であった。彼らは独特の軍楽を奏でながら郷里に凱旋し、外国のモードをもたらして若者を惹きつけ、ときによっては暴力行為や反乱に火をつけた[49]。

一七世紀前半、「民衆諮問」はほとんど行われなくなり、都市門閥の支配権は揺るぎないものとなった。しかし、農民たちは反抗をやめなかった。一六五三年のスイス大農民戦争の震源地はルツェルン農村であった。農民たちは「テルの歌」をうたい、「暴君化」した都市門閥を倒す戦いと中世のスイス人による反オーストリア闘争を重ね合わせた。反乱の鎮圧後、一八世紀になってもこの歌はうたい継がれた[50]。

本稿では、都市ルツェルンにおいて新興の上層市民層が主として傭兵業（年金制度）を梃子にして財力をつけ、一六世紀末に「貴族政」を開始する過程を検証し、門閥の貴族化の促進要素となっていた貴族論（貴族精神論）について考察した。その貴族論は反貴族論（反暴君論）と表裏一体であった。「傭兵門閥」は「スイス人はみな貴族である」という理念を騎士身分の獲得と貴族的生活の追求に利用できたが、彼らが傭兵隊長として鍛えた農民兵士たちもまた、同じ貴族論と反貴族論を武器にして「傭兵門閥」に抵抗を試みることができたのである。この構図はきわめてスイス的である。

注

（1）ハンス・K・シュルツェ（千葉徳夫他訳）『西洋中世史事典―国制と社会組織』ミネルヴァ書房、一九九七年、二七六―二七九頁を参照。

（2）Vgl. Valentin Groebner, Ratsinteressen, Familieninteressen: Patrizische Konflikte in Nürnberg um 1500, in: *Stadtregiment und Bürgerfreiheit*, hg. v. Klaus Schreiber und Ulrich Meier, Göttingen 1994, S. 280.

（3）Vgl. Benedikt Maurer, Patrizische Bewußtsein in Augsburger Chroniken, Wappen- und Ehrenbücher, in:

Adelige und bürgerliche Erinnerungskulturen des Spätmittelalters und der Frühen Neuzeit, hg. v. Werner Rösener, Göttingen 2000, S. 163-176.

（4）Ingrid Bátori, Das Patriziat der deutschen Stadt, in: *Die alte Stadt. Zeitschrift für Stadtgeschichte, Stadtsoziologie und Denkmalpflege*, Bd. 2 (1975), S. 1-30.

（5）Heinz Schilling, Die politische Elite nordwestdeutscher Städte in den religiösen Auseinandersetzungen des 16. Jahrhunderts, in: *Stadtbürgertum und Adel in der Reformation. Studien zur Sozialgeschichte der Reformation in England und Deutschland*, hg. v. Wolfgang J. Mommsen, Stuttgart 1979, S. 235-308, bes. 305; Maximilian Lanzinner, Konfessionelles Zeitalter, in: *Gebhardt Handbuch der deutschen Geschichte*, Bd. 10, hg. v. Wolfgang Reinhard, Stuttgart 2001, S. 145f. 小倉欣一「フェットミルヒ反乱考―ドイツ近世都市研究の一視角」『経済論集』一一―一・二、一九八六年、一二一―一四二頁を参照。小倉欣一・大澤武男『都市フランクフルトの歴史―カール大帝から一二〇〇年』中公新書、一九九四年、一〇一―一〇八頁も見よ。

（6）Christian Schmitz, *Ratsbürgerschaft und Residenz. Untersuchungen zu Berliner Ratsfamilien, Heiratskreisen und sozialen Wandlungen im 17. Jahrhundert*, Berlin/New York 2002, S. 9-11. なおシュミッツが考察しているのは権力関係が複雑な宮廷都市である。

（7）Vgl. Heinz Duchhardt, *Historische Elitenforschung. Eine Trendwende in der Geschichtswissenschaft?*, Münster 2004, S. 18f.

（8）Martin Körner, Glaubensspaltung und Wirtschaftssolidarität 1515-1648, in: Ulrich Im Hof et al., *Geschichte der Schweiz und der Schweizer*, Basel/Frankfurt a. M. 1986, S. 388.

（9）スイスには都市邦（Stadtort）と農村邦（Landort）があったが、後者においても同じ時代に門閥支配が確認できる。Hans Conrad Peyer, *Verfassungsgeschichte der alten Schweiz*, Zürich 1978［以下Peyer, *Verfassungsgeschichte* と略す］, S. 112f.

（10）ウルリヒ・イム・ホーフ（森田安一監訳）『スイスの歴史』刀水書房、一九九七年、一二四―一二七頁（岩井隆夫訳)。

(11) スイス国家の形成については、森田安一編『スイス・ベネルクス史』山川出版社、一九九八年、四七－五四頁を参照。イム・ホーフ、前掲書、三一－四〇頁、斉藤泰「原スイス永久同盟の国制的意義」佐藤伊久男編『ヨーロッパにおける統合的諸権力の構造と展開』創文社、一九九四年、三三一－三四〇頁も見よ。

(12) Karl Meyer, Die Stadt Luzern von den Anfängen bis zum eidgenössischen Bund, in: *Geschichte des Kantons Luzern von der Urzeit bis zum Jahre 1500*, hg. im Auftrage des Regierungsrates des Kantons Luzern, Luzern 1932［以下*GKL*と略す］, S. 163-496.

(13) 最古の『誓約文書』は*Die Rechtsquellen des Kantons Luzern, 1. Teil: Stadtrechte*, Bd. 1, bearb. v. Konrad Wanner, Aarau 1998［以下*RQ Luzern* 1/1と略す］, Nr. 4, 5/S. 6-14 に収録されている（ラテン語版とドイツ語版）。小市参事会の権限や選出方法について詳しくは、*RQ Luzern* 1/1, Nr. 9/S. 25-60, Nr. 221/S. 312f., Nr. 273/S. 356f を見よ。Vgl. auch Anton Philipp von Segesser, *Rechtsgeschichte der Stadt und Republik Luzern*［以下Segesser, *RG*と略す］, Bd. II, Luzern 1854, S. 192.

(14) Vgl. Segesser, *RG* II, S. 114, 136, 169, 179f., 186, 192. 拡大市参事会の機能、選出方法等については*RQ Luzern* 1/1, Nr. 67/S. 155f., Nr. 230/S. 321-323, Nr. 240/S. 331-333 を参照。市民総会における誓約の内容は*RQ Luzern* 1/1, Nr. 275b/S. 362. 廷吏、警察官、伝令などの下級官吏、軍事関係の職務については説明を割愛する。Vgl. P. X. Weber, Der Kanton Luzern vom eidgenössischen Bund bis zum Ende des 15. Jahrhunderts, in: *GKL*, S. 785-798; Sebastian Grüter, *Geschichte des Kantons Luzern im 16. und 17. Jahrhundert*, Luzern 1945, S. 463-469.

(15) なおルツェルンではヴィリザウ（Willisau）やズルゼー（Sursee）などの農村部の小都市にも手工業が許されていた。Vgl. Grüter, *a. a. O.*, S. 474f.; Hans Wicki, *Bevölkerung und Wirtschaft des Kantons Luzern im 18. Jahrhundert*, Luzern/München 1979, S. 277ff. 拙著『改宗と亡命の社会史—近世スイスにおける国家・共同体・個人』創文社、二〇〇三年の第五章も参照。

(16) Vgl. P. X. Weber, *a. a. O.*, S. 827-830.

（17）*Ebd.*, S. 831-837. 各団体の会館の所在地と歴史について Adolf Reine, *Die Kunstdenkmäler des Kantons Luzern, Bd. III, Die Stadt Luzern, II. Teil*, Basel 1954, S. 2, 76-97 を参照。小市参事会における手工業者の割合は、一六世紀初頭には全体の三分の一、一六世紀末には全体の五分の一であった。拡大市参事会に関しては一六世紀初頭には三分の二、一六世紀末には五分の二である。Kurt Messmer/Peter Hoppe, *Luzerner Patriziat. Sozial- und wirtschaftsgeschichtliche Studien zur Entstehung und Entwicklung im 16. und 17. Jahrhundert*, Luzern/München 1976 ［以下 Messmer/Hoppe, *Luzerner Patriziat* と略す］, S. 48, 142, 152 Anm. 67.

（18）Renward Cysat, *Collectanea Chronica und denkwürdige Sachen pro Chronica Lucernensi et Helvetiae*, Bd. 1/Teil 1, Luzern 1969 ［以下 Cysat, *Collectanea* 1/1 と略す］, S. 294-354.

（19）Cysat, *Collectanea* 1/1, S. 295.

（20）Cysat, *Collectanea* 1/1, S. 296-298.

（21）Cysat, *Collectanea* 1/1, S. 338f., 342, 346.

（22）Cysat, *Collectanea* 1/1, S. 299: "Die vrsach der gschlechten patricij allte stattliche gschlecht vnd doch nit adelichs harkomens; doch so ein gschlecht by 100 jaren fryen stand gefüert, vß sinen zinsen gelebt, jst es vnder adel gerechnet worden".

（23）なお中世から貴族以外に門戸を閉ざしていた教会団体のなかには、たとえばコンスタンツ司教座聖堂参事会のように、ルツェルンの新貴族の受け入れを拒んだケースもある。Körner, a. a. O., S. 390.

（24）Messmer/Hoppe, *Luzerner Patriziat*, S. 48, 142, 152 Anm. 67.

（25）Messmer/Hoppe, *Luzerner Patriziat*, S. 242.

（26）拡大市参事会においても同様の傾向が見られ、同じ時期に登場する新参の家門は四つだけであった。Vgl. *Ebd.*, S. 13, 43, 55.

（27）Vgl. Körner, a. a. O., S. 360; Wicki, *a. a. O.*, S. 15.

（28）Messmer/Hoppe, *Luzerner Patriziat*, S. 76.

(29) 一六世紀末以降の出席者一覧、会議規則、議事録がLuzern's Geheimbuch, verfasst von Stadtschreiber Renward Cysat, in: *Archiv für die schweizerische Reformations-Geschichte*, Bd. 3, Solothurn 1876 (Nachdruck: Amsterdam 1972), S. 121-176に収録されている。

(30) Vgl. Messmer/Hoppe, *Luzerner Patriziat*, S. 84f.

(31) Vgl. *Ebd.*, S. 80-82, 95, 123, 131, 137f.

(32) *Ebd.*, S. 52, 87, 130f, 139.

(33) Vgl. Fritz Glauser et. al., Art. Cysat, in: *Historisches Lexikon der Schweiz*, hg. von der Stiftung Historisches Lexikon der Schweiz, Basel 2003, S. 560f. 前掲、拙著『改宗と亡命の社会史』、四四頁も参照。なおツィザートは、イエズス会の東アジア布教にも関心を寄せ、日本および日本文化に関する書物も書いている。拙稿「白い肌のアジア人―レンヴァルト・ツィザートの『日本誌』(一五八六年)を読む」『武蔵大学人文学会雑誌』三二―二、二〇〇二年、一―三三頁。

(34) 一五世紀前半に「われらが都市に一年と一日居住し、まだ市民でない者は一か月以内に市民となるべし」と定められていた(一四二四年)。これは外来者の定住を促進する政策である。*RQ Luzern* 1/1, Nr. 279/S. 266: "Wer in unser statt iar und tag ist gesessen und nit burger ist, der sol in eim monot burger werden."

(35) Vgl. Grüter, *a. a. O.*, S. 469-472.

(36) Vgl. Messmer/Hoppe, *Luzerner Patriziat*, S. 68.「宗派化」の理論については前掲、拙著の序論を参照。Vgl. auch Wolfgang Reinhard, Art. Konfessionalisierung, in: *Frühe Neuzeit*, hg. v. Anette Völker-Rasor, München 2000, S. 299-203. そもそもマックス・ヴェーバーの言うように、都市行政に必要なのは第一に「余暇Abkömmlichkeit」であり、統治の複雑化や高度化が門閥支配を招来したのも当然の結果であった。M・ウェーバー(世良晃志郎訳)『都市の類型学―経済と社会 第二部第九章八節』創文社、一九六四年、一四四、一四五頁を参照。中村賢二郎・倉塚平編『宗教改革と都市』刀水書房、一九八三年、の「序説」、三六、三七頁も見よ。ルツェルンにおける宗派化については拙稿「近世スイス都市ルツェルンにおけるカトリック改革―宗派化と社会的規律化の帰趨」永田諒一編『近世ドイツ語圏史の諸問題と研究の現状』（文部科学省科学研究費補助金成果報告書、二〇〇六年）、一二五－一三三頁を参照。ルターやツヴィングリなどの国家権力観については、ペーター・ブリックレ（田中真造・増本浩子訳）『ドイツの宗教改革』教文館、一九九一年、六四頁以下を参照。

（37） Vgl. Hellmut Thomke, Republikanisches Selbstbewusstsein und grenzüberschreitende Verbundenheit in der Literatur der Eidgenossenschaft im 17. Jahrhundert, in: *1648. Die Schweiz und Europa. Aussenpolitik zur Zeit des westfälischen Friedens*, hg. v. Marco Jorio, Zürich 1999, S. 188f.; Randolph C. Head, William Tell and His Comrades: Association and Fraternity in the Propaganda of Fifteenth- and Sixteenth-Century Switzerland, in: *Journal of Modern History*, 67-3 (1995), pp. 527-557 も見よ。

（38） Ein Trüwe und Ernstliche ermanung und warnung an ein Lobliche Eydgenoschafft... durch Drussen Heydenmeyer von Solothurn, in: Daniel Guggisberg, *Das Bild der “Alten Eidgenossen” in Flugschriften des 16. bis Anfang 18. Jahrhunderts* (*1531-1712*). *Tendenzen und Funktionen eines Geschichtsbildes*, Bern/Frankfurt a. M. 2000, S. 97f., 402. 引用文中の［　］は筆者の挿入。

（39） Balthasar Spross, Das Spiel von den Alten und Jungen Eidgenossen, in: *Deutsche Spiele und Dramen des 15. und 16. Jahrhunderts*, hg. v. Hellmut Thomke, Frankfurt a. M. 1996, S. 65-67: “die tugend macht ein edelman/die der burschaft vor sol gan.” “Buren sind buren/edellüt sind edellüt.” “Edellüt sind buren worden/vnnd die buren edellüt/ [...] so sind die Schwizer all edelman.”

（40） Guggisberg, *a. a. O.*, S. 493, 498-501, 504, 510, 520f.「貴族政」が確立していた一七世紀前半のルツェルンにおいても、貴族の暴君を追放した中世の英雄ヴィルヘルム・テルを讃える歌が印刷、刊行されていた。*Ebd.*, S. 119-122.

（41） Matthias Weishaupt, *Bauern, Hirten und “frume edle puren”: Bauern- und Bauernstaatsideologie in der spätmittelalterlichen Eidgenossenschaft und der nationalen Geschichtsschreibung der Schweiz*, Basel/Frankfurt a. M. 1992, S. 173f., 179, 184-186. この問題については柳澤伸一「ブルゴーニュ戦争期スイスの自己意識」『西南女学院大学紀要』九、二〇〇五年、五七－六五頁に詳しい。なお平民が騎士に叙せられる事例は中世のドイツにも存在

し、血統ではなく優れた行いが人を貴族にするという理念も、アイゼナハの都市書記官ヨハネス・ローテ（Johannes Rothe, c. 1360-1434）が書いた『騎士の鏡 Ritterspiegel』のような中世後期の文献にすでに見られる。Vgl. Gerhard Fouquet, Zwischen Nicht-Adel und Adel: Eine Zusammenfassung, in: *Zwischen Nicht-Adel und Adel*, hg. v. Kurt Andermann und Peter Johanek, Stuttgart 2001, S. 417f.

（42）Vgl. Roger Sablonier, Rittertum, Adel und Kriegswesen im Spätmittelalter, in: *Das ritterliche Turnier im Mittelalter*, hg. v. Josef Fleckenstein. Göttingen 1985, S. 567.

（43）前掲、拙著『改宗と亡命の社会史』、第五章を参照。

（44）Jean Bodin, *Les six livres de la République*, Paris 1986（1ère édition 1576）, volume 2, pp. 94-97.

（45）Vgl. Hans C. Peyer, Die Anfänge der schweizerischen Aristokratie, in: Messmer/Hoppe, *Luzerner Patriziat*, S. 7.

（46）Peyer, *Verfassungsgeschichte*, S. 69.

（47）Vgl. Messmer/Hoppe, *Luzerner Patriziat*, S. 70f., 140f.

（48）Vgl. Messmer/Hoppe, *Luzerner Patriziat*, S. 36, 67.

（49）Vgl. Werner Meyer, Eidgenössischer Solddienst und Wirtschaftsverhältnisse im Schweizer Alpenraum um 1500, in: *Militär und ländliche Gesellschaft in der frühen Neuzeit*, hg. v. Stefan Kroll und Kersten Krüger, Münster/Hamburg/London 2000, S. 34ff. 森田安一「スイス傭兵制とツヴィングリ」掘米庸三編『西洋中世世界の展開』東京大学出版会、一九七三年、四三一－四五二頁も参照。

（50）Vgl. Andreas Suter, *Der Schweizerische Bauernkrieg von 1653*, Tübingen 1997, S. 429-437, 574.

第９章　合意政治のコスト
――一六世紀神聖ローマ帝国における議会使節の経済的基盤と活動費用――

皆川　卓

1　問題設定

領邦君主が等族となり、合意によって運営する近世の神聖ローマ帝国（一四九五―一八〇六）については、その平和維持機能を中心に再評価が進んで久しい。しかしプレス（Volker Press）が帝国の社会史的研究を提唱して以来、既に二〇年が経つにも拘わらず[1]、帝国の諸制度を実際に動かしていた人々が社会的・経済的・文化的にどのような世界に属し、支えられていたのかについては、未だ個別研究を積み重ねている段階にあり、全体像を描いたものはない。とはいえ帝国に属する個々の政治機関を対象とし、そこで活動していた人員にスポットを当てて検証する研究を中心に成果を挙げている[2]。

これらの政治機関には、帝国議会や帝国クライス会議などの等族制集会、裁判所、各種委員や専門官がある。決定の執行が領邦に委ねられ、自ら執行組織（ボルトの言葉を借りれば「行政的下部構造」[Verwaltungsunterbau]）を持たないことが神聖ローマ帝国の特徴とされるが[3]、それは官僚制を展開していた領邦との比較において言えることで、当時の法学知識や財政規模の水準からすれば、帝国においても専門知識を持つ管理者は必要であった。それはプロの法曹である裁判所判事や経理に詳しい財務官で、具体的には帝国最高法院や帝国宮内法院の判事、帝国収税長官などのポストである[4]。ただし彼らを支える経済的基盤は、官僚制と異なって多種多様であり、帝国等族全体が責任を負ったのは、「帝国最高法院税」によって支弁された帝国最高法院の人員のみであった[5]。一方、帝国宮内法院の判事は皇帝による任命であり、一七世紀まではハプスブルク世襲領も管掌していたため、その維持は皇帝の責任であった。対トルコ税収集を任務とする帝国収税長官の俸給も、受領当事者が皇帝であったため皇帝が支払っていたようである[6]。

専門官ですらこうであるから、帝国議会や帝国代表者会議、帝国台帳修正会議、クライス会議、帝国クライス会議（帝国各地のクライス代表者による会議）といった等族制集会の構成員は当然無給であった。代表的具現のアリーナである等族制集会では、帝国等族が自ら出席するのが建前であったからである。実際、一六世紀の帝国議会のように、初期の段階における格式の高い集会では、彼ら自身が出席することもあった。しかしこれが帝国クライス会議や後期の帝国議会になると、帝国等族自身による出席は稀となり、彼らの代理が使節として出席し、訓示を受けて議論を行い、合意を得る（あるいは見送る）のが常態となる。中には一人の使節が何人もの等族の委任を受けて代表するケースも生じた[7]。こうした使節は、専任スタッフとして常時雇用されているわけではなく、諸侯や高級貴族であればその宮廷の参議官や書記官などが、都市であれば参事会員や市書記、法律顧問などが必要に応じて任命された。彼らはそれぞれ派遣元の領邦で固有の役職を持ち、しかるべき俸給を受けた上で、等族制集会の交渉要員としても使いまわされていたわけである。

帝国等族制集会における彼らの行動は、そのまま各等族の行動として帝国国制史の中心部分を占め、当然のことながら研究の蓄積は厚い。しかし使節の活動が、いかなる社会的条件に支えられていたかについての研究は、先述のように手薄である。特に彼らの活動を支える経済的負担、すなわち俸給・活動費の検証は、帝国との関係では手付かずであると言って良い。この問題に対する関心が薄いのは、一五～一六世紀の領邦で官制の紀律化が進んだことから、代理元領邦と使節は一心同体であることが当然とされ、使節は単なる意志伝達の道具と見られて視野に入らなかったからかもしれない。しかし彼らは体僕ではないから、皇帝や帝国の等族制会議自身が、使節個人の政治的抱負や名誉意識、私的利害にとってより魅力的な条件を提示すれば、彼らの忠誠はそちらに移行し、そこに新たな支配服従関係が成立して、その結果、帝国政治が別の方向に流れる事態も考えられよう。(8) 抽象的な国家観念が未成熟な近世国家では、政治エリートを組織するパトロネージの動向が重大な政治的変化を促すことも十分ありえた。(9) その意味でこの問題は、十分検討に値すると言えよう。

残念ながら我が国では、領邦役人の国制的位置づけに関する議論は盛んな反面、その社会的地位については、教養市民層との関係で論じられるに過ぎない。(10) しかし欧米では既に、多くの領邦における官制の社会史的研究があり、彼らと帝国等族制集会との関係を検証する可能性も見えてきている。そこで本稿では、帝国の等族制集会がもっとも活発に活動したとされる一五五〇〜七〇年代の例から、彼らの帝国等族制集会における活動を経済的基盤という側面からアプローチし、集会におけるその意味を展望して、帝国国制の社会史的研究のためのささやかな貢献としたい。

2　使節の基礎的経済基盤——俸給

帝国の等族制集会の使節となったのは、基本的に領邦の官職保持者である。従って彼らを交渉要員として使いまわすにしても、基礎的な人件費である領邦役人としての収入を知らなければ、実際に交渉の過程で用いられた費用の位置づけは難しい。彼らの多くは、帝国騎士、領邦貴族、市民（特に門閥層）などの小領主や非領主であり、市民の場合には大抵大学出の学識者であった。ここで扱う時期に関して彼らのプロソポグラフィー研究が進んでいる領邦の一つにヴュルテンベルク公領がある。[11]そこで当該時期について彼らの身分と俸給、帝国等族集会への出席状況を整理すると**表1**のようになる。

ここからは、一五五五年・一五五九年のヴュルテンベルク公本人と、クライス軍司令官として雇用された一五六七年の高級貴族ヘーヴェンを除く全てが、帝国騎士か市民の出身で、（ヴュルテンベルクの領邦大学であるテュービンゲンの教授を含む）ヴュルテンベルクの官職保持者であることが分かる。特に君侯参議官の比重が高い。身分では貴族と市民がほぼ伯仲しているが、学識者の場合は、一つの例外を除くとテュービンゲン大学に在籍しており、経歴におけるヴュルテンベルクとの関係の深さを示す。知られている限り、彼らとヴュルテンベルク公の関係は、世襲的なパトロネージ（Venningen, Massenbach）や宗派的な信頼関係（Gerhard）など様々で、彼ら同士の間でも、身分別に一定の姻戚関係があったと考えられている。[12]

さてここで問題となる彼らの財政的基盤であるが、彼らの収入の全貌を明らかにする史料は入手困難で、公からの俸給が年によって分かるのみである。それによると年俸は大体一〇〇～二〇〇グルデンの間で、唯一資産が分かっているエーラー（Dr. Philipp Erer）の場合には、一〇〇〇グルデン相当を所有している。この資産は彼らが居住するシュトゥットガルトやテュービンゲンでは、中層上位市民と上層市民の境目に当たる。[13]一方この俸給額は、彼ら帝国等族制集会の代理だけでなく、領邦上級官職（侍従長・厩舎長・尚書長官・教会監督官・参議官・上級代官・領邦裁判所判事など）の一般的な水準であるが、更にこれにかなりの現物給与（穀物・葡萄酒・家畜飼料など）が加わる。その分量の分かる領邦裁判所の場合、領邦君主から給される全収入は現金給与の最大一・五倍程度になったと考えられる。[14]従って彼らの固定給は、一五〇～三〇

表１　16世紀中期の帝国等族制集会におけるヴュルテンベルク使節一覧

開催年	開催地	等族制集会の種類	使節名	拝命時の役職	身分	出身大学	俸給（給付年）
1535	ヴォルムス	帝国等族集会	Bernhard Goeler（1476?-1554）	尚書局付参議官	貴族	—	?
			Dr. Philipp Lang（1501-41）	尚書局付参議官	市民	Tübingen?	?
1544	ヴォルムス	帝国台帳修正会議	Christoph v. Venningen（?-1545）	参議官	貴族	—	?
1545	ヴォルムス	帝国議会	Christoph v. Venningen	同上	同上	—	?
			Dr. Philipp Erer（ca.1485-1566）	参議官	市民	Köln/Heidelberg	（資産1000fl.）
1554	ヴォルムス	クライス合同会議	Dr. Hieronymus Gerhard（1518-74）	上級参議官	市民	Wittenberg/Tübingen	200fl.（1556）
1554	フランクフルト	帝国クライス会議	Dr. Hieronymus Gerhard	同上	同上	同上	同上
1555	アウクスブルク	帝国議会	（Herzog Christoph本人）	（領邦君主）	諸侯	—	—
1557	ヴォルムス	帝国台帳修正会議	Hans von Höfingen（ca.1510-76）	上級参議官	貴族	—	200fl.（1556）
1557	シュパイアー	帝国代表者会議	Severin v. Massenbach（ca.1520-68）	上級参議官	貴族	Tübingen/Padova	（1560年にレーン賦与）
			Dr. Nikolaus v. Varnbühler（1519-1604）	大学教授 領邦裁判所判事？	貴族	Tübingen/Straßburg/Louvain/Köln	100-200（?）fl.
1559	アウクスブルク	帝国議会	（Herzog Christoph本人）	（領邦君主）	諸侯	—	—
			Franz Krutz	官房書記	市民	—	153fl.（1551）
1560	シュパイアー	帝国代表者会議	Dr. Kilian Bertschin（ca.1520-91）	上級参議官	市民	Tübingen	100fl.（1556）
			Johann Puchel（?）	?	?	?	?
1560	シュパイアー	帝国代表者会議	Werner v. Münchingen（ca.1510-65）	管区上級代官	貴族	—	200fl.（1564）
			Dr. Nikolaus v. Varnbühler	大学教授	貴族	Tübingen/Straßburg	116fl.（1564）
			Johann Puchel	?	?	?	?
1567	エアフルト	帝国クライス会議	Frhr. Albrecht Arbogast v. Höwen	（クライス軍司令官）	貴族	—	—
			Balthasar Eislinger（ca.1515-72）	上級参議官	市→貴	Tübingen/Orléan	100fl.（1556）
1570	シュパイアー	帝国議会	Balthasar Eislinger	同上	同上	同上	
1571	フランクフルト	帝国台帳修正会議	Dr. Kilian Bertschin	上級参議官	市民	Tübingen	100fl.（1567）
1571	フランクフルト	帝国代表者会議	Dr. Kilian Bertschin	同上	同上	同上	同上

参考文献　Helmut Neuhaus, *Reichsständische Repräsentationsformen im 16. Jahrhundert. Reichstag-Reichskreistag-Reichsdeputationstag*, Berlin 1982.
Siegfried Frey, *Das württembergische Hofgericht* (1460-1618), Stuttgart 1989.
Kenneth H. Marcus, *The politics of power. Elites of an early modern state in Germany*, Mainz 2000.

〇グルデン程度になる。ちなみにこれを帝国の専門職である帝国最高法院の役職と比較すると、年俸一五一〇グルデンの裁判長、七〇〇グルデンの陪席判事はもちろん、四〇〇グルデンの検察官にも及ばない。[15] ただし彼らを含む上級官職保持者には、特別な功績があった場合や退職時に、年俸とは別に二〇〇〇グルデン以上の金銭や、それに相当する土地（レーン）・年金が下賜された。[16] 他に領邦君主に融資した場合の利子収入や、官職に伴う贈与も若干あったと考えられる。

この収入が彼らの家政にどれほどの重要性を持っていたかについては、彼らの収入全体を明示する史料がないので、正確な結論は出せない。しかし一般には、知識だけが売り物の学識者はもちろん、平均して二〇〇グルデン程度の収入しか生まない所領を持つ騎士にとっても、一六世紀の領邦官職は極めて魅力的な収入源であり、家政の支えであったと考えられる。[17] ヴュルテンベルクの官職保持者についても、任期中は帝国や他領邦の有給官職に就かず、その宮廷・大学所在地に留まっており、商業活動などを行っていた形跡もない。従って上述の一般論はほぼ当てはまるだろう。

彼らの収入に関するこの事実は、領邦官職が彼らの関心事であり、従って領邦君主の人事権が彼らにとってかなりの重みを持っていたことを示唆している。彼らが帝国等族の代理という資格で帝国の等族制集会に出席し、訓示を受けていることは、もちろんその職分の遵守を強く義務づけられている証であるが、任を離れては権力のみか、家政の維持すら危うくなる経済的自立性の弱さが、彼らを領邦君主の権力に繋ぎ止めていた面は否定できないだろう。経済的基盤という枠組みから今少し焦点を広げ、いわゆる社会的流動性という枠組みで彼らの立場を捉えると、彼らの領邦君主に対する従属性はより一層明確になる。[18]

例えばヴュルテンベルク公クリストフの意向を忠実に汲み、帝国基本法の一つとされる一五五五年の「帝国執行令」に素案の段階から関わったゲアハルト（Dr. Hieronymus Gerhard）は、隣邦プファルツの領邦都市ハイデルスハイム（Heidelsheim）の市民出身である。家は一応名望家であったと推定されているが、同市は宮廷も目立った産業もない人口一〇〇〇人ほどの小都市であるから、名望家といっても数百グルデンの資産しか持たず、彼の官界進出を後援できるような家系ではなかっただろう。彼はヴィッテンベルク大学でルターの講義を聴講した後、ヴュルテンベルク宮廷で雑務をしながら一五四六年にテュービンゲン大学で両法博士を取る。三年後に尚書長官（Kanzler）の引き立てでその代訴人となり、尚書局顧問を経て公に認められ、一五五三年に上級参議官に任命された。最終的には尚書副長官（Vizekanzler）となったが、給与は終始二〇〇グルデンのままで、退職金は三〇〇〇グルデンであった[19]。この額は人口六〇〇〇人のシュトゥットガルトでも門閥層の資産として通用する[20]。要するに彼は、専らヴュルテンベルクの諸官庁でキャリアを積み、そこで給与や恩典を受け、上昇したローカル・エリートであった。このような役人が帝国の等族制集会に出席したとしても、領邦君主の訓示にひたすら従い、その意向を忠実に体現するしかなく、主君の不興を買うような職務の逸脱を行うこと――まして確たる見返りもなく主君以上に「皇帝と帝国」に忠誠を示すこと――は、法的な束縛如何に拘わらず不可能であったろう。

3　使節としての活動に要する費用――パウル・キルヒャーの旅費報告

既に一六世紀半ばには、帝国等族集会の使節が、財政面で代表元の領邦君主に従属していたことを確認した上で、実際に領邦役人が代理として帝国の等族制集会で活動する場合、何の目的でどの位の費用を要し、どこから支出されたかを具体的に検証してみよう。残念ながら前節で例としたヴュルテンベルクの使節については、筆者はこの問題をつまびらかにしえない。しかしヴュルテンベルクの隣邦であるバーデン＝プフォルツハイム辺境伯の使節パウル・キルヒャー（Paul Kircher）が、一五五一年にニュルンベルクで行われた各帝国クライス代表の通貨価値調整会議（Valvationstag）で支出した費用を記録した請求書が残っており、国制史家ラウフスがこれを校訂して、解説と共に都市史家マシュケの七五歳記念論集に掲載している。[21]

その内容に立ち入って検討する前に、この会議が帝国等族制集会の中でどのような位置を占めるか、またキルヒャーがどのような資格でこの会議に出席したかを、概観しておきたい。通貨価値調整というと何か近代的政策のように見えるが、実際には軍役徴収の一環であって、共通市場を目指した政策ではない。この問題が帝国政治で注目されるようになったのは、一五四四～四五年のヴォルムス帝国台帳修正会議である。帝国台帳修正会議とは、帝国議会の主要問題である対トルコ戦争軍役を各帝国等族に割り当てる「帝国台帳」の作成にあたり、各等族から出された軍役緩和の要求に応じて開催された会議のことである。しかし中世以来貨幣鍛造権を持つ等族が、様々な含有量の通貨を発行していたため、給付された通貨によって規定の軍役量に満たないケースが生じ、その是正を図る会議が新たに必要になった。そこで一五四八年のアウクスブルク帝国議会でその目的に限定した会議の開催を決定し、翌年に貨幣鍛造権を持つ等族の使節を集め、シュパイアーで初の帝国通貨会議が開かれた。しかしこの会議は結局決議に至らなかったので、翌一五五〇年から一五五一年のアウクスブルク帝国議会では、この問題を一度帝国各地のクライス会議に下げ渡し、そこでクライスごとの全帝国等族によって選出された代表が、帝国都市ニュルンベルクに参集して会議を開き、改めて協議することになった。これが通貨価値調整会議であり、現代の代表的帝国史家ノイハウスは、これを帝国クライス会議の一種としている。[22]

シュヴァーベン・クライスに所属する帝国等族もこの決議を受けて、一五五一年四月二日から二日間、ウルムでクライス会議を開き、アウクスブルク市出身のゲオルク・ヒルリンガー（Georg Hirrlinger）を貨幣検査官（Wardein）に、ウルム市のバルディンガー（Sigmund Baldinger）とバーデン＝プフォルツハイム辺境伯領のキルヒャーをクライスの通貨問題参事（Münzrat）に任命し、ニュルンベルクに派遣すると決定した。彼らの任命は、当時の公示事項担当であったコンスタンツ司教とバーデン＝プフォルツハイム辺境伯の推薦によると推定され、後述する彼らの交際範囲から考えると、皇帝や帝国有力者とのパイプがあるわけではなかったらしい[23]。

バーデン＝プフォルツハイム辺境伯領は、一五一五年の分割相続によってバーデン＝バーデン辺境伯領と共に成立した領邦である。一五六五年に宮廷をドゥアラハに移したことから、近世領邦バーデン＝ドゥアラハの名で知られ、当時は辺境伯エルンスト（一四八二～一五五三）の治下にあった。同領邦の君主は中世以来の名門ツェーリング家で格式は高いが、領邦自体は面積約一五九七平方キロメートル、一七〇〇年頃の推定人口でも七三〇〇〇人という小領邦である[24]。キルヒャーが勤めた領邦書記官（Landschreiber）は、一四九七年の官庁令で領邦財政・租税徴収の責任者と定められた財務役人であった。地位では侍従長、尚書長官に次ぎ、参議官と同格

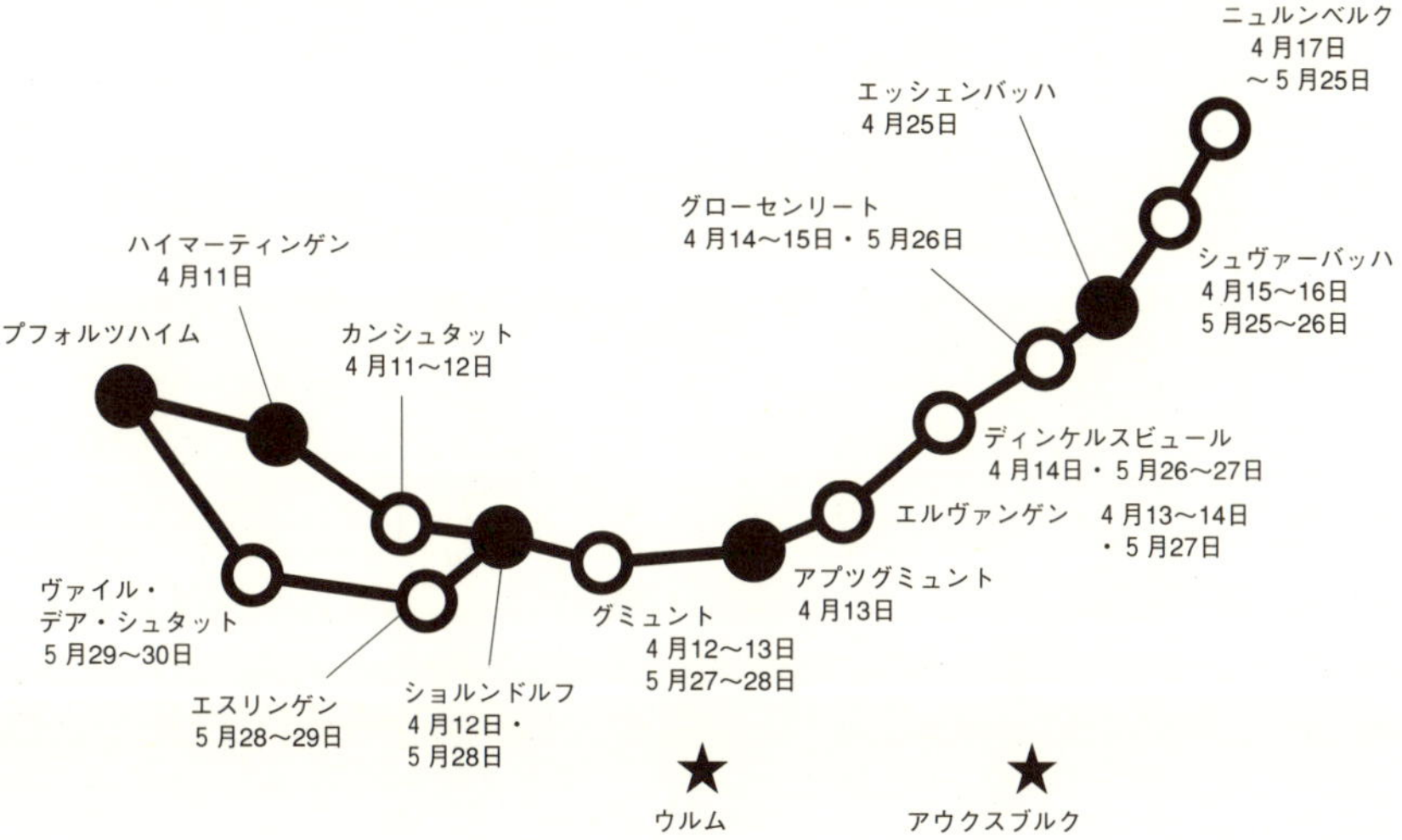

である。[25] 先述のゲアハルトと同様の地位と考えて良いであろう。官庁令にはその俸給は定められておらず、彼の給与も分からない。ただし法曹と異なり学識者をあてる必要がなかったため、高額ではないらしく、一五世紀後半の記録によると、現金三〇グルデンとそれに匹敵する現物給与であった。[26] 彼の給与も一〇〇グルデンを超えるものではなかったと思われる。

キルヒャーはこの任を拝命した一週間後の四月一一日、従僕一人を連れ、二頭の馬に乗ってプフォルツハイムを出発し、六日後にニュルンベルクに到着した。そしてヒルリンガー、バルディンガーと共に会議に加わった後、会議終了前の五月二五日に、同僚を残してニュルンベルクを発ち、五日後に故郷に戻っている（**右図**参照。白ヌキは宿泊地）。批准された決議は、最後まで残ったバルディンガーに送って貰った。この決議は無論皇帝カール五世にも送られ、そのまま同年七月二三日の帝国通貨令（Reichsmünzordnung）と帝国通貨鍛造令（Reichsprobationsordnung）として発布された。もっとも通貨問題はその後も帝国等族制集会の懸案として続くことになる。[27]

さてキルヒャーは、この時に支出した費用を立て替え払いとし、翌年三月にウルムで開催された次のクライス会議に支出一覧を提出して、これを請求した。[28] 主君のプフォルツハイム辺境伯ではなく、クライス会議に請求したのは、任を命じたのがシュヴァーベン・クライスであったからである。それを整理したのが**表2**である。

この請求書の形式上の特徴は、それぞれ支出した場所と日時、目的が几帳面に記録され、綿密に集計されていることである（にも拘わらず七クロイツァーのミスがあるが）。情報量の多さによって、請求先、すなわち彼と同じ立場で適正な諸経費の額を知っている領邦役人出身のクライス使節たちを納得させようとする、彼の苦心が見られる。

表２　Ｐ・キルヒャーの1551年ニュルンベルク通貨価値調整会議使節費用一覧

（１）４月11日〜５月３日

日付（1551年）	項　　目	額（Kreuzer）
４月11日	朝食・飼料代（ハイマーティンゲンHeimertingenにて）	28
	宿泊（カンシュタットCanstattにて）	58
	心付け	4
	合計	90
４月12日	朝食・飼料代（ショルンドルフSchorndorfにて）	32
	宿泊・夕食・寝酒・飼料（グミュントGmündにて）	68
	召使（Hausknecht/Gesinde）への心付け	4
４月13日	朝食・飼料代（アプツグミュントAbtdgmündにて）	26
	宿泊・食事２食・寝酒・飼料・朝スープ代（エルヴァンゲンEllwangenにて）	70
	心付け	4
４月14日	朝食（ワインを貰った友人を招待・３食分）・飼料代（ディンケルスビュール Dinkelsbühlにて）	42
	宿泊・夕食・飼料代（グローセンリートGroßenrietにて）	48
	心付け	2
４月15日	朝食・飼料代（エッシェンバッハEschenbachにて）	30
	宿泊・食事（２食）・寝酒（地元の男の分を含め３人分）・飼料代（シュヴァーバッハSchwabachにて）	72
	心付け	3
	合計	401
４月16日	朝食代・飼料代（ニュルンベルクの「牛野亭」Ochsenfelderにて）・宿泊・食事（２食）・飼料代（「カシア亭」Bitterholzにて：自分で宿が取れなかったので、同僚の泊まっていた「カシア亭」に転がり込んだ）	40
	飲み代	5
４月17日〜４月19日	食事（16Kr.×10食）・飼料（12Kr.×５桶）・厩舎代（4Kr.×６）	244
	食事の間の飲み代	7
	私的武装従僕の朝スープ・寝酒代	30
	入浴料（18日）	5
	宿に来て歌った芸人に対する食事代（３食）	12
	合計（正確な合計）	342（343）
４月19日〜４月26日	食事代（12Kr.×28食・内３食は宿の主人を饗応）・飼料代（12桶）・厩舎代（14）	560
	来客饗応（１回）	16
	従僕の朝スープ・寝酒代	60
	寝酒代・食事の間のワイン・ビール代	9
	宿で自分や他の使節に極楽鳥を披露した人への心付け	4
	馬２頭に蹄鉄を打った鍛冶への代金（１個４Kr.×８）	32
	入浴料（25日）	5
	馬用雑巾代	16
	シャツ・ハンカチ洗濯代	8
	プフォルツハイムへの手紙を託したシュトラスブルク使節への飲み代	12
	宿の前で芸を披露した学生への心付け	4
	合計	726
４月26日〜５月３日	食事（27食・従僕分込み）・来客饗応（６回）・飼料代（13桶）・厩舎代（14）	608
	寝酒代	28
	従僕の朝スープ・寝酒代	60
	自分と従僕の入浴料	9
	従僕の鞍のクッションと鞍の下帯の代金	24
	留守中の役務遅滞防止のためプフォルツハイムから手紙を持参した使者に対する謝金	120
	ノート代	8
	帝城見学の際に酒を振る舞った城付従僕への心付け	6
	合計	863

（2） 5月3日～5月30日と事後計上額

5月3日～ 5月10日	食事（28食・従僕分・来客3人分込み）・飼料（14桶）・厩舎代（14） プフォルツハイムから手紙を持参した使者の食事代（1食） 食事の間に自分と宿への訪問客が飲んだ飲み代 従僕の朝スープ・寝酒代 自分と宿に送る使者と従僕が飲んだ飲み代 入浴料 2人の従僕と遠乗りをしてフュルトFürtで彼らに誘われ飲んだ飲み代	650 12 16 60 12 5 8
	合計（正確な合計）	771(763)
5月3日～ 5月17日	食事（28食）・飼料（14桶）・厩舎代（14） 来客饗応（4人） 従僕の朝スープ・寝酒代 自分の飲み代 鍛冶への蹄鉄代（新品5個、中古3個） テーブルで話しかけてきた人への心付け（3回分） 従僕の入浴料 自分の入浴料 シャツ・ベッドシーツの洗濯代（2回）	560 48 60 14 26 6 4 5 6
	（合計）	729
5月17日～ 5月24日	食事（26食）・飼料（14桶）・厩舎代（14）・来客饗応（3回） 従僕の朝スープ・寝酒代 自分の寝酒代 客の招待（2回）で厨房に支払った代金 自分と従僕の入浴料（23日） 自分のところに手紙の御用はないかと訪ねてきたプフォルツハイムからの使者に夕食代として	572 60 9 16 8 6
	（合計）	671
5月24日～ 5月25日	食事（6食：自分・従僕・客3人）・寝酒代（2回）・飼料代（4桶）・厩舎代（2） ニュルンベルク滞在中の個室代・宿の女将・蔵番・馬番・女中への心付け 宿泊（シュヴァーバッハにて）・夕食（自分・従僕・二人の同郷人）・飼料・厩舎代	176 258 96
5月26日	朝食・飼料代（グローセンリートにて） 宿泊代（ディンケルスビュールにて） 心付け	32 56 3
	（合計）	621
5月27日	朝食・飼料代（エルヴァンゲンにて） 宿泊代（グミュントにて） 心付け 鍛冶への蹄鉄代（新品2個・打ち付け料込み）	32 56 4 10
5月28日	朝食・飼料代（ショルンドルフにて） 旅装を解いた従僕への心付け 宿泊（エスリンゲンにて：馬が疲れたため「金曜日」＝29日午後まで滞在＝1泊）・ワインを送り宴を張った2人の参事会員との食事・寝酒・朝スープ・飼料・厩舎代 心付け	32 2 152 4
5月29日	宿泊代（ヴァイル・デア・シュタットWeil der Stadtにて） 心付け	48 4
	（合計）	344
	拍車職人への馬具修理代 クライス等の測量会議に用いるため貨幣検査官から購入した2ケルン・マルク（468g.）の分銅と秤の代金 従僕のシャツ代 メモ用の石版代	34 137 40 14
	（合計）	
	帰郷後、皇帝勅令とそれに対する皇帝への会議報告書を送ってくれた同僚使節＝ウルム代表への謝金 旅行鞄輸送代 この出張に同伴した従僕への謝金	86 30 120
	（合計）	236
	支出総額（正確な支出総額）	6019(6012)

(Adolf Laufs, Paul Kircher Ausgab und Zehrung, in：Veröffentlichung der Kommission für Geschichtliche Landeskunde in Baden-Württemberg（Hg.）, *Aus Stadt- und Wirtschaftsgeschichte Südwestdeutschlands*, Stuttgart 1975, S. 140-145).
・1グルデン（Gulden/fl.）＝60クロイツァー（Kreuzer/Kr.）で計算した。

それでも項目の整理は、近代の公務関係請求書ほど徹底していない。例えば食事代・宿泊費は、本人と従僕の支出分が一体化され、どちらがどれだけ支出したかは明確でない。またニュルンベルク以外では、宿泊代・夕食代・飼料代が込みであるため、項目分けは難しい。そのため後述の比較では、比較的詳しいニュルンベルクの項目を基準にし、飼料代を軸に、宿泊代・食事代の方を操作して計算した。

それでは内容分析に入ろう。総額は六〇一二クロイツァー、すなわち一〇〇グルデン一二クロイツァーとなる。上述のキルヒャーの推定年俸を考えると、自前で負担するのは到底無理で、立て替え払いとしても相相当重荷であったと思われる。あるいは主君の辺境伯が立て替えた可能性も考えられる。ちなみに先述のヴュルテンベルクの参議官ゲアハルトは、この三年後に尚書長官のプリーニンゲンとニュルンベルクに出張した後、二人で主君に一七〇グルデンを請求している[29]から、これは妥当な額と見て良い。

帝国政治との関係で重要なのは、これが領邦にとってどの程度の負担であったかという点である。しかし会議の期間や開催地、領邦財政の規模によっても違うであろうから、一律の結論を導き出すのは難しい。各地のクライス会議を除いて、帝国南部で行われることが多い帝国の等族制集会では、帝国北部の等族は不利であったろうし、一般に会期が長く、物価の高い大都市で行われることの多い帝国議会は、クライスの会議に比べると物入りであったろう。また対トルコ税の負担額が二二〇〇〇グルデンのヴュルテンベルク公や一八〇〇〇グルデンのニュルンベルク市、五五〇〇グルデンのプフォルツハイム辺境伯[30]のような帝国等族にとっては、費用対効果を考えれば一〇〇グルデンは些細な支出であろうが、税負担が数百グルデンから一〇〇グルデンに満たない高級貴族や極小帝国都市にとっては、一度の使節派遣も重荷であったろう。極小領邦が、最初から自身の票を諸侯や有力都市に預けてしまう現象が頻繁に見られたのは、この事情が関係していると思われる。

表3　キルヒャーの使節費用の項目別内訳

項　　目		
朝食	1116kr.（18fl.36kr.）	18.56%
宿泊・夕食	1704kr.（28fl.24kr.）	28.34%
副食	84kr.（1fl.24kr.）	1.40%
饗応	402kr.（6fl.42kr.）	6.69%
従僕賄い（共食分は除く）	509kr.（8fl.29kr.）	8.47%
通信・輸送費	278kr.（4fl.38kr.）	4.62%
事務関連	159kr.（3fl.39kr.）	2.64%
馬維持（飼料・厩舎・馬具代）	1650kr.（27fl.30kr.）	27.45%
洗濯	14kr.	0.23%
娯楽	26kr.	0.43%
入浴（本人のみ）	30kr.	0.50%
心付け	40kr.	0.67%
合　　計	6012kr.（100fl.12kr.）	100.00%

・1グルデン（Gulden/fl.）＝60クロイツァー（Kreuzer/kr.）で計算。
・当時は午前10時頃の朝食と午後3時頃の夕食の二食制で、朝晩に取った軽食は、当時の慣行に従って副食（朝スープ代・寝酒代）に入っている。
・饗応は食事代に含まれることも多いため、特に明記がない限り12クロイツァーで計算してある。
・従僕分副食や入浴料などは従僕賄いに入れた。ただし彼の宿泊・共食分と馬維持費は分離会計不能なため、それぞれの項目に入っている。
・業務関連には文具などの他、標準器など業務に必要な品の購入も含む。
・長く滞在したニュルンベルクの「カシア亭」の心付けは宿泊費に算入。

次に支出の内訳に入ろう。ここでは検討のために、全旅程に亘る支出を項目ごとに整理した表を付した（**表3**）。全体を見渡して先ず気付くのは、本人と従僕の賄い、すなわち朝夕の食事と宿泊代の比率が圧倒的に高い点である。食事代は従僕と二人で一日六〜一六クロイツァーの間を動き、もっとも多いのは一二クロイツァーである。ちなみに佐久間弘展氏の計算によると、一五三〇年のニュルンベルクにおける富裕な親方の家の食費は、親方夫婦で年一二グルデン（七二〇クロイツァー）であるから、成人一人一ヶ月三〇クロイツァー、一日当たり一クロイツァーということになる。[31]もっとも「価格革命」でインフレが進行している時期であるし、一羽四クロイツァーはしたという鵞鳥のような高級食材を毎食並べれば、二人で一二クロイツァーを消費するのも不可能ではない。いずれにせよキルヒャーの申告が真実とすれば、宿の賄いが高額についたことは間違いない。

もう一つ大きな割合を占めているのは、本人が移動する場合に不可欠な馬を維持する経費で、これが全体の約四分の一を占める。特に飼料として与える燕麦代は二頭で一日一二クロイツァーになり、人間と同じ額を消費していることになる。[32] 彼は蹄鉄に中古品を使うなどして節倹に務めているが、その程度ではとうてい押し下げられない額である。

これに対して事務関連の支出は、文具類の他、会議の決議に貨幣検査官から入手した測定用具（貨幣重量を量る標準器の錘と秤）だけである。また派手な交際を示す支出や、機密費に属するような微妙な支出（情報収集や工作費、買収費など）も、ここには見られない。フランス宮廷などで見られた「取り次ぎ」に対する礼金[33]もなく、心付けはほとんど宿に対する「チップ」である。饗応には若干の費用を要しているが、宿に二～三人の客を招いて食事を共にする程度のもので、バロック宮廷に登場する舞踏会やオペラはもちろん、宴会や狩猟や音楽会など、当時考えられる饗応イベントには全く支出されていない。一クライスを代表する身でありながら、入市の際のページェントも全くなく、自分の宿すら確保できずに同僚（バルディンガー）の宿に転がり込む有様である。自身の食事も専ら宿で取り、召集責任者の皇帝代理委員をはじめ他の使節を招きに与った形跡もない。来客がないときには宿の主人や芸人を相手に食事をしたり、皇帝城（Kaiserburg）や極楽鳥を見物したり、従僕と遠乗りした先で飲んで過ごしている。最も派手に消費したのが、帰途エスリンゲンで知己の参事会員と共に開いた昼食会で、この出費が一グルデンそこそこである。なお副食の大半を占めるのは酒代で、食事時のそれと併せ、相当な頻度で飲酒しているようである。

一方、謝金を与え、旅行中の衣食住を負担し、毎週かなりの額の酒代を振る舞うなど、従僕への手当は厚い。彼は武装して従う従僕で、当時の治安状況の元で不可欠とされた反面、主人が従僕に殺害されて持ち物を奪われる不祥事も後を絶たなかったから、この支出はそれなりに重要かもしれない。
通信費は僅かである。それもそのはずで、使節業務委託元のクライス会議は当時閉会中であり、問い合わせ不能であったからである。問い合わせの可能性は、一七世紀半ば以降クライス事務局（Kreisdirektorium）と呼ばれる公示事項担当諸侯、すなわちコンスタンツ司教か自分の主人であるプフォルツハイム辺境伯しかない。実際に彼は一度だけ故郷からの手紙を受け取っている。しかしこれは「留守中の自分の職のため」とあり、通貨価値調整会議ではなく領邦プフォルツハイムの統治に関する連絡らしい。とすると彼は最初の訓示だけで業務を行ったことになる。これと先述のバルディンガーの書類送付に対する謝礼が、この項目のほぼ全てとなっている。

以上、キルヒャーの使節費用を概観してきたが、そこで読みとれるのは、代表元への全面的な財政的依存、会議や事務などの職分に要する経費の少なさ、賄い、特に飲食に対する多額の支出、交際圏の狭さ、社交を飾る文化の乏しさ、知己に対する気前よさである。ここからはキルヒャー自身、派遣元の領邦あるいはクライスの代理として、権威を誇示したり、あるいは逆に他の代理のそうした招きに与って権威を誇示されたりする状況は、ほとんど読み取れない。当時の宮廷や教育機関に成立しつつある「文明化」圧力を伴う社交界(34)も見えてこない。むしろ浮かび上がってくるのは、ローカル・エリートの狭く素朴な人的関係である。諸領邦の使節を広く統合し、集団としてのアイデンティティを促すような経済的・文化的求心力の欠如は、少なくともこの会議のようにローカル・エリートを主な出席者とする帝国等族制集会については、概ね当てはまるのではないだろうか。

4　結論

ここまでの検討によって、一六世紀半ばに活発化した帝国の等族制会議に送られたのは、既に経済的にも社会的にも強く代表元の領邦に従属したローカル・エリートであったことが確認できる。その地方的な性格は、等族制会議における彼らの支出にも反映していた。費用は全く代理元頼りで、支出の大半は自分及びその狭い交際圏の消費に向けられ、政治工作に向けた支出もなく、宮廷人を生み出すような文化[35]も未熟で、そこには彼らの結集を促したり、パトロネージ・ネットワークを張り巡らせるような凝集力は、少なくとも経済面からは、ほとんど認められない。こうしたローカル・エリートが集うクライス会議や個別問題を扱う大半の帝国等族制集会は、代表元の意見を伝え、使節の能力によってはその専門知識（法的・財政的・軍事的及び人文的知識）を発揮して議論するフォーラム以上のものではなく、代表元の意向に反した行動を彼らに促すような、財政的・文化的誘惑に満ちた場ではなかった、と見てよいであろう。こうした帝国等族制集会の性格が、永久帝国議会以前の帝国議会のような大規模な集会にも当てはまるのかどうか[36]、彼らローカル・エリートの財政的基盤は近世を通じてどう変化するのか、それはエリート文化に取り込まれていく彼らにどのような影響を与えるのか、帝国等族制集会は高コストを費やし彼らに強い求心力を発揮するバロック宮廷（特に国制の表象たる皇帝と重なるヴィーンのそれ[37]）にどう対峙していくのかなど、疑問は尽きないが、ひとまずここで擱筆することとしたい。

注

（1）Volker Press, Das Römisch-Deutsche Reich. Ein politisches System in verfassungs- und sozialgeschichtlicher Fragestellung, in: Grete Klingenstein/Heinrich Lutz（Hg.）, *Spezialforschung und "Gesamtgeschichte,"* München 1982, S. 221-242.

（2）一例として Georg Schmidt, *Der Städtetag in der Reichsverfassung - Eine Untersuchung zur korporativen Politik der Freien- und Reichsstädte in der ersten Hälfte des 16. Jahrhunderts*, Stuttgart 1984, S. 111-143; Bernhard Ruthmann, Die richterliche Personal am Reichskammergericht und seine politischen Verbindungen um 1600, in: Wolfgang Sellert（Hg.）, *Reichshofrat und Reichskammergericht - Ein Konkurrenzverhältnis*, Köln/Weimar/Wien 1999, S. 1-26; Sigrid Jahns, Juristen im Alten Reich - Das richterliche Personal des Reichskammergerichts 1648-1806, in: Bernhard Diestelkamp（Hg.）, *Forschungen aus Akten des Reichskammergerichts*, Köln/Wien 1984, S. 1-40; Christine Roll, *Das zweite Reichsregiment 1521-1530*, Köln/Weimar/Wien 1996, S. 23-119 等を参照。

（3）Hans Boldt, *Deutsche Verfassungsgeschichte* Bd. 1, München 1984（2. Aufl.）, S. 257, 271.

（4）帝国最高法院については Rudolf Smend, *Das Reichskammergericht. Geschichte und Verfassung*, Neudruck Aalen 1965, 帝国宮内法院については Oswald von Gschliesser, *Reichshofrat. Bedeutung und Verfassung, Schicksal und Besetzung einer obersten Reichsbehörde von 1559 bis 1806*, Wien 1942 が唯一の総合研究である。帝国収税長官については総合研究はなく、Winfried Schulze, *Reich und Türkengefahr im späten 16. Jahrhundert*, München 1978, S. 312-333, 渋谷聡『近世ドイツ帝国国制史研究』ミネルヴァ書房、二〇〇〇年、九二―九四頁を参照。

（5）Helmut Neuhaus, *Das Reich in der frühen Neuzeit*, München 1997, S. 49-50.

（6）*ibid*, S. 51-52; Boldt, *Verfassungsgeschichte*, S. 269. 渋谷、前掲書九五頁。

（7）Neuhaus, *Reichsständische Repräsentationsformen im 16. Jahrhundert. Reichstag-Reichskreistag-*

Reichsdeputationstag, Berlin 1982, S. 24-25.

（８）領邦官制の紀律化とその意義については、Dietmar Willoweit, Allgemeine Merkmale der Verwaltungsorganization in den Territorien, in: *Deutsche Verwaltungsgeschichte*, Bd.1, Stuttgart 1983, S. 289ff. 及び神寶秀夫『近世ドイツ絶対主義の構造』創文社、一九九四年、三六五―三八二頁参照。なおボルトは近世の領邦役人を君主や等族と並び、一定の自立性を持つ第三勢力と見る可能性を示している。Boldt, Verfassungsgeschichte, S. 222-223. これはやや行き過ぎであろうが、領邦官制の紀律化が近世を通じて徐々に進行した動きであり、その過程で彼らの領邦君主に対する経済的従属が重要な役割を果たした、というシュトライスの指摘は重要である。Michael Stolleis, *Geschichte des öffentlichen Rechts in Deutschland 1600-1800*, München 1988, S. 358.

（９）Helmut G. Koenigsberger, Patronage, Clientage and Elites in the Politics of Philip II, Cardinal Granvelle and Wiliam of Orange, in: Antoni Mączak（Hg.）, *Klientelsysteme im Europa der Frühen Neuzeit*, München 1988, S. 146-147; Volker Press, Patronat und Klientel im Heiligen Römischen Reich, in: Mączak（Hg.）, *Klientelsysteme*, S. 19-46.

（10）西村稔『文士と官僚―ドイツ教養官僚の淵源』木鐸社、一九九八年、六六―九六頁。

（11）Kenneth H. Marcus, *The politics of power. Elites of an early modern state in Germany*, Mainz 2000.

（12）*ibid.*, S. 76-77, 97-101.

（13）拙稿「初期領邦国家と名望家市民―一六世紀ヴュルテンベルクの場合」『西洋史学』一八五、一九九七年、三一―三二頁。

（14）Siegfried Frey, *Das württembergische Hofgericht*（*1460-1618*）, Stuttgart 1989, S. 129-135.

（15）帝国最高法院の俸給額は一五七〇年の帝国議会決議による。*Deutsche Reichstagsakten. Reichsversammlungen 1556-1662, Der Reichstag zu Speyer 1570*, bearb. v. Maximilian Lanzinner（以下 *RTA Speyer* で略）, S. 853.

（16）Marcus, *The politics of power*, S. 94, 96, 101, 109, 122, 125.

（17）拙稿「神聖ローマ帝国騎士の成立」『法制史学』五一、二〇〇二年、五三―六〇頁。

(18) Marcus, *The politics of power*, S. 97-101.
(19) *ibid.*, S. 158-163.
(20) 拙稿「初期領邦国家と名望家市民」三二頁。
(21) Adolf Laufs, Des markgräfisch-badischen Landschreibers Paul Kircher Ausgab und Zehrung auf dem Valvationstag zu Nürnberg 1551, in: Veröffentlichungen der Kommission für geschichtliche Landeskunde in Baden-Württemberg (Hg.), *Aus Stadt- und Wirtschaftsgeschichte Südwestdeutschlands*, Stuttgart 1975, S. 137-145.
(22) Neuhaus, *Reichsständische Repräsentationsformen*, S. 360-368.
(23) Adolf Laufs, *Der Schwäbische Kreis*, Aalen 1971, S. 218-220.
(24) Peter-Christoph Storm, *Der Schwäbische Kreis als Feldherr*, Berlin 1974, S. 51. ちなみに当時のヴュルテンベルクの人口は三四万人と推定されている。
(25) Friedrich Wielandt, Markgraf Christoph I. von Baden 1475-1515 und das badische Territorium, in: *Zeitschrift für die Geschichte des Oberrheins* Bd. 85 (1933), S. 567-569.
(26) *ibid.*, S. 567, Anm. 3.
(27) Neuhaus, *Reichsständische Repräsentationsformen*, S. 368-372.
(28) Laufs, Paul Kirchers Ausgab, S. 137-138.
(29) Marcus, *The politics of power*, S. 98, Anm. 117.
(30) 一五六六年の対トルコ税台帳会計報告による。*RTA Speyer*, S. 765-799.
(31) 佐久間弘展『ドイツ手工業・同職組合の研究』創文社、一九九九年、二四二-二四三頁。
(32) 馬一頭は耕地面積に換算して人間の一・三倍以上の栄養摂取を必要とする。Wilhelm Abel, *Geschichte der deutschen Landwirtschaft vom frühen Mittelalter bis zum 19. Jahrhundert*, Stuttgart 1978 (3. Aufl), S. 100-102.
(33) 小山啓子『フランス・ルネサンス王政と都市社会』九州大学出版会、二〇〇六年、一六三-一六四頁。

(34) ノルベルト・エリアス（波田節夫他訳）『宮廷社会』法政大学出版局、一九八一年。

(35) 北田葉子『近世フィレンツェの政治と文化―コジモ一世の文化政策（一五三七～六〇）』刀水書房、二〇〇三年、特に一五八―一六〇頁、二七五―二七九頁。

(36) Rosemarie Aulinger, *Das Bild des Reichstags im 16. Jahrhundert. Beiträge zu einer typologischen Analyse schriftlicher und bildlicher Quellen*, Göttingen 1980; Barbara Stollberg-Rilinger, Die zeremonielle Inszenierung des Reiches, oder: was leistet der kulturalistische Ansatz für die Reichsverfassungsgeschichte?, in: Matthias Schnettger (Hg.), *Imperium Romanum - irregulare corpus - Teutscher Reichs-Staat. Das Alte Reich im Verständnis der Zeitgenossen und der Historiographie*, Mainz 2002, S. 233-246.

(37) Norbert Nußbaum, Barocke Hofkunst in Wien als politisches Programm, in: *Zeitschrift für historische Forschung*, 10 (1983), S. 177-186.

第10章 近世ドイツにおける神学者の権力と《言説・メディアの力》

――一五六二年の都市マクデブルクの紛争を手がかりに――

蝶野 立彦

1 研究史的概観と問題設定

近世ドイツの領邦教会体制のもとでの教会聖職者及び神学者達の社会的性格について、従来の研究の多くは、その《統治権力(Obrigkeit)への忠実な奉仕者》《領邦国家の統合及び秩序形成の担い手》としての性格を強調してきた。こうした視点は、とりわけ一六世紀半ばから一七世紀にかけてのいわゆる《宗派化(Konfessionalisierung)》の展開をめぐる議論のなかに顕著であり、W・ラインハルトやH・シリングらの研究によれば、この時期、カトリック・ルター派・改革派のいずれの地域においても、教会の聖職者は、いわば《お上《かみ》の役人》としてそれぞれの領邦・都市の統合と秩序を司る役割を果たした。即ち、聖職者達は、各教区への巡察、教区民への訓戒・懲罰措置の実践、学校のカリキュラム改革などを指揮し、あるいはそれに参与することを通じて、《宗派の教義の浸透》と《住民の宗派的一体性の涵養》を図るとともに、彼ら聖職者達の目に《異教的・迷信的習俗》《性的放縦》《暴力的振る舞い》と映るものを社会から排除し、彼らが《キリスト教的な道徳規範》と見なすところのものを人々の間に植えつけてゆくことによって、結果的に統治権力側が望むような領邦・都市の宗派的統合と社会秩序形成を促進する役割を演じたのである。(1) さらにこのような《統治権力による社会統合と臣民教育の促進役》としての近世ドイツの聖職者の性格づけは、一八世紀前半のハレ敬虔主義に関するC・ヒンリクスやR・ゴースロップの研究、また一八世紀末～一九世紀前半期のトリーア大司教区を対象とした下田淳氏の研究のなかでもなされている。[2]

そして考察の範囲をルター派に限定するならば、《統治権力への忠実かつ無批判な奉仕者》としてのルター派神学者の性格は、二〇世紀初頭のE・トレルチの議論以来、ルター派神学の二王国論的思想構造との関連のなかで、半ば常套句《クリシェ》の如く繰り返し論じられてきたテーマでもある。そうした議論によれば、宗教的な自由と権利主張の範囲を専ら《霊的な統治》の枠内に限定し、《世俗的な統治》の領域においては統治者に無条件に服従することを要請する、M・ルターの二王国論の思想は、ルター派の神学者達の間に《統治権力の政策に無批判に追従する姿勢》を蔓延させ、そのような神学者達の姿勢こそが、一六世紀以降近代に至るまでのドイツ・ルター派地域において、統治権力の上からの支配を後押しする大きな要因となったのである。[3]

だが近年、このような《統治権力への忠実な奉仕者》としての近世ドイツの神学者・聖職者のイメージを覆す見解が、一部の研究者達の間から示され始めている。そうした見解に先鞭を付けたのは、一九七一年のM・クルーゼの研究である。そこでクルーゼは、一六世紀半ばから一七世紀末に至るまでのルター派神学者達の主張を辿り、この時期のルター派神学者が《統治権力による霊的権限（聖職者任命権や宗教的懲罰・破門権など）への介入》を「皇帝教皇主義（Caesaropapia）」と呼び慣わして激しく批判していたこと、またそうした批判ゆえに各地の君主・市参事会と神学者の間にしばしば対立や紛争が生じていたことを明らかにしたのである。さらにその後、Q・スキナーやW・シュルツェはその論文のなかで、一五五〇年の『マクデブルク信仰告白』――皇帝による仮信条協定（Interim）の導入に対する抵抗闘争の拠点となった都市マクデブルクでルター派神学者達によって著された文書――に光を当て、この時期のルター派神学者の間に強力な抵抗権の思想が醸成されていたことを明らかにした。そしてこれらの研究を踏まえつつ、L・ショルン－シュッテは一九九〇年代の諸論考のなかで、主に一六世紀後半～一七世紀初頭のブラウンシュヴァイク－ヴォルフェンビュッテルを題材に取りながら、当時のルター派神学者の間で統治権力による聖職者任命権や懲罰権への介入を三身分説（Dreiständelehre）に基づいて批判する論調が強まり、神学者と君主・官僚との間に深刻な対立が生じていたことを示した。さらにM・ブレヒトも、一九九二年の論文のなかで、一五二〇年代から一七世紀初頭に至るまでの多くのルター派領邦・都市の事例を挙げながら、当時、厳格な教会規律の実践をめぐって聖職者達と地域共同体・君主・市参事会との間で対立や紛争が相次ぎ、教会規律権（懲罰・破門権）への介入をめぐる衝突がしばしば聖職者達の追放へと発展していたことを明らかにしたのである。(4)

近年の研究を通じて明らかになった、こうした事実は、単に《統治権力への忠実な奉仕者》という旧来のルター派聖職者像の見直しにつながるばかりでなく、また、近世ドイツの《政教関係》や《社会秩序と宗教的規範との間の関係性》の把握という観点から見ても、大きな歴史像の修正を我々に迫るものである。だが、これら近年の研究では、専ら《神学者達の統治権力批判の法的根拠》の解明に考察の力点が置かれてきたために、《神学者達と統治権力との間に生じた対立・紛争のメカニズム》を分析するという作業はこれまで後回しにされてきた。しかしながら、神学者・聖職者達の《統治権力に対する闘争》を可能ならしめた現実の権力基盤を明らかにするためには、そこで生じた対立・紛争のメカニズムに目を向けることが必要不可欠である。そしてこのような視点に立ったときに、当時の神学者・聖職者達の闘争を支えた重要な権力基盤として浮上してくるのが、彼らによって用いられた《言説とメディア》である。即ち、一六～一七世紀のドイツ・ルター派地域で生じた神学者達と統治権力との間の紛争劇においては、いずれの場合も神学者達の《説教と印刷メディアを連動させた言説活動》が極めて重要な役割を演じており、そうした言説活動を支えたメディア環境や公衆との関係性、さらにそうした言説活動に対する統治権力側の対応の仕方を明らかにすることが、神学者達の権力基盤の解明にとって必須の課題になると考えられるのである。

こうした問題意識を踏まえつつ、本論文では、一五六二年にマクデブルク大司教領の都市マクデブルクにおいて同市の監督（Superintendent）のT・ヘシュジウス（Tilemann Heshusius）と市参事会及び大司教との間に生じた紛争劇に分析を加えたい[5]。主な史料としては、一五六二～一五六四年に同市参事会（及び聖職者団）側とヘシュジウス側の双方が相次いで刊行した、紛争に関する四点の解説・弁明書と、同市の聖ウルリヒ教区教会副牧師（Kaplan）のW・エッキウスによる同教区長老宛ての書状（一五六二年）、さらにG・ヘルテル編の《マクデブルクでのヘシュジウスの動向に関する筆写史料集（主に書簡・所見・報告など）》とC・A・ザーリヒ編著の『プロテスタント教会史』（一七三五年）を用いる。まず、2節において紛争の経緯を概観し、続く3節では、紛争のなかでの神学者達の言説活動について、言説活動を支えた諸要因、言説活動が及ぼした政治的・社会的作用、公衆と公論の果たした役割などに分析を加える。

2　都市マクデブルクの紛争の経緯

一五六二年に発生した都市マクデブルクの紛争の、その政治的・社会的背景を理解するためには、一五四〇年代以降この都市が辿った歴史的歩みについて、簡単な概観を得ておく必要がある。マクデブルク大司教領内の都市マクデブルクは、長年に亘る都市自治権獲得をめぐる大司教との対立を背景にして、一五二〇年代半ばに宗教改革を受け入れ、さらに一五四六～一五四七年のシュマルカルデン戦争に際してはシュマルカルデン同盟軍の一員として参戦したが、同盟軍の皇帝に対する敗北の後も都市の明け渡しを拒んだために、一五四七年七月に帝国追放処分を受けた。だが、この都市はその後も皇帝への抵抗を続け、一五四八～一五五二年の皇帝による仮信条協定の導入期には、M・フラキウスを始めとする神学者達の指導の下、神聖ローマ帝国内の都市としては唯一《仮信条協定批判の文書》を印刷刊行し続けたために、帝国のプロテスタント勢力の間で「神の官房（Gottes Kanzlei）」と呼び慣わされる程の地位を獲得した。しかし、一五五五年のアウクスブルク宗教平和によって帝国内におけるカトリック・プロテスタント両派の平和共存体制が確立すると、マクデブルク市参事会は、大司教や皇帝との関係修復の道を模索し始める。そして同市参事会は、一五五八年一月と一五六二年三月の二度の協約によってマクデブルク大司教及び聖堂参事会員との和解を実現した後、一五六二年七月には、遂に皇帝による帝国追放処分の取り下げを勝ち得ることに成功したのである。だが、その一方で、一五五八年以降、マクデブルク市内に帰還した聖堂参事会員達が大聖堂などでのカトリック的礼拝を復活させたために、都市のプロテスタント住民達が反感を募らせ、市参事会も、再三に亘って大司教や聖堂参事会員にカトリック的礼拝の中止を要求し続けた。こうした情勢のなか、元来プロテスタント的志向を強く持っていたマクデブルク大司教ジギスムントは、他の領邦等族の意向にも支えられる形で、遂に一五六一年一二月の領邦議会において《大司教領全域のプロテスタント化》を宣言するに至ったのである[6]。

　そして都市マクデブルク監督ヘシュジウスと同市参事会及び大司教との間に深刻な対立が生じたのは、都市マクデブルクがこのような複雑な情勢変化の渦中に置かれている最中のことだった。一五六〇～一五六一年に同市の聖ヨハネ教区教会牧師及び同市監督に就任したヘシュジウスは、（かつて同市で活躍した）フラキウスやN・アムスドルフと同様、《カトリックや改革派との妥協・宥和の拒絶》と《神学的誤謬の徹底的な排除》を通してルター主義の神学的純化を目指す神学者達——後に《純正ルター派（Gnesio-Lutheraner）》と総称されるグループ——の一人であり、その闘争的な言動ゆえに既に三度に亘る追放処分を経験した人物であった。[7] そしてヘシュジウスをめぐる対立の火種は、実は彼のマクデブルク赴任の直後から生じていた。即ち、ヘシュジウスは、市参事会が大司教との間に協約を交わした際、その協約文中においてカトリック派を言い表す言葉として「古きカトリック的なる宗教」という表現が用いられたことを「教皇主義の正当化につながる行為」と批判し、その起草者であった市参事会の法律顧問E・プファイルを執拗に非難し続けた。また、ヘシュジウスは、一五六一年七月にニーダーザクセン諸都市の神学者会議で《神学的宣言文（『リューネブルク条項』）》が決議された際、都市マクデブルクの聖職者達にこの宣言文への署名を要求したが、マクデブルク学校長S・ザックと数名の聖職者が署名を拒否したために、彼らとヘシュジウスとの間に対立が生じた。[8] そしてこの対立は、一五六二年二月の告解火曜日にザックの企画に基づいて市庁舎で執り行われた喜劇の上演をめぐって、さらに深刻なものとなる。即ちヘシュジウスは、（旧約聖書中の《ソロモンの裁判》を題材とする）この喜劇のなかで「キリスト者やか弱き令嬢、あるいは名望ある人々にとって口にしたり耳にすることが甚だしく憚られるような」下品で猥雑な言葉が用いられたことを咎め、この劇を広場や街路で上演することを禁じた。そのために、この劇の上演に携わったザックと一部の聖職者達は、ヘシュジウスに反感を募らせたのである。[9]

このように、《神学的・宗派的な厳格主義》と《風紀の粛正》を追求するヘシュジウスの姿勢は、既に彼の赴任の直後から、その周囲に軋轢と対立の波を呼び覚ましていった。だが、一五六二年の紛争劇そのものは、（エルネスト系）ザクセン公領から追放された神学者達を同年初頭にヘシュジウスがマクデブルクに呼び寄せたことから始まった。ザクセン公領のイェーナ大学は、一五五〇年代後半にフラキウスを始めとする純正ルター派神学者達の牙城となったが、やがて《神学者達による言説活動と懲罰措置》の是非をめぐって、ザクセン公と神学者達との間に対立が生じ、一五六一年の末には主だった神学者達が追放処分を受けた。そのうちの二名の神学者——J・ヴィガント（Johannes Wigand）とM・ユーデックス（Matthäus Judex）〔彼らはいずれも以前、都市マクデブルクで聖職者を務めていた〕——をヘシュジウスはマクデブルクに招き寄せ、市参事会も、一時滞在を条件にこの二名の神学者に市内への滞留を許可したのである。ところが、ヴィガントらは程なくして、ザクセン公による追放処分を非難・告発するための《ビラ》の発行を計画し、市内の印刷所でそのビラの印刷をおこなった。これに対して、ザクセン公との争いごとに巻き込まれることを怖れた市参事会は、そのビラの押収に踏み切った。さらにこの措置と連動して、市参事会は、都市ブラウンシュヴァイク監督のJ・メルリンやアイゼナハ監督のアムスドルフがマクデブルクでの印刷出版を予定していた文書に対しても、印刷を不許可とする措置を講じた。だが、ヘシュジウスは、このような市参事会の措置を「神の言葉を不当に抑圧する措置」として非難し、一五六二年三月末の復活祭期間中の説教の場で、大勢の聴衆を前に、市参事会のみならずザクセン公をも弾劾する演説を繰り広げたのだった。(10)

そしてこの頃から、事態はさらに《ヴィガントの都市マクデブルクでの復職》をめぐる紛争へと展開してゆく。ヘシュジウスは、かつてヴィガントが牧師を務めていた聖ウルリヒ教区教会の教区委員達（Kirchväter）や長老達（Älteste）に働きかけることによって、ヴィガントの復職を実現しようと試み、同教区委員・長老達も、四月六日・九日に会合を開いてヴィガントの選任手続きを進めた。ところが市参事会はこの動きに介入し、牧師選任のための活動を当面中止するよう、長老達に命令を発したのである。この措置に憤慨した同教区副牧師エッキウスは、四月一三日に同教区長老に宛てて書状を書き送り、市参事会の行為を「世俗的統治権と霊的統治権の混同」「教区共同体の聖職者任命権への不当介入」と非難した上で、「キリスト的自由」を守るために「共同体の意見と同意」に従って行動するよう、長老達に呼びかけた。[11] さらに、ヴィガント選任を要望する教区長老宛ての嘆願書が聖ウルリヒ教区の九人の教区民達の手で作成され、彼ら教区民達は、市内の聖職者の家々を廻って嘆願書への署名を募った。こうした動きに対して、市参事会側は、改めて牧師選任手続きの中止を命じ、さらに違法な集会・徒党・計り事を禁じたが、一部の者達はなおも活動を続け、市民集会などでも演説をおこなったために、遂に市参事会は四人の活動家の逮捕に踏み切った。だが、ヘシュジウスは説教の場で、この市参事会の措置を「無辜の市民に対する暴挙」「この四〇年の間にマクデブルクで犯された最大の罪」と断罪し、市参事会員達に対して《破門とサクラメントからの閉め出し》の罰を与える用意のあることを示してみせたのである。[12]

さらに同年の夏には、事態を一層紛糾させる新たな問題が発生した。ニーダーザクセン＝クライスの帝国等族は、同年五月三一日～六月四日のリューネブルクでのクライス会議の場で、クライスの全聖職者に対して《説教壇上からの特定の私人や大学に対する罵倒・中傷》と《検閲無しの文書の印刷刊行》を禁じる法令(『リューネブルク指令書（Lüneburger Mandat）』)を可決した。[13] そしてマクデブルク大司教ジギスムントは、指令書の領内での施行を図るべく、同年八月にこの指令書を都市マクデブルク参事会にも送付し、市参事会は、同指令書を監督ヘシュジウスに示して、聖職者達への通達を促した。だが、リューネブルク指令書はニーダーザクセン諸都市の神学者達の間で大変な反発を呼び覚まし、ヘシュジウスもまた、この指令書を「神の言葉と説教の職務を足で踏みにじるもの」と呼んで、説教壇上から指令書への激しい非難攻撃を繰り広げたのである。市参事会は、九月五日に、ヘシュジウスに対して説教壇上での指令書への非難を止めるよう要求し、さらに大司教から「もしヘシュジウスの行為を止めさせることができなければ、ニーダーザクセン＝クライスの諸侯とともに然るべき措置を講ずる用意がある」との通知を受け取ったことをヘシュジウスに伝えたが、ヘシュジウスは市参事会の要求を拒んだ。そこで市参事会は、九月二九～三〇日に百人組長（Hundertmann）と聖職者団を召喚して長時間の協議をおこなった上で、改めてヘシュジウスのもとに使節を派遣し、「都市マクデブルクが再度の帝国追放処分と大司教との和解の破綻、さらには（反・仮信条協定闘争期のような）諸侯による包囲戦へと追い込まれることを避けるために、説教の場での指令書への非難攻撃を止めて欲しい」と申し入れた。だがヘシュジウスは、「言葉によって（宗教上の）罪と誤りを罰し人々に告知する、という任務は、世俗の統治者ではなく神から委ねられた、最も重要な任務である」と主張して、市参事会の要求を拒絶したのである。(14)

さらにヘシュジウスは、聖職に任命されていない神学者にも、説教壇上での断罪をおこなう機会を提供した。同年春以来、聖ヨハネ教区教会には、ザクセン公領から追放された神学者の一人P・エッゲルデスが一時的な滞在許可を得て滞留していたが、彼が都市を去ることを決断した際、ヘシュジウスは、エッゲルデスが同教会で別れの説教をおこなうことを許可した。そしてその九月一日の別れの説教の場でエッゲルデスは、ヴィガントをめぐる市参事会の一連の措置、ザクセン公による処分、指令書をめぐる大司教とクライス諸侯の振る舞いを批判したばかりでなく、また、指令書へのヘシュジウスの抵抗に非協力的なヨハネ教区内の市民と聖職者達にも断罪を加えたのである。そのために一部の聖職者とエッゲルデスとの間に激しい諍いが生じたが、エッゲルデスは当初の予定を変更してそのまま都市に滞留し続けた。そこで市参事会は、彼に退去命令を発したが、彼がそれに従わなかったために、一〇月一日に彼を拘禁した。ところがヘシュジウスはこの措置を不当と見なし、「エッゲルデスを解放しなければ、一〇月四日の日曜説教の場で市参事会員全員に破門を宣言する」との予告をおこなった。そこで市参事会は、一〇月三日にヘシュジウスを監督から解任し、彼を自宅拘禁した。さらに市参事会は、ヘシュジウスに対して、今一つの役職である聖ヨハネ教区牧師職も辞して自発的に都市を去るよう要求したが、ヘシュジウスは「同牧師職は同教区の教区委員と長老達から委託されたものであり、彼らが自分を罷免しない限りは、説教を止めることも都市を去ることもしない」と主張したのだった。[15]

そうしたなか、一〇月八日に、聖ヤコプ教区教会副牧師のB・シュトレーレが、説教の場で市参事会員全員に破門を宣告する、という事件が起こる。シュトレーレは、教区民を前にして、それまでの市参事会の《罪状》の全てを列挙し、さらにヘシュジウスを裏切った聖職者達の《罪状》をも列挙した上で、市参事会員達とそれら聖職者達の名前を挙げて破門を宣告し、彼らの魂を悪魔の手に引き渡すことを宣言したのである。破門を宣告された者のなかには同教区牧師のO・オームズの名前も含まれており、そのことに激昂したオームズがナイフを手にして壇上に駆け上がったために、教会は騒乱状態に陥った。こうした状況の下、市参事会は、同月九日から一五日にかけてシュトレーレ、エッゲルデス、エッキウスらを相次いで強制的に市外に追放した。さらに市参事会は、一〇月初旬以来、幾度となく、百人組長、聖職者団、学校関係者、同職組合などとヘシュジウスの罷免・追放に関して協議を重ねたが、ヘシュジウス支持者の反対のために意見が割れて追放への合意を得ることはできず、一八日の聖ヨハネ教区の教区委員・長老の会議も物別れに終わった。そこで市参事会は、遂に独断での追放を決断し、一〇月二一日の深夜、厳戒態勢の下、五〇〇名もの武装した市民を動員してヘシュジウスの強制追放を実行したのである。さらに一〇月末にはユーデックスも追放された。[16]

だが、これによって紛争にピリオドが打たれたわけではなかった。追放後、ヘシュジウスは、都市ブラウンシュヴァイク監督メルリンのもとに身を寄せ、ユーデックスは、監督としてヴィスマールに赴任したヴィガントのもとに身を寄せたが、彼らは諸都市の神学者達と連携し合いながら、「都市マクデブルクがルター派の教えを捨て、神に忠実な神学者達を追放した」との悪評を各地で流布させ始めたのである。これに対して市参事会側は、一〇月二八日に紛争の経緯に関する弁明書（『都市マクデブルク参事会の簡潔なる報告』）を出版して悪評の流布に歯止めをかけようとしたが、ヘシュジウスはその直後にこれに対する反駁書（『都市マクデブルク参事会のでっち上げの報告に対する…必要不可欠なる弁明』）を出版し、全て実名を挙げながらマクデブルクの市参事会員達と聖職者達の犯した罪を詳細かつ激烈に論じ立てた。そして一五六二年末には、「都市マクデブルクのルター派からの離反」の噂を深刻に受け止めた近隣の三都市が、秘密使節をマクデブルクに派遣して実状を調査させる事態にまで立ち至った。悪評によってルター派諸領邦・都市との関係が悪化することを怖れたマクデブルク市参事会は、翌一五六三年一月一六日に同市の教義上の立場の正しさを証明するための『信仰告白文』を出版し、さらに二月一八日には再反駁書（『T・ヘシュジウスの…危険かつ名誉毀損的・中傷的にして無根拠なる書に対する…マクデブルク市参事会・法律顧問・牧師・説教師・学校長の正当防衛』）を刊行したが、ヘシュジウスやユーデックスらが再び文書の出版でこれに応酬したために、その後も文書合戦が続き、一五六五年に至るまでの間に、同紛争に関する両陣営の弁明・論難書が少なくとも二三点出版されたのである。(17)

他方において、一五六二年の紛争劇は、都市の内部の人間関係にも深刻な対立の爪痕を残した。都市マクデブルクには、一般市民や同職組合のみならず、市参事会関係者の間にも少なからぬ数のヘシュジウスの支持者達が存在したが、ヘシュジウスは、追放直後の一〇月二八日に、都市ブラウンシュヴァイクからメルリンらと連名でこれら支持者達に宛てて書状を書き送り、ヘシュジウスを裏切った聖職者達のおこなう説教やサクラメントには出席しないよう指示を与えた。(18) そして市参事会秘書官B・レーデ、市参事会書記C・ヴェレンドルフ、医師D・シュトレーレといった人々の残した書簡・報告からも見てとれるように、これらのへシュジウス支持者達は、一五六三年以降も、「破門を宣告された聖職者達」の説教やサクラメントに参加することを頑なに拒否し続けた。[19] そうしたなかでおこなわれた市参事会選挙ではヘシュジウス支持者は全て議席から閉め出され、さらに仕立屋組合の選挙でヘシュジウス支持者が親方に選出された際にも、市参事会は圧力をかけてこの選挙を無効としたが、そうした市参事会の振る舞いは改めて反発を呼び覚まし、少なくとも一五六五年に至るまで、都市の内部ではヘシュジウスの支持派と反支持派との間に根深い対立が存在し続けることとなった。[20]

3　紛争の分析

(1)　神学者達の《言説による闘争》を支えた諸要因

都市マクデブルクの紛争においてヘシュジウスら神学者達の《言説による闘争》を可能にし、また後押しした歴史的要因としては、主に「(a) 聴衆・読者への効果を意識した言説内容」、「(b) 言説活動の法思想的根拠づけ」、「(c) メディア環境」の三要因を指摘することができる。

(a) 神学者達の《言説による闘争》の中核的要素となり、また人心への作用という点において最も効果的な闘争の手段となったのは、神学者達が公の場で特定の人間や組織を標的にしておこなう《言葉による懲罰・制裁行為》だった。即ち、ヘシュジウスらは、マクデブルクでの闘争においては《説教の場での非難・論難》を武器にして市参事会や大司教らに大きな圧力をかけ、追放の後は、《印刷メディアによる断罪・告発》という手段によって論敵にダメージを与え続けた。神学者や聖職者が宗教的権威に基づきながら《宗教上の罪人》や《神の教えからの逸脱者》を公に名前を挙げて断罪する行為、とりわけ《破門宣告》という行為は、そこで名指しされた者達から一気に全ての社会的信用と名誉を奪い取る力を持っており、それゆえにヘシュジウスらの《言葉による懲罰行為》は、市参事会やそれに与する者達に大きな脅威を与えたのである。マクデブルクの一部の市民が「破門を宣告された聖職者達」の説教やサクラメントに参加することを頑なに拒否し続けたという事実は、こうした言葉による懲罰行為の威力を物語るものである。また、マクデブルク市参事会は、一五六五年四月に、「一五六二年一〇月のシュトレーレによる市参事会員への破門宣告は制度的に無効である」とのアムスドルフの所見を都市の聖職者達に命じて説教壇上から読み上げさせたが、[21]この事実もまた、シュトレーレの破門宣告がいかに長期間に亘って市参事会にダメージを与え続けていたかを裏付けるものであろう。

そしてこのような《名前を挙げての断罪・破門》とともに、人心への作用という点で効果的な手段となったのは、聖書（特に旧約）の物語を範型とする《神の怒りと罰の告示》という言説手法だった。例えばヘシュジウスは、一五六二年の『必要不可欠なる弁明』の導入部で、都市マクデブルクの歩みを旧約のなかのエルサレムの栄華と堕落と滅亡の物語になぞらえながら、次のように物語っている。即ち、かつて反・仮信条協定闘争の時代に「ドイツの全ての都市のなかで最も気高い神の賜物を授けられ、天に至るまでに高められた」都市マクデブルクは、自らの名声への過度な自信ゆえに「突然よろめいて…神とその言葉から離反し、…吝嗇、暴利、不道徳、華美、悪ふざけ、偽善、虚偽の…罪と悪徳」にまみれ、しかもそのことを諫めようとしたキリストの奉仕者達の懲罰の言葉を受け入れようとはせず、あろうことか彼らを追放してしまった。だが、このような都市マクデブルクの振る舞いはかならずや神の怒りを招き、神はかつてエルサレムに与えたのと同じ裁きと罰をマクデブルクにも与えることになるであろう、と。さらにヘシュジウスは同じ箇所で、近年来マクデブルクで発生している怪異現象や猟奇事件――空中に現れた炎や光柱、多くの市民の発狂、著名な女性の精神不安と自殺、頻発する火事など――を列挙し、これらの現象を「神の怒りのしるし（Zeichen）」と解釈しているのである。[22] このような《神の怒り》に依拠した預言的かつ扇情的な語り口が人心の動員という点で有効な手法となりえたであろうことは想像に難くない。

（b）神学者達の言説活動を支えた、もう一つの重要な要因と見なしうるのが、彼らが自らの《言説を行使する権利》を正当化するために用いた法思想的論理である。マクデブルク市参事会や大司教が、ヘシュジウスに説教を禁じ、（言説の管理のための）リューネブルク指令書の受け入れを命じたときに、ヘシュジウスは主に二通りの論理に依拠することによってその命令に服することを拒絶した。その第一は、宣教・懲罰権を《（統治権力ではなく）教区共同体から委託された権利》と捉える論理であり、第二は、宣教・懲罰権を《（統治権力ではなく）神から委託された権利》と捉える論理である。第一の論理は、特にマクデブルクのような教区共同体自治の思想が浸透した都市において有効な論理であるが、言説活動の可否の判定権が教区共同体の手に握られており、またその言説活動の範囲が共同体内に限定されているという点において、神学者達の言説活動に制約が加えられる余地は残されている。これに対して、――ルターの二王国論の再解釈に基づく――第二の論理は、（聖書への適合という条件を除けば）ほぼ無制約的な《言論の自由》を神学者達に与える論理であり、極めてアナーキーな言説活動に道を開くものだった。そしてそのいずれの論理においても重要なことは、それらが、《統治権力の意に反する言説活動》のみならず《統治権力から与えられた聖職権限に拠ることのない言説活動》を促進する論理として機能したことである。即ち、マクデブルクの紛争に際しては、聖職に就いていないエッゲルデスが、ヘシュジウスや聖ヨハネ教区委員達の同意に基づいて説教壇に上り、そこから市参事会や大司教らを断罪することができた。また、ヘシュジウスやユーデックスは、追放後に落ち延びたブラウンシュヴァイクやヴィスマールにおいて、聖職に就くことなく在野の《神学者》として文書を執筆し、その印刷・出版を通して論敵の断罪と告発をおこなうことができたのである。

（c）そして神学者達がこのような《聖職権限に縛られない言説活動》を展開し得た背景として、今一つ指摘されなければならないのは、当時のドイツ（帝国）のメディア環境である。即ち、神学者達は、特定の領邦・都市の統治権力から言説活動を禁じられた場合であっても、それぞれの君主や市参事会の統治権限が充分に及ばない二つの言説空間を利用することによって言説活動を続けてゆくことができた。その二つの言説空間とは、《教区共同体の内部の言説空間》と《（個々の領邦・都市の枠を超えた）帝国の言説空間》である。とりわけ、マクデブルク追放後のヘシュジウスらが他地域から何年間にも亘ってマクデブルク市参事会を断罪する文書を出版し続けたことからもうかがえるように、個々の領邦・都市の管轄能力を超えた帝国レベルでの印刷物の流布は、当時の神学者達に極めて大きな言説活動のチャンスを提供するものだった。もっとも帝国法の次元で見れば、既に一五二九年のシュパイエル帝国議会決議や一五四八年の帝国ポリツァイ条例を通じて帝国内の全ての統治権力に対して《印刷物の事前検閲》が義務づけられてはいたが、諸領邦・都市を統括する統一的な検査機関も存在せず、また明確な検査基準も存在しない状態にあっては、こうした神学者達の印刷出版活動を封じ込めることは極めて困難だったのである。[23]

（2）神学者達の言説活動が及ぼした社会的・政治的作用

ヘシュジウスらの《言説による闘争》が及ぼした社会的・政治的作用を、特に統治者たるマクデブルク市参事会の視点に立って概括するならば、彼らの言説活動がとりわけ二つの領域に危機的作用をもたらすものであったことは明らかである。

その第一は、それが《他の諸侯・都市との間の外交関係》に及ぼした危機的作用である。マクデブルク市参事会は、一五六四年に出版した文書のなかで、ザクセン公領から追放されたヴィガントがマクデブルク市内においてザクセン公の処分を非難するビラの発行を計画したこと、さらにそのビラの押収に憤慨したヘシュジウスが説教の場で市参事会のみならずザクセン公をも断罪の対象としたことに言及し、彼らのこうした行為によって同市がザクセン公との戦争に巻き込まれる危険があったことを強調している(24)。さらに前述の如く、ヘシュジウスがリューネブルク指令書を非難する説教を繰り返した際、市参事会は、こうした行為が帝国追放処分の再宣告やクライス諸侯による包囲戦を招来しかねない、との理由で、ヘシュジウスに説教の中止を要請した。また、ヘシュジウスらが追放後に同市に関する悪評を流布させた際、近隣の三都市は、その悪評の真偽を確かめるために同市に使節を送り込んだ。このように、神学者達の言説活動は、同市と他の諸侯・都市との間に外交上の危機を作り出す作用をもたらし得たのである。

第二に、彼らの言説活動は《都市の内政の領域》にも危機的作用を及ぼした。前述の如く、シュトレーレが説教壇上から市参事会員や聖職者達に投げつけた破門宣告は、制度的根拠の乏しいものであったにもかかわらず、彼の追放後も長く市民達の対立の火種であり続けた。また、同市参事会は一五六三年の『正当防衛』のなかで、ヘシュジウスらの出版した非難文書が同市の聖職者・学校関係者・参事会員・市民達の間に相互不信と諍いを引き起こそうとするものであったことを強調している(25)。このように、神学者達が説教や印刷物を通して発した《懲罰の言葉》は、都市の内部の秩序にも大きなダメージを与え得たのである。

そして市参事会の側は、このような神学者達の行為を《世俗統治権の侵害・簒奪》《騒乱の扇動》という理由で取り締まろうとした。市参事会は一五六二年の『簡潔なる報告』のなかでも、ヘシュジウスらが「全ての世俗の統治権力から聖職者任命権を騙し取り、…鍵の権能［即ち破門権］の悪用によって…［教皇の如き］新たな専制体制を打ち建てようとしている」と訴え、彼らの行動によってマクデブルクの内外の統治領域に「分裂や騒乱や反乱」が引き起こされかねない、と主張している。[26] そして我々が先に見たとおり、一五六二年の紛争の過程において、市参事会は印刷物の押収や説教禁止令を通じて何度となく《神学者達の言説活動の取り締まり》を試み、またマクデブルク大司教もリューネブルク指令書の導入を通じて《神学者達の言説の管理》を図ろうとした。ところが、こうした統治権力による《言説の管理》措置は、神学者達の側に「神から委託された《言葉による宣教・懲罰の権利》を不当に侵害された」との反発を呼び覚まし、そのことが神学者達を一層過激な《言説による闘争》に駆り立てる要因となったのである。

(3) 公衆と公論の役割

神学者達の言説活動の封じ込めに失敗したマクデブルク市参事会が、神学者達の追放という強行手段に訴えたことによって、一五六二年一〇月以降、《都市内部の紛争》は《帝国レベルでの印刷物によるプロパガンダ合戦》へと様相を変え、市参事会とヘシュジウスらの双方は、それら印刷物の受容層たる《公衆》の支持を勝ち得んがため、数年間に亘って数多くの文書を発行し続けた。最後に、それらの文書においていかなる種類の人々が《受容層(公衆)》として想定されていたのかという問題に検討を加えてみたい。

両陣営の論難書のほとんどはラテン語ではなくドイツ語で記されており、《ドイツ語の読者層》が双方にとっての《公衆》であり続けたことは明らかだが、個々の文書が想定している具体的な受容層には少なからざる相違が認められる。ヘシュジウスの追放直後に市参事会が出版した『簡潔なる報告』では、神学者達の行動の統治上の危険性を強調することに力点が置かれており、そこで受容層として想定されているのは主に《帝国の他地域の諸侯・都市参事会とその関係者達》である。これに対してヘシュジウスは、一五六二年末の『必要不可欠なる弁明』のなかで、「他の共同体とキリスト者達に…神の裁きの実例を提示する」という表現を用いて《マクデブルクの外部の人々》を読者として想定する一方で、「この反駁書は…［マクデブルクの］共同体にも何らかの成果をもたらしうるだろう」と述べることで、《市内の教区共同体》への効果をも意識する姿勢を示している。(27) そして前述の如く、市参事会側が一五六三年に出版した『正当防衛』のなかでは、ヘシュジウスらの文書によって同市の市民達の間に相互不信と諍いが引き起こされかねない、との懸念が示されており、そうした危険に対処するために《同市の市民達》をも重要な受容層と見なす姿勢が示されている。さらに市参事会は、一五六四年に出版した弁明書のなかで、「ヘシュジウスとその一味が彼らの文書を送り届けることのできた…多くの地域に、市参事会とその関係者達の文書は届いていない」と嘆いた上で、「［それまで市参事会が出版した文書は］余りに長く詳細なものであったために、誰でもがそれを理解し記憶に留めることはできなかった」と述べ、さらに「［ヘシュジウスらは自分達の］全ての行為を巧みに言い繕い、それが恰も…良き行いであったかの如く…平民（gemeinen Mann）に思い込ませている」と指摘した上で、「無学な読者（unwissenden Leser）を騙す」ヘシュジウスらの文書に対抗するために「より短く簡単な…弁明」を出版する必要に迫られた、と述べている。(28)

このように、両陣営間の文書合戦が加熱してゆくに従って、双方が文書の受容層（公衆）と見なす人々の範囲は、《帝国諸地域の統治権力》から《都市マクデブルクの教区共同体・市民》、さらには《無学な平民達》までも含み込むカテゴリーへと拡大していったのである。そしてこのことは、これらの人々が――少なくとも両陣営の企図のなかでは――《（紛争についての判定を下すべき）公論の担い手》としての役割を演じていたことを意味している。即ち、都市マクデブルクをめぐる紛争において神学者達の《言説による闘争》を可能にし、また紛争そのものを持続させる動因となったのは、帝国における公衆と公論の存在だったのである。

本論文の導入部でも述べたように、従来の研究では、《宗派の教義の浸透》を図る聖職者・神学者達の活動が近世ドイツにおける《領邦国家の宗派的統合と社会秩序形成》を促進する役割を果たした、との見解が主流を占めてきた。だが、一五六二年の都市マクデブルクの紛争に目をやるならば、《宗派の教義の浸透》を目指す神学者達の活動によって逆にその宗派国家の内部に新たな《宗教的分裂と社会的対立》が生み出されるケースが存在したことが明らかとなる。しかも近年のブレヒトらの研究が示しているように、こうしたケースは決して例外的なものではなく、一六〜一七世紀のルター派地域においては一般的な現象だったのである。

そして本論文の考察結果を敷衍するならば、このような現象を生み出す主要因となったのは、《制度化された聖職権限》とは異なる、神学者達のもう一つの権力基盤としての《言説とメディアの力》であり、さらに個々の領邦・都市参事会の支配には組み込まれ得ぬ《公衆と公論の存在》であった。即ち、神学者達は、その土地の統治権力から説教を規制された場合であっても、教区民との信頼関係に基づいて《聖職権限に縛られない説教》をおこない、それによって《教区共同体の内部の公論》に働きかけることができた。また彼らは、その土地から追放された場合であっても、他地域の神学者達との連携に基づいて他地域から《その土地の統治権力を批判する印刷物》を流布させることで、《帝国全体の公論》に働きかけることもできた。そして地域の統治権力の聖職管理に従属しない、この言説とメディアの力こそが、一五六二年の都市マクデブルクの紛争を惹起し、エスカレートさせる要因となったのである。ところが従来の近世ドイツ史研究では、神学者達の《国家統合の担い手としての役割》を強調する議論においてのみならず、その《統治権力批判》に着目するショルン-シュッテやブレヒトの議論においてすら、神学者達の権力基盤としての言説とメディアの役割にはほとんど光が当てられてこなかった。だが、近世ドイツの《政教関係》や《宗教と社会との関係》を理解する上で、神学者・聖職者達の活動を支えた言説・メディア構造やその公衆・公論との関係性に目を向けることは必須の作業であると思われる。

他方で、本論文で取り扱った神学者達の闘争がドイツ・ルター派の神学的背景に支えられていること、また、それが近世前半期のドイツに特有の都市紛争の構造と密接な連関を有していることも明らかである。従って、こうした現象の歴史的分析に際しては、カトリック地域や他のヨーロッパ地域の動向との比較、さらに一七世紀後半以降の近代的公共性の成立過程との関係性の解明も重要な課題となるであろう。

＊本論文で用いた一次史料（及びそれに準ずる文献）とその略記は以下の通り。なお、史料表題の表記では、近世ドイツ語の綴りをそのまま用いている。

D. Tilemanni Heshusii notwendige entschuldigung / vnd gründliche verantwortung / Wider den ertichten Bericht / des Raths der alten Stad Magdeburgk..., o. O. 1562（=NE）; Des Raths der alten Stadt Magdeburgk kurtzer Bericht...（Magdeburg 1562）, in: NE, Bl. A2a-B4a（=KB）; *Nothwehre Des Raths vnd Syndici / auch etzlicher Pastorn / Prediger vnd Schulrectorn der Altenstadt Magdeburgk / Wieder das geuehrliche / ehrrugige vnd lesterliche / doch vngegründte Buch / so vnlangst vnter dem Namen und Scheintittel D. Tilemanni Heschusij Nothwendiger entschüldigung... ausgesprengt worden*, Magdeburg 1563（=NW）; *Von enturlaubung vnd Ausfürung D. Tilemanni Hesshusij / vnd etzlicher andern gewesenen Prediger der Altenstadt Magdenburgk / warhafftige gegründte erzelung...* Magdeburg 1564（=WE）; Wilhelmi Eccij Radensis Brieff / an die Eltesten der Gerbekammer S. Ulrichs zu Magdeburgk, in: NW, Bl. P1a-Q2a（=EB）; G. Hertel（Hg.）, Zur Geschichte der Heshusianischen Bewegung in Magdeburg, in: *Geschichts=Blätter für Stadt und Land Magdeburg*, 34-2（1899）, S. 72-151（=GHB）; C. A. Salig, *Vollständige Historie Der Augspurgischen Confeßion und derselben zuge-thanen*

Kirchen..., 3. Teil, Halle 1735（=Salig）.

注

（1）W. Reinhard, *Zwang zur Konfessionalisierung?*, in: *Zeitschrift für Historische Forschung*, 10 (1983), S. 257-277, bes. S. 274-276; H. Schilling, *Konfessionskonflikt und Staatsbildung*, Gütersloh 1981, S. 34-36. また、《宗派化》をめぐる議論については、千葉徳夫「近世ドイツ国制史研究における社会的規律化」『法律論叢』六七－二・三、一九九五年、四七九－五〇七頁、塚本栄美子「ドイツ宗教改革の浸透と臣民形成」『待兼山論叢・史学編』二七、一九九三年、八三－一〇六頁、踊共二『改宗と亡命の社会史』創文社、二〇〇三年、三－二五頁も参照のこと。

（2）C. Hinrichs, *Preußentum und Pietismus*, Göttingen 1971, S. 155-173; R. L. Gawthrop, *Pietism and the Making of Eighteenth-Century Prussia*, Cambridge 1993, pp. 270-284. 下田淳『ドイツ近世の聖性と権力』青木書店、二〇〇一年、四〇三－四〇六頁。

（3）Vgl. P. Blickle, *Die Reformation im Reich*, Stuttgart 2000（1. Auflage, 1982）, S. 14-18（田中真造／増本浩子訳『ドイツの宗教改革』教文館、一九九一年、一八－二四頁）; H. R. Schmidt, *Konfessionalisierung im 16. Jahrhundert*, München 1992, S. 57-58.

（4）M. Kruse, *Speners Kritik am landesherrlichen Kirchenregiment und ihre Vorgeschichte*, Witten 1971; Q. Skinner, *The Foundations of Modern Political Thought, Vol. 2*, Cambridge 1978, pp. 206-224; W. Schulze, Zwingli, lutherisches Widerstandsdenken, monarchomachischer Widerstand, in: P. Blickle/A. Lindt/A. Schindler（Hg.）, *Zwingli und Europa*, Zürich 1985, S. 199-216, bes. S. 207-208; L. Schorn-Schütte, Lutherische Konfessionalisierung?, in: H.-C. Rublack（Hg.）, *Die lutherische Konfessionalisierung in Deutschland*, Gütersloh 1992, S. 163-198; L. Schorn-Schütte, *Evangelische Geistlichkeit in der Frühneuzeit*, Gütersloh 1996, S. 390-406; M. Brecht, Lutherische Kirchenzucht bis in die Anfänge des 17. Jahrhunderts im Spannungsfeld von Pfarramt und Gesellschaft, in: Rublack（Hg.）, a. a. O., S. 400-420. Vgl. Schmidt, a. a. O., S. 58-59. また Schilling, a. a. O., S. 241-

259においても、リッペ伯領の都市レムゴーにおける聖職者達の統治権力批判の活動が取り上げられているが、そこで論じられているのは《改革派の君主に対するルター派聖職者達の抵抗》であり、《ルター派内部の対立・抵抗》について論じたブレヒトらの研究とは議論の性格を異にする。――一六世紀後半～一七世紀前半期ドイツの《宗教をめぐる地域紛争》に関する具体的事例研究として、永田諒一「帝国都市ドナウヴェルトの崩壊と『行列』紛争」（永田『ドイツ近世の社会と教会』ミネルヴァ書房、二〇〇〇年、二四七―二八三頁に所収）も参照のこと。

（5）この一五六二年の都市マクデブルクの紛争に関しては、Kruse, a. a. O., S. 63-70; Brecht, a. a. O., S. 407-408でも論究がなされている。

（6）F. W. Hoffmann/G. Hertel/F. Hülße, *Geschichte der Stadt Magdeburg, Bd. 1*, Magdeburg 1885, S. 487-504; Dies., *Geschichte der Stadt Magdeburg, Bd. 2*, Magdeburg 1885, S. 1-18. また、拙稿「ザクセン選帝侯領における仮信条協定（Interim）の受容とその歴史的帰結」（『西洋史論叢』二七、二〇〇五年、四一―五五頁に所収）、四九―五〇頁を参照のこと。

（7）Vgl. P. F. Barton, *Um Luthers Erbe. Studien und Texte zur Spätreformation Tilemann Heshusius*, Witten 1972; Hoffmann/Hertel/Hülße, a. a. O., S. 26.

（8）NE, Bl. D4a-D4b, F3b-F4b; Salig, S. 920-922.

（9）GHB, S. 79-80.

（10）NE, Bl. G2a-G3a; NW, Bl. E3b-E4a; WE, Bl. B2a-B3b; GHB, S. 82-83; Salig, S. 922-924. Vgl. Hoffmann/Hertel/Hülße, a. a. O., S. 28; Kruse, a. a. O., S. 65.

（11）EB, Bl. P2b-Q1b; NE, Bl. G3b-G4a; NW, Bl. F2b-F4a; WE, Bl. C1a-C2b; Salig, S. 925-927. Vgl. Hoffmann/Hertel/Hülße, a. a. O., S. 28; Kruse, a. a. O., S. 65-66.

（12）NE, Bl. G4a-H3b; NW, Bl. F4b-G2a; WE, Bl. D1b-D3a; Salig, S. 928. Vgl. Hoffmann/Hertel/Hülße, a. a. O., S. 28.

（13）リューネブルク指令書に関しては、拙稿「一六世紀ドイツにおける宗教紛争とメディア統制」（『西洋史論叢』二八、二〇〇六年、一二九―一五三頁に所収）を参照のこと。

(14) NE, Bl. H4a-I4a; NW, Bl. H2b-I2a; WE, Bl. E1b-E2a; KB, Bl. B3a-B3b; Salig, S. 929-931. Vgl. Hoffmann/Hertel/Hülße, a. a. O., S. 27; Kruse, a. a. O., S. 64-65.

(15) NE, Bl. K4a-M3b; NW, Bl. L3a-M3a; WE, Bl. E2b-F4b; Salig, S. 931-935. Vgl. Hoffmann/Hertel/Hülße, a. a. O., S. 28-29; Kruse, a. a. O., S. 66-67.

(16) NE, Bl. M4a-O2b; NW, Bl. N1a-N3b; WE, Bl. G1a-G4a; Salig, S. 936-939. Vgl. Hoffmann/Hertel/Hülße, a. a. O., S. 29-31; Kruse, a. a. O., S. 67.

(17) Salig, S. 941-947. Vgl. Hoffmann/Hertel/Hülße, a. a. O., S. 31-32. この時期に出版されたヘシュジウスの文書には、印刷地の記載は見られない。

(18) Salig, S. 940.

(19) GHB, S. 93-94, 109, 112.

(20) Hoffmann/Hertel/Hülße, a. a. O., S. 32-33.

(21) GHB, S. 130-131.

(22) NE, Bl. C3a-D2b.

(23) Vgl. U. Eisenhardt, *Die kaiserliche Aufsicht über Buchdruck, Buchhandel und Presse im Heiligen Römischen Reich Deutscher Nation,* Karlsruhe 1970, S. 27-34.

(24) WE, Bl. B4b-C1a.

(25) NW, Bl. A3a.

(26) KB, Bl. A4b-B1a.

(27) NE, Bl. C3a, D3a.

(28) WE, Bl. A2b.

第11章　近世ポーランドにおけるヘトマン（軍司令官）職
――その社会的役割の変遷を中心に――

白木　太一

1　近世前半のポーランドの軍制とヘトマン

近世（一六―一八世紀）のポーランド・リトアニア連合国家（いわゆるジェチポスポリタ＝「共和国」）では、官職が網の目のように張り巡らされており、総人口の八パーセントほどを占めるシュラフタ（貴族）が社会的地位を確立する上で、不可欠な要素となっていた(1)。

こうした状況は軍機構においても同様であった。軍機構の頂点に位置していたのがポーランド王国、リトアニア大公国双方に二名ずつ設置されていたヘトマン hetman（軍司令官）職である。このヘトマン職こそは、近世「共和国」における官職社会の権威と権力を象徴するものであった。本稿では、近世社会に君臨したヘトマン職の権威と権力の変遷を、主として法制、官職、経歴等の観点から分析してみたい。その前に近世前半の「共和国」における軍制の特徴を概観しておく。

近世「共和国」における国軍は、その構成の多様さが際立っていた。総動員軍 pospolite ruszenie は、防衛戦の際に議会の承認を経た上で召集される非常設の集団であった。土地所有の代償としての軍役という中世以来の観念を反映して、本来は土地所有シュラフタに参加義務があったが、近世には成人男子シュラフタ全員に参加義務が拡大されていた。一六世紀の段階では全国規模の総動員は一五三七年など比較的まれであったが、対タタール戦役などで東南部諸県のみの総動員は頻繁に見られた。(2) 総動員軍の指揮権は国王に委ねられていた。最大の難点は、訓練が行き届かず、軍事的に未熟であった点である。

一方、常設部隊としては、選抜歩兵 piechota wybraniecka とコサック部隊 wojsko Kozaków があった。前者は、ポーランド王国では一五七八年から、リトアニア大公国では一五九五年から制度化されたもので、王領地二〇ワン当たり一名の農民の労役を免除して、歩兵としての兵役を義務づけるというものであった。計算上は四〇〇〇名程度が動員されるはずであった。(3) 後者は、一五九〇年以降ザポロージェ・コサックの登録制度に伴って王国軍に動員された部隊である。常時数千人程度が動員されたが、一六三八年にコサックの自治が廃止された後は、部隊の長にはポーランドのシュラフタが任命された。(4)

しかし常設部隊の主力になったのは募兵軍 wojsko zaciężne である。この軍は一五世紀ごろから包囲戦などで活用されるようになり、国軍の重要な柱になった。(5) 募兵軍には中隊 chorągiew, rota を主要な単位とする連隊 pułk が属していた。(6) 中隊長 rotmistrz が志願兵 towarzysz を募集し、志願兵は従卒を率いて参加する慣習になっていた。(7) 志願兵が従卒のために馬や武器を提供する代わりに従卒は志願兵のために食糧などを運ぶ相互関係が確立されていた。連隊の花形は、セルビア・ハンガリー起源のフサシュ husarz と呼ばれる騎兵である。猛獣の毛皮や猛禽類の羽根をつけて移動をしたフサシュは、「共和国」東南部（ウクライナの一部）の広大な平原を行動領域とするために重用され、当時のヨーロッパでは最良の騎兵といわれていた。(8) なお、募兵軍の騎兵には、フサシュよりも軽武装のコサック式部隊（前述の登録コサックとは別、パンツェシュ pancerz と呼ばれる）があった。募兵軍の財源としては、王領地収入の公的取り分（全体の五分の四のうち、国王が取得する四分の三を除いた四分の一を充てることが一五六二―六三年の議会で定められた。(9)

それゆえ、この軍は一七世紀半ばまでは四分の一軍と呼ばれた。一七世紀初頭までの四分の一軍の兵員は、平時は一〇〇〇―三〇〇〇名程度であったが、戦時には議会での増軍の決議に基づいて大幅に増員された。この軍の指揮を委ねられたのがヘトマンであった。

2　一七世紀前半までのヘトマン権力の社会的役割

ヘトマン職はどのような経緯でポーランドに定着していったのか。職杖 buława をシンボルとするヘトマンの言語的起源は、ドイツ語のハウプトマン Hauptmann（長官）に遡る。その後チェコ語のヘイトマン hejtman（軍司令官）を経て、ポーランドでヘトマン職が定着したのは中世後半と言われている。[10] 一三年戦争（一四五四―一四六六年）以後、募兵軍の指揮官として確立したヘトマン職であったが、一五世紀末までは国王が議会の許可を得て随時任命していた。[11] しかし一六世紀になると、ヘトマン職に求められる機能が増大した。一五〇三年には、王国軍の指揮、財政、司法を統括するために大ヘトマン hetman wielki 職が常設され、さらに一五三九年からは東南部防衛の必要から、大ヘトマンとは別に募兵軍を直接指揮するための野戦ヘトマン hetman polny 職が設置された。[12] この時点では大ヘトマンと野戦ヘトマンの官職上の地位は同等であるとされた。また、ポーランド王国との間で一五六九年に緊密な国家合同を形成することになるリトアニア大公国でも、一四九七年から大公国軍を統括するために設置されていた大ヘトマンに加えて、一五二一年以降、野戦ヘトマンが設置されるようになった。[13]

こうして「共和国」全体で四名に増員されたヘトマン職であったが、正式には大臣職ではなく、元老院に議席を持たず政治的発言権もない高官 dostojeństwo とみなされていた。[14] また、一五八〇年代までは、ヘトマンが任務終了後辞職するケースが見られた。王国ではミコワイ・ミェレツキ、大公国ではセメン・ユレヴィチ、スタニスワフ・ヤノヴィチ、スタニスワフ・ピョトロヴィチ、ミハウ・ラジヴィウがそうであった。[15]しかしリヴォニア戦争（一五五五―八一年）の際に、国王ステファン・バトルィ（在位一五七五―八六年）と協調しながら戦功をあげていった王国大ヘトマン、ヤン・ザモイスキ以降はヘトマンの終身制が定着し、ヘトマンの辞職は異例となった。[16]同時にヘトマンへの給与は戦時のみに支払われるという慣例も捨てられ、最終的にはヘトマンは常時四〇〇〇ズウォティの俸給を得るようになった。[17]一方、国王は一五九〇年代以降になって、自らに実質的に与えられていたヘトマンの任命権を利用して、都合に応じて次のヘトマンの任命を遅らせた。ザモイスキ死後の八年間（一六〇五―一三年）、スタニスワフ・ジュウキェフスキ死後の一二年間（一六二〇―三二年）、王国大ヘトマン職は任命されなかった。ヤン・カロル・ホトキェヴィチも前任者（先代クシシュトフ・ラジヴィウ）の死後一年半後になって、ようやく大公国大ヘトマン職に就いている（一六〇五年）。[18]またホトキェヴィチ死後もヘトマン職の空位が四年続き、対スウェーデン戦開始（一六二五年）後になってようやくレフ・サピエハが任命された。[19]この時には国王ジグムント三世（在位一五八六―一六三二年）は、野戦ヘトマン職にあったクシシュトフ・ラジヴィウ（二代目）が大ヘトマンに昇進することを認めなかった。この背景には、国王は自分に敵対的なラジヴィウではなく、親国王派のサピエハを適任者と考えていたという事情があった。これはヘトマンに対する当時の国王の強力な支配権を示すものであろう。

しかし、当時の国王はヘトマンに対して常に優位に立っていたわけではない。例えば一六一五年にクシシュトフ・ラジヴィウが大公国野戦ヘトマンに任命された際、国王ジグムント三世は野戦ヘトマンが大ヘトマンに従うという慣例が絶対的でないことに同意している。これは国王が野戦ヘトマンの圧力に譲歩した例である。また、一七世紀初頭のリトアニアでは、大ヘトマン（先代クシシュトフ・ラジヴィウ）が野戦ヘトマンの候補を国王に示し、国王はその中から次期野戦ヘトマン（ホトキェヴィチ）を任命した。これは国王が大ヘトマンに屈した例である。一方、この時期の大ヘトマンと野戦ヘトマンの役割分担に関しては、ホトキェヴィチ（大公国大ヘトマン一六〇五—二一年）が二代目クシシュトフ・ラジヴィウ（野戦ヘトマン）に諮りながら軍を実際に運営したし、サピエハ（大ヘトマン）と二代目クシシュトフ・ラジヴィウ（野戦ヘトマン）との関係にも同様の傾向を見ることができる。[20]これらはいずれも、大ヘトマンと野戦ヘトマンとの関係がかなり競合的であったリトアニアにおいてラジヴィウ家が野戦ヘトマン職を出していた時期の事例である。[21]ここでは、強大なラジヴィウ家の意向を国王派閥の大ヘトマンが伺うという姿勢が見られる。だが、一六二五年の前述のレフ・サピエハが任命された例なども勘案するとむしろ、両者の役割分担はその時の勢力関係によって流動的であり、かなり曖昧であったというべきであろう。[22]

前述のクシシュトフ・ラジヴィウ父子のような例も見られたが、概してこの時期（一六世紀—一七世紀前半）のヘトマンの特徴は、軍事的に権限を分かち合う存在として国王と協調する場合が多かったという点にある。たとえば、キルホルムの戦い（一六〇五年）でスウェーデン軍を破り大公国大ヘトマン職に就いたホトキェヴィチも、兵士の給与遅配に対してジグムント三世を諌めたが、ゼブジドフスキの乱では国王側についている。また、一六一八年の対トルコ戦で二年間敵軍の捕虜となり、一六二一—二九年の対スウェーデン戦で戦功を挙げたスタニスワフ・コニェツポルスキ（王国野戦ヘトマン一六一八—三二年、王国大ヘトマン一六三二—四六年）も、ポーランドの伝統的軍事様式に疑問を抱き、軍制改革を強く望んでいた国王ヴワディスワフ四世（在位一六三二—四八年）と協力して改革に取り組んだヘトマンとして知られている。さらにモスクワ遠征で名を成した王国大ヘトマン、ジュウキェフスキは、「自分の主人であるポーランド国王と自分の祖国である［共和国］に忠実に仕えよ。自分の主人である国王の威厳と名声のため、よき［共和国］のために自分の血と命を惜しんではならない」と述べているが、これは当時のヘトマンの国王に対する姿勢を象徴するものでもあった。[23]

このように考えると、一七世紀半ばまでのヘトマン職は、軍事的功績を有することはもとより、国王と協調しつつ「共和国」全体の軍事統括者としての役割を果たしていった者が多いといえるかもしれない。一六世紀の歴史家で詩人のバルトウォメイ・パプロツキはヘトマンの理想像として、「ヘトマンの選出に際してはその出身や財産ではなく、中庸、控え目、冷静さという美徳をもつ者を選ぶこと」と述べているが、[24]これは「共和国」の公職の歯車の中にヘトマン職を位置づけようとする姿勢ともいえる。しかしこうした状況は、一七世紀後半以降になると大きく変化していく。

3　一七世紀後半から一八世紀前半のヘトマン権力の変化

一七世紀後半の「共和国」は内憂外患の状況にあった。この時期の「共和国」には、コサック、スウェーデン、ロシアなどの勢力が相次いで侵攻した。また国内では、経済の停滞に伴って中小貴族が没落したことと相俟って、少数の大貴族が地方で権力を強めていた。

既に一七世紀初頭から総動員軍の召集が減少していった。確かに対タタール戦などを中心に、総動員軍は一六二一、四九、五一年に召集され、とりわけ一六五五―五七年には四万人が動員された。しかし一六七二年以後召集されることはなかった。[25]その結果、ヘトマンが軍全体を指揮し、士官昇進や軍配置に関する決定権を握るようになっていった。[26]当時のヘトマンは、自身が任命権をもつ直属の官職、すなわち宿営地管理官 obozni, 国境守備官 strażnik, 軍判事 sędzia wojskowy だけでなく、本来はヘトマンから独立した官職であった軍委員 komisarz, 地方財政官 podskarbi ziemski, 野戦書記官 pisarz polni といった官職への支配権も強めていった[27]。宿営地管理官からパヴェウ・ヤン・サピエハ、スタニスワフ・ヤブウォノフスキ、ミハウ・パツらが、国境守備官からルドヴィク・ポチェイが、野戦書記官からヴワディスワフ・ヴォウォヴィチやヤン・オギンスキがヘトマンに昇進していることは、ヘトマン職が軍の実務職の中で「第一人者」であったことを示している（章末**別表**参照）。

また、この時期のヘトマンには、国政の主導権を巡って国王と鋭く対立した者も少なくない。王国では、イェジ・ルボミルスキがいる。彼は一六五七年に王国野戦ヘトマン職に就いたが、一六六四年には国王ヤン・カジミェシュ（在位一六四八―七二年）と対立し、国家反逆罪で訴えられた後に国王に対する反乱 rokosz を起こして一時、内戦状態に陥った。しかし、ルボミルスキの反乱の主因は必ずしもヘトマン職とは関係ない。主因はむしろ、ヤン・カジミェシュとの私的な人間関係のもつれや現国王存命中の国王選挙を巡る争いであり、ヴィエルコポルスカ各地の地方貴族やブランデンブルクなどの隣国との関係が背後に控えていた[28]。一方、リトアニアでは一六四六年に野戦ヘトマンとなったヤヌシュ・ラジヴィウがヤン・カジミェシュとの対立色を鮮明にし、大ヘトマン職就任を巡って全面的な対立に至った。しかしこの対立も、単なる国王とヘトマンの権力闘争というよりは、リトアニアにおける分離主義の高まりや宗派の問題と結びついたものだった[29]。くわえて国王側の軍事的基盤は極めて脆弱であり、国王直属の親衛隊も三〇〇〇名足らずであった[30]。何より軍行政を扱う国家機構がないことが問題であった[31]。

だがとりわけ重要な点は、ヘトマンと王権の軍事バランスが大きく前者に傾いたことである。その一因は、四分の一税、四分の一軍をめぐる状況の変化であった。すでに一六三二年から砲兵隊の費用補填のために新四分の一税 nowa kwarta が設けられた。一方、旧来の四分の一税、四分の一軍は一六四八年まで存続した。

その後、一六五二年以降は議会でその都度額を決定する軍税に四分の一税を加算して盛り込むようになったため、軍としての四分の一軍は廃止された。[32]議会では新たな軍税に対する反対が強まり、各地方は自らの軍事負担を最小限にとどめるために、代議員を用いて議会活動に干渉した。[33]一方、ヘトマンは、自ら積極的に募兵のために心血を注がなくてはならなくなった。[34]

くわえて軍事評議会の中でのヘトマンの地位が高められた。[35]「ヘトマンは、兵士の専横を諌め、罰し、軍規に基づいて節度を保持すること。（中略）これらの規定は議会の決定と同様に重要である」（V.L.2.1326, 一五九〇年）。[36]そして、「ヘトマンは中隊長や中隊長代理 porucznik の見解に耳を傾けながら、判決と自らの良心とに基づいて兵士を罰することができる。緊急の場合には彼らの会議を経ずに（決定できる）」（V.L.2.1401, 一五九三年）、あるいは「ヘトマンの行為や懲罰行為を疑ったり議論をさしはさむことはできない」（V.L.2.1664, 一六〇九年）といった規定が示すように、軍律を布告して単独で法廷を開催する権限が与えられた。功績のあった兵士への褒賞や議会が兵士にシュラフタ身分を与える際にもヘトマンの許可が必要であった。[37]兵士への俸給や野営に関する決定権はヘトマンの権限となった。また一五九〇年以降、軍の駐屯方法や支配地域の住民の扱い方などが「ヘトマン条項」として文書化された。こうしてヘトマンは、軍内の行政と司法双方に対する主導権を掌握したのである。

それでは一七世紀後半のヘトマン職には、人事面ではどのような特徴が見られたのか（章末**別表**参照）。この時期にヘトマン職に就任した一七名（王国九名、大公国八名）のうち、大ヘトマンに就いたのは七名（王国四名、大公国三名）のみである。彼らは前任者の死去あるいは辞職の後、野戦ヘトマンから昇進している。一六五四年の法令では、「王国野戦ヘトマンは、ポーランド式部隊に対しても外国式部隊に対しても、大ヘトマンと同様の権力を行使する」（V.L.4.404）という規定が廃止され、「王国大ヘトマンは、かつての法規や慣例に基づいて全軍に対する指揮権を完全に保持する」（V.L.4.446）と変更され、野戦ヘトマンが大ヘトマンの代理であるという性格が明確になった。

ヘトマンの出身地に関して一五八九年の法では、「王国ヘトマンにはポーランド国民が、大公国ヘトマンにはリトアニア国民がなることがふさわしい」（V.L.2.1265）と記されている。それでは、王国ヘトマンと大公国ヘトマンの相互の関係はどうであったか。両国のヘトマンが共同で戦線に加わっている場合は、原則として主戦場がどちらにあるかで総指揮官が決まった。[38] また、両国ヘトマンの命令権の範囲については、一五九〇年の法では、大公国のヘトマンが「共和国」で行う活動に完全な自由を与えるとされた。[39] 一六二〇年に王国ヘトマンのジュウキェフスキがオスマン軍の攻勢で苦境に陥り身動きが取れなくなった際にも、リトアニアのヘトマン、ホトキェヴィチに全軍の指揮権が委ねられている。[40] しかし一七世紀半ばになると状況が変化する。一六四八年に二人の王国ヘトマンが捕虜になったときには、大公国のヘトマンに指揮権が移譲されることはなかった。[41] また一六五五年の規定でも、「王国ヘトマンは大公国領の兵士たちに食糧を提供することはできない」（V.L.4.504）と記されている。大公国ヘトマンの王権に対する独立性が強まるにつれて、両地域のヘトマンの勢力範囲を明確に定める必要が生じた結果とも考えられる。

次にヘトマン就任者の出自はどうか。一七世紀後半のヘトマン職は、大ヘトマンが年一二万ズウォティ、野戦ヘトマンが年八万ズウォティの高給を得ていた。[42] しかし徴募軍を整える場合、自らのイニシアティヴで募兵をしなくてはならず、ヘトマン職遂行のために給与を上回る多額の出費を要することも事実であった。[43] それゆえ、ヘトマン職就任にはマグナート級の経済力が不可欠であった。この時代のヘトマンで、父親がマグナートでない者はステファン・チャルニェツキのみであるのもそれを裏づけている。[44] コニェツポルスキの場合は、国王から一〇の王領荘園 starostwo を譲り受けた。そこには一五〇の村と一三の都市が含まれていたが、[45]ヘトマンの多くも国王から広大な王領地を譲り受けて、そこで得た多額の資金を軍事費に当てようとした。加えて当時のヘトマンたちに共通しているのは、その家系・財力を背景とする恵まれた教育であった。ポトツキ、ラジヴィウ、サピエハなど有力家門出身のヘトマン経験者はほとんど例外なく西欧への留学経験をもっている。ただし、父もヘトマン職に就いていたケースは大公国ではヤヌシュ・ラジヴィウやカジミェシュ・サピエハ、王国ではアンジェイ・ポトツキ以外には見当たらず、一つの家門によってヘトマン職が独占される傾向はまだ甚だしくはなかった。

この時期のみの特徴ではないが今一つ留意すべきは、一七名のヘトマンすべてが他の元老院行政職を兼任していたという点である。就任後の兼任職をみると、王国ヘトマン九名では県知事・城代職が六名、宮内長官職が三名である。またリトアニアの八名の元老院職では、五名が県知事・城代職、三名が大臣職であった。県知事・城代職兼任者一一名中八名（S・ポトツキ、ヴィシニョヴィエツキ、ヤブウォノフスキ、A・ポトツキ、F・K・ポトツキ、ラジヴィウ、パツ、サピエハ）は、クラクフもしくはヴィルノの城代か県知事に就いている。これらの職は地方官職としては最高の位であるだけでなく、様々な収入の源であった。[46]一六九九年には、「ヘトマンは宮内長官 marszałek になることはできない。ヘトマンとして大法官にもなれず、ヘトマンとして財政長官にもなれない」（V.L.5.13）と規定され、大臣職とヘトマン職の兼職が禁止された。しかしこの法令は大臣職のみに限定されており、元老院職全てに及ぶものではなかった。[47]

とはいえこの時期には、ヘトマンへの昇進を決めた決定的な条件は、家門の力とは別のものであった。たとえば軍功という観点から見ると、一六五五―六〇年の対スウェーデン戦最大の功労者チャルニェツキ、一六七二年の対トルコ戦で華々しく勝利したヤン・ソビェスキ、ディミトル・ヴィシニョヴィエツキ、一六八三年のウィーン包囲戦で国王ソビェスキを助けたスタニスワフ・ヤブウォノフスキの四名に関しては余りにも有名だが、それ以外の五名も、軍功を挙げてシュラフタの支持を背景にヘトマンとなったケースが多い。大公国のヘトマンに関しても、モスクワ遠征に加わったパツ、ホチムの会戦の立役者ミハウ・カジミェシュ・ラジヴィウ、モルダヴィア遠征に加わったカジミェシュ・ヤン・サピエハ、カミェニェツ攻防に参加したユゼフ・スウシュカなども同様である。ヘトマン就任前の前職を見た場合、県知事出身者五名のうち四名（ポトツキ、ランツコロンスキ、ヴィシニョヴィエツキ、ヤブウォノフスキ）は、タタールやオスマン帝国との戦役が恒常化する軍事的拠点であった東南部諸県の知事を務めていた。またリトアニアでは、ロシアとの国境地域に近いヴィテプスク、ポウォツクの知事・城代が四名含まれている。それゆえ当時のヘトマン職就任に際しては、こうした軍事実務能力もかなり重視されていたのではないだろうか。とりわけ一七世紀後半のソビェスキ以降の四名は、いずれも三〇代から四〇代前半でヘトマンに就任しており、大公国の場合も一人を除いて就任年齢は四四歳以下であることも、ヘトマン職に要求される実務能力の高さと係わるのかもしれない。総体的には、一七世紀後半のヘトマンが国王や議会に対して圧倒的な権限を掌握するようになったことは確かである。

4　ヘトマン権限の抑制をめぐって

このようなヘトマンの強力な権限を抑制しようとする動きは、まず一七世紀半ばを中心に国王と議会の双方でみられた。

一七世紀前半の国王、ヴワディスワフ四世は包括的な軍制改革の一環として、一六二九年に創設された外国式（西欧式）部隊の整備を図った。[48] 外国式モデルの歩兵は一六世紀末から募集され始めていたが、一六三二年からはドイツ式歩兵が導入された。加えて、この部隊の主力になったのは以下の編制である。(一)行軍は馬で、戦闘は徒歩で行う竜騎兵 dragonia(王国では一六一八年、大公国では一六二一年に設置)、(二)占領地での城塞・都市建設のために強化された砲兵隊 artyrelia(一六三八年から砲兵隊長官職が設置)、(三)軽武装のライタシュ rajtasz、重武装のアルキブゼル arkibuzer などからなる外国式騎兵隊。[49] その結果、フサシュの割合は相対的に減少した。一六二一年のホチムの戦いでは歩兵が四一パーセントだったが、一六三三年には歩兵・竜騎兵併せて六四パーセントとなっている。[50] むろん、外国式部隊の最高司令権もヘトマンにあったので、このこと自体はヘトマン権限の抑制とは直接的な因果関係はない。しかし、ヘトマンとポーランド式徴募軍の間には、当時の地方社会におけるマグナートとシュラフタとの間の私的な親分=子分関係が強く反映されていた。一方、外国式部隊では歩兵や竜騎兵の出身者はほとんどが平民であったし、上官が個別募兵 wolny beben の形で募ったものであり、それまでの志願兵=従卒の私的な上下関係を断ち切る契機になったことは確かである。[51] くわえてこの部隊は、外国人士官を中心として厳格な規律のもとにあり、この部隊によって国軍全体の意識改革が図られる可能性があった。[52]

また、国王ヤン・ソビェスキ(在位一六七四―九六年)もヘトマン権限を抑制する姿勢を見せている。自らはルボミルスキのロコシュで国王側を支持し、その功績で野戦ヘトマンに任じられたヤン・ソビェスキは、一六六七年に大ヘトマンに任命され、ホチムでの会戦(一六七二年)で勝利を収めた後に国王に選出された。大ヘトマン、ヴィシニョヴィエツキ死後、彼は一六八三年から軍功のあったヤブウォノフスキを後継の大ヘトマンに任命した。しかしソビェスキは、かつて腹心であったヤブウォノフスキの権限を抑える政策に転じた。ただしこうした政策は、当時の国王とヘトマンとの関係から見るときわめて例外的であった。[53]

一六四八年以降、議会側からはヘトマン権限を抑制する法令が幾度も出された。[54] 例えば一六四八年のものは、「両国民のヘトマンたち、軍事指揮官たちは［共和国］の公職に就いている人物であってはならない。軍全体あるいは軍の一部はもとより、また個人としても国王選挙の際に選挙場で何かを行う事は許されない」（V.L.4, s.158）と規定し、公職に就く者のヘトマン職兼任を否定した。しかしこの法令の効果は大きいとはいえなかった。

ザクセン王による統治の時期（一六九七―一七六三年）になっても、ヘトマンの強大な権限は弱まらなかった。こうした状況の中で、ヘトマン職に対する包括的な改革を提起したのが中流シュラフタ出身でサンドミエシュの大蔵官職に就いていたスタニスワフ・ドゥニン・カルヴィツキであった。彼の主著『共和国の秩序化について』（一七〇六年前後に作成）は、議会改革、大臣職や地方官職の改革などと並んで軍制改革にも触れている。彼はヘトマン職をどのように扱っていたのか。[55]

ヘトマンを取り巻く問題としてカルヴィツキは以下の点をあげる。第一にヘトマン終身制が老齢で役立たずの、戦闘能力に乏しいヘトマンを生み出していることである（Kar.161）。それゆえカルヴィツキは、重要な戦いの時のみにヘトマンを任命することとし、ヘトマンの終身制撤廃を主張するが、国王による解任権の濫用へとつながる点も警戒する。つまり、王権の強大化とヘトマン権力の濫用の双方を牽制することが重要だと説いている。

したがってカルヴィツキが重視したのは議会であった。彼は、ヘトマン権力を議会の監督下に置くことを薦める。ヘトマンは毎年開催される議会で必要に応じて無記名投票で任命することが望ましい（Kar.163-164）。そうすれば、戦いを熟知した、マグナート以外の者も選出されることになると彼は考えた。さらに彼は、ヘトマンは任務の終了後に元老院議員から選ばれた判事たちの前で活動報告をする義務を負うべきだと記している（Kar.165）。そして、仮に貧しい者がヘトマンに選出された場合でも資金的に困らないように、二つの王領地を自動的にヘトマンに貸与することを唱えた（Kar.165）。また、大ヘトマン職と野戦ヘトマン職の権限を同等にすることは一方ではヘトマン同士の対立を招く要因でもあるが、複数制による相互チェックという観点から好ましいものと捉えられるのである（Kar.164）。

カルヴィツキは同時に、ヘトマンと大臣職の兼任禁止を主張する。兼職を認める限り、ヘトマンは陣地よりも議会に出席することを好み、傘下の家来が頻繁に議会に干渉し、ヘトマンに取り入ろうとする者たちが代議員選出地方議会に圧力を加えようとするだろう。つまり本務よりは大臣職の権益に汲々としている点が批判される。また、そのようなヘトマンは軍備よりも自らの華美さを気にかけることになる。こうした状況の連鎖は、ヘトマンと兵士たちが国防を疎かにする以外の何物ももたらさない（Kar.162-163）。

カルヴィツキ案は、ヘトマン職の公職としてのあり方を議会中心主義の国制論の中に位置づけようとした。だが、こうした課題を果たしうるほどの力を当時の議会はもっていただろうか。

なるほど、一七一七年議会の決議を見ると、ヘトマンの軍編制決定権を撤廃する条項が見られる。[56] また、国王空位期にはヘトマンは国政への干渉を控えるために国外に出ることが記されている。さらに一七一七年の法規では、ヘトマンが国王選挙の折に軍隊と自分自身を国境付近に留め置くことはできること、選挙を妨害したりいかなる党派に与してもならないこと、地方議会議長や大法院判事や他の地方官職の選出の際も同様の行為をとること、また軍事スタッフを用いて地方議会を妨害したり、法廷の何らかの判決に基づいて所領を没収したりすることはできないこと（V.L.6.259からの抜粋）が規定された。ここには、ヘトマンという本来は「共和国」の公益に捧げられる職が、マグナート間の私的抗争の道具として用いられている状況への警告が示されている。また、ヘトマンが軍財政に係わることや隣国と交渉することも禁じられた。[57] しかしこれらの議決の効果自体は充分であったとはいえない。

ヴィエルコポルスカ地方出身で聖職者であり、一八世紀の社会風俗史家でもあったイェンジェイ・キトヴィチは、そうした状況を当時の社会の中で位置づけている。[58]「ヘトマンたちは軍隊を専制的に支配した。この点では議会にも元老院評議会にも顔色を伺うことはなかった」（Kit.387）。「常設の戦争法廷を通じて、死刑に至るまで、あらゆる階層の軍人達を罰するのもヘトマンの権限である」（Kit.389）。「外国式部隊のあらゆる階層に対する命令状 patent を出したのもヘトマンたちであった。ポーランド式部隊の中隊長代理や騎兵中隊に対する命令状を出したのもヘトマンたちであった。その命令状は重要なものから軽いものまで様々であった。（中略）こうした状況がヘトマンの権力を大いに高めた。誇りを失わずに国王に責任を負う将軍や中隊長もいたが、それ以外の軍隊の士官たちはヘトマンを自分たちの創造者として眺めた。彼らは、昇進の期待をあまりかなえてくれない国王を大して気にかけることがなかった」（Kit.388-389）。つまり、軍隊という構造の中でのヘトマンの地位は、依然として大きな変化が見られなかったのである。

だが、ヘトマンの実像自体はザクセン王の統治期には大きく変化していた。それはヘトマンとしての権威の拠り所とも係わるが、ここでこの時期のヘトマン就任者の経歴上の特徴を見てみよう（章末別表参照）。まず、大きな変化としては、ヘトマン就任者の大半が目ぼしい軍功を持っていないという点がある。とりわけ王国では、一七二六年に野戦ヘトマンに就任したスタニスワフ・ホメントフスキ以降の、リトアニアでは一七〇九年に野戦ヘトマンになったルドヴィク・ポチェイ以降のヘトマンにはほとんど軍功が見られない。

こうした変化が生じた背景としては、「共和国」の軍事力自体が急速に低下して対外戦争の機会が減少したことが挙げられる。[59]一七一七年には国軍の兵員数は二四〇〇〇名に制限されたが、同時期の隣国を見ると、プロイセンは一八万人、オーストリアは一四万人、ロシアは一三万人の兵力を有していた。[60]この時期になるとヘトマンが軍事力を行使する機会はせいぜい内戦に限られた。とりわけリトアニアでは、ザクセン派、レシチンスキ派のいずれかの領袖についていたヘトマンが、その座から引き摺り下ろされるケースが頻発した。ミハウ・ヴィシニョヴィエツキやグジェゴシュ・オギンスキがそうである。

さらにアウグスト三世期（一七三三―六三年）には、ヘトマン職から軍司令官という色彩が失われるケースが見られるようになる。「共和国」の公益のために戦うヘトマン像はますます現実味を失っていった。「アウグスト三世の治世では馬上のヘトマンを首都でみかけたことがない。（中略）くわえて騎乗はすでに流行ではない。公共の場で馬ではなく馬車を用いる習慣がそれに取って代わった」（Kit.383）というキトヴィチの叙述は、そうしたヘトマン職のイメージの変化を象徴している。同時にヘトマン職の高齢化も目立ってきた。一七世紀後半には三〇代で野戦ヘトマンに就任した者が王国で三名いたのに対して、この時期はシェニャフスキのみである。終身制の慣例も影響して、一八世紀のリトアニアの大ヘトマンの平均辞職年齢は六〇数歳に達し、王国ヘトマンでもユゼフ・ポトツキ、ヤン・クレメンス・ブラニツキなどは八〇歳前後まで職を保持した。(61)

いま一つの特徴は、父子二代にわたるヘトマンが王国では九名中五名を占めているという点である。フランチシェク・ポトツキ、ルボミルスキ、シェニャフスキ、ユゼフ・ポトツキ、ヴァツワフ・ジェヴスキ、セヴェルィン・ジェヴスキはいずれも父がヘトマンであった。とりわけ一八世紀後半のジェヴスキ家とブラニツキ家は、ヘトマン職を交互に引き継ごうとした。たとえばヴァツワフ・ジェヴスキとフランチシェク・ブラニツキは一七世紀以降の王国ヘトマンでは唯一、生前に辞職した者として知られているが、二人とも次々職に自家の後継者を据えるためにライバル家門にポストを譲ったのである。また九名中六名の出身が三家（ポトツキ家、ブラニツキ家、ジェヴスキ家）に限定されていることも今までにない特徴である。リトアニアではヘトマンの世襲的傾向は少なかったが、ラジヴィウ、サピエハ、オギンスキなどの少数のマグナート家門による独占の傾向は著しい。それゆえ、この時期になると、軍功にもかかわらずヘトマン職が世襲的に私物化される傾向が顕著になったと言わざるを得ない。軍制の中にヘトマンをいかに位置づけ直すのかという課題は、一八世紀後半のスタニスワフ・アウグストの治世に持ち越されたのである。

5　一八世紀後半におけるヘトマン権力改革の動き

一七六四年、ワルシャワ郊外で開かれた選挙議会は、ロシアの後援の下で立候補したスタニスワフ・ポニャトフスキを国王に選出した。即位後の彼はスタニスワフ・アウグストを名乗り、啓蒙君主として包括的な国制改革に邁進した（在位一七六四－九五年）。軍事面においても、一七六四年に軍事委員会が設置された。王国、大公国別個に組織され、複数の元老院議員と代議員がヘトマンとともに参加したこの集団決議機関の任務は、物資補給の管理、部隊の訓練、軍事法廷の開催などであった。同時に軍事委員会が目指したのは、ヘトマンの権力制限に他ならない[62]。また、ヘトマン傘下の宿営地管理官や国境守備官は実権を失い名誉職になった。こうしてヘトマンの公的権力の根幹が掘り崩された[63]。

また一七六八年にはヘトマン職が初めて大臣として認知されたが、同時にヘトマンと他の元老院職との兼任が禁じられた（V.L.7.677）。これはヘトマンの公的地位を保障しつつも、他の公務との役割分担を改めて明確にした規定であった。また、大ヘトマンと野戦ヘトマンとの役割分担に関しても、「大ヘトマンは野戦ヘトマンの不在時に軍事委員会を統括する。大ヘトマンが不在の時には、委員会で序列第一の者がそれを統括する」（V.L.7.675）と明記された。ここでは野戦ヘトマンは委員会活動に、大ヘトマンは軍事活動に専念することを求めて、ヘトマンの任務の原点を見直そうとする姿勢が濃厚に示された。

こうした軍制改革の動きは、第一次ポーランド分割（一七七二年）後になるとさらに加速した。一七七三—七五年の議会では、正規軍数が王国一二〇〇〇名、大公国八〇〇〇名、あわせて三万名に増員された[64]。また一七七六年にはそれまでの騎兵中隊を大幅に改変して国民騎兵隊が設置された[65]。同時にヘトマンの権限見直しの主張は、一七七五年に軍事委員会に代わって常設会議軍事部が創設されることで一段と明確になった[66]。常設会議とは、議会が任命した三六名の委員と国王で構成されるその総会が国家の最高行政を司り、軍事部を含むその各部局が行政の具体的問題を扱う機関であった。したがってヘトマンと軍隊との関係についても、常設会議軍事部が大きな決定権を持つようになった。一七七五年の常設会議規定では以下のような規定が見られる（V.L.8.103〔以下はその要旨である〕）。（一）訓練、服従、教練、軍服、駐屯地などの総司令権はヘトマンに属する。ただしヘトマンは、常設会議の要求に応じて守備隊の駐屯地を変更しなくてはならない。（二）要塞建設、帰隊命令などの決定には常設会議の許可を必要とする。（三）ヘトマンは、常設会議と協力して道路、運河、河川改修などの公共労働に携わる者の人数を決定しなくてはならない。（四）ヘトマンが越権行為を行った場合には常設会議から警告を受け、それでも越権行為が止まない場合は議会法廷に召喚されうる。（五）臨時の出費の予算は議会が準備し、予め常設会議に知らされる。これらの規定では、常設会議によるヘトマンの監督という姿勢が強く示されている。

こうした姿勢は、翌年の常設会議規定でも貫かれている。この規定では、ヘトマンが常設会議軍事部とともに軍隊の行動と規律全般に関するあらゆる命令を発することと並んで、軍が陣営から移動する際には常設会議に図る必要がある（V.L.8.850からの抜粋）ことが記されて、ヘトマンと常設会議との共同活動を再確認している。またヘトマンは、単独の軍事監督権、軍事活動の決定権、軍事財政の管理権を失うことになった（V.L.8. 851-852）。こうしてヘトマンの軍事的指導性も、集団的指導体制の下でほぼ完全に否定された。

当時のヘトマンたちはこうした改変に抵抗した。父からヘトマン職を譲位されたセヴェルィン・ジェヴスキヤクサヴェルィ・ブラニツキらの「ヘトマン派」は、「ヘトマン権力は国王のクーデタからシュラフタ特権を守る唯一の楯」と唱えて、一般のシュラフタにヘトマン権力の温存を訴えた。[67]しかし一八世紀を通じて高まった、国家財政に支えられた常備軍機構を支持するシュラフタ知識人の意識の変化、あるいは啓蒙主義のカリキュラムを取り入れた士官学校の整備などに伴って、彼らのプロパガンダは一方的なデマゴギーに過ぎなくなり、現実の状況との遊離ばかりが際立つようになった。こうして一七八〇年代になると、「共和派」の中でもヘトマン権力の復活を求める意見は少数になった。それどころかヘトマンは中流シュラフタの公論とは背馳する存在になり、強大さを誇ったのはその官職の権威のみであった。

こうした一般シュラフタから遊離する傾向はヘトマンの出で立ちにも表れた。キトヴィチは記している。「国王から大ヘトマンあるいは野戦ヘトマンの職杖を得た者はすぐさま、ポーランド風衣装に着替えなくてはならない。（中略）アウグスト三世の治世にはそれは厳密に守られた。ヤン・クレメンス・ブラニツキの後のフランチシェク・ブラニツキが、その掟を破った最初のヘトマンである。彼は野戦ヘトマンを務め、その後スタニスワフ・アウグストの治世に大ヘトマンになったが、自ら身に纏っていたフランス風衣装を捨てることはなかった」（Kit.381-382）。こうした衣装の変化は、かつてのサルマチア・バロックからロココ風洗練へと移行し始めた上流社会の風潮にヘトマンも飲み込まれ始めたことを示している。

軍事能力以外で秀でた才能をもつヘトマンも目立つようになる。ヤン・クレメンス・ブラニツキはポーランド東北部の都市ビアウィストクを再建した経営者として知られている。また、音楽家として著名なミハウ・カジミェシュ・オギンスキもその典型的なケースである。[68]彼は若年期のパリ留学時においても軍事よりは楽才によってパリのサロンと係わっていた。帰国後、チャルトリスキ家から伴侶を迎え、オギンスキ家の家門の力を背景に大公国の大臣職やヘトマン職を獲得していった。その後、反国王派に転じたが、一七七六年の反国王派の退潮を期に政治活動から遠ざかって四年議会（一七八八―九二年）開催時までポーランドに戻らなかった。そして六三歳の時には、大ヘトマン職をミハウ・クレオファス・オギンスキに三〇万ズウォティで譲ってしまった。この時期になるとヘトマン職はついに売官の対象になったのである。こうした状況に鑑みると、「ヘトマンは王国においても大公国においても、外国式軍隊の総司令権を誰にも譲ることはできない」（V.L.6.590、一七三六年）という規定は、官職売買の傾向が見られ始めた当時の状況を表わしていて示唆的である。

それでは、一七八〇年代末の「共和改革派」の代表者であるフーゴ・コウォンタイは主著、『匿名書簡集』の中でヘトマンをどのように扱っているだろうか[69]。

コウォンタイは、一七六四年以降の軍事委員会（軍事委員会は一七八八年に常設会議軍事部が廃止された後に復活する）に関して、「ヘトマンの傲慢さに法が取って代わろうとした時、軍事的な事柄を決めるのはヘトマンではなく委員会であるということに諸身分が同意した」（Кoll.2: 68）と述べて、ヘトマンによる軍事決定権の独占が突き崩されたことは評価する。しかし反面で、「いかなる官職においてもまず必要なのは、優秀な人材を集め、彼らの能力を活用するために時と機会を与えることであり、その官職に対して人間が傲慢になるような力を与えない一方で、その官職が意味のないものにならないような程度まで、その力を減らさないようにすることである」（Кoll.2: 68-69）と述べている。これは、一七七〇年代以降ヘトマン職が軍事活動の場を失って委員会活動に忙殺されることを新たな政治問題として捉えた指摘である。そして、「もし才能の面では彼らに何の欠点もないとしても、国境から一〇〇マイルも離れている場所に軍事委員会がある国で、両者をまとめることができるだろうか」（Кoll.2: 70）という喩えを引用しながら、「確実なことは、二つの権限を手中に収めようとするヘトマンは、どちらの権力も維持できないということである」（Koł.2: 70）と主張する。さらに、「もしヘトマンたちが我々の軍隊のリーダーになりたいのであれば、委員会の長にはなるべきでない。もしヘトマンたちが議長になりたいのであれば、平時には命令権をもつ将軍（外国式部隊の最高職）の下に指揮権を委ねるべきだ」（Koł.2: 70）と述べて、国家の官僚制化に伴う司令権と委員会活動の分離を主張している。そして「共和国に貢献した時のみ俸給が支払われるように」（Koł.2: 71）と結んでいる。このように彼の主張は、近代社会の到来に伴う軍事・行政双方の公的領域の拡大に備えて、従来のヘトマン権限を効率的に振り分けることを提言している。

6　ヘトマン職の黄昏

以上のようなヘトマンの法的地位を巡る問題は、四年議会の総決算とも言われる一七九一年五月三日憲法で最終的な決着を見た。この憲法体制では、「全ての市民は国家の統合と自由の守り手である」（一一条）という国民軍の原則の確立、正規軍の一〇万人への増強計画、騎兵と歩兵の比率を一対二とする徴兵制への移行と並んで、最高行政機関として「法の番人」が設置された。この機関は一四名の大臣のうちの五名で構成され、(70)ヘトマンも四名中一名がその中に軍事大臣として加わったが、その役割は「法の番人」と傘下の軍事委員会との間の仲介役にとどまることになった。また軍事大臣は、議会の三分の二の反対で解任されうるという規定が設けられた。これによってヘトマン職の公僕としての性格が一段と強まっただけでなく、それまでの終身制に大きな楔が打ち込まれたのである。

本稿における最高の軍事エリートとしてのヘトマンの権威と権力の変遷に関する考察をまとめておこう。

一七世紀半ばまでのヘトマン像は、「[共和国]の公益のために戦うシュラフタ」の象徴としてのそれであり、シュラフタの代表そのものであった。そして多くの場合、そのようなヘトマン像は現実と合致していた。信望あるヘトマンが王権と協調的姿勢をとりながら公的役割を担っていた。だが一七世紀後半以降になると、各地域の有力マグナートがその勢力基盤を背景に中央の王権・議会に対抗するようになる。ヘトマンもまた硬直したマグナート寡頭政の象徴、地方的な権威の代表へと転化し、同時に私的な領域でその権威を利用する傾向も増大した。しかるに一七一七年以降になると、実質的に軍事力を大幅に剥奪され実力を失いつつあったヘトマンには、高官としての権威のみが残されていった。こうしてヘトマンは、国民として一体化しつつあったシュラフタの前に、その実質的な役割を失っていった。

一八世紀末の政論家として知られ、国民教育委員会の管区学校の校長職にもあったフランチシェク・サレズィ・イエジェルスキは一七九〇年に次のように述べている。「ヘトマンとは、貧弱な軍隊における強大な指揮官である。ヘトマンの職杖は敵にとっては恐ろしいものではなくなったが、市民にとっては強圧者、専制者となり始め、足枷となり始めた」[71]。軍隊における実権を失い、市民にも背を向けてしまったヘトマンが一八世紀末の公共活動で主役を演じる余地はほとんど残されてはいなかった。だが彼らは、官職にまつわる権威を維持するためには、隣国と手を結ぶことも厭わなかった。その典型的な例は、親ロシア的で五月三日憲法に否定的なタルゴヴィツァ連盟(一七九二年)に参加した三名のヘトマン(ユゼフ・ザビェウォ、スィモン・コッサコフスキ、ブラニツキ)である。この三名に対して、「裏切り者」のイメージが定着していったのも無理はない。一七九四年のコシチュシュコ蜂起中にこの三名に民衆が死刑宣告を下し、二名(前二者)がワルシャワの公衆の面前で処刑されたという事件は、ヘトマン職の黄昏を如実に象徴する出来事であった。

注

（1）白木太一『近世ポーランド「共和国」の再建—四年議会と五月三日憲法への道』彩流社、二〇〇五年、第二章参照。
（2）Majewski, Wojsko i służba żołnierska, [w:] *Tradycje polityczne dawnej Polski*, Warszawa 1995, s. 219; K. Olejnik, *Historia wojska polskiego*, Poznań 2002, s. 21-22.
（3）Majewki, *op. cit.*, s. 222.
（4）*Ibid.*, s. 223; J. Wimmer, Wojsko, [w:] *Polska XVII wieku*, Warszawa 1969, s. 154-156.
（5）*Ibid.*, s. 154.（以下Wimmer, Wojskoと略記）。M. Kallas, *Historia ustroju Polski X-XX wieku*, Warszawa 1999, s. 108.
（6）Olejnik, *op. cit.*, s. 34-35; Kallas, *op. cit.*, s. 107.
（7）Majewski, *op. cit.*, s. 221.
（8）*Ibid.*, s. 221.
（9）*Ibid.*, s. 236; Olejnik, *op. cit.*, s. 32-33.
（10）Z. Żygulski, *Hetmani Rzeczypospolitej*, Kraków 1994, s. 5.
（11）Z. Góralski, *Encyklopedia urzędów i godności w dawnej Polsce*, Warszawa 2000, s. 33.
（12）Olejnik, *op. cit.*, s. 28-29, 62.
（13）M. Nagielski, *Poczet hetmanów Rzeczypospolitej, Hetmani litewscy*, Warszawa 2006, s. 14.
（14）T. Zielińska, *Magnateria polska epoki saskiej*, Wrocław 1977, s. 13.
（15）M. Kukiel, *Zarys historii wojskowości w Polsce*, Londyn 1949, s. 53.
（16）*Ibid.*, s. 74.
（17）H. Wisner, *Rzeczpospolita Wazów*, tom. II, Warszawa 2004, s. 31.
（18）Żygulski, *op. cit.*, s. 44.

(19) Wisner, *op. cit.*, s. 29.

(20) *Ibid.*, s. 27.

(21) *Ibid.*, s. 32, クシシュトフ・ラジヴィウの私軍の役割については、U. Augustyniak, *W służbie hetmana i Rzeczypospolitej*, Warszawa 2004. s. 30-42.

(22) こうした状況は野戦ヘトマンが単なる大ヘトマンの代理人ではないリトアニアにおいてより顕著であった。*Ibid.*, s. 13-14.

(23) W. Czapliński, *Życie codzienne magnaterii polskiej w XVII w.*, Warszawa 1976, s. 178.

(24) Góralski, *op. cit.*, s. 39.

(25) J. Bardach (ed.), *Historia państwa i prawa polskiego*, Warszawa 1979. 一六二一年には募兵と併せて七八〇〇〇名、一六五五年には六万名が動員された。Wimmer, *op. cit.*, s. 157, 162-163. 彼らの多くは戦闘意識に乏しく、緒戦の敗北の後故郷に戻ったといわれる。Olejnik, *op. cit.*, s. 54; K. Bockenheim, *Dworek, kontusz, karabela*, Wrocław 2002, s. 120.

(26) J. Wimmer, *Wojsko polskie w drugiej połowie XVII wieku*, Warszawa 1965, s. 338.(以下Wimmer, *Wojsko polskie* と略記)。

(27) Wimmer, *Wojsko polskie*, s. 343; Wisner, *op. cit.*, s. 43.

(28) W. Kłaczewski, *Jerzy Sebastian Lubomirski*, Wrocław 2002, s. 210-220.

(29) 一六五五年に彼はリトアニアの一〇万平方キロ以上の領域を支配し、独立した公国の建設を求めていた。H. Wisner, *Janusz Radziwiłł 1612-1655*, Warszawa 2000, s. 192-193.

(30) Wimmer, Wojsko, s. 173; S. Herbst, Żołnierze niepodległości, [w:] *Polska w epoce Oświecenia*, Warszawa 1971, s. 393.

(31) Wimmer, Wojsko, s. 173.

(32) Wimmer, *Wojsko polskie*, s. 166; Majewski, *op. cit.*, s. 221-222.

（33）Bockenheim, *op. cit.*, s. 121.
（34）Kallas, *op. cit.*, s. 109.
（35）Wisner, *op. cit.*, s. 57.
（36）以下、『議会法令集』Volumina Legumの引用は、（V.L.）と記し、巻数と頁数を挙げる。
（37）Wisner, *op. cit.*, s. 21.
（38）Wimmer, *Wojsko polskie*, s. 339.
（39）Wisner, *op. cit.*, s. 19-20; Wimmer, *Wojsko polskie*, s. 339.
（40）Wisner, *op. cit.*, s. 22. 両者は互いにライヴァル意識が強く、そりが合わなかった。Żygulski, *op. cit.*, s. 47.
（41）二人のレギメンタシュに指揮が委ねられている。Bockenheim, *op. cit.*, s. 124.
（42）ちなみに財政長官 podskarbi は六万、サンドミェシュ城代は五万、野戦書記官は三万、ヴィエルコポルスカの代官は二千―一千ズウォティであった。Zielińska, *op. cit.*, s. 28.
（43）Wisner, *op. cit.*, s. 35.
（44）チャルニェツキの父クシシュトフは先祖からの二七ワンの土地と水車小屋をもつシュラフタに過ぎなかった。しかし二度目の妻との結婚によって宮廷との絆が強まり、ジグムント三世から王領地を貸与されたり、都市トポルフを譲られたりして影響力を高めた。L. Podhorodecki, *Stefan Czarniecki*, Warszawa 1998, s. 7.
（45）Z. Baras, *Poczet hetmanów polskich*, cz. 3, Szczecin 1995, s. 7.
（46）Zielińska, *op. cit.*, s. 30.
（47）Góralski, *op. cit.*, s. 41; Zielińska, *op. cit.*, s. 27, 29.
（48）Wisner, *op. cit.*, s. 87; Wimmer, Wojsko, s. 170.
（49）Wisner, *op. cit.*, s. 87.
（50）彼らはまた砲兵隊を整え、ルヴフなどに兵器庫を設立した。Kukiel, *op. cit.*, s. 98-99.
（51）外国式部隊の徴募はヘトマンではなく将軍が別個に行った。*Ibid.*, s. 101.

(52) Kallas, *op. cit.*, s. 107.
(53) M. Wagner, *Stanisław Jabłonowski*, Warszawa 2000, s. 92-95.
(54) 一六五〇、五二、七二、七三年の法規が知られている。Żygulski, *op. cit.*, s. 11.
(55) S. D. Karwicki, *Dzieła polityczne z początku XVIII wieku*, Wrocław 1992. 以下カルヴィツキの引用は、本文中に（Kar.）と記し、その頁を掲げる。
(56) Zielińska, *op. cit.*, s. 27; Góralski, *op. cit.*, s. 37.
(57) Kukiel. *op. cit.*, s. 146-147.
(58) J. Kitowicz, *Opis obyczajów za panowania Augusta III*, Wrocław 1970. キトヴィチの引用については、本文中に（Kit.）と記し頁を掲げる。
(59) Olejnik, *op. cit.*, s. 66.
(60) Kallas, *op. cit.*, s. 109.
(61) Z. Boras, Hetman wielki koronny Franciszek Ksawery Branicki, [w:] *Społeczeństwo, armia i polityka w dziejach Polski i Europy*, Poznań 2002, s. 229-243.
(62) Kallas, *op. cit.*, s. 137.
(63) Zielińska, *op. cit.*, s. 24.
(64) Kukiel, *op. cit.*, s. 147.
(65) M. Markiewicz, *Historia Polski 1492-1795*, Warszawa 2004, s. 103.
(66) A. Czaja, *Między tronem, buławą a dworem petersburskim*, Warszawa 1989, s. 192-211.
(67) Z. Zielińska, Seweryn Rzewuski, pułapki republikanizmu, [w:] *Problem zdrady w Polsce przełomu XVIII i XIX wieku*, Warszawa 1995.
(68) Nagielski, *op. cit.*, s. 290-301.
(69) H. Kołłątaj, *Listy anonima*, t.1, opracowali B. Leśnodorski/inni, Kraków 1952. コウォンタイの記述については、

本文中に（Kołł.）と記し頁を掲げる。

（70）Kallas, *op. cit*, s. 155.

（71）F. S. Jezielski, Katechizm o tajemnicach rządu polskiego, [w:] *Wybór pism*, Kraków 1952, s. 76.

17世紀後半以降の王国ヘトマン

人　名	生年	在任期間(野戦ヘトマン)	在任期間(大ヘトマン)	没年	前　職	就任後の最高位	階層	父の最高位	軍功	国王との関係
S.Potocki	1589	1652－54	1654－67	78	ポドレ知事	クラクフ知事	M	カミェニェツ城代	○	○
S.Lanckoronski	?	1654－57			ブラツワフ知事	ルーシ知事	M	ポドレ・ホロンジ	○	○
J.S.Lubomirski	1616	1657－64		48	クラクフ代官	宮内大長官	M	クラクフ知事	○	×
S.Czarniecki	1599	1665		66	レギメンタシュ	キエフ知事	SZ	ジヴェツ代官	○	○
J.Sobieski	1629	1666－68	1668－74	45	王国大ホロンジ	宮内大長官	M	クラクフ城代	○	×
D.Wiśniowiecki	1631	1668－76	1676－82	51	ベウツ知事	クラクフ城代	M	クシェミェニェツ代官	○	×
S.J.Jabłonowski	1634	1676－82	1683－1702	68	ルーシ知事	クラクフ城代	M	王国太刀持ち	○	△
M.H.Sieniawski	1654	1683		38	宮中宮内長官		M	野戦書記官	○	○
A.Potocki	?	1684－91			クラクフ知事	クラクフ城代	M	ヘトマン	○	○
F.K.Potocki	?	1692－1702	1702		クラクフ知事	クラクフ城代	M	ヘトマン	○	×
H.A.Lubomirski	1647	1702	1702－06	59	財政長官	クラクフ城代	M	ヘトマン	○	×
A.M.Sieniawski	1666	1702－06	1706－26	60	ベウツ知事	クラクフ城代	M	ヘトマン	○	△
S.M.Rzewuski	?	1706－26	1726－28		ポドレ知事	ベウツ知事	M	財政副長官	○	△
S.Chomętowski	1673	1726－28		55	宮中宮内長官	マゾフシェ知事	M	マゾフシェ知事	×	○
J.Potocki	1673		1735－51	78	ポズナン知事	クラクフ城代	M	ヘトマン	×	×
J.K.Branicki	1689	1735－52	1752－71	82	砲兵長官	クラクフ城代	M	ポドレ知事	×	○
W.Rzewuski	1706	1752－73	1773－74	68	野戦書記官	クラクフ城代	M	ヘトマン	×	○
F.K.Branicki	1730	1773－74	1774－93	63	ウォフチャ	リトアニア砲兵長官	M	ブラツワフ城代	×	×
S.Rzewuski	1743	1774－92		59	外国式部隊将軍	ドリン代官	M	ヘトマン	×	×

(注) M：マグナート　SZ：シュラフタ

17世紀後半以降のリトアニアのヘトマン

人　名	生年	在任期間(HP)	在任期間(HW)	没年齢	前　職	就任後の最高位	階層	父の最高位	軍功	国王との関係
J.Radziwiłł	1612	1646–54	1654–55	44	ジュムチ代官	ヴィルノ知事	M	大公国大ヘトマン	○	○
W.Gosiewski	?	1654–62	―――		大公国財政長官		M	スモレンスク知事	○	○
M.Pac	1624	1663–67	1667–82	59	スモレンスク城代	ヴィルノ城代	M	大公国財政長官	○	○
W.Wołłowicz	1639	1667–68	―――	30	トロキ、ホロンジ	ヴィテプスク知事		トロキ、ポトコモジ	×	○
M.K.Radziwiłł	1635	1668–80	―――	46	ヴィテプスク知事	大公国副大法官	M	大公国宮内長官	○	○
K.Sapieha	1637	1681–82	1682–1703(免職)	70	ポウォツク知事	ヴィルノ知事	M	大公国大ヘトマン	○	○
J.J.Ogiński	1625	1682–84	―――	59	ポウォツク知事			トロキ、チブン	○	×
J.B.Słuszka	1652	1685–1701	―――	49	大公国宮中宮内長官		M	大公国財政副長官	○	○
J.K.Sapieha	1672	1707–09	―――	58	WP代官長		M	大公国コニウシュ	○	○
M.S.Wiśniowiecki	1680	1702–03, 07–09	1703–07(辞職)	27	郡プウコヴニク		M	ベウツ知事		○
G.A.Ogiński	1655	1703–09	1709	54	大公国大ホロンジ			大公国野戦ヘトマン	○	△
L.Pociej	1664	1709	1709–30	67	大公国財政長官	ヴィルノ知事	M	ヴィテプスク知事	×	△
S.Denhoff	1673	1709–28	―――	56	王国大宮内長官		M	ポモジェ知事	×	○
M.K.Radziwiłł	1702	1735–44	1744–62	61	大公国宮中宮内長官	ヴィルノ城代	M		×	○
M.J.Massalski	1700	1744–62	1762–68	69	トロキ城代	ヴィルノ城代	M	グロドノ、マルシャウェク	×	△
A.M.Sapieha	1730	1762–75	―――	46	ポウォツク知事	大公国財政長官	M	大公国砲兵長官	×	○
M.K.Ogiński	1730	―――	1768–93	64	ヴィルノ知事		M	トロキ知事	×	○
T.Sosnowski	?	1775–80(辞職)	―――		大公国野戦書記官	ポウォツク知事			×	○
L.Tyszkiewicz	1751	1780–92	―――	57	大公国大法院議長	大公国財政長官	M	スモレンスク知事	×	○
S.Kossakowski	1741	1792–93	1793–94	54	RN評議員		Sz	ジュムチ、ストルニク	×	○
J.Zabiełło	?	1793–94	―――		大公国ウォフチャ				×	○

第12章

一九世紀前半期のドイツにおける「コルポラツィオン」と「アソチアツィオン」

小原　淳

1　市民社会のメルクマールとしての「アソチアツィオン」？

J・ハーバーマス（J.Habermas）は、市民社会論の「聖典」ともいうべき地位を獲得した著書のなかで以下のように主張している。「《市民社会》の制度的な核心をなすのは、自由な意思にもとづく非国家的・非経済的な結合関係である。もっぱら順不同にいくつかの例を挙げれば、教会、文化的なサークル、学術団体をはじめとして、独立したメディア、スポーツ団体、レクリエーション団体、弁論クラブ、市民フォーラム、市民運動があり、さらに同業組合、政党、労働組合、オルターナティブな施設にまで及ぶ(1)」。「国家」と「市場」のいずれにも包摂されない領域における自立した個々人の結合関係を、ポジティヴな意味での「市民社会」の中核とするこのような理解は、独りハーバーマスのみのものではない。例えば、「アソシエーション革命 associative revolution」を提唱するL・M・サラモン（L.M.Salamon）(2)や、P・ハースト（P.Hirst）(3)、R・D・パットナム（R.D.Putnam）(4)達による近年の議論においても、アソシエーションをはじめとする結合関係が、民主制度を支える「社会関係資本 social capital」（パットナム）として位置づけられており、本稿の主題であるこの種の社会的中間団体は、共産主義体制の崩壊、ヨーロッパ統合の進展、グローバリゼーションの加速化といった事態を背景にした「市民社会論ルネサンス」[5]における議論の中心的要素の一つであるといってよいだろう。

近年の市民社会論、そしてそれと連動したアソシエーション論では、政治学や社会学等の理論的アプローチを重視する立場が議論をリードしているが、ドイツ史研究においても、中間団体の社会的意義、とりわけそれが近代化に際してどのような役割を果たしたのかという点に注目した研究は既に相当の蓄積を有している。まず、戦後西ドイツにおいてこのような方向性を持った研究に先鞭をつけたのがW・コンツェ（W. Conze）である。[6]彼はハーバーマスの『公共性の構造転換』の初版と同年の一九六二年に出版された著書のなかで、一九世紀前半のドイツ地域において、伝統的な社会関係としての「コルポラツィオン Korporation」の解体によって（「脱コルポラツィオン化 Dekorporierung」）、諸個人が身分制的束縛を脱し、新しい「市民社会」を形成していったことを指摘した。もっとも、コンツェはコルポラツィオンを脱却した人びとを「欲求の体系」としての市民社会の住人である「経済人 homo oeconomicus」と規定することで、彼らの形成する社会関係を商品に媒介された市場的関係のレヴェルに限定しており、「脱コルポラツィオン化」の後に新たに創出された非市場的な社会的関係がいかなるものであったのかという点には踏み込んでいない。

コンツェに続き、そのヘーゲル的な市民社会理解の限界を克服したのが、Th・ニッパーダイ（Th.Nipperdey）の論文「一八世紀後半から一九世紀前半のドイツにおける社会構造としての協会組織――近代化に関する一つの事例研究――」である。この論文でニッパーダイは、当該期のドイツ地域において結成された各種の協会組織 Verein ――「愛郷協会 patriotische Gesellschaft」やアカデミー、諸種の農業・経済組織、音楽・芸術愛好のための組織、読書協会、フリーメイソン、汎愛主義的福祉団体、社交クラブ、株式会社、女性協会等――が、伝統的なコルポラツィオンとは異なった原理をもつ社会関係、すなわち地縁や血縁、身分、職業、宗派等の枠を超え、所属者個々の自由意志と対等な相互関係に立脚した近代的な「アソチアツィオン（アソシエーション）Assoziation」であったことを指摘した。彼に拠れば、このような組織は、伝統的な社会の動揺・解体によって孤立化した個人の新たな拠り所となったのであり、アソチアツィオンの隆盛こそは「市民社会のエレメントであり、その興隆の兆候であり、そしてこの社会のさらなる形成を促進し加速させるファクターだった」のである。[(7)] さらにニッパーダイは、アソチアツィオンが身分制的社会から近代的市民社会への移行を決定づけるとともに、一八四〇年代以降の階級社会の到来にあらがって市民社会の安定化に貢献したこと、また近代的な市民社会の一方での特殊化・分化と他方での一体化という両極的な現象に深く関与したこと、そして官僚主義・権威主義的システムから立憲主義・自由主義・民主主義的システムへの転換に大きな役割を果たしたことを結論とし、一八世紀後半から一九世紀前半のドイツの近代化に際してのその歴史的重要性を強調している。

このようなニッパーダイの主張は、後続の研究にも継承されている。例えばO・ダン（O.Dann）は、一九八四年に『ヒストーリッシェ・ツァイトシュリフト』の別冊として刊行された論文集において、アソチアツィオンが近代的市民社会とともに生起し、またそれを構成する構造的メルクマールであったとする、ニッパーダイと同様の見解を提示しており、[(8)] この理解は共著者のW・ハルトヴィヒ（W.Hartwig）やA・ヒューバー（A.Hueber）にも共有されている。[(9)]

これまで述べてきたように、身分制や地縁、血縁、職業等に立脚した「古き共同性」としてのコルポラツィオン的社会関係が弛緩した後にこれに代わって登場した「新たな公共性」としてのアソチアツィオンを、近代的市民社会の成立の指標でありまた原動力であるとみる見解は、コンツェやニッパーダイ以来ドイツ史研究において主流となっているのだが、彼らの主張が近年のアソシエーション論ともほぼ重なり合うことはこれ以上の説明を要しないだろう。しかし、はたしてドイツにおける市民社会の形成とはこれほどまでに明快な二項対立によって図式化できるものなのだろうか。参加者の「自由」と「平等」を原則としたアソチアツィオンが登場した後も、伝統的なコルポラツィオン的関係が残存した可能性はないのだろうか。後ほど検討するように、そもそもドイツにおける近代的市民社会を、身分制的な枠組みを完全に破棄したところに実現したものとはいえないのだが、だとすれば、先行研究によるアソチアツィオン理解、またそのアソチアツィオンによって成立したとされる市民社会、そして市民社会の実現をメルクマールとして論じられる「近代性」の意味するところを再検討する必要があるのではないだろうか。

本稿は、このような問題意識のもとに、一八世紀末から一九世紀前半期のドイツ地域を対象に、中間団体と市民社会の関係を考察する。従来の見解を再検討する必要性を示すことが本稿の全体をつうじた課題となるが、まず第2節では、当該期の市民社会に関する法規定として最も重要な意味をもつプロイセン一般ラント法を考察対象として、法的次元における市民社会の定義のされ方、そして同法典における中間団体と市民社会の関係の規定のされ方について検討する。次に第3節で、一九世紀の市民社会論に決定的な影響を与えたヘーゲルと、当時の初期自由主義の潮流をリードしたヴェルカーの議論の分析を行い、同時代人の中間団体論の主潮流がどのような傾向を有していたのかを確認する。

なお本稿では、特に断りのない限り、ニッパーダイ等のように分析概念として「コルポラツィオン」や「アソチアツィオン」という語を使うことを避け、史料において使用されている表現にしたがって表記する。また様々な社会的団体全般の総称としては、「中間団体」という表現を使用する。

2　プロイセン一般ラント法における「市民社会」

周知のとおり、ドイツ地域における「市民社会」に関する最も明快かつ重要な法的表現は、一七九四年六月一日に施行された「プロイセン一般ラント法 Das Allgemeine Landrecht für die preußischen Staaten」（以下ALRと表記）に登場する。以下に、同法典において「市民社会」、そして「市民」がどのように規定されているかを確認していく。

同法典の社会階層に関する基本的なコンセプトは、第二部第七～九章に示されている。[10] ここでは、社会各層を、農民身分（第七章）、市民身分（第八章）、そして貴族身分（第九章）に三分し、肝心の市民については、「市民身分は、その出生によって、貴族にも農民身分にも属さず、その後もこれらの身分に取り込まれることのない国家の全住民を含む」（第八章第一条）としている。これらの条文からはまずもって、同法典における「市民」が、伝統的な三身分制度のなかに位置づけられる一つの「身分 Stand」であること、そして身分としての市民の第一の要件が「出生」によって規定されていることが確認できよう。加えて重要なことは、市民身分が、貴族にも農民身分にも属さないという否定的定義によって規定される、いわば「残余」の存在だということである。「市民」とは、他身分との差異によってしか定義づけられない曖昧さを抱えた中間的存在なのである。

もっとも、このような定義がALRにおける「市民」を言い尽くしているわけではない。なぜならば、上述の規定に続く第八章第二条は、「都市に住居を定め、そこで市民権を取得した者は、本来の意味の市民とされる」としており、ここでは「都市市民 Stadtbürger」を市民身分の中核に据える中世以来の伝統的な解釈が示されているのである。とはいえ、これらの規定はどちらも、「市民」を旧来の身分制的枠組みのなかに回収している点では共通しており、ＡＬＲと、ＡＬＲに表現されている啓蒙絶対主義的理念の「前近代性」を強調する見解に一つの根拠を与えるものといえよう。

しかし、以上がＡＬＲにおける「市民」の規定の全てではない。上述の三身分の規定に先行する第一部第一章第二条には、全く異なった社会コンセプトが表明されている。(11) すなわち、そこでは、「市民社会は、自然か法律によって、あるいは同時にその両方によって結び付けられた、より小さな諸団体と諸身分から成るDie bürgerliche Gesellschaft besteht aus mehrern kleinern, durch Natur oder Gesetz, oder durch beyde zugleich, verbundnen Gesellschaften und Ständen.」とされており、「市民社会」は市民身分以外をも抱合するものとして構想されているのである。いうまでもなく、この場合の「市民」とは、全身分を内包しているがゆえに脱特権身分的な存在であると考えるべきであろう。たしかに、そこでの市民的「自由」や「平等」とは、絶対主義体制下における「臣民としての自由・平等」として理解すべきものであるが、いずれにせよ、近代的市民社会の大前提である個々人の平等性＝非特権化がアンシャン・レジーム期の法典において姿形を示し始めているという事実は重要である。

以上から、ＡＬＲにおける「市民社会」は、身分制との関係という観点に基づいて少なくとも三つの意味を有していると考えることができる。すなわち第一に、第二部第八章第一条によって表現される、貴族身分・農民身分以外の、いわば「残余の身分」としての市民によって構成される社会。第二に、第二部第八章第二条にみられる、伝統的な「都市市民」としての市民によって構成される社会。そして第三に、第一部第一章第二条にみられる、諸身分を包含する市民社会、という三様である。ＡＬＲには前二者に表れた伝統的な理解と三番目のニュートラルな市民社会理解が並存しており、そして三番目の定義自体もまたその内側に市民社会の構成要素として「諸身分」を含めているが、このような市民社会と身分制の同時存在こそが同法典における市民社会規定の特徴であるといえよう。R・コゼレック（R.Koselleck）は、ALRが公法的秩序に完全に服することのない中世以来の「特権の束」としての諸身分の自律性を否定し、これを一元的な公権力支配下の「国家的職業身分 staatliche Berufstände」へと再編しようとする試みであったことを主張している。[12] 換言すれば、ALRは、伝統的な三身分制とは異なる意味での、新しい「市民」そして「市民社会」を法的に規定することに成功したが、そこでの「新しい市民社会」とは決して身分制的要素の破棄によってではなく、むしろその「焼き直し」のうえに形成されたものであると考えるべきであろう。

しかし、これらの点に加えて、あるいはそれ以上に注目すべきは、三番目の規定において、「諸身分」と並立するものとして「より小さな諸団体」が位置付けられていることである。ここでの諸団体が、大学や職業団体、教会等の宗教組織、ゲマインデといった伝統的な諸組織に加え、継続的に公益を追求する様々な協会組織を意味していることは第二部第六章に示されているが、[13] 諸団体が身分制と相互補完的に市民社会を存立たらしめているという発想は、ニッパーダイ等の見解とは明らかに相容れないものであろう。ALR的な市民社会理解における社会的中間団体とは、身分制の桎梏からの個人の解放、そしてそれをつうじた平等で均質な市民社会の創出に寄与するものではなく、むしろ身分制的諸要素を残存させた市民社会を支える主柱として位置づけられるべきものなのである。

ALRの後、ナポレオン支配から一八四八／四九年革命までのドイツ地域における中間団体を取り巻く状況は、プロイセンをはじめとする諸邦の「上からの近代化」、一八一〇年代のブルシェンシャフト運動の活発化とそれに対する当局の規制、フランス七月革命の影響による一八三〇年代の初期自由主義運動の展開とメッテルニヒによる再度の弾圧という具合に、高揚と鎮静のあいだをめまぐるしく転移していく。しかしコゼレックが指摘するように、このような激しい状況変化にもかかわらず、法制度・構造的レヴェルにおいては、ALRにおいて定式化されたコンセプトは残存し続けた。[14] プロイセンでは一八〇七年一〇月九日の一〇月勅令以降、世襲身分の廃止、土地所有の全身分への開放、営業の自由に伴うツンフトの私的団体化、職業選択の自由の実現、人格的隷属の廃止、万人への官職の開放等、一連の諸改革が着手される。しかし注意すべきは、これらの改革が身分制に付随する「特権」とその世襲制的性格を否定したものの、身分制そのものの否定に至らなかったということである。改革によって実現されたのは「身分制を克服した市民社会」ではなく、「身分制を内包した市民社会」、換言すれば「開かれた身分制社会」に他ならなかったのであり、この点ではプロイセン以外の諸邦も同様か、あるいはプロイセンよりも遅くまで、身分制的枠組みを残存させ続けていたのである。[15]

市民社会にまつわるこのような状況は、法制度上のレヴェルにとどまるものではない。周知のごとく、L・ガル（L.Gall）は、「職業身分的に組織された家父長的な基礎の下での中間層社会という、階級のない市民社会」が初期自由主義者による市民社会の理想像であったことを主張しているが、[16] このようなガルの見解を受け入れるならば、市民社会を開かれた身分制の土台のうえに築こうとする構想は、この時代の「進歩」を牽引する陣営においても受容されていたのであり、次節ではこの点について考察を進めていく。

3　ヘーゲル、ヴェルカーにみる三月前期の中間団体論

ニッパーダイの整理に拠れば、三月前期の中間団体は、一般教養の獲得を目的としたものから個別の文化領域を追求するものへの変化や、階層別の協会形成の進行といった傾向を示しており、加えて脱階層的な組

織や利益団体的な職業組織、国家活動を補完する結社といった新しいタイプの組織が台頭してくる。[17]また、先述のダンの論文集において当該期の考察を担当したハルトヴィヒの場合、同時期のアソチアツィオンの形成過程の特徴を、差異化・多様化、中央集権化、下層民への拡大・浸透、大衆的広がり、という四点に整理し、「身分的・社団的生活のつながりが緩み、あるいは消失したところではどこでも協会というかたちで、自発的で自己選択的で部分的な社交が取って代わった」としている。[18]当該期をアソチアツィオンの展開期とする理解はニッパーダイやハルトヴィヒだけのものではなく、この時期の諸組織における様々な実践が一八四八／四九革命を導くような新しい社会関係を創出する可能性を秘めていたことは、多くの個別事例研究によっても示されている。しかし、ここまでみてきたように、当時の「市民社会」をめぐる議論に身分制的要素が色濃く残存していたことを踏まえるならば、はたして三月前期のアソチアツィオンを「身分・社団的生活」＝コルポラツィオン的社会関係が消滅したところに立ち現れたものとして考えることが出来るのだろうか。

まずはG・W・F・ヘーゲル（G.W.F.Hegel 一七七〇～一八三一）が一八二一年に発表した『法の哲学』を確認しよう。彼は同書において、あまりにも有名な市民社会＝「欲求の体系」論を展開しているが、ここで第一に指摘しておきたいのは、「国家の第一の土台は家族、身分は第二の土台」という表現に明らかなように、ヘーゲルの説く市民社会――市民社会はその「特殊性」を克服し「普遍性」を獲得したとき「国家」へと発展する――がやはり身分制に立脚したものであるという点である。[19]もとより、ヘーゲルは『法の哲学』に先行する『人倫の体系 System der Sittlichkeit』（一八〇二～〇三年）等で既に、身分制を土台とした市民社会論を展開しており、身分制は彼の社会論の抜き去りがたいモチーフであるといえる。

ヘーゲルはALR的な市民社会観を基本的に継承したうえで、以下のように論じる。「家族が国家の第一の倫理的な土台であるのに加え、コルポラツィオンCorporationは国家の第二の倫理的土台、すなわち市民社会に根差した土台をなす」、「婚姻の神聖さとコルポラツィオンにおける誇りは、市民社会の無秩序がそれを軸として回転する二つの契機である」[20]。ここでヘーゲルが「コルポラツィオン」という語で表現しているものが、ニッパーダイ等の定義とは異なる点に注意したい[21]。ヘーゲルはコルポラツィオンと国家の関係について、国家による「上からの監督」が無ければ「コルポラツィオンは頑なに自分の殻の中に閉じこもってだめになり、あさましい（中世的な）同職組合組織（ツンフト）になりさがる」と述べており、「コルポラツィオン」を「同職組合」に限定せず、人々に私的利害を超越した「普遍的な職務」を与えるような社会組織全般を含めているのである[22]。しかしいずれにせよ、このようなコルポラツィオンと国家との結びつきが不可欠であるというのが、ヘーゲルの所論の主眼である。

「身分制を内包した市民社会」という基本モチーフに立脚したヘーゲルのコルポラツィオン論が、ALRと大枠でも共通していることはいうまでもないが、ヘーゲルに特徴的なのは、自身の市民社会論の根本的なテーゼである「市民社会」の「国家」へのアウフヘーベンの契機にコルポラツィオンを位置づけることで、コルポラツィオンと国家の結びつきをALRよりも強調している点にある。彼に拠れば、コルポラツィオンは、「欲求の体系」としての市民社会を無秩序状態から救い出し、特殊利害に分裂した個々の市民を「倫理的 sittlich」な状態へと導く役割を果たす。しかし他方では、コルポラツィオンを放置すれば中世的な特権団体へと堕落する危険があり、それを防止するためにも、コルポラツィオンと国家は相互依存的な関係を結ばざるを得ないのである。

このようなヘーゲルの所論に対して、後続する初期自由主義者達はどのような立場をとったのだろうか。ここでは、三月前期の自由主義思想の集大成とされる、C・v・ロテック（C.v.Rotteck 一七七五〜一八四〇）

とC・ヴェルカー（C.Welcker 一七九〇～一八六九）が編纂した『国家事典』[23]を考察しよう。

ヘーゲルの議論とヴェルカー達のそれを比較した際にまず重要なのが、後者においては「アソチアツィオン Association」と「コルポラツィオン Corporation」の概念的な区別が生じている点である。まず、コルポラツィオンについては、同事典の第三巻において独立した項目として登場する。[24]執筆者のヴェルカーは、コルポラツィオンとは、個々人がより高度で永続的な目的を達成するために「全体人格 Gesammtpersönlichkeit」へと統合することであり、「国家組織 Staatsverein」こそ、その最終的かつ完全な形態であるとする。このような結合は、単なる契約や一時的な恣意によって創出されるものではなく、また政府による認知や承認を受けることなしに設立・解散されるべきものではない。コルポラツィオンは、所属者が高次の目的のために互いにかたく結合するとともに組織における自らの義務をわきまえ、公権力がこれに承認と裁可を与えることではじめて成立し、その際には身分法的な規定と公共の福祉に適合することが条件となるのである。

これに対して、アソチアツィオンはどのように規定されるのか。第一巻の「アソチアツィオン」の項目において、ヴェルカーは以下のように論じる。[25]アソチアツィオンとは、「何らかの欲求や必要、あるいは何らかの目的のために、団体を形成することVergesellschaftung oder gesellschaftliches Aneinanderschließenである」。このアソチアツィオンには、持続的／一時的、秘密／公開、私的／公的、私法／公法の対象、閉鎖的／開放的、国家による承認／未承認、契約に基づく合意／共通の利益に基づく合意、大きいもの／小さいもの等、様々な区別がある。しかしいずれの場合にも、その設立、活動、解散は公権力の規制から自由に行われるべきであり、この点がまずコルポラツィオンとは異なっている。そしてヴェルカーは、アソチアツィオンを形成することが人間の生得的な権利であり、アソチアツィオンが社会生活のために必要不可欠なものであるとさえ主張する。彼に拠れば、人々が自由にアソチアツィオンを形成する権利を認められずに、自己の仕事・活動を孤立して行わなければならないとするなら、利己主義や窮乏状態に陥ってしまう。アソチアツィオンは、「市民と国家の活動と教化、福利と力のための常に新鮮な源である。それは、国家の諸制度と目的をネイション諸層の自由な生活へと結合させる。それは、最下層の最も野蛮な人々をも含む個々人に、より高次かつ普遍的な目標と法を示し、彼らを教化し、紀律化し、道徳的に育成する力を有している。そしてとりわけ、より高次の生活原理、公共精神Gemeingeist　最も偉大なものの源 を発展させるのである」。

ヴェルカーはさらに、アソチアツィオンの意義を歴史的な文脈に当てはめて論じてみせる。すなわち、封建的中世から「国家公民による代議制度　staatsbürgerliche Repräsentativverfassung」の時代への過渡期としての絶対主義の統治と、専制的・中央集権的なナポレオン支配の時代に試みられた封建的諸関係の除去は、ネイションの結合をアトム的個人にまで分解した。そして、こんにち代議制が採用されている諸邦においても、ネイションのアトム化の傾向は残存している。このような状況に対して、公共精神を復活させ、古代ギリシアやローマ、あるいはアメリカにみられるような民主的制度　demokratische Verfassung を定着させるためには、自由なアソチアツィオンが保障されるべきである。アソチアツィオンの拡大と浸透は、現代においてこそ、「村や百人組、マルクゲノッセンシャフトやラントの裁判集会に頻繁かつ恒常的に参集していた時代よりも一層必要なのである」。

以上のようなヴェルカーの主張の特徴として、以下の点を指摘しておきたい。まず、ヘーゲルにおいては自身の市民社会構想に関与する社会集団は「コルポラツィオン」の語によってのみ表現されているが、それに対してヴェルカーは「コルポラツィオン」と「アソチアツィオン」の二語を併用することで、社会集団一般を概念的に二つに区分している。ヴェルカーはコルポラツィオンを、国法によって「恒久の国家的な目的のために創られた組織」であり、国家の一つの「機関 Organ」、あるいは「道具 Werkzeug」と呼ぶべき存在であると規定し、他方でアソチアツィオンを国家の統制から自由な存在とすることで、基本的にあらゆる組織を国家との関係において捉えたヘーゲルの限界を一定程度まで克服したといってよいだろう。ただし、ヴェルカーのアソチアツィオンは、国家とネイションのために有意義な働きをするものであり、コルポラツィオンに比していささかもその重要性が失われるものではない。

さらに、このようなヴェルカーの二分法はニッパーダイ等の所論とも共通しているが、決定的な点で異なっている。すなわち、ヴェルカーによるアソチアツィオンとコルポラツィオンの区分は、時間的な差異として意識されておらず、そこではあくまでも、コルポラツィオンからアソチアツィオンへの移行ではなく、両者の両立が構想されているのである。したがって、三月前期の自由主義の理論的水準においては、ニッパーダイによって「新しい公共性」としての市民社会形成の原動力とされるアソチアツィオンが登場した後も、コルポラツィオンの残存によって身分制の余地は確保されているのである。このようなヴェルカーの理論は、いうまでもなく、当時のドイツ地域の状況、とりわけヴェルカーの属した西南ドイツ地域の実際の政治・社会状況を反映したものであり――当時の理論的動向の考察を課題とする本稿ではフォローできないが――、当時の「市民社会」の実態分析という今後の課題に取り組む際に、我々はそこに過度に近代的な色彩を帯びた市民社会のイメージを投影することを許されないだろう。

4　今後への展望

これまでの考察から、以下の点が明らかになった。まず第一に、近代的アソチアツィオンの発展期とされる一八世紀後半から一九世紀前半期において、ALRによって示されたような、身分制に立脚した市民社会というモチーフがなお依然として残存し続けており、ヘーゲル等の議論もこれによって大枠を規定されていた。そして第二に、ヘーゲルによって国家制度との相互依存関係をもって語られていた中間団体は、ヴェルカーにおいては国家の承認に依存しない「アソチアツィオン」というあり方を獲得するが、その場合にも、一九世紀前半期の当該地域の社会的現実を土台として、国家の承認を存立の基盤とするコルポラツィオンが理論的に廃棄されたわけではなく、アソチアツィオンとコルポラツィオンの相互補完こそが、個人のアトム化や社会の個別利害への分裂を防ぐ方法として考えられていたのである。

このような、当該期における中間団体論が、ニッパーダイ等の先行研究が説く「アソチアツィオン＝近代的市民社会のひな型」という図式と大きく異なるのはいうまでもない。すなわち、当時のドイツ地域におけ る「アソチアツィオン」の論理とは、「自由」や「平等」といった「近代的市民社会」の原理へとつながる側面のみならず、旧来の身分制的社会構想を継承する側面を有していたのであり、両側面の混合したものとして理解すべきものなのである。

最後に、今後の課題として以下の二点を挙げておきたい。第一に、協会組織に関する議論のその後の展開を確認する必要性があろう。周知のごとく、一八四八／四九年革命以降、ドイツ諸邦においても身分制的特権は法的に否定されるに至る。欽定憲法であり革命の否定を根本精神とするプロイセン憲法（一八五〇年一月三一日公布）においてすら、その第四条は「全てのプロイセン人は、法の前に平等である。身分上の特権は認められない」としているのであり、しばしば「挫折せる革命」と評価される一八四八／四九年革命は、「平等な国家公民」の創出というプロイセン改革以来のプログラムを前進させたという意味では、一定の成果をもたらしたのである。しかし、本稿でみてきた、身分制を基盤とした協会論は革命によっても途絶することはなく、それどころかG・ベーゼラー（G.Beseler 一八〇九〜八八）やO・Fr・v・ギールケ（O.Fr.v.Gierke 一八四一〜一九二一）等によって、新しい帝国の国制を理論的に補強するものとして、帝政期において強固な影響力を持ち続ける。[26] また一八八〇年代には、F・テンニース（F.Tönnies 一八五五〜一九三六）やM・ヴェーバー（M.Weber 一八六四〜一九二〇）によって、ギールケ達が体系化した有機体論的ゲノッセンシャフト論とは一線を画する議論が展開されることとなる。[27] これらの第一次世界大戦以前までの理論的成果は、その後、一方では彼ら理論家の予想した以上の速度で進行する大衆社会化によって、[28] また他方では後続する思想家たちの曲解によって、[29] ハーバーマスやコンツェ、ニッパーダイ等までの暫くの間正当な継承者を獲得するに至らなかったが、「長い一九世紀」の後期におけるそのような中間団体論をさらに精緻に考察することはこんにちの市民社会論の再検討にも寄与するものであろう。

第二に、前節の末尾でも述べたように、当該期における様々な協会運動の実態に即した分析が不可欠である。当然ながら、当時の協会組織に関する理論が同時代の現実状況と無関係であったわけではなく、それどころか実社会における様々な組織の実践こそは、理論的な潮流が形成されるうえでの最大の要因であった。本書で検討したALRの制定の背景にはフリーメイソンや諸種の学術協会、読書協会等の勃興という社会状況があったし、ヘーゲルやヴェルカーが持論を展開した一九世紀前半には、社会的中・下層民への協会運動の拡大やその活動の多様化が進行し、またそれらの組織のなかから徐々に近代的政党組織の初期的形態が形作られつつあったのである。そのような現実のレヴェルにおける諸組織の拡大は、その歴史的意味をどのように論じるにせよ、その重要性を看過されることがあってはならないのである。

注

（1）J. Habermas, *Strukturwandel der Öffentlichkeit: Untersuchungen zu einer Kategorie der bürgerlichen Gesellschaft*, Frankfurt a. M. 1990（Neuauflage）, S. 46（細谷貞雄、山田正行訳『公共性の構造転換―市民社会の一カテゴリーについての探究』未来社、一九九四年、xxxviii頁）。

（2）L. M. Salamon, *Global Civil Society: Dimensions of the Nonprofit Sector*, Baltimore 1999; 同、H・K・アンハイアー（今田忠監訳）『台頭する非営利セクター――十二カ国の規模・構成・制度・資金源の現状と展望』ダイヤモンド社、一九九六年。

（3）P. Hirst, *Associative Democracy*, Cambridge 1994.

（4）R. D. Putnam, *Making Democracy Work: Civic Tradition in Modern Italy*, Princeton 1993（河田潤一訳『哲学する民主主義―伝統と改革の市民的構造』NTT出版、二〇〇一年）。*idem, Bowling Alone: The Collapse and Revival of American Community*, New York 2000（柴内康文訳『孤独なボウリング―米国コミュニティの崩壊と再生』柏書房、二〇〇六年）。ただし、*idem*,（ed.）, *Democracies in Flux*, Oxford 2002では、アソシエーションは様々な「社会関係資本 social capital」の一つにすぎないものとされており、よりインフォーマルな人間関係の重要性が指摘されている。パットナム等の議論に対する歴史研究の立場からの、とくにトクヴィル理解をめぐる批判として、S.-L. Hoffmann, Democracy and Associations in the Long Nineteenth Century: Toward a Transnational Perspective, *The Journal of Modern History*, 75（2003）. わが国では、佐藤慶幸『NPOと市民社会―アソシエーション論の可能性』有斐閣、二〇〇二年や、田畑稔、大藪龍介、白川真澄、松田博編『アソシエーション革命へ―理論・構想・実践』社会評論社、二〇〇三年等の議論がある。

（5）山口定『市民社会論―歴史的遺産と新展開』有斐閣、二〇〇四年等を参照。

（6）W. Conze, Das Spannungsfeld von Staat und Gesellschaft in Vormärz, in: ders, *Staat und Gesellschaft im deutschen Vormärz 1815-1848*, Stuttgart 1962. コンツェ以前の研究としては、法学の分野におけるFr・ミュラーの博士論文（フライブルク大学に提出）があり、ルソーからドイツ・ロマン主義、ヘーゲルを経て三月前期に至る時

期の概念史的分析を試みているが、若干図式的に過ぎるきらいがある。Vgl., Fr. Müller, *Korporation und Assoziation: Eine Problemgeschichte der Vereinigungsfreiheit im deutschen Vormärz,* Berlin 1965.

(7) Th. Nipperdey, Verein als soziale Struktur in Deutschland im späten 18. und frühen 19. Jahrhundert. Eine Fallstudie zur Modernisierung I, in: ders., *Gesellschaft, Kultur, Theorie: Gesammelte Aufsätze zur neueren Geschichte,* Göttingen 1976, S. 180ff.

(8) O. Dann (Hg.), *Vereinwesen und bürgerliche Gesellschaft in Deutschland,* in: Historische Zeitschrift, Beiheft 9, München 1984, S. 5.

(9) Vgl., W. Hartwig, Strukturmerkmale und Entwicklungstendenzen des Vereinwesens in Deutschland 1789-1848, in: Dann, ebd., S. 11-50; A. Hueber, Das Vereinsrecht im Deutschland des 19. Jahrhunderts, in: Dann, ebd., S. 115-132. 概念史的な考察に関してはハルトヴィヒが担当した『歴史基礎概念事典』の以下の項目を参照。W. Hartwig, Art., Verein , Gesellschaft, Geheimgesellschaft, Assoziation, Genossenschaft, in: O. Brunner/W. Conze/R. Koselleck (Hg.), *Geschichtliche Grundbegriffe: Historisches Lexikon zur politisch-sozialen Sprache in Deutschland,* Stuttgart 1977-1997, Bd. 6. わが国では、村上淳一『ドイツ市民法史』東京大学出版会、一九八五年、藤田幸一郎『都市と市民社会―近代ドイツ都市史』青木書店、一九八八年、村上俊介『市民社会と協会運動―交差する一八四八／四九年革命研究と市民社会論』御茶の水書房、二〇〇三年等を参照。ただし、これらの邦語文献はいずれも、基本的にニッパーダイやダンの見解に従っている。

(10) *Das Allgemeine Landrecht für die preußischen Staaten von 1794,* Textausgabe, Fankfurt. a. M 1970, II7-9.

(11) Ebd., I1§2.

(12) R. Koselleck, *Preußen zwischen Reform und Revolution: Allgemeines Landrecht, Verwaltung und soziale Bewegung von 1791 bis 1848,* 3. Aufl., Stuttgart 1981, S. 70-76.

(13) *Das Allgemeine Landrecht für die preußischen Staaten von 1794,* II6.

(14) Vgl., Koselleck, ebd., S. 153.

（15）例えば、西南ドイツ諸邦における身分制的諸制度の残存を想起せよ。

（16）L. Gall, Liberalismus und >bürgerliche Gesellschaft<: Zur Charakter und Entwicklung der liberalen Bewegung in Deutschland, *Historische Zeitschrift*, 220（1975）. ガルへの批判としては、さしあたって以下を参照。W. J. Mommsen, Der deutsche Liberalismus zwischen "Klassenloser Bürgergesellschaft" und "Organisiertem Kapitalismus": Zu einigen neueren Liberalismusinterpritation, *Geschichte und Gesellschaft*, 4（1978）.

（17）Th. Nipperdey, a. a. O., S. 183-204.

（18）W. Hartwig, a. a. O., S. 13-19.

（19）G. W. F. Hegel, *Grundlinien der Philosophie des Rechts*,（藤野渉、赤沢正敏訳『法の哲学　世界の名著44 ヘーゲル』中央公論社、一九七九年所収）§201 Zusatz.

（20）Hegel, ebd., §255.

（21）ハルトヴィヒに拠れば、ドイツ地域でAssociation の語が一般的に使用されるようになるのは一八三〇年代中葉からである。Vgl. W. Hartwig, Art. Verein, Gesellschaft, Geheimgesellschaft, Assoziation, Genossenschaft, in: O. Brunner/W. Conze/R. Koselleck（Hg.）, a. a. O., Bd. 6, S. 809.

（22）職業団体に限定して論じている場合でも、ヘーゲルは職業選択の自由を擁護している。

（23）C. v. Rotteck/C. Welcker（Hg.）, *Staats-Lexikon: oder, Encyklopädie der Staatswissenschaften, in Verbindung mit vielen der angesehensten Publicisten Deutschlands*, Altona 1834-1843. 本稿では第二版（一八四五－四八年）を使用。

（24）Ebd., 1846, 2. Aufl., Bd. 3, Art. Corporation, Corpus, universitas, moralische Person, Personengemeinheit, Gemeinheit（Collegium）.

（25）Ebd., 1845, 2. Aufl., Bd. 1, Art. Association, Verein, Gesellschaft, Volksversammlung（Reden aus Volk und collective Petitionen）, Associationsrecht.

（26）Vgl. G. Beseler, *Volksrecht und Juristenrecht*, Leipzig 1843; O. Fr. v. Gierke, *Das deutsche Genossenschafts-*

recht, 4 Bde., Berlin 1868-1913.

(27) F. Tönnies, *Gemeinschaft und Gesellschaft: Grundbegriffe der reinen Soziologie*, Leipzig 1935（杉之原寿一訳『ゲマインシャフトとゲゼルシャフト—純粋社会学の基本概念』（上・下）岩波書店、一九五七年）。M. Weber, Soziologische Grundbegriffe in: ders., *Wirtschaft und Gesellschaft*, Köln/Berlin 1964（清水幾太郎訳『社会学の根本概念』岩波書店、一九七二年）。

(28) ギールケ自身、一九一三年の『団体法論』第四巻において、第一巻において展開された議論が「ただ研究のみならず、実生活によっても超越された」と述べている。O. Fr. v. Gierke, a. a. O., Bd. 4, S. 5.

(29) 例えば、ナチ期の以下のギールケ理解等を想起せよ。Vgl., R. Höhn, *Otto von Gierkes Staatslehre und unsere Zeit: Zugleich eine Auseinandersetzung mit dem Rechtssystem des 19. Jahrhunderts*, Hamburg 1936.

第13章

一九世紀バルト海沿岸諸県の啓蒙・教育活動とロシア帝国

――『ロシア国民教育省公報』を中心に――

今村　労

1　ロシア国民教育省とバルト海沿岸諸県

一九世紀までに広大な領土を獲得したロシア帝国において、ツァーリ政府は、その確固たる「権威・権力」の下で、支配下の諸地域・諸民族を統治すべきものとされた。しかし実際には、諸地域のエリート集団が伝統的な「権威・権力」を保ち、帝国政府はしばしばこれら既存の「権威・権力」との妥協を余儀なくされ、時にはこれらの「権威・権力」を巧みに利用することで統治体制の安定を導き出した。本稿では、一九世紀バルト海沿岸諸県（以下「バルト諸県」）における啓蒙・教育活動と、これに対するロシア国民教育省の動向を中心に、帝国における「地域のエリート集団の権威・権力」と「政府の権威・権力」との関係を考察する。

検討の基本史料として、『ロシア国民教育省公報』（Журнал Министерства Народнаго Просвещения　以下『教育省公報』もしくはЖМНП）の記事・論説を利用する。同誌は、一八三四年から季刊で発行された教育省の公報で、教育・啓蒙活動に関連する勅令（высочайшее повеление）、同省の省令（министерское распоряжение）の他、学術論文、ロシア及びヨーロッパ諸国の教育機関や学会の動向、ロシアで刊行されている新聞・雑誌の状況、ロシア及びヨーロッパ諸国で出版された書籍の紹介などが掲載されている。[1] ここでは、同誌におけるバルト諸県に関する勅令・省令、その他の記事・論説を参照し、バルト諸県の教育・啓蒙活動に対する教育省の見解や対応について検証する。

バルト諸県とは、現在のエストニア共和国・ラトヴィア共和国にあたるエストラント・リフラント・クールラント三県を指す。北のエストラントと中央のリフラントは大北方戦争（一七〇〇～二一）によりスウェーデンから割譲され、南のクールラントは第三回ポーランド分割（一七九五）の際にロシアに併合された。三県のうち、エストラントとリフラント北部がほぼ現在のエストニア共和国にあたり、住民の多数をエストニア人が占め、リフラント南部とクールラントがほぼ現在のラトヴィア共和国にあたり、住民の多数をラトヴィア人が占めていた。

しかし、これらの諸県において事実上の支配階層を形成したのは、中世後期から断続的に入植したドイツ系住民（バルト・ドイツ人）であった。彼らは、農村では領主貴族として、都市では富裕市民として、農民や都市下層民を成す多数のエストニア人・ラトヴィア人を従属させていた。各県では、ドイツ人領主貴族の代表で構成されるラントターク（Landtag）が最も重要な決定機関となり、都市においてもドイツ人富裕市民が中世以来の自治権を掌握した。これらバルト・ドイツ人の特権・自治権は、一九世紀の末までに縮小や制限をみたが、支配階層としての彼らの優位は、第一次世界大戦まで維持された。[2] 必然的に、ドイツ語が事実上の公用語として公的機関、高等・中等教育機関で使用され、同時にエストニア語・ラトヴィア語が、日常語としてそれぞれエストニア人・ラトヴィア人の間で用いられた。

従って、この地域の啓蒙・教育活動においても、主導権を掌握したのはバルト・ドイツ人であった。一八〇二年に創設されたドルパト大学（ロシア語ではデルプト大学）は、教員・学生の大部分がドイツ人で占められ、授業も一部を除いてドイツ語で行われた。ギムナジウムをはじめとする中等教育機関も、同様にドイツ人の教員がドイツ語で授業を行い、生徒の多数がドイツ人であった[3]。また初等教育においては、ルター派教会が主要な役割を担い、主としてエストニア人・ラトヴィア人の子供を対象に、カテキズムとそれに必要な「読み方」（エストニア語・ラトヴィア語）、および「算術」などを教えた。ルター派教会の活動も、バルト・ドイツ人の統治機構による指導・監督の下で行われ、牧師も当初はほとんどがドイツ人であった[4]。

2　バルト諸県のロシア語教育

一八三〇年代から、教育省は、バルト諸県の学校に対する同省の指導体制強化と、各学校におけるロシア語教育の強化を試みた[5]。前者に関しては、一八三五年にバルト諸県以外の地域において施行されていた「国民教育省学区規定」[6]が、一八三七年から同地方にも適用された[7]。従来、ロシアでは、一八〇四年に制定された「大学管轄下の学校令」により、帝国を六つの学区に分割し、各々の学区に一校ずつ大学を設置し、大学が学区内の中等・初等教育機関の指導・監督に携わることとされていた[8]。この「学校令」にもとづき、バルト諸県はドルパト学区として統括され、ドルパト大学が学区内の諸学校を管轄した。これに対し、一八三五年の「学区規定」では、大学が学区内の諸学校を指導・監督するという体制が見直され、学区内のすべての学校は、学区監督官（попечитель）の下におかれ、学区監督官は教育相の指示のもとにその業務を遂行するとされた。この「学区規定」がドルパト学区にも適用され、学区監督官を通じた国民教育省による管理体制の強化が図られたのである。

さらにロシア語教育の強化については、以下のような措置がとられた。一八三四年二月二〇日の勅令で、

「ドルパト学区のギムナジウム生徒のうち、他のすべての科目及び生活態度において優秀であるとともに、試験においてロシア語の十分な知識とロシア文学における優秀な成績を証明した者には、公務への就任に際し一四等官の称号の資格を与える」と定められ、ギムナジウム生徒に対しロシア語学習の意欲促進が図られた。[9] 一八三六年一二月一六日の勅令では、ドルパト大学の卒業生に関して、「ロシア語の十分な知識のないかなる者にも、学士、得業士、医師の称号を授与しない」こと、入学に関しては「五年後からは、ロシア語の基本的知識に関する厳格な予備試験に合格しないかぎり、いかなる者も同大学に入学できない」とされた。[10] 一八三七年一月二二日の勅令では、「三年後から、バルト海沿岸諸県出身者のうち、担当の科目をロシア語で授業する能力を持たない者は、ギムナジウムおよび諸学校の教員として認めない」とされた。[11] これらの決定は、大学・ギムナジウムの学生・生徒にロシア語の知識を要求するとともに、将来的にはロシア語による講義・授業の遂行を意図したものであった。

また、一八四〇年一月一四日の勅令では、「ドルパト初等師範学校において、初等学校教員の欠員補充に必要とされる一〇名の学生定数に、さらに四人を加え、彼らをドルパト学区の郡学校ロシア語教員として就職させるために教育し、師範学校の課程修了後は、最終的研修として中央教育大学へ二年間派遣する」[12] とされ、ロシア語教員養成の強化が図られた。さらに一八五三年四月六日の勅令では、「女子家庭教師(домашняя учительница)の称号を求めるバルト諸県の出身者に、他の教科から独立して、ロシア語の試験を課し、彼女らの中でこれにおいて少なくとも十分な知識を示した者にのみこの称号を認める」とされた。[13] 後述のように、バルト諸県では、初等教育において家庭教育の果たす役割が大きく、家庭教育に従事する可能性がある女子の中等教育修了者にもロシア語の知識が求められたのである。

これら一連の法令の公布とともに、一八三七年には国民教育相ウヴァロフがバルト諸県の諸学校を視察した。ウヴァロフは、ミタウ（現イェルガワ）のギムナジウムと郡学校、リガのギムナジウム・郡学校・大聖堂学校、ドルパト大学と同市のギムナジウム・郡学校・初等師範学校などを視察し、各学校でロシア語の授業・試験などに立ち会った。『教育省公報』における報告では、ウヴァロフは、視察に訪れた各々の学校で、学生・生徒のロシア語学習に対する勤勉な姿勢、ロシア語の十分な能力、さらに学校当局・教員の努力に満足と感謝の意を表明したとされている。(14)

3　リフラントの民衆教育

しかし教育省の政策は、思惑どおりにいったとはいえなかった。一八三九年一二月一五日の勅令では、「〔一八四一年一二月一六日以降、ロシア語の基本的知識に関する厳格な予備試験に合格しない場合は、いかなる者も同大学に入学できないとした〕一八三六年一二月一六日の勅令の発効を、一八四五年一二月一六日まで延期する」とされ、ドルパト大学入学者にロシア語の知識を求めることは、さらに引き延ばされた。(15)

前述のように、バルト諸県では、公用語としてドイツ語が、日常語としてエストニア語・ラトヴィア語が使用され、公的にも私的にもロシア語が用いられることは極めてまれであった。バルト・ドイツ人が支配階級を占め、彼らの自治機構が確立していたバルト諸県において、ロシア語を学ぶ必然性は、ドイツ人にも、エストニア人・ラトヴィア人にもほとんどなかった。また、大学・ギムナジウムの学生にロシア語の知識を義務づけることは、バルト・ドイツ人の中に強い抵抗を生じさせた。(16)さらに、十分な質と量のロシア語教員を確保することの困難もあり、結局、一八八〇年代まで、大学・ギムナジウムにおける学生のロシア語の知識は、前述の勅令にもかかわらず、不十分な状態が続いた。(17)また、一九世紀前半のロシア政府による教育政策は、高等教育・中等教育にその関心が集中し、初等教育に対する積極的な姿勢はほとんどみられなかった。制度的には、教区学校が初等教育を担うものとされたが、その設立・運営は、財政的負担を含めて地域の領主貴族、教会、都市の行政当局などに委ねられていた。[18] バルト諸県においては、前述のように、ドイツ人領主、ルター派教会などが主要な担い手となり、エストニア人・ラトヴィア人の子供を対象としたエストニア語・ラトヴィア語による初等教育が普及していた。

結局のところ、一九世紀中葉のバルト諸県の諸学校では、教育省による指導・監督の体制も、ロシア語教育の強化も、不完全なものに終わった。その状態に関連する論説として、一八六二年の『教育省公報』第一一六号に掲載された「リフラントにおける民衆学校（Народныя училища в Лифляндии）」[19] がある。これは、ドルパトで刊行されていた雑誌『インラント（Inland）』に発表された、ドルパト大学教授ブルメリンク（A. Bulmerincq）の論文「リフラントの地方学校制度（Livländisches Landschulwesen）」にもとづいて、同県の民衆教育の実情を紹介したものである。ここでは、この論説から、当時のバルト諸県の民衆教育とそれに対する教育省の見解・対応を考察する。

論説では、リフラントの民衆教育を担う機関として、村落学校（Gemeindeschule）、教区学校（Kirchspielsschule）、教会勤務者養成学校（Küsterschule）、およびこれらを補助する家庭教育や日曜学校について、教授内容、学校数、生徒数などが示されるとともに、これらの学校の管理・運営あるいは指導・監督を行う機構が紹介されている。村落学校では、一〇歳以上の子供を対象にカテキズム、読み方、初歩的な賛美歌の歌唱が教えられ、教区学校では、一四歳以上の生徒に書き方、算術、教会史、その他日常生活に必要な知識が教授された。また、教区学校は、村落学校の教員養成の役割を担うものとされ、村落学校や家庭での指導方法なども教えられた。そして住民数が五〇〇を超える共同体は必ず一つの村落学校を、五〇〇に満たない場合は複数の共同体で一つの村落学校を設置することが、また教区民が二千人を超える教区は一つの教区学校を設置することが義務づけられた。[20] また一〇歳以上のすべての子供は村落学校に通うことが義務とされ、これに反した場合、その両親もしくは共同体の負担により懲罰学校（Strafschule）を設置することとされた。教区学校は、少なくとも一二人の生徒を共同体の費用で受け入れるものとされ、これらの生徒は、課程修了後少なくとも六年間、共同体の書記もしくは村落学校教員として勤務することが義務づけられた。一方、教会勤務者養成学校は、ヴァルク市（リフラント中部の都市、現在はエストニア・ラトヴィアの国境地域にあり、エストニア側はヴァルガ Valga、ラトヴィア側はヴァルカ Valka）の近郊に建設され、教会勤務者、オルガニスト、教区学校教員の育成が目的とされた。カリキュラムには、神学・数学・世界史・音楽・地理・エストニア語・ラトヴィア語・ドイツ語・デッサン・物理学・博物学・教授法などがおかれ、教区学校教員になるための実践的な訓練も課せられた。そして課程修了後は、原則として少なくとも六年間、教区学校教員として勤務することが義務づけられた。これらの学校とともに、リフラントの民衆教育において重要な役割を果たしたのが家庭教育であった。村落学校入学前の一〇歳未満の時期には入学の準備として、村落学校・教区学校への入学後も授業期間以外の時期の補助教育として、家庭教育を施すことが求められた。[21] そして家庭教育の監督・援助のため、巡回教師・教理教師・牧師が各家庭を巡回し、その達成度を確認するため定期的な試験も課せられた。そしてこれらの学校設立・維持管理・指導監督の機関として、上級学校委員会（Oberlandschulbehörde）、地区学校委員会（Kreis-Landschulbehörde）、教区学校委員会（Kirchespiels-Schulverwaltung）が設置された。

このように、リフラントでは、エストニア人・ラトヴィア人民衆を対象に義務教育に近い制度が整えられていたこと、またエストニア人・ラトヴィア人のなかから民衆教育を担う教員が輩出されていたこと、さらにこれらの民衆教育をバルト・ドイツ人を中心とする機関が管理・指導していたこと、などが『教育省公報』の論説において示されている。この論説が、実情をどこまで正確に伝えているかは推測の域を出ないが、リフラントの民衆教育を教育省がどのように捉えていたかをそこから窺い知ることはできる。

まず「リフラントにおける農村住民の基礎教育のあらゆる局面を、しかるべき正確さをもって観察し、支配階層のゲルマン的要素が、……〔それとは〕まったく異なった性格を有するラトヴィア人・エストニア人のなかに徐々に刻み込まれていくあらゆる手段を検討することができれば、その結果は、特に地理的状況によりゲルマン的文明との接触のなかにあるすべてのスラヴ民族にとって、興味深く、それどころか教訓的な多くのものを有するであろう」と述べ、リフラントの民衆教育の中に学びうるものが少なからずあることを認識している。そしてリフラントの民衆教育は、バルト・ドイツ人がエストニア人・ラトヴィア人を服従させるための「不断の合理的な活動」であり、自らの優位を保つための「法秩序の形態」であるとする。[22] また、民衆教育が実質的に義務化されていることについて、「農村住民の依存的状況と、……無気力に対抗するために、ある種の道徳的強制が必要である」として共感を示し、このような道徳的強制は、「まったく異なった民族で、独自の言語を話し、独自の慣習を有し、外来者の支配階層に過去の時代から根を張った憎悪を有する多数の農村住民の抵抗にあうような場合は、なおさら有効である」[23]、と述べている。すなわち教育省は、リフラントの民衆教育を、バルト・ドイツ人によるエストニア人・ラトヴィア人の支配という、伝統的な支配従属関係を維持し、バルト・ドイツ人の優位を保つ手段とみなす。そして、民衆教育が、民衆を服従させ、既存の身分的秩序を保つ有効かつ必要な手段のひとつであり、同様の民衆教育を帝国の他地域に導入することの有効性・必要性を示唆する。また「……民衆教育のすべての方向性は貴族階級（Ritterschaft）に掌握され、……貴族会議は民衆教育に関するすべての重要な問題を決定する権利を確保している。……貴族の配慮に委ねられた民衆教育の業務は、物理的手段という点においても……、基礎教育の合理的方向性と、望む者には地域の上級の学校でさらに教育を継続する可能性を与えるという点においても、成功を収めるに違いない」と述べ、バルト・ドイツ人によって民衆教育が指導・監督されていることに対し、肯定的な見解を示すとともに、エストニア人・ラトヴィア人がより高い教育を受ける可能性も示唆している。またそれと関連して、「すべての中等教育機関においてすべての科目がドイツ語で教えられるため、自分の息子をそのような学校へ入学させることを望むラトヴィア人・エストニア人の農民は、必然的にドイツ語を教えねばならず、それゆえに、ドイツ語の学習はすべての民衆学校の必要条件となっている」と述べられている[24]。

少なくともこの論説においては、バルト諸県の諸学校への教育省による指導・監督の体制を強化し、同地方のロシア語教育を強化しようとする、従来の教育省の姿勢はあまり窺われない。むしろ、初等教育による民衆の教化が既存の社会秩序の安定に寄与することを実証する一例として、リフラントの状況が紹介されている。バルト・ドイツ人を主体とする「地域のエリート集団の権威・権力」を否定するのではなく、むしろその中に、帝国政府の「権威・権力」を維持・強化するうえで範となるものを見いだしていたといえる。

4　バルト諸県の学術団体とその活動

一九世紀中葉のバルト諸県における啓蒙・教育活動において、今ひとつ注目されるのは各種の学術団体の設立とその活動である。そしてこれらの団体に教育省が着目していたことを『教育省公報』は示している。この時期、次のような学術団体が教育相の認可を受け、各団体の会則が勅令もしくは省令として定められた。

一八三四年　バルト諸県歴史古代学協会[25]

一八三九年　エストニア学識者協会[26]
一八四二年　エストラント文学協会[27]
一八四五年　リガ自然科学者協会[28]
一八五三年　ドルパト自然科学者協会[29]

それぞれの名称からその活動内容は推測しうるが、各々の団体の会則によると、バルト諸県歴史古代学協会はリガに設立され、「沿バルト三県の歴史と古代学に関連するすべての普及と保存に寄与すること」が目的とされた。ドルパトで設立されたエストニア学識者協会は、「エストニア民族の過去と現在、彼らの言語と文学、ならびに彼らの居住する国土について知識を追究すること」をめざした。レヴァル（現タリン）のエストラント文学協会は、「（一）科学・文学そして芸術のあらゆる分野の動向を自ら観察することにより、エストラントにおけるこれらの分野の成功を実証し、その活動領域における新たな業績を喚起し、それにより文学的交流を通じて知的発展を広げること、および（二）古代における、そしてまた近代における、祖国とその住民に関する正しい知識を獲得し、広く知らしめること」、リガ自然科学者協会は、「主としてバルト諸県に関わる自然科学のあらゆる分野において、可能な限り自然科学への愛好を呼び起こすこと」を目的とした。ドルパト自然科学者協会は、一七九二年に設立されたリフラント公益経済協会の補助的な組織として設立され、「リフラント経済協会（リフラント公益経済協会）の支援のため、……バルト海に面する地域とともに、リフラントの詳細で的確な学術的研究および著述活動のうち、自然科学の領域における指導を行う」（括弧内筆者）とされた[30]。

これらの学術団体は、いずれもバルト諸県の研究者・教員・聖職者などにより組織され、各々の機構、活動方針などには少なからぬ共通点がみられる。ほとんどの団体は、正会員、名誉会員、通信会員によって構成され、新たな会員の加入は、いずれかの正会員の推薦にもとづき、正会員の投票によって承認された。団体の運営資金は、正会員が毎年一定額の納付金を支払うことにより確保された。主たる活動は、年一回の総会および月一回の例会における会員その他の研究報告、機関誌による会員らの研究成果の発表、併設される図書館・博物館における文献・資料の収集・保存、などであった。

『教育省公報』には、一八五〇年から五二年にかけて、上記の団体を含めたバルト諸県の学術団体の活動記録が掲載されている。一八五〇年の第六六号では、歴史古代学協会・エストニア学識者協会・エストラント文学協会の他、ミタウのクールラント文学芸術協会について、主として同年一月から三月までの例会あるいは総会の内容が報告された[31]。同年の第六七号にも、歴史古代学協会・クールラント文学芸術協会・エストニア学識者協会・リガ自然科学者協会の三月から五月の例会の記録が掲載されている[32]。さらに一八五二年の第七四号では、歴史古代学協会・エストニア学識者協会・エストラント文学協会・クールラント文学芸術協会・リガ自然科学者協会・ミタウのクールラント農業経済協会・ゴルディンゲン（現クルディーガ）の農業経済協会について、一八五一年の一年間の活動が、総会・例会の内容を中心に報告されている[33]。

これらに先立ち、一八四九年の『教育省公報』第六二号では、エストニア学識者協会の会報〝Verhandlungen der Gelehrten Ehstnischen Gesellschaft zu Dorpat〟（以下VdGEG）が紹介され、協会設立から一〇年間の同誌の内容が概観されている[34]。そこでは、「ドルパトのエストニア学識者協会は、大きな規模ではないが、その構成員の絶えることのない意欲により、その少なからず有益な活動を成功のうちに継続している機関のひとつである[35]」と評価し、この間に発行された六冊の『VdGEG』について、「前述の六冊は、この一〇年間のそれら（報告記録・研究論文）で構成され、内容量は大きいものではないが、従来研究が稀少で不十分であった課題を解明しており、すでに注目に値するものとなっている」とみなす[36]。同協会は、エストニアの民間伝承・民俗歌謡などの蒐集と研究、バルト諸県とその住民の歴史研究、エストニア語の言語研究などを中心に、その研究成果を『VdGEG』に発表していた。『教育省公報』は、これらの研究成果、そこで展開された議論、研究の中から生じた課題、などについて詳細な紹介と批評を行っている。例えば、『VdGEG』で取り上げられた幾つかのエストニアの民間伝承について、「これら（エストニアの民間伝承）の実例は、エストニア民族の詩歌の品位を判定するうえで十分である。またこれらから、その民族の原初的状況の中に将来の知的・精神的成長の端緒とみなしうるものが、エストニア人に欠如していたわけではなかったことがわかる」とする。[37] また、エストニア語研究に関しては、同協会の総裁を務めていたフェールマンらの研究や議論を紹介し、「エストニア言語学は、協会の総裁であるフェールマンの論文において一歩前進した。……この方法の独自性は、言語をその自然な特性のなかで再生産するもので、エストニア語の実践的研究における要求からはなれても、言語学全般における研究に意義をもたらすものであり、その研究（エストニア語研究）をあらゆる言語学者にとって興味深く示唆に富むものとした」と高く評価している。[38]

上記のように、エストニア学識者協会を含め、バルト・ドイツ人そしてエストニア人の知識人は、エストニア人の歴史、文化、言語などの研究において、エストニア人の間で語り継がれてきた民間伝承に着目し、その蒐集に熱心に取り組んだ。これに関して『教育省公報』も、すでに一八三六年の第一〇号において、前述の雑誌『インラント』に掲載されたエストニア神話「月の女神と少女」を紹介し、「この神話は、我々に、エストニアの神話と詩についてもっと容易に知りたいという想いを余儀なくさせる。そして我々は、『インラント』が、同様な記事で今後も豊かになり、この問題において我々の手助けになることを望む」としている。[39] バルト諸県の知識人の主要な研究対象となったエストニア人とその文化、特にエストニア人の民間伝承の存在を教育省も認識し、バルト諸県の民族と文化、そしてそれらを対象としたバルト諸県の知識人の活動に、一時的ではあるが、関心を示していたといえる。

5　フィンランド大公国の啓蒙・教育活動

以上のように、『教育省公報』では、バルト諸県の学校制度、バルト・ドイツ人およびエストニア人知識人らの啓蒙活動、あるいはその知識人たちの研究対象となったエストニア人の言語・文化などの紹介や評価を見ることができる。しかしまた、それ以上に『教育省公報』には、同時期のフィンランド大公国の学校制度、啓蒙・教育活動に関する記事・論説が数多く掲載されている。ここでは、比較材料として、『教育省公報』に掲載されたフィンランドに関する記事・論説を概観する。

フィンランドの教育機関については、一八三九年の第二四号に「フィンランド大公国の住民と教育」[40]、五五年の第八五号に「フィンランドの学校」[41]という記事が掲載され、ヘルシンキ大学を筆頭に、各教育機関の現状が報告された。さらに一八六一年の第一一二号では「フィンランドにおける手工業階級のための学校」[42]という記事で、徒弟として手工業に従事しているか、将来従事する可能性のある平民層を対象にした中等教育のシステムが詳しく紹介されている。また、「フィンランドの新聞・雑誌」（第一一号、一八三六年）[43]、「一八三六年のフィンランドの新聞概観」（第一五号、一八三七年）[44]、「人口の関係におけるフィンランド」（第五三号、一八四七年）[45]、「フィンランドにおける知的活動」（第九一号、一八五六年）[46]などの記事において、フィンランドにおける啓蒙・教育活動が概観されている。

これらの全般的な活動とともに『教育省公報』が注目したのが、『カレヴァラ』の編集に象徴される同時期のフィンランドにおける民俗学的調査・研究である。『カレヴァラ』は、医師であり後にヘルシンキ大学教授となったレンルート（E. Lönnrot）が、カレリア地方で蒐集した民間伝承・歌謡などにもとづいて編集した民族叙事詩であり、フィンランド人の民族的高揚を促すとともに、ヨーロッパ諸国にフィンランドとその民族の存在を印象づける著作となった。注（37）で紹介したクロイツヴァルトの『カレヴィポエク』も、『カレヴァラ』の強い影響の下で編集された。『カレヴァラ』は、一八三五年に初版が出版され、四九年に増補改訂版が刊行されたが、『教育省公報』第一五号（一八三七年）では、前述の「一八三六年のフィンランドの新聞概観」と、「レンルートにより蒐集されたフィンランドの叙事詩・民族詩」で紹介され、後者では「この著作はフィンランド文学をきわめて豊かにすることに貢献しうるものであり、……フィンランド人読者のみならず外国人にも共感を呼び起こすであろう」と述べられている。[47] さらに第四九号（一八四六年）では「フィンランドの叙事詩」という表題で、ヤコブ・グリムがベルリンにおいて雑誌〝Zeitschrift für die Wissenschaft der Sprache〟に発表した『カレヴァラ』に関する論文のロシア語訳が掲載された。[48]

さらに、『教育省公報』第五九号（一八四八年）の「放浪するフィンランド人と彼らによる民俗学研究」では、フィンランド大公国各地および大公国に隣接するロシア帝国内の諸地域における、フィンランド人研究者による民俗学的調査・研究を紹介している。[49] 前述のレンルートだけではなく、彼を継承する形で、ヘルシンキ大学などの研究者は、フィンランドあるいはロシア帝国内の少数民族、主としてフィン系民族を対象に、その言語・文化・慣習などの調査・研究を続けていた。『教育省公報』の右記論説では、レンルートらの先駆者たちが「危険をかえりみず、いかなる困窮にもひるまず、彼らにとって何か新たな民族的英雄叙事詩を入手し、何処か新しい地域に関する知識を獲得したいという想いの中で、住居から住居へさざ波と氷塊をかき分け」調査・研究を進め、さらに今また若い研究者たちが「旅人の杖を持ち、農家から農家を移り歩き、農民の会話、表現あるいは単語を把握し、まだ知られていない伝説や古い詩歌を知るために、農民から聞き取りをしようとしている」として、一連の調査・研究を評価している。そして、彼らフィンランド人研究者がロシア帝国内で行っている調査・研究を紹介するとともに、民俗学の重要性、特にロシアの諸民族の分類や実態の把握の重要性を指摘し、「ロシアにおいて、ウラル以西にすむフィン系およびその他の民族の正確な調査に着手するべきである」と述べ、ロシア政府あるいはロシアの諸研究機関が、帝国内少数民族の実態把握にもっと積極的に着手する必要性を説いている。

6　ロシア国民教育省とバルト・ドイツ人エリート

バルト諸県の教育・啓蒙活動に対する教育省の基本姿勢は、教育省の「権威・権力」のもとで管理・指導を強化するものであり、その象徴がロシア語教育の強化、ロシア語による授業遂行の要求であった。しかし現実には、それらの試みは満足のいく結果をもたらさなかった。その一方で、『教育省公報』にしばしば現われたのは、バルト諸県における既存の教育システムや、そこで展開される教育・啓蒙活動への肯定的評価であった。一時的に例外はあったとはいえ、教育省は、一九世紀を通じて高等教育の充実、学術研究の促進に努めた。そのような教育省にとって、バルト諸県における各種の学術団体の創設とその活発な活動は、評価しうるものであった。また、先の「放浪するフィンランド人と彼らによる民俗学研究」において指摘されたように、帝国内の様々な民族の実態を把握することを、多民族帝国ロシアの課題とみなしていた。従って、バルト諸県においてエストニア人・ラトヴィア人を対象とした言語学・歴史学・民俗学などの分野における調査・研究が促進されていたことは、教育省にとっても着目すべき現象であった。

また、「フィンランドにおける手工業階級のための学校」と「リフラントにおける民衆学校」がいずれも一八六〇年代初頭に掲載されたことは、偶然ではない。ロシアでは一八六〇年代前半、アレクサンドル二世のもとで展開された大改革の一環として、教育改革も試みられた。この改革では、従来制限されてきた大学の自治権が回復されるとともに、実務的教育や初等教育の拡充が図られた。中等教育機関として、ギムナジウムとともに実業学校の整備・拡充が求められたほか、工業インスティトゥート（工科大学）など技術者の養成を目的とした高等教育機関の設立も促進された。また、同じ大改革期に形成された地方自治組織のゼムストヴォは、初等教育機関の創設・運営を担うことを求められた。このような改革に着手しつつあった教育省にとって、バルト諸県の民衆教育（初等教育・中等教育）やフィンランドの実務教育は示唆に富むものであったといえる。ここでは、バルト諸県やフィンランドの制度が、教育省にとってモデルとしての役割を有していた。

一九世紀初頭、立憲制の導入や農奴制の廃止などの改革を意図したアレクサンドル一世は、ポーランド会議王国・フィンランド大公国・バルト諸県など、帝国の西部国境地域を自らの改革の実験場として位置づけたといわれる。帝国の諸地域に先立って、これらの地域で各種の改革を実験的に導入し、しかるのち帝国全体に拡大させようとした。いわば、西部国境地域は改革のモデル地区とされた。そして、同様の傾向は、一八六〇年代の教育改革においても現れていたといえる。バルト・ドイツ人領主や富裕市民という地域のエリート集団の「権力」のもとで形成された教育システム、あるいはドルパト大学に象徴される地域のエリート集団の文化的・学術的「権威」に導かれた教育・啓蒙活動は、ロシア政府および教育省にとって、自らの「権威・権力」で統制すべき対象というよりは、自らが受容しうる、あるいは受容すべき対象であった。一八六〇年代にいたるまで、ロシア政府にとって、バルト・ドイツ人のもとで形成された「地域のエリート集団の権威・権力」を否定することは、合理的とはみなされなかったし、非現実的でもあった。むしろ、ロシア政府と教育省に求められたのは、このエリート集団との間で折り合いをつけ、また彼らの「権威・権力」を帝国統治に有効に利用することであった。

注

（1）同誌には、まれにヨーロッパ以外の地域における報告も掲載され、一八三六年の第九巻には「日本における宗教的寛容」という記事もみられる。ЖМНП, ч. IX, отд. 6, с. 698-699.

（2）バルト・ドイツ人と彼らの自治に関しては、Edward C. Thaden, *Russia's Western Borderlands, 1710-1870*, Princeton 1984, pp. 5-31; Edward C. Thaden（ed）, *Russification in the Baltic Provinces and Finland, 1855-1914*, Princeton 1981, pp. 111-204.

（3）ドルパトは現在のタルト（エストニア東南部）。ここには、一六三二年、同地方を支配下においたスウェーデン国王グスタヴ二世アドルフの下で、大学が設立された。この大学は、一六九九年にペルナウ（現パルヌ）に移転した後、大北方戦争期の一七一〇年に閉鎖された。従って、一八〇二年のロシア政府による同大学の創設は、「再建」とみなすこともできる。一八〇二年の開校当初は、学生はもっぱらバルト・ドイツ人であったが、次第にエストニア人・ラトヴィア人の学生も現れ、エストニア人・ラトヴィア人の先駆的知識人が同大学から輩出された。ドルパト大学については、Lea Leppik, The Multicultural Urban Space and the University of Tartu in the 19th Century, in: Marko Lehti（ed）, *The Baltic as a Multicultural World: Sea, Region and Peoples*, Berlin 2005, pp. 131-153. セルゲイ・イサコーフ（橋本伸也訳）「ヨーロッパ大学史におけるタルト大学の位置と役割」『教育科学』二六、二〇〇五年、一三七－一六〇頁。拙稿「一八〇二年のデルプト大学の創設―帝政ロシア教育史への一考」『北欧史研究』三、一九八四年、一－一三頁。バルト諸県におけるエストニア人知識人の活動については、拙稿「一九世紀前半バルト海沿岸地方における知識人―エストフィルとエストニア人」小倉欣一編『ヨーロッパの分化と統合―国家・民族・社会の史的考察』太陽出版、二〇〇四年所収、二五一－二七一頁。

（4）バルト諸県における初等教育に関しては、橋本伸也「ロシア帝国沿バルト諸県の農民民衆初等教育―バルト・ドイツ人による教育支配から〈ロシア化〉へ」大津留厚編『中央ヨーロッパの可能性―揺れ動くその歴史と社会』昭和堂、二〇〇六年所収、六九―一〇三頁。

（5）一八三〇年代および四〇年代のバルト諸県に対する国民教育省の政策については、拙稿「C・C・ウヴァロフの教育政策とバルト海沿岸諸県」『北欧史研究』七、一九八九年、一―一四頁。

（6）ЖМНП, ч. VII, отд. 1, с. XI-XXII; Сборник Постановлений по Министерству Народнаго Просвещения（以下С. П. МНП）, т. II, отд. 1, с. 955-961.

（7）ЖМНП, ч. XIII, отд. 1, с. XIX-XXI; С. П. МНП, т. II, отд. 1, с. 1213.

（8）С. П. МНП, т. 1, с. 331-368.

（9）ЖМНП, ч. II, отд. 1, с. XXI-XXII; С. П. МНП, т. II, отд. 1, с. 712-715.

（10）ЖМНП, ч. XIII, отд. 1, с. VIII; С. П. МНП, т. II, отд. 1, с. 1209.

（11）С. П. МНП, т. II, с. 1215.

（12）ЖМНП, ч. XXV, отд. 1, с. 33-34; С. П. МНП, т. II, отд. 2, с. 356-358. 郡学校は、三年制の初等・中等教育機関。七年制のギムナジウムが大学進学の準備課程であったのに対し、ロシア語・歴史・地理など中等教育の基礎課程までの習得を目的とした。

（13）ЖМНП, ч. LXXIX, отд 1 с. 23-24; С. П. МНП, т. II, отд. 2, с. 1478-1479.「女子家庭教師」は、ロシア帝国において女子中等教育修了者に与えられた称号。必ずしもすべてが実際に家庭教師の職に就いたわけではない。

（14）ЖМНП, ч. XIX, отд. 3 с. 615-633.

（15）ЖМНП, ч. XXV, отд. 1, с. 17-21; С. П. МНП, т. II, отд. 1, с. 1567-1570.

（16）Евгений Вячеславович Петухов, Императорский Юрьевский, бывший Дерптский, университет: за сто летъ его существования（1802-1902）, т. 1, Юрьев 1902, с. 427-432

（17）Там же, с. 440-451.

(18) Cynthia H. Whittaker, *The Origins of Modern Russian Education: An Intellectual Biography of Count Sergei Uvarov, 1786-1855*, Northern Illinois University Press 1984, pp. 140-141.
(19) ЖМНП, ч. CXVI, ч. неофициальная, отд. 1, с. 216-243.
(20) 村落学校の設立と管理は、実質的には共同体の土地を所有する地主の義務とされた。橋本伸也、前掲書、八五頁。
(21) 村落学校・教区学校の授業期間は、当初は聖マルティヌスの日から三月一〇日までとされ、後に六ヶ月間まで延長されたが、一年の半分もしくはそれ以上の期間、学校での授業は行われなかった。通学期間は農閑期に限定されていたといえる。また、学校教育と家庭教育のバランスは、全般的傾向として、リフラント南部のラトヴィア人の居住地域では家庭教育の比重が総じて大きく、北部のエストニア人居住地区では学校教育の比重が大きいことがこの論説のなかで示されている。
(22) ЖМНП, ч. CXVI, ч. неофициальная, отд. 1, с. 216.
(23) Там же, с. 220.
(24) Там же, с. 217.
(25) ЖМНП, ч. IV, отд. 1, с. III-XIII; С. П. МНП, т. II, отд. 1, с. 813-819.
(26) ЖМНП, ч. XXI, отд. 1, с. 56-59. エストニア学識者協会については、拙稿「一九世紀前半バルト海沿岸地方における知識人」
(27) ЖМНП, ч. XXXV, отд. 1, с. 14-25.
(28) ЖМНП, ч. XLVI, отд. 1, с. 125-139; С. П. МНП, т. II, отд. 1, с. 1567-1570.
(29) ЖМНП, ч. LXXIX, отд. 1, с. 13-23; С. П. МНП, т. II, отд. 2, с. 1470-1477.
(30) リフラント公益経済協会については、拙稿「バルト海沿岸諸県における農業問題と啓蒙主義―リフラント公益経済協会を中心に」『史観』一四一、一九九九年。
(31) ЖМНП, ч. LXVI, отд. 7, с. 62-64.

（32）ЖМНП, ч. LXVII, отд. 7, с. 16-18.
（33）ЖМНП, ч. LXXIV, отд. 3, с. 1-12.
（34）ЖМНП, ч. LXII, отд. 6, с. 51-73.
（35）Там же, с. 51.
（36）Там же, с. 53.
（37）Там же, с. 58. その後エストニア学識者協会は、一八五七年から六一年の間に『VdGEG』第四巻・第五巻において、エストニアの民族叙事詩『カレヴィポエク（Kalewipoeg）』を発表した。これは、一八四〇年代に協会の総裁を務めていたエストニア人医師フェールマン（F. R. Fählmann）が各地で蒐集した民間伝承をもとに、彼の死後、同じくエストニア人医師であったクロイツヴァルト（F. R. Kreutzwald）によって編集されたもので、一九世紀エストニア人の民族的覚醒を促す先駆的事業のひとつとなった。エストニア学識者協会は、会員の多くはバルト・ドイツ人であったが、フェールマン、クロイツヴァルトなど、エストニア人会員も少数ながら存在し、初期のエストニア人知識人の主要な活動舞台としての役割も果たした。拙稿「一九世紀前半バルト海沿岸地方における知識人」二五五－二六二頁。
（38）Там же, с. 70. エストニア学識者協会では、一八世紀までのエストニア語研究について、ヨーロッパの諸言語とはまったく異なるエストニア語を、「ラテン文法に無理やり押しこもうと、あくせく努力してきた」として批判した。そのうえで、各地の方言を含む日常の会話、過去に出版された文献、あるいは伝承・歌謡などから、できるだけ多くの語彙・表現を蒐集し分析することが、協会が成すべき重要な業務である、とされた。拙稿「一九世紀前半バルト海沿岸地方における知識人」二六三－二六四頁。
（39）ЖМНП, ч. X, отд. 6, с. 639-640.
（40）ЖМНП, ч. XXIV, отд. 5, с. 1-28.
（41）ЖМНП, ч. LXXXV, отд. 7, с. 35-37.
（42）ЖМНП, ч. CXII, отд. 4, с. 14-20.

（43）ЖМНП, ч. XI, отд. 6, с. 685-702.
（44）ЖМНП, ч. XV, отд. 6, с. 406-431.
（45）ЖМНП, ч. LIII, отд. 7, с. 59-60.
（46）ЖМНП, ч. XCI, отд. 7, с. 22-27.
（47）ЖМНП, ч. XV, отд. 6, с. 642.
（48）ЖМНП, ч. XLIX, отд. 2, с. 142-190.
（49）ЖМНП, ч. LIX, отд. 7, с. 25-30.

第14章 ヨーロッパ・ロシア西部、辺境諸県の統治問題

一八九六―一九〇三年――中央政府官僚と地方自治――

草野佳矢子

1　一九世紀末―二〇世紀初頭のゼムストヴォをめぐる問題

一九〇三年四月二日、西部九県[1]の地方統治に関する法律「ヴィリノ、ヴィテプスク、ヴォルィニ、キエフ、グロドノ、コヴノ、ミンスク、モギリョフ、ポドリャ県における地方経営機関 upravlenie zemskogo khozi-aistva に関する規程」(以下一九〇三年規程[2]) が成立した。この法律の制定は、一九世紀末に具体化したゼムストヴォ制度未導入諸県(非ゼムストヴォ諸県)の地方統治制度の改革問題に、西部諸県に関して一応の決着をつけたものであった[3]。ゼムストヴォは、一八六四年に、全身分の地域住民が参加する本格的な自治機関として、県と郡の単位で導入され、社会、経済、文化的な行政活動を行っていた[4]。

従来、この時期の、いわゆる西部ゼムストヴォ問題は、主に民族問題との関連で、もしくは内相ゴレムイキンと蔵相ヴィッテとの間で戦わされた、専制とゼムストヴォをめぐる論争に付随して論じられてきた[5]。本稿は、こうした問題を含めて、一九〇三年規程が成立するまでの政府内の議論を追うことによって、一九世紀末から二〇世紀初頭のロシアにおける地方自治のあり方、中央政府官僚とゼムストヴォとの関係について考える。

政府とゼムストヴォとの関係は、その導入当初から不安定であった。一八六〇年代初めの自由主義的な時代風潮の中で作成された一八六四年ゼムストヴォ規程においては、法律の範囲内でのゼムストヴォの「自立的な活動」が保障されていたが、自治体の政府官僚機構からの独立性は、やがて監督官庁である内務省にとって不都合なものとなった。専制体制の護持を宣言したアレクサンドル三世の下で、トルストイ内相は、自治体を国家官僚制に組み入れることを意図し、一八九〇年、ゼムストヴォ規程は改定された。これによって、ゼムストヴォに対する政府の監督は、その活動の「合法性」のみならず「合目的性」に及ぶことになり、法律上政府の権限は強化されたが、自治体の一定の独立性は維持され、両者の実際の関係に決定的な転換は起こらなかった。だがこの後、二〇世紀初頭にかけて、ゼムストヴォと中央政府の関係は悪化していった。というのは、政府の監督権強化の下でのゼムストヴォの活動規模の拡大や、農業よりも工業を優先する大蔵省主導の経済政策などを背景として、行政活動や財政についての両者の軋轢が続いたのに加え、ゼムストヴォの参事会員などとして、その活動を指導していた自由主義的な貴族が政治化するという新たな要因が生じたからである。彼らは、ゼムストヴォの自立性の保障のみならず、地方の社会的・経済的問題に関して、ゼムストヴォが政府の政策決定に参加する権利を要求し、また様々な問題について意見を表明し始めた。さらに、彼らは、皇帝と政府に改革を促すために、ゼムストヴォ間の連帯活動、いわゆるゼムストヴォ・リベラル運動を展開し始め、これを違法行為として押さえ込もうとした内務省とたびたび衝突した。(6) このような状況下で、新たにゼムストヴォ制度を領域的に拡大しようという動きは、政府内外で波紋を呼ばざるをえなかった。

2　非ゼムストヴォ諸県の地方統治

まず、いわゆる「大改革」期にゼムストヴォが導入されなかった地域について、その事情とこれらの地域の地方経営のあり方について概観する。

そもそもゼムストヴォは、その創設について内務省が一八六三年に国家評議会に上申書を提出した際には、ヨーロッパ・ロシアの四四県に導入が予定されていた。その中には、西部九県とオレンブルク、アルハンゲリスク、アストラハンも含まれていた。[7]しかしながら、西部九県に関しては、ポーランド蜂起の直接的影響で、自治制度の導入は延期された。この時、北西三県を統治するムラヴィヨフ総督は、ローマ・カトリックを信仰するポーランド系の貴族や都市住民が、地域経営を支配下に置き、〔ロシア人の〕農民身分に悪影響を及ぼすと主張し、[8]南西三県のアンネンコフ総督も、「ポーランド人問題一般の解決」までこの地域へのゼムストヴォ導入は不可能だと述べた。[9]国家評議会は、両総督の意見を受け入れ、また残り三県についてもその「特殊な政治的状況」を考慮して、西部九県へのゼムストヴォの導入を時期尚早とみなしたのである。他方、アルハンゲリスク、アストラハン両県に関しては、人口の少なさ、特に個人地主の不足を理由として、オレンブルクに関しては、住民のほとんどが非ロシア人であることから、ゼムストヴォの組織は困難とされた。[10]こうして、これらのヨーロッパ・ロシア周辺部は、自治制度の適用地域から除外された。[11]

結果として、これらの非ゼムストヴォ諸県の地方統治制度は、二〇世紀初頭になっても、「欠陥と不備」のある、ゼムストヴォ導入以前の状態に留められた。例えば、ゼムストヴォが行っているような様々な社会・経済的活動を総括的に行う組織は存在せず、それぞれの担当官庁がばらばらに活動していた。また、地方予算の作成と執行を行う県運営委員会 rasporiadichel'nyi komitet[12]では、予算が三年ごとに作成されるため、地方の必要に対して柔軟に対応できず、その結果、基本的な福利厚生事業の整備もゼムストヴォ諸県に比較して遅れていたのである。さらに、非ゼムストヴォ諸県では、地方義務法で義務付けられていない諸事業、すなわち、初等教育、消防・防火、地方郵便、農業・商工業への援助等には、地方税は事実上支出されていなかった。政府が特に問題にしたのは、医療・福祉事業や初等教育分野であった。例えば、西部諸県での初等教育機関の不足は、ローマ・カトリックの聖職者による無許可学校の増加と、そこに正教徒の生徒も通学するという状況を生んでいるとされた[13]。

このような状況から脱するためには、選挙制度やその他の構造上の変更を要するとしても、ゼムストヴォを導入する必要があるという意見は、すでに七〇年代から現地の行政責任者によって提出されていた[14]。だが、非ゼムストヴォ諸県、特に西部諸県の地方経営制度の改革について、政府上層で真剣に検討されるようになったのは、即位まもないニコライ二世が、ゼムストヴォ制度の導入を求める同地域の諸県知事の恭順報告書に好意的な態度を示したことに端を発する[15]。これを受けて、一八九六年二月国家評議会は、内相ゴレムイキンに対し、非ゼムストヴォ諸県における地方経営機関の改革について意見を提出するよう要請したのである[16]。

3　ゴレムイキンによるゼムストヴォ導入の試み

ゴレムイキンは、九六年夏、西部九県とアストラハン、アルハンゲリスク、オレンブルク、スタヴローポリ[17]の辺境四県の改革について県知事らに意見を提出させた。しかし彼らの見解はばらばらであり、全てを満足させるような改革は不可能であった。そこで内相は、まず、既存のゼムストヴォと「本質的には」変わらないが、ロシア人の優越性が保障されるような形で、自治制度を導入する改革案を出した。具体的には、当面、郡レベルには独立した権限を持つ議会は設けず、県会の下部機関としての会議体のみを置き、県および郡参事会[18]は政府による任命制とすることである。なお西部諸県に関しては、「土地所有者階級のなかで、ロシアの国制 gosudarstvennost' に無条件に忠実な分子」が圧倒的になった場合、郡会の設置、および一八九〇年規程そのものの適用が可能になるとされた。[19]この第一案は、九八年三月に、西部諸県の県知事や、南西・北西両諸県の総督が召集された委員会で検討されたが、やはり意見は統一されなかった。例えば、南西諸県総督ドラゴミーロフは九〇年規程の変更なしの適用を主張し、北西諸県総督トロツキーはいかなる形であれゼムストヴォ導入に反対したのである。[20]こうして内相はさらに法案への修正を強いられたが、非ゼムストヴォ諸県に、必要な変更を加えてゼムストヴォを導入するという彼の方針に変更はなかった。[21]

このような方針を立てたゴレムイキンは、ゼムストヴォやポーランド問題について基本的にどのような考えを持っていたのか。彼は、西部諸県の改革の手段に関して、政府行政機構の再編と、ゼムストヴォの導入とを比較して、政府行政機関には、「経営的イニシアチヴ」[22]が欠如していると指摘し、後者の改革を支持したが、実際、地方統治のために「社会の力」を利用し、その自主的な活動を発展させる必要性を認識していたという。[23]他方、彼のポーランド人への警戒心はさほど強くはなかったと言えよう。確かに、ゴレムイキンは、ゼムストヴォにおけるロシア人の優位を確保しようとしたが、それは多くの知事が要求したことでもあった。いずれにせよ、彼にあっては、ゼムストヴォ導入は、ポーランド人勢力に対抗すべきロシア人の権利を保障する手段として、また西部諸県の帝国への「最終的融合」を促進する手立てとして正当化されたのである。[24]

さて、ゴレムイキンは、西部九県用、南東三県用、アルハンゲリスク用の三法案を準備し、九八年四月、まずアルハンゲリスク用の法案について、ヴィッテの意見を求めた。これに対して蔵相は、回答を一二月まで引き延ばしたうえ、非ゼムストヴォ諸県にゼムストヴォを導入するという内相の改革方針自体を否定する立場を明らかにしたのである。[25]また、その他の大臣たちも自らの意見を表明したが、彼らのうち、ゴレムイキン案に基づくゼムストヴォの導入を支持したのは、陸軍省と交通省の大臣のみであった。何らかの点で改革に同意しなかった残りの省の立場は、次の四つに分類される。①内相が提案する九〇年規程の変更に反対し、原則的に同規程をそのまま適用すべきとする、農業＝国有財産省、法務省の立場、②西部諸県にはゼムストヴォ導入を不可能とするが、他の辺境への導入の際には九〇年規程を原則適用すべきという、教育省の立場、③西部諸県にはゼムストヴォの導入は不可能とするが、辺境四県に関してはゴレムイキン案に反対しないという、国家会計検査院、宮内＝御料地省の立場、④ゼムストヴォの領域的拡大に原則的に反対する、宗務院、大蔵省の立場である。[26]

ここからわかるように、各省の対応の違いは、一つは、西部諸県へのゼムストヴォ導入に際しての、「ポーランド人問題」に対する懸念の大きさに基づいていた。つまり、「ポーランド人地主の圧倒的影響力」[27]をゴレムイキンよりも深刻に考えた大臣と、逆に問題視しなかった大臣は、内相案によるゼムストヴォ拡大にそれぞれの立場から反対し、内相と同程度の懸念を有していた者のみが賛成に回ったのである。いま一つ、西部・辺境諸県共通の問題として、大臣たちの態度を分けたのは、ゼムストヴォ、あるいは地方自治についての見解の相違であった。この問題についての争点は二点に分けられる。第一点は、県会・郡会、およびそれぞれによって選出される参事会という既存のゼムストヴォの構造を変えることの是非である。ゴレムイキンが、この変更はゼムストヴォにとって本質的なものではなく、政治的な配慮、もしくは実際的な便宜の点で必要な措置と見なしたのに対して、これを九〇年規程の原則からの逸脱であると見る者は、少なくとも辺境四県に関しては、内相による九〇年規程の修正を批判したのである。[28] 第二点は、ゼムストヴォ、あるいは地方自治そのものの存在の正当性、行政上の有用性についてである。これを基本的に全否定したのが、宗務院長官ポベドノスツェフとヴィッテであった。[29] 特にヴィッテは、九八年一二月一四日付文書などで、専制とゼムストヴォ（地方自治）は両立せず、また「ゼムストヴォは、地方経営のための模範的な機関とは考えられない」として、ゼムストヴォによる地方自治の意義を否定し、専制体制の下では政府官僚機関による地方の直接経営が合理的であるとの論理を展開したのである。[30] この主張は、既存のゼムストヴォの存否にも関わる重大なものであり、ゴレムイキンは直ちに反論しなければならなかった。

内相は、一八九九年二月にヴィッテに対抗するために作成した文書の中で、蔵相が、地方自治を「人民代表制」と混同し、ゼムストヴォの導入が「立憲体制の支持者の……暗黙の陰謀」であるかのように述べているとして、彼を批判した。ゴレムイキンによれば、ロシアのナロード（人民）は「政治的権力を望まず」、彼らと統治者との間には「いかなる不信……の印も存在したことはなかった」し、「ロシアの国家統治体制に常に存在したのは地方自治の原理であった」。例えば、自治には、農民やカザーク（コサック）の自治、貴族団や手工業者団体のそれも含まれるのであり、内相は、これらの自治団体の権限は、国家体制の形にかかわらず、官僚機関のそれと同様に、「法と中央権力」に由来すると指摘した。このように内相は、地方自治を正当化した上で、同じ行政活動を行う場合、官僚機関よりもゼムストヴォや都市自治体の方が成功すると主張したのである。この傍証として挙げられたのが、かつてヴィッテが鉄道経営について言及した「政府の積極的統制下での私的団体」の有効性であった。[31] つまり、ゴレムイキンによれば、ゼムストヴォも、鉄道会社と同様に、政府の統制を受けつつ、政府官僚機関とは別個の存在として自主的に活動することにより、国家に益をもたらすはずであった。[32]

以上のようなゴレムイキンの言説は、ポベドノスツェフやヴィッテによる、自治と専制との非両立性、あるいは住民の自治能力への不信と、明らかな対比をなすものであった。しかしながら、実際の政策レベルでは、ヴィッテとゴレムイキンの間で、既存のゼムストヴォへの対応に根本的な差異はなかった。というのは、まず、蔵相は、現実的にはゼムストヴォを廃止することが可能であるとは考えていなかったからである。[33]彼が、専制と地方自治が相反すると主張したのは、何より、地方統治のコストが上がらないよう、ゼムストヴォの新規導入を阻止するためであり、[34]あるいはそれに加えて農業問題などで対立していたゴレムイキンを追い落とすためであった。[35]また、そもそも論理上も、ヴィッテが専制と相容れないという場合の「地方自治」は、ゴレムイキン個人の地方自治概念と異なるのみならず、一八九〇年改革において内務省が目指した自治体のあり方とも、現実のゼムストヴォとも異なるものであり、ヴィッテ自身も別のところでは、それを認めていたのである。[36]結局、蔵相の提起した専制とゼムストヴォをめぐる議論は、ゴレムイキン失脚の要因の一つになったとしても、既存のゼムストヴォを廃止するといった方向に政府を導くことはなかった。それは、あまりに非現実的であり、こうした主張をする者は政府内ではごく少数であった。[37]他方、ゴレムイキンに関しても、彼の論理によれば政治化・反政府化するはずのない地方自治体＝ゼムストヴォが、今や政治への関与を志向していることは、認識していた。ただし内相は、その原因をゼムストヴォへの「共通の指導の欠如」にあるとし、内務省による「地方統治の整備」に協力しない大蔵省を暗に批判したのである。[38]

結局、実際のゼムストヴォと理論上のそれとは別物であり、政府は、前者と折り合いを付けていくしかなかった。従って、ゴレムイキンのゼムストヴォ導入案の現実的な争点は、選挙された住民からなる自治機関という根本は維持するという前提での、いわば部分的な変更の是非であった。

以上のように、ゴレムイキンの改革案は、「ポーランド人」と「ゼムストヴォ」をめぐって省庁間での対応の不一致に直面したが、直接的にこの改革実現の成否を決したのは、大臣の多くに加えてニコライ二世が、既に一八九八年には少なくとも西部諸県に関してゼムストヴォ導入に否定的な立場に転じていたことであろう。[39] 最終的に、ゴレムイキン案による非ゼムストヴォ諸県の改革計画は、一八九九年一〇月に彼が内相職から解任されたことで失敗に終わった。この時点で、ゼムストヴォ自体についての上記の議論は、とりあえず継続する必要性を失った。だが、次には内務省の新たな改革案をめぐって、また別の観点から地方自治・ゼムストヴォに関する議論が生じることになるのである。

4　シピャーギン・プレーヴェ期の論争

ニコライ二世は、ゴレムイキンの後任に、ヴィッテと友好関係にあるシピャーギンを任命し、非ゼムストヴォ諸県の改革問題の決着を促した。新内相は、「状況を詳細に調査したあと」、これらの地域への「選挙原理に基づく機関」の導入は時宜にあっていないとの意見を提出した。皇帝はこれに同意し、内務省が任命した地方の人々も参加する形の新たな地方経営機関をつくるよう命じた。[40]

皇帝の指示に従い、シピャーギンは大蔵省と協同で改革案を作り直した。彼は、辺境四県に関しては、「経済的発展の弱さ」と、代表機関形成のために必要な「文化的勢力の不足」を理由として、西部九県に関しては「政治的配慮」から、住民によって選出された代表からなる自治機関の設置は不適当と改めて結論し、以下のような地方税管理・運営機関を設けることを提案した。県には、ゼムストヴォ県会に相当する機関として県地方委員会 zemskii komitet、その執行機関として県地方参事会 zemskaia uprava が、郡には、県会の諮問機関として郡地方委員会が設けられ、それぞれに内務省が任命する住民代表が参加する。郡レベルの執行機関としては、単独責任制の地方執行代表 zemskie upolnomochennye が置かれる[41]。そして、県地方委員会は、財政権を含めてゼムストヴォとほぼ同等の権限を得、より広範な行政活動を行うことが想定されたのである。つまり、改革の主眼は、地方自治の導入から、主体的に地方経営を行いうる統合された政府地方機関の形成、いわば官僚機構内での地方分権へと変わったと言える[42]。

このシピャーギン案は、一九〇一年四月―五月、省庁代表や現地総督によって構成された特別審議会で検討され[43]、部分的な修正の後、同年一二月から翌年二月にかけて国家評議会合同部会での審議に付された[44]。だが、内相の改革案には、九〇年規程によるゼムストヴォの導入をすべきであり、さもなければ改革自体を行うべきではないとの根本的な点での反対が生じた[45]。国家評議会では、改革実施を前提として、法案の詳細についての検討も行われたが、新制度の本質に関わる修正要求が出されるなど意見は一致しなかった[46]。こうして、改革の是非も含めた議論は国家評議会総会の場に持ち越されることとなり、シピャーギンは修正法案を準備した。しかしながら、総会での審議を前にして、一九〇二年四月二日、彼はエスエル戦闘団により暗殺され、改革は後任の内相に任じられたプレーヴェに引き継がれることになった。

プレーヴェのこの改革への基本的立場は、一九〇二年九月一七日に国家評議会に提出した文書において示された。その中で彼は、問題の地域のほとんどで、地方経営制度を現状のままに留めることは、その停滞を運命づけ、またそれが重要な国家的課題の実現にも悪影響を及ぼすとし、改革の実施を不可避とした。彼によれば、シピャーギン案による新制度は、地方経営への地域住民の「活発な参加」に道を開き、それに一定の改善をもたらすという目的を実現しつつ、「地域整備に完全に集中」するものであり、故に「政府の動向に反対する見解が形成される可能性」を排していた。プレーヴェは、西部諸県に、将来ゼムストヴォを導入する可能性を示唆したが、「状況は特別急ぐ根拠を与えていない」とし、後になって一旦地方社会に与えた大きな自由を削減するか、制度を全廃するかのような事態になることを避けるために、慎重な対応をとるべきであると主張した。こうしてプレーヴェは、前任者の改革案を「現在唯一可能な原理」に基づくものとして採用し、それに部分的修正を加えた法案を国家評議会に提出した。[47] 合同部会での審議は一九〇二年一二月七日に行われたが、当然ながらこの際も、シピャーギン案に対するのと同様の批判がなされ、議論は一九〇三年二月に開かれた総会にもつれ込んだ。[48]

シピャーギン＝プレーヴェ案（内務省案）をめぐる反対派と賛成派の議論は、以下のように整理できる。まず、内務省案に反対する人々の主な論拠は、次のとおりである。第一に、経験によって既に有効性が確認されたゼムストヴォを導入しないのは不合理であり、政府行政当局の権限を強化することはむしろ有害である。つまり、反対派は、まず非ゼムストヴォ地域の地方経営を改善するためには、選挙された住民からなる自治体＝ゼムストヴォを導入することが必要であるという前提に立って、内務省案を批判した。彼らにとって、内務省の提案する新機関は、ゼムストヴォとは「全く異なり」、「地方住民との……緊密な関係」[49]を欠く官僚機関である以上、この改革は状況を改善するものではなかった。[50] 第二に、地方官僚機関にゼムストヴォと同等の権限を与えることは現行法上許されない。特に、彼らは、地方政府機関に、地方税収入を「非義務的」事業のために支出する権限を与えることを、課税権の付与と見なして批判した。彼らによれば、住民への課税は、国家評議会での審議と皇帝の承認を経た正規の立法措置として行われるか、ゼムストヴォや身分団体の決定による「自主課税」方式でなされる場合に限られており、内務省が提案するような方法は、現行法からの逸脱であった。[51] こうした考えから、反対派は、皇帝が内務省案に沿った制度改革を支持した場合にも、新機関の財政上の自立性を制限し、新機関に、彼らから見れば、政府地方機関とゼムストヴォとの中間的な、あいまいな性格を与えることを阻止しようとした。つまり、彼らは、予算の承認方法の簡素化や、新機関が「ゼムストヴォの名において」財産を処分したり、契約を締結したりする権限を持つこと、資金運用面での地方機関の裁量権拡大等の提案に異議を唱えたのである。[52]第三に、反対派は、西部諸県に関して、ポーランド人は一八六三年蜂起の「苦い経験」から、再び同じ試みを繰り返す恐れはなく、むしろ、現在ゼムストヴォを導入しないことは、この地域のロシア人を支援するという政府の「歴史的課題」に反することになると主張した。さらに、ゼムストヴォ設置による地方自治権の付与は、この地域への「よきロシア人」の移住を促すと述べられた。[53]

その他にも、反対派は、地方自治導入を是とする立場から、法案を部分的に修正しようとした。例えば、彼らは、県・郡委員会に地方住民から政府が選んだ議員を参加させることに反対し、[54]議員を参加させるならば、少なくとも彼らを住民によって選出させるべきであると主張した。[55]あるいは、政府任命の議員を加えるとしても、内務省案のように彼らに政府代表と等しい表決権を与えるのではなく、審議権のみを認めることが適切であるとされた。[56]このような意見は、反対派が、住民によって「選ばれた代表」を意思決定の場に参加させるという原則にこだわり、議員が政府によって任命されるならば、むしろ彼らの発言権を最小限にし、新機関の政府機関としての性格を明確にしようとしたことを表していると言えよう。新機関の名称に関しても、反対派は、より「政府機関的に」変更することを求めた。例えば最初にシピャーギン案を検討した際、国家評議会の多数派は、県（郡）地方委員会に代わって、県（郡）地方経営問題審議室 gubernskie（uezd-nye）prisutstviia po delam zemskogo khoziaistva、参事会に代わって県経営委員会 komissiia、地方議員に代わって、県地方経営問題審議室委員 chlen 等の名称を提案したのである。[57]また、改革実施地域を限定する試みもなされた。すなわち、彼らは、内務省がゼムストヴォの導入を「政治的な配慮から」のみ不可能としていると批判し、少なくとも南西三県をこの改革の適用から除外し、改めてゼムストヴォ規程の適用を検討すべきだと訴えた。彼らによれば、これらの地域では、ポーランド人地主の所有する土地面積は急速に減少しており、ゼムストヴォ規程を導入しても最終的にロシア人がゼムストヴォ会議で優勢を占める見込みがあるからである(58)。

以上見てきたように、内務省案への反対派は、ポーランド人勢力を恐れるよりも、住民の権利としての地方自治を拡大することに意義を認めており、この点では、ゼムストヴォ・リベラルとも共通していた(59)。しかしながら、彼らがゼムストヴォの導入を要求したのは、内務省案による改革を行った場合のリスクを計算した結果でもあった。例えば、彼らは、改革後の行政活動の拡大に伴う必然的増税が、住民から、生活の改善に結びついていないと見なされた際に、ゼムストヴォがない場合、彼らの不満が直接政府に向けられることを懸念したのである。また、反対派によれば、この改革は、ゼムストヴォ諸県では、ゼムストヴォ廃止への第一歩だと見なされる恐れがあった(60)。

このような内務省案への一連の反対意見に対して、内務省とその案に賛成する人々（内務省派）は、以下のように反論し、自らの改革案を正当化した。まず、ゼムストヴォ導入に関して、彼らは、ゼムストヴォが、内務省の提案する制度より優れていることは認め(61)、将来それを導入する可能性を否定しなかった。ただし、シピャーギンやプレーヴェによれば、現行のゼムストヴォ規程には「著しい欠陥」があり、まずその除去が必要であった。その欠陥とは、現在の選挙制度では、「適切な代表」が選ばれず、「地方の生活に……確固とした関係を持たない人間」が議員となり、彼らがゼムストヴォの活動とは「無縁の全国家的事業の分野」に介入していることであった(62)。そもそも、内務省派によれば、ゼムストヴォ規程の基礎に置かれている「選挙原理」は、それ自体が目的なのではなく、地方統治に「より能力のある人材を引き付けるための手段」に過ぎなかった。つまり、地方住民の行政活動への参加自体は、「地域の生活の全ての詳細とそこから生じる要求」を把握するための「不可欠の条件」とされたが、彼らが選挙で選ばれた「厳密な意味での地方住民の代表」である必要は、必ずしもなかった[63]。内務省派の基本的な立場からは、議員は、政府にとって有用な「能力ある人々」であればよかったのである[64]。従って、選挙によって適切な人物が得られない地域に、ゼムストヴォを導入することは、この制度の基本的趣旨に反する行為であった。特に、西部諸県でゼムストヴォ選挙を実施することは出来なかった。なぜなら、この地域のロシア化政策が直面している困難が証明しているように、ポーランド人地主が地方における影響力行使を断念したとは考えられず、選挙の実施は、住民集団間の緊張の激化、事態の悪化を招く恐れがあるからである[65]。内務省派によれば、反対派が主張するロシア人の土地所有の増加も、ポーランド人地主に対する優勢を獲得するまでには至っていなかった。ゼムストヴォで中心となる大地主・中規模地主の割合に関していえば、九県平均でカトリック教徒が五一・八%に対し、正教徒は四二・八%にすぎず、さらに、ロシア人地主のほとんどは不在地主であることも考慮しなければならなかった。また西部諸県では、ゼムストヴォの管轄となる事業が「民族的plemennye・政治的利益」に関係しており、ポーランド人地主が優勢なゼムストヴォは、不都合であるとされた。というのは、こうしたゼムストヴォは、ロシア人学校の発展や、農民が主たる対象となる医療援助に対して、恐らく積極的にはならないからである。もちろん、ロシア人が多数を占めるように選挙を組織することは可能だが、その場合、議員のほとんどは農民となり、これは一八九〇年の法改定の意図に反するという意味で望ましいことではなかった。以上のような論拠で、内務省派は、西部諸県へのゼムストヴォ導入を時期尚早と結論したのである[66]。

さらに、内務省派は、地方機関にゼムストヴォ並みの権限を与えることは違法であり、ゼムストヴォを導入しないならば、むしろ改革自体を見合わせるべきだという反対派の論理に強く反論した。彼らによれば、「地方の状況を最もよく知っている」地方政府機関に広い権限を与え、中央政府への依存を減らすことは、現状を著しく改善するのであり、ゼムストヴォ導入以外の改革を認めないならば、この地域の発展が停滞するのは必至であった。また、内務省や大蔵省は、反対派が、内務省案を、官僚機関に課税権を与えているとして批判したことに対して、その解釈と、その際反対派が論拠とした、自治体の「自主課税権」の考え方とを否定した。内務省側の論理では、そもそも、ゼムストヴォは、選挙によって選ばれた住民から構成されるという点のみが特殊な行政機関であり、自治体と地方政府機関との間に本質的な差異はなかった。つまり、いわゆる自主課税権は、地方自治体の持つ固有の権利なのではなく、皇帝権力に由来する権利であると説明された。[67]こうした、自治体と官僚機関は本質的には区別されえないという論理から、内務省派は、新機関の名称に関する反対派の主張に対しても反論した。例えば、一九〇一年の特別審議会で、シピャーギンらは、政府機関であれ、自治機関であれ、同じ事業を管掌する地方経営機関が同じ名称を持つことは当然であると述べ、[68]プレーヴェも、地方委員会とゼムストヴォは「権利と義務の大きさについて全く同じ」であり、「単に定員充足と役職者の任命方法に違いがあるだけ」であると述べたのである。[69]

上述の内務省とその支持者の言説から、彼らにとって、地方自治とは、あくまで、ある程度信用しうる地方のエリート層に一定の行政権を委ねることによって、官僚機関の負担を軽減するという一つの統治手法であったことがわかる。従って、地方の経済的・社会的必要が、効率的な地方統治機関を要求するようになった際に、その地域の住民に自治を許すことが出来ないとすれば、次善の策としてそこにゼムストヴォに準じた権限と自立性を有した地方政府機関を組織するというのは、彼らにとって自然な対応であった。

本節で確認したように、地方自治とゼムストヴォの有効性を認める大多数の中央政府官僚の中には、二つの異なる立場が存在した。この立場の相違は、ゴレムイキンの改革案が採用され、曲がりなりにもゼムストヴォが導入されていれば、公の場で顕在化することはなかったかもしれない。しかし、ゼムストヴォ導入が放棄され、「権限と義務の大きさ」においてゼムストヴォに近似した官僚機関の設置が計画されたことによって、逆にゼムストヴォとは何かが問われることになったのである。

5　中央政府官僚と地方自治

前述のように、シピャーギンの改革案は、プレーヴェによっていくつかの点で変更を受けた。第一に、新法の適用地域から辺境四県が除外された。その主たる理由としては、この四県では貴族と都市民の人口が少なく、地方議員を農民から選ばざるをえないこと、南東諸県（アストラハン、スタヴローポリ）には特殊行政地区である遊牧民やカザークの居住地が存在すること、四県は経済的に発展しておらず、制度改革の緊急性がないこと等が挙げられた。第二の修正点は、新制度を適用する西部九県に関して、まず一九〇三年に白ロシア三県で改革を行い、残り六県での改革の実施は保留することである。彼によれば、改革は非常に複雑な事業であり、その成功のためには「漸次的、かつ慎重な実行」が必要であった。第三に、地方機関の予算の作成や運用に関する中央政府の権限の強化である。まず、予算の承認に関しては、反対派に歩み寄る形で、国家評議会の関与の度合いを強め[70]、その執行・運用に対する監督については、従来の政府地方機関に対する方法に準じて国家会計検査院で行う方向に転換した[71]。第四に、郡部の執行能力の強化である。プレーヴェは、郡が独立した経営単位でないうえ、執行機関が郡執行代表のみであることは様々な点で不都合であるとして、まず内相の権限で、郡参事会を設ける余地を残すことを提案した。この措置は、将来正規のゼムストヴォ制度を導入するための「移行段階」になるとされた[72]。また、内相は、参事会員や執行代表が、当該地域に不動産を持たない人々からも政府によって選任される「官僚的性格」の役職であることを指摘し、彼ら以外に

「地方経営事業のために力を注ぐことを望んでいる地元の人々」を、県委員会の推薦に従って、地域の医療機関や福祉施設の管理に携わる特別監督官に任命する制度を設けることを提案した。(73) これらの修正を提案した内相の意図に関しては、本稿では詳しく検討することは出来ないが、(74) いずれにせよ、地方自治に関してプレーヴェとシピャーギンとに大きな考え方の相違があったわけではない。以上の修正は、国家評議会で過半数の支持を受け、(75) 皇帝は、意見が分かれた問題に関しては内務省案を支持し、一九〇三年四月二日、西部九県の地方経営制度に関する新法が公布された。(76)

こうして、ゴレムイキンの提起した非ゼムストヴォ諸県への地方自治導入計画は、シピャーギンの手を経て、プレーヴェによって、中央から西部諸県への官僚機構内の権限の移管、地方分権改革として実現することになった。第3節で検討したように、この結果を直接もたらしたのは、主に皇帝と政府高官の多数が抱いていた、ポーランド系住民の政治的・経済的力への恐れであった。だが、非ゼムストヴォ諸県の地方制度改革の試みは、単にこれらの地域に自治制度を拡大することの可能性についてだけではなく、専制体制における地方自治＝ゼムストヴォのあり方そのものについての論争を惹起し、政府が一枚岩でないことを顕在化させることになった。

ゴレムイキン案、シピャーギン＝プレーヴェ案それぞれをめぐる議論から、政府内には、地方自治＝ゼムストヴォに対して、大別して三つの立場が存在したと言える。一つは、その存在意義自体を否定する立場である。これはポベドノスツェフに代表されるが、現実的な影響力をもち得ない少数派である。残りの二つは、地方自治＝ゼムストヴォの存在とその行政的な有用性を基本的に認めることでは共通していた。つまり、ゼムストヴォは、社会的・経済的な分野について、一定の自立性を付与された、選挙された地方住民からなる行政団体であり、一八六四年にそのようなものとして設置されたのである。しかし、シピャーギン＝プレーヴェ案をめぐって顕在化したように、その自立性の意味付けについては、二つの異なる見方が存在した。一方は、地方自治を住民の固有の権利と見なし、ゼムストヴォを、政府行政機関と本質的に区別する見方である。この立場には、法相ムラヴィヨフや農相エルモーロフのように、ゴレムイキン案の検討時には、変更なしのゼムストヴォ規程の導入を主張し、シピャーギン＝プレーヴェ案が検討された際には、ゼムストヴォを導入しない改革に賛成しつつも、新機関への課税権付与に反対した人々も含まれよう。(77)他方、シピャーギンとプレーヴェ、そして彼らの改革案を全体として支持した人々は、政府官僚機関と自治機関との本質的相違を否定し、後者の自立性も、自治体に固有のものではなく、地方機関全般に必要なものとして認めていたと言える。こうした地方自治観の相違は、潜在的にはゼムストヴォ制度導入当初から存在していた。だが、非ゼムストヴォ諸県の改革問題において現れた立場の違いは、一八九〇年規程の曖昧さと、それに起因して生じた、その解釈のずれから生じたように思われる。一八九〇年の改革は、ゼムストヴォに対する政府の統制を、活動の「合目的性」にまで拡大し、その自立性を弱めるのと同時に、参事会員に官等を与え、「勤務身分として適性のある」貴族議員の割合を高めた。しかし九〇年改革後も、ゼムストヴォは官僚機関とは一線を画し、「社会機関」としての独立性も維持していた。ゼムストヴォの置かれた、こうしたある種中途半端な状況が、大別すれば、九〇年改革を主導した内務省の当初の意図を継承し、改革によってゼムストヴォは国家機関化したと見なす者（シピャーギンやプレーヴェ、及び彼らの改革案の支持者）と、改革後もゼムストヴォが本質的に変化したとは見なさず、その社会機関としての独自の権利を認めようとする者（内務省案に反対した人々(78)）の二つの派を生み出したと言えよう。

このような政府内の見解の不一致は、非ゼムストヴォ諸県の改革論争の帰結に直接影響を及ぼすものではなかったとはいえ、議論を長引かせ、法案成立を遅らせることになった。

ゴレムイキンが述べたように、政府は、ロシアを統治する上で、歴史的に何らかの自治的団体を利用してきた。この団体は、官僚機構を補うために不可欠な、統治の道具であるとともに、そこにおける自治は、所属する者の権利としても認知されていた。一八六四年に初めて全身分的な本格的自治機関として導入されたゼムストヴォも、その例外ではなかった。とはいえこの機関は、政府官僚の一部にとっても、自治活動の中心的担い手となった地主貴族にとっても、これまで以上に、住民の権利行使の場としての意味を持つことになり、地方住民にとって必要な事業を展開していった。一九世紀末以降、ゼムストヴォが一部の自由主義的な地主貴族によって政治化し始めると、その存在は、監督官庁である内務省にとって、より扱いにくく、必要悪的なものになった。内務省は、当然ゼムストヴォの政治化を食い止めようとする一方、行政機関としてのその存在は正当化する必要があった。ヴィッテに対するゴレムイキンの反論には、内務省の置かれた、こうした複雑な立場が反映されていると言えよう。しかし、内務省が抱えていた問題はこれだけではなかった。一八九〇年の改革は、ゼムストヴォの有する政府行政機関としての性格と、住民自治機関としての性格のバランスを、前者を強める形で再規定したが、二〇世紀初頭に内務省がこの傾向をさらに徹底させようとしたとき、これに対抗するものとして、住民自治機関としてのゼムストヴォの性質をより重視する立場が現れることになった。このような地方自治をめぐる政府内の不一致は、既存の地方自治体を対象とした改革の計画が持ち上がった際にも表面化し、その結果に一定の影響を及ぼすことにもなった。[79]

以上のように、非ゼムストヴォ諸県の地方経営制度改革問題は、専制体制下の中央政府官僚が、近代的な地方自治体を統治の道具として用いることの困難さを明らかにした。政府、特に内務省にとって、ゼムストヴォは、信用しうる地方エリートから構成される地方行政機関として機能する限りにおいては、統治のための都合のよい団体であったが、その条件の整わない地域に、あえて導入すべきものではなかった。二〇世紀初頭の西部諸県や辺境四県は、多くの政府高官にとって、彼らの考える「地方自治」を許す条件を未だ満たさない地域であった。こうした地域で、他地域ではゼムストヴォ導入によって達成された、地方分権と地方諸機関の統合を行うために、シピャーギンとプレーヴェは、前者は一三県で、後者は西部九県で、官僚機構の再編を行おうとした[80]。だが、この際においても、内務省が、地方エリート層の行政参加を不可欠としたことは、彼らに不信感を抱きつつも依存せざるを得ないというロシア政府官僚が常に抱えてきたジレンマをあらわしていると言えよう。

注

（1）以下、白ロシア（ヴィテプスク、ミンスク、モギリョフ）、南西諸県（ヴォルィニ、キエフ、ポドリヤ）、北西諸県（ヴィリノ、グロドノ、コヴノ）とする。南西諸県（右岸ウクライナ）、北西諸県にはそれぞれ総督が置かれた。

（2）*Polnoe sobranie zakonov Rossiiskoi imperii*（*PSZ*）, sobranie 3, No. 22757.

（3）ゼムストヴォは、当時ヨーロッパ・ロシアの三四県に導入されていた。

（4）ゼムストヴォは、議会にあたる県会・郡会とその執行機関である参事会（県会・郡会でそれぞれ参事会長と参事会員を選出）から成る。一八六四年規程によれば、ゼムストヴォの管轄分野は、ゼムストヴォに属する建物、諸施設、道路の建設・整備、穀物備蓄、慈善施設の管理、貧困対策、保険事業、商工業の振興、国民教育・保健・刑務所施設の経営への参加、家畜や穀物の流行病の予防、国税の分配、政府機関による委任業務の執行、郵便事業への参加、地方税の賦課・徴収、その他特別法で規定される事業とされた（*PSZ*, 2, No. 32657, st. 2）。その後、改定された一八九〇年規程によって、上記の他に、医療援助の発展、公衆衛生の保障、国民教育の設備の発展、農業の振興などが加えられた。"Polozhenie o gubernskikh i uezdnykh uchrezhdeniiakh", in: *Svod zakonov Rossiiskoi imperii*, t. 2; *PSZ*, 3, No. 6827.

（5）B. V. Anan'ich, et. al., *Krizis samoderzhaviia v Rossii. 1895-1917.* L. 1984, pp. 93-120; T. R. Weeks, *Nation and State in Late Imperial Russia: Nationalizm and Russification on the Western Frontier, 1863-1914,* DeKalb 1996, pp. 131-151. 松里公孝「右岸ウクライナにおけるゼムストヴォ問題一八六四－一九〇六―ポーランド系貴族、総督、帝国政府」『ロシア史研究』六八、二〇〇一年、七－二五頁。

（6）邦語文献では、拙稿「二〇世紀初頭の帝政ロシアにおける地方統治問題―内務省とゼムストヴォ・リベラルの関係を中心に、一九〇二年－一九〇四年」『ロシア史研究』六二、一九九八年、二四－二五頁、参照。

（7）*Otchet po deloproizvodstvu gosudarstvennogo soveta za sessiiu 1902-1903 gg.,* SPb. 1904, pp. 237-38; *Krizis samoderzhaviia...,* p. 94.

（8）*Otchet po deloproizvodstvu ... za sessiiu 1902-1903 gg.,* p. 238. なお、本稿では「ロシア人」という言葉は、当時の用法にならい、いわゆる「大ロシア人」のみならず小ロシア（ウクライナ）人、白ロシア人を含めて用いている。西部諸県において「ロシア人」農民とは、実質的には小ロシア人または白ロシア人をさす。

（9）松里公孝、前掲論文、一〇－一一頁。

（10）*Otchet po deloproizvodstvu ... za sessiiu 1902-1903 gg.,* p. 238; *Krizis samoderzhaviia...,* p. 94.

（11）なお、一八七六年にドン軍管区にゼムストヴォが導入されたが、一八八二年に廃止された。

（12）県運営委員会は、知事（議長）の他に、県貴族団長、県財務庁長官、政府委員（県財務庁の官使、または蔵相によって特別に任命される）、県都の市長、以上の他、所管の問題にかかわる場合、陸軍省代表、郵便・電信機関代表、地区裁判所検事、県刑務所監督官が加わって構成された。

（13）*Otchet po deloproizvodstvu ... za sessiiu 1902-1903 gg.,* pp. 239-242. 松里公孝、前掲論文、八－九頁参照。

（14）*Osvobozhdenie,* 24 (1903), p. 425. 松里公孝、前掲論文、一二頁。

（15）例えば、キエフ県知事の恭順報告書。*Svod vysochaishikh otmetok po vsepodanneishim otchetam za 1894 g.,* p. 132; *Krizis samoderzhaviia...,* p. 95. しかし、この報告書には、「ポーランド分子」への懸念も示されており、皇帝もこれに注目した。*Svod vysochaishikh otmetok ...otchetam za 1894 g.,* p. 137. また、アルハンゲリスク県知事

は、九六年九月、近年の北部の経済生活の急激な発展に、既存の地方制度では対応できないと報告した。RGIA, f. 1287, op. 10, d. 890, l. 37ob.

(16) *Krizis samoderzhaviia...*, p. 95.

(17) カフカス地方に属するスタヴローポリ県は、特別県設置法の適用下にあり、厳密にはヨーロッパ・ロシア諸県には入らない。

(18) ゴレムイキンの第一案によれば、県会は、貴族団長を議長とし、身分を問わず地方税の個人納税者から選出される代表と、郷会で選出される分与地保有農民の代表の他、郡貴族団長、県参事会長・参事会員、国有財産庁長官、宮内＝御料地庁長官、正教会代表から構成される。つまり、九〇年規程によって採用された身分別（貴族・非貴族）の議員選出集会は設けられなかった。*Krizis samoderzhaviia...*, p. 100.

(19) 辺境四県に関しては、郡参事会は設けず、その代わりとして県会が執行委員agentを選出するとされた。また参事会長・参事会員、執行委員には、議員に選出されるための財産資格は不要とされた。*Otchet po deloproizvodstvu ... za sessiiu 1902-1903 gg.*, p. 243; "O primenenii o zemskikh uchrezhdeniiakh k guberniiam zapadnym," in: *Zemskaia reforma 1898-1903 gg.*, t. 1, pp. 93-94, 110（Biblioteka RGIA）.

(20) *Ibid.*, pp. 7-8; *Krizis samoderzhaviia...*, pp. 96, 103.

(21) *Ibid.*, pp. 98-100; RGIA, f. 1287, op. 10, d. 890, l. 360ob.; Weeks, *op. cit.*, pp. 137-38. なお、ドラゴミーロフは、参事会長、参事会員をロシア出自の者に限ることを提案した。

(22) Cited by *Krizis samoderzhaviia...*, p. 100.

(23) V. I. Gurko, *Cherty i siluety proshlogo. Pravitel'stvo i obshchestvennost' v tsarstvovaie Nikolaia II v izobrazhenii sovremennika*, M. 2000, pp. 79-80.

(24) *Krizis samoderzhaviia...*, pp. 100-105. ゴレムイキンは修正案において、「県と郡で、社会生活を直ちに目覚めさせること」を避け、まず、県知事の監視の行き届く県会に意思決定権を集中させることが、自治体を「間違った方向」に向かわせないために必要だとした。"O primenenii...," in: *Zemskaia reforma 1898-1903 gg.*, t. 1, pp. 93-94.

（25） *Krizis samoderzhaviia...*, p. 106.

（26） 各省の態度に関しては、*Otchet po deloproizvodstvu ... za sessiiu 1902-1903 gg.*, pp. 244-47; RGIA, f. 1287, op. 10, d. 890, ll. 39-39ob., 327-57; *Krizis samoderzhaviia ...*, p. 105. なお、*Krizis samoderzhaviia ...*, p. 105 には、農業＝国有財産省は、ゴレムイキン案に賛成したとあるが不正確な記述である。RGIA, f. 1287, op. 10, d. 890, ll. 38ob.-39.

（27） *Otchet po deloproizvodstvu... za sessiiu 1902-1903 gg.*, p. 245.

（28） *Ibid.*, p. 244; RGIA, f. 1287, op. 10, d. 890, l. 39.

（29） ポベドノスツェフは、地方住民は社会的関心を持っておらず、地方経営を効率的に行う能力も持っていない、つまり「我が住民には自治の準備はできていない」と主張した。*Otchet po deloproizvodstvu ... za sessiiu 1902-1903 gg.*, pp. 245-246; Perepiska Vitte i Pobedonostseva（1895-1905 gg.）, *Krasnyi Arkhiv*（*KA*）, 25 (1928), p. 103.

（30） *Krizis samoderzhaviia ...* pp. 106-107. なお九九年に、ゴレムイキンの同年二月の文書への反論として提出されたヴィッテの長文の覚書は、政府外に流出し、『専制とゼムストヴォ』のタイトルで一九〇一年にシュトゥトガルドで出版されたが（S. Iu Vitte, *Samoderzhavie i zemstvo*, SPb. 1908, Predislovie Cherevanina, p. I; *Krizis samoderzhaviia ...* p. 112）、その内容は、それ以前から世間に知られており、ゼムストヴォ関係者に波紋を広げた。D. A. Shipov, *Vospominaniia i dumy o perezhitom*, M. 1918, p. 128.

（31） *Krizis samoderzhaviia ...* pp. 108-110; Weeks, *op. cit.*, pp. 142, 243.

（32） なお、ゴレムイキンは、地方自治体を、地方住民を加えた政府行政機関からも、はっきり区別し、国家評議会への上申書では、政府から任命された地方住民が加わる行政機関に「自己課税権」を付与することや、非義務的支出の決定権を与えることはできないと主張した。*Osvobozhdenie*, 24 (1903), p. 427.

（33） Vitte, *op. cit.*, pp. 1-4. ヴィッテは、ポベドノスツェフへの書簡の中でも、後者に同意して、すでに導入されているゼムストヴォの廃止を原則的に支持しつつも、現実的にはそれを実現する状況になく、当面は「結果としてゼムストヴォを無用にするような確固とした行動のプログラム」が必要であると述べている。Perepiska Vitte i Pobedonostseva（1895-1905 gg.）, *KA*, 25 (1928), pp. 103-105.

（34）Cited by *Otchet po deloproizvodstvu ... za sessiiu 1902-1903 gg.*, p. 247. ヴィッテは、非ゼムストヴォ諸県に、「より低コスト」の政府機関を設置することを主張した。
（35）Gurko, *op. cit.*, p. 80; Shipov, *op. cit.*, p. 178; I. V. Lukoianov, *Proekty izmeneniia gosudarstvennogo stroia v Rossii v kontse XIX-nachale XX vv. i vlast'*（*Problema reformatorstva*）, Dissertatsiia na soiskanie uchenoi stepeni kandidata ist. nauk, SPb. 1993. ll. 71-79.
（36）ヴィッテは、後述するシピャーギン内相の改革案の審議の際、ゼムストヴォ導入地域の地方経営が成功しているのは、ゼムストヴォに、課税権を含めて広範な権限が与えられているからであり、ゼムストヴォが住民によって選挙された機関であるからではない、と主張した。彼によれば、選挙制の地方自治体は、それが実際に地方の利益の代表であるように、各利益集団に属する住民の数とそれが代表する利益の重要性が、その集団を代表する議員の数と一致し、しかも、議員が「十分に知的に発達した社会」によって選ばれる場合にのみ有効に機能することが期待できるが、ゼムストヴォは、これらの要件を十分満たしていなかった。GARF, f. 586, op. 1, d. 261, ll. 44-46.
（37）『モスクワ報知』に代表される保守的世論は、ゼムストヴォの廃止まで主張していた。*Pravo*, 40 (1903), p. 2195.
（38）*Krizis samoderzhaviia...*, pp. 109-110.
（39）皇帝は、一八九七年度のグロドノ県知事の恭順報告書にゼムストヴォ制度拡大を「時期尚早」とコメントしていた。*Svod vysochaishikh otmetok ... za 1897 g.*, pp. 19-20.
（40）RGIA, f. 1287, op. 10, d. 910, ll. 3-3ob.（Zhurnal vysochaishe uchrezhdennogo soveshchaniia dlia obsuzhdeniia proekta uchrezhdeniia zemskogo upravleniia 24, 26, 27 i 30 aprelia i 2, 4, 7, 8, 11 i 15 maia 1901 g.）. また、国家評議会も、一八九九－一九〇一年度の地方予算の審査の際、改めて、内務省と大蔵省に非ゼムストヴォ導入県の地方経営制度の改革に着手するよう促した。*Otchet po deloproizvodstvu... za sessiiu 1902-1903 gg.*, p. 247.
（41）シピャーギンの第一案によれば、県委員会は、知事を議長とし、各地方官庁の代表、県貴族団長、副知事、都市問題審議室常任委員、県審議室常任委員、県都の市長、県参事会長、参事会員、そして内相によって任命される任期三年の地方議員zemskie glasnye（各郡一～二名）で構成される。地方議員に任命されるのは、地元の地主と、当該郡に常時居住し、地方税賦課の対象となる不動産または商工業施設を所有する者とされた。県参事会長・参事会員三名は、政府によって、「主に」県内に不動産を所有する者、または勤務経験により「地方の状況によく通じた者」から選ばれる。郡委員会は、郡貴族団長を議長とし、郡内の全ゼムスキー・ナチャーリニク、徴税官、郡警察署長、その他官庁の代表、県都または郡都の市長、当該郡の地方議員、県知事が県参事会の推薦により任命する地方執行代表、そして県知事が任命した当該郡の郷長二名で構成される（RGIA, f. 1287, op. 10, d. 890, ll. 302-314）。また一九〇一年四−五月の特別審議会での検討の後、内務省経済局に、県委員会の提出した予算案やその他の事業計画を審査する「中央地方委員会 Tsentral'nyi zemskii komitet」（内務省経済局長を議長とし、内務・大蔵両省から各二名の委員、その他の省の代表が参加する）の設置が決められた。*Zemskaia reforma 1898-1903 gg.*, t. 3, ll. 202-202ob.（Biblioteka RGIA）なお、この組織の名称は、一九〇三年規程では「地方問題審議室 Soveshchanie po zemskim delam」とされた。*PSZ*, 3, no. 22757, IX.

（42）*Otchet po deloproizvodstvu... za sessiiu 1902-1903 gg.*, p. 247.

（43）RGIA, f. 1284, op. 241, d. 166, ll. 41-42.

（44）シピャーギン期の国家評議会合同部会の会議記録は、*Zemskaia reforma*, t. 3 に含まれている。

（45）例えば、国家評議会の合同部会では、シピャーギン案による改革の実施に二五人が賛成したのに対して、一六人は反対に回った。*Zemskaia reforma*, t. 3, ll. 203-04.

（46）*Ibid.*, ll. 205-293; *Krizis samoderzhaviia...*, pp. 115-116, 参照。

（47）RGIA, f. 1287, op. 10, d. 890, ll. 1-14a.

（48）この改革の「合目的性」についての表決結果は、合同部会で、否定一六票、肯定二五票、総会においては、否定二〇票、肯定四一票であった。GARF, f. 586, op. 1, d. 261, ll. 25-27a; *Otchet po deloproizvodstvu... za sessiiu 1902-1903 gg.*, pp. 296-97.

（49）*Ibid.*, pp. 296, 319.

（50）*Ibid.*, p. 296; GARF, f. 586, op. 1, d. 261, ll. 25-25ob.

（51）そもそもこの改革の主要な目的は、地方予算の作成・運用方法の改善であり、政府内では、三年単位であった地方予算の編成を一年単位とすることと、地方義務法で義務化されていない事業への予算支出を可能にすることは、合意されていたといってよい。シピャーギンは、これに伴って、予算の決定が、毎年国家評議会での審査ののち皇帝の承認を得て行われるという「立法的」方法は、内務省と国家評議会にとって負担となるとして、国家評議会は、三年ごとに不動産税の最大額について審査するにとどめ、毎年の予算の承認は、内務省と大蔵省に委ねるという新方式を提案していた。（RGIA, f. 1287, op. 10, d. 890, ll. 1ob.-2, 311-311ob.）それに対し、国家評議会では、提案された措置は、行政権による最高権力の侵害にあたるという強い反対が生じた。また、この方法では、地方当局が無制限に住民に課税しようとするのを、中央政府が抑止する力が不十分になるとの意見が出た。*Ibid*., ll. 1ob.-2; GARF, f. 586, op. 1, d. 261, ll. 25-27a: *Otchet po deloproizvodstvu... za sessiiu 1902-1903 gg.*, pp. 296, 308-311.

（52）*Ibid*., pp. 257, 275-76, 319-20. シピャーギンは、地方機関に対する中央政府（国家会計検査院）の財務統制を緩和しようとしたが、これに対して国家評議会は、シピャーギン案は、新機関に対する監査の範囲を「極限まで狭」めており、現行法の基準から「逸脱」していると見なした。また地方経営への会計監査は「厳格にすればするほど、地方経営が政府の見解と地域の利益に一致して行われる保証が大きくなる」との反対意見が出された。

（53）GARF, f. 586, op. 1, d. 261, ll. 26ob.-27a; *Otchet po deloproizvodstvu... za sessiiu 1902-1903 gg.*, pp. 297-98.

（54）議員の県委員会への参加について合同部会では一六名が、総会では二〇名が反対した（賛成はそれぞれ二四名と四一名）。GARF, f. 586, op. 1, d. 261, ll. 30ob.-31; *Otchet po deloproizvodstvu... za sessiiu 1902-1903 gg.*, pp. 301-303.

（55）GARF, f. 586, op. 1, d. 261, ll. 33-34ob.; *Otchet po deloproizvodstvu... za sessiiu 1902-1903 gg.*, pp. 303-305. 合同部会では八名、総会では一八名が選挙を支持した（政府による指名を支持したのは二八名と四三名）。

（56）合同部会では二一名が、総会では二六名が審議権のみを与えることを主張した（内務省案支持は、各々一七名と三五名）。GARF, f. 586, op. 1, d. 261, ll. 37-37ob.; *Otchet po deloproizvodstvu... za sessiiu 1902-1903 gg.*, pp. 303-305.

（57）*Zemskaia reforma*, t. 3, l. 295ob.; *Krizis samoderzhaviia...*, p. 117. プレーヴェが法案を再提出した際に、国家評議会合同部会で提案されたのは、県・郡地方経営問題委員会と県・郡地方経営問題参事会の名称であった。*Otchet po deloproizvodstvu... za sessiiu 1902-1903 gg.*, pp. 285-86.

（58）この意見を支持したのは、合同部会で一六名、総会で二二名（反対は、各一九名、三九名）である。*Otchet po deloproizvodstvu... za sessiiu 1902-1903 gg.*, pp. 281-85, 325-26.

（59）ロシアのリベラルは、民族問題に比較的無関心であり、社会機関としてのゼムストヴォの役割を維持することに関心があったと言われるが、非ゼムストヴォ諸県の改革問題に対しても、総じて自由主義的世論は、「政府内リベラル」と同じような反応をした。Weeks, *op. cit.*, pp. 134-35, 138; *Pravo*, 1（1 ianv. 1902）, pp. 1-16; *Ibid.*, 40（28 sent. 1903）, pp. 2191-2197; *Ibid.*, 41（5 okt. 1903）, pp. 2247-2256; *Ibid.*, 42（12 okt. 1903）, pp. 2311-2320; *Ibid.*, 43（19 okt. 1903）, pp. 2383-2393; *Ibid.*, 44（26 okt. 1903）, pp. 2462-2469, 参照。ただし、ゼムストヴォ・リベラルが、原則的には一八六四年ゼムストヴォ規程を理想化していたのに対し、政府内「リベラル」は、九〇年規程に基づく地方自治を念頭においていた。つまり、彼らは、場合によっては政府の積極的な介入も可能な、現在の自治体・政府関係を積極的に変えるつもりはなかったと言える。例えば、彼らは、県地方委員会の議員を住民による選挙制にするよう主張した際、もし委員会の活動が政府の見解から離れることがあれば、当局はそれに「しかるべき方向性を与える完全な可能性を有している」と述べている。*Otchet po deloproizvodstvu ... za sessiiu 1902-1903 gg.*, p. 304; GARF, f. 586, op. 1, d. 261, l. 34.

（60）GARF, f. 586, op. 1, d. 261, l. 25ob.

（61）プレーヴェは、「地域の社会勢力に、より大きな自由を与えることが、事業にとって有効」と述べている。RGIA, f. 1287, op. 10, d. 890, ll. 9（2）ob.-13ob.

（62）*Pravo*, 40（28 sent. 1903）, p. 2194; *Zemskaia reforma*, t. 3, ll. 37ob.-38.

（63）*Otchet po deloproizvodstvu... za sessiiu 1902-1903 gg.*, pp. 299, 302-303.

（64）内務省派は、ポーランド人を議員に任命することも考慮に入れていた。GARF, f. 586, op. 1, d. 261, ll. 36, 77.

（65）*Otchet po deloproizvodstvu... za sessiiu 1902-1903 gg.*, pp. 284-85.
（66）GARF, f. 586, op. 1, d. 261, ll. 28-30; *Otchet po deloproizvodstvu... za sessiiu 1902-1903 gg.*, pp. 299-300.
（67）*Ibid.*, pp. 300, 314; GARF, f. 586, op. 1, d. 261, ll. 42-42ob.
（68）RGIA, f. 1287, op. 10, d. 888, ll. 17-17ob.
（69）RGIA, f. 1287, op. 10, d. 890, l. 7. プレーヴェは、結局国家評議会の提案（注57参照）に従い、新機関の名称を変更した。
（70）プレーヴェは、基本的に前内相の立場を支持したが、一部法案を修正して、初年度の予算総額とその内訳のみを国家評議会での審査を経て決定し、それをその後の基準とすること、また増税に対する制限（五％）を設定して、その範囲内で作成された予算は、内務省経済局の「地方問題審議会」の審査を受けるという方法を提案した。それによると、例外的に、地方予算に関する問題が国家評議会に提出されるのは、関係省庁間で意見が対立した場合や、中央省庁が増税を伴う予算変更の必要性を認めた場合である。この方法は、ロシアの税法の原則に反するものではなく、かつ、年度内に生じた部分的予算変更の必要に、より柔軟に対応することができるなど、実際的な要求に適応しているとされた（RGIA, f. 1287, op. 10, d. 890, ll. 1ob.-4ob.）。なお国家評議会では、中央省庁による予算変更が、全て国家評議会の検討に付されるよう法案は修正され（*Otchet po deloproizvodstvu... za sessiiu 1902-1903 gg.*, pp. 316-17）、また、ヴィッテの要求により、地方機関による地方税の増税枠は、ゼムストヴォと同様の三％とされた。GARF, f. 586, op. 1, d. 261, l. 24.
（71）*Zemskaia reforma*, t. 3, l. 240; *Otchet po deloproizvodstvu... za sessiiu 1902-1903 gg.*, pp. 258-64; RGIA, f. 1287, op. 10, d. 890, ll. 6-7, 312. なお、この修正の根拠として、当時ゼムストヴォの財務を国家会計検査院に審査させる制度の導入が検討されていたことも挙げられた。B. B. Veselovskii, *Istoriia zemstva za 40 let*, t. 3, SPb. 1910, p. 536.
（72）なおこの郡参事会は、郡貴族団長を議長とし、郡警察署長、徴税官一名、地方執行代表一名で構成され、県・郡地方委員会の会議の準備や、県委員会の決定の執行、県委員会に委任された契約や債務の締結、情報収集と資料作成などを行うとされた（RGIA, f. 1287, op. 10, d. 890, ll. 7ob.-10; *Otchet po deloproizvodstvu... za sessiiu 1902-*

1903 gg., pp. 249-50)。シピャーギン案の検討時、国家評議会合同部会は、「最初の段階で改革を複雑化することは望ましくない」として、郡参事会の設置には否定的であった。RGIA, f. 1287, op. 10, d. 890, l. 9ob. また、モギリョフ県知事やスタヴローポリ県知事は、一九〇二年七月にプレーヴェの要求に応じて提出した意見書の中で、郡の執行機関は不必要であると述べた（RGIA, f. 1284, op. 194, d. 49, ll. 16-19.）。だが、国家評議会での審議の結果、「郡地方経営問題参事会」が、全郡に設置されることになり（*Otchet po deloproizvodstvu... za sessiiu 1902-1903 gg.*, pp. 266-71.）、その構成員は、郡貴族団長（議長）、郡警察署長、徴税官一名、当該郡の地方議員二名、参事会常任委員（執行代表にあたる役職がこのように命名された）とされた。

（73）RGIA, f. 1287, op. 10, d. 890, ll. 5-6.

（74）プレーヴェが行った修正は、非ゼムストヴォ諸県の地方経営政策について、彼とヴィッテとの間で構想の相違が存在したことや、プレーヴェが前内相よりも、行政活動への地方住民の活用に積極的であったことを示していよう。また同時期のその他の内務省の政策との関連も考えられる。

（75）*Otchet po deloproizvodstvu... za sessiiu 1902-1903 gg.*, pp. 259-65, 268-71, 280-81.

（76）*Ibid*, pp. 329-331. 一九〇三年規程は、南西諸県には一九〇四年五月一日からの施行が定められた（*Otchet po deloproizvodstvu... za sessiiu 1903-1904 gg.*, t. 1, pp. 198-99.）。同規程は、地元の教養ある社会の不満を引き起こし、また実際の地方経営上でも問題が噴出した（松里、前掲論文、一五－二〇頁）。しかし、他方で、導入が決まった地域の地主からは、地方参事会長や参事会員への任命を求める請願書が政府に提出されるなど、積極的な動きも見られた（RGIA, f. 1287, op. 10, d. 962.）。また、北西諸県には、一九〇三年規程は結局導入されなかったが、内務省には、一九〇五年革命後も、この地域への同規程の導入を求める動きが存在した。例えば、一九〇五年六月、内務省国民健康・社会後見課は、一九〇三年規程によって南西諸県の医療事業は改善されたと指摘し、北西諸県においてもこの規程の施行が必要だと述べた。RGIA, f. 1287, op. 10, d. 967, ll. 12-13.

（77）*Otchet po deloproizvodstvu... za sessiiu 1902-1903 gg.*, pp. 298, 308-11. なお、ゴレムイキンに関しては、ゼムストヴォに対する国家の統制の必要性を強調する点や、郡参事会の不設置、参事会員の政府による任命などをゼムストヴァ規程の本質を変えるものとは見なさない点など、後任の内相たち同様、彼がゼムストヴォを国家機関と位置づけていたと言える面もある一方で、課税権の問題に関しては、シピャーギン＝プレーヴェ案の審議の際、官僚機関と自治機関との相違を主張する反内務省派につくなど、両者の中間とも言える立場に属していた。

(78) 国家評議会総会で西部諸県へのゼムストヴォの導入を主張した二〇名は、ゼムストヴォに直接の地方管理を委ね、政府機関にはその活動の「正しさと合法性」に対する監視を委ねた六四年規程の基本原則は、九〇年規程でも保持されたと述べている。*Otchet po deloproizvodstvu... za sessiiu 1902-1903 gg*. p. 296.

(79) 拙稿、前掲論文、三三頁注6。および拙稿「二〇世紀初頭ロシアの地方自治と国家―ペテルブルク市自治行政改革」、小倉欣一編『ヨーロッパの分化と統合―国家・民族・社会の史的考察』、太陽出版、二〇〇四年所収、二七三―二九六頁、参照。

(80) プレーヴェは、一九〇三年から一九〇四年にかけて、アルハンゲリスクを除く辺境三県に、郡会を主要機関とし、かつ都市住民の議員の比重を重くしたゼムストヴォを導入するための法案を準備したが、この計画は具体化しなかった。RGIA, f. 1288, op. 2 (1904). d. 84.

付記：本稿は、平成一五―一七年度文部科学省科学研究費補助金（特別研究員奨励費）による研究成果の一部である。

第15章 サルバドール・ムニョス・ペレスとアンダルシアの反革命

渡辺　雅哉

1　一九三六年七月一八日のコルドバ

一九三一年四月、発足したばかりのスペイン第二共和制臨時政府は、悲惨な状況に放置されてきた「膨大な数の農民大衆」の存在にあえて触れ、私的所有を保障しながらも「農業上の権利は土地の社会的機能に対応しなければならない」との立場から農地改革の実施を公約した。グアダルキビール川の中下流域を中心に根を降ろした強固な大土地所有制。そして、そのもとでの慢性的な失業が惹起する極度の社会不安。一世紀以上にもわたる激烈な階級闘争の一方の主役を演じつつ、スペインの「農民大衆」の悲劇を最も尖鋭に体現してみせたのは、アンダルシアにのたうつ「膨大な数の」日雇い農たちである。(1)

第二共和制の「改革の二年間（一九三一―三三）」には、マヌエル・アサーニャ（共和行動党／左翼共和党）ら、ブルジョワ出の知識人との共闘を選択した社会党の肝煎りによる労使混成協議会の設置等の措置を通じて、法的な諸権利の力点が農業経営者重視から「農民大衆」重視へと移行する。さらに、この「働く者たちの共和国」の転覆を試みた一九三二年八月のホセ・サンフルホ将軍の軍事クーデタ騒動を契機に、社会党とブルジョワ各派との妥協の産物であり、農業ブルジョワたちの「直接経営」に配慮する一方で、サンフルホ将軍との「共謀」を理由に貴族、特に旧スペイン大公の所有地を強引に「生け贄」に仕立てた観も拭えぬ懲罰的・政治的な傾向が顕著な内容ではあれ、翌九月にはともかくも懸案の農地改革法が成立を見た(2)。

一九三六年夏、軍部が改めて第二共和制打倒の狼煙を上げた背景には、臨時政府の声明以来、自らの影響力の喪失感に苛まれてきたアンダルシアの大地主たち、換言すれば一九世紀中葉の自由主義的農地改革を通じて自己の地位を確立した南スペインの農業エリートの意向が強く働いていた(3)。のみならず、軍部と気脈を通じながら、クーデタの立案にイニシアティヴを発揮した農業エリートも存在した。ただし、「エリート」の多数派をなす農業ブルジョワジーと少数派に甘んじる貴族は、十全な意味での蜜月関係にはない。農地改革法の審議の過程では、資産「没収」の危機に瀕した「エリート」の片割れを尻目に、農業ブルジョワジーは曖昧さを免れない「直接経営」の文言を盾にひとまず「保身」に専念したのであった。

一九三六年七月一八日のクーデタの成就に伴って、第二共和制が即日崩壊する悲哀を舐めた都市の一つがコルドバ県の県庁所在地である。そのコルドバにおける反乱の首謀者は、マドリード在住ながらも、県内のモンティーリャに白葡萄酒とアニス酒の醸造所を構える農業ブルジョワの家系に生まれたホセ・クルース・コンデ。遡れば、とりわけ母方のコンデ家は、自由主義的農地改革の柱の一つであった教会所有地の売却に乗じて土地を集積する一方で、一八四四年のホセ・マリーア・コンデ・アコスタのコルドバ市長就任を皮切りに、アンダルシアの政界に強大な発言力を有した紛れもない農業エリートの一族である(4)。

軍人上がりのホセ・クルース・コンデは一九二〇年代の独裁者ミゲル・プリモ・デ・リベーラ将軍の腹心であり、自身、プリモ独裁期（一九二三―三〇）にはまずコルドバ市長（一九二四）、次いでセビーリャ県知事に（一九二五）抜擢された(5)。先のサンフルホ将軍の軍事行動に際し、クルース・コンデは将軍直々の参加要請を固辞していたにもかかわらず、逮捕される憂き目を見る。この屈辱が共和主義への彼の憎悪を決定的なものにした。自らが理想の統治者と仰いだプリモ・デ・リベーラは、退陣早々パリに客死していた。クルース・コンデは、独裁者のもとで蔵相を務めたスペイン刷新党／国民ブロックのホセ・カルボ・ソテーロに、やがてプリモの理想の後継者像を見出すに至る。[6] 一九三六年二月の人民戦線選挙では、コルドバ県での勝利を当て込んでスペイン刷新党より出馬したものの惨敗。その直後から、クルース・コンデは退役軍人のエドゥアルド・ケーロ・ゴルドーニらを誘って第二共和制打倒の策謀に没頭した。

問題の七月一八日、コルドバの砲兵隊の兵営に駆けつけた一五〇名ほどの市民のなかで際立っていたのも、ラ・ビクトリアのホセ・ラモン・デ・ラ・ラストラ・イ・デ・オセス、モンティーリャのホセ・マリーア・アルベアール・イ・アバウレア、アダムースのサルバドール・ムニョス・ペレス、それにプリエーゴ・デ・コルドバのホセ・トマス・バルベルデ・カスティーリャら、いずれもコルドバ県内ではその名を知られた有力な農業経営者たちの姿である。

このときコルドバ県農業会議所代表の地位にあったデ・ラ・ラストラ・イ・デ・オセスは、内戦期を通じてフランコ派の軍法会議の検事を演じることになる。同農業会議所の監査役と、非灌漑地での穀物・野菜・木綿・煙草栽培部門の主事とを兼務するアルベアール・イ・アバウレアはコルドバ県庁に入り、フランコ派の初代県議会議長ケーロ・ゴルドーニを補佐する役どころを引き受ける。[7] また、内戦終結の翌年（一九四〇）にフランコ独裁がセビーリャ県知事に任命するのがバルベルデ・カスティーリャである。[8] デ・ラ・ラストラとアルベアールとバルベルデ・カスティーリャの三人には、水泡に帰した一九三二年八月のクーデタ騒動への関与を疑われて逮捕された過去もある。[9] 彼らコルドバ県の農業エリートと軍部とを結ぶ絆の太さを推察するのは容易であろう。付言すれば、コルドバでの軍事行動を電撃的な成功へと導いた砲兵隊のシリアーコ・カスカーホ大佐も、県内のルーケの農業ブルジョワと姻戚関係にあったのである。

バルベルデ・カスティーリャとともにクルース・コンデの謀略に直接加わっていた農業経営者が、クーデタの成就と同時にフランコ派初のコルドバ市長の座を襲うサルバドール・ムニョス・ペレスである。ロシア革命の衝撃のもと、アンダルシアが農業ストライキの従来になく連鎖的な拡大に見舞われた「ボリシェヴィキの三年間（一九一八―二〇）」には、コルドバ県農業経営者・畜産業者協会代表にして、アンダルシア地方オリーヴ栽培業者組合副代表。ブハランセのアントニオ・スリータ・ベラやカストロ・デル・リオのアントニオ・ナバハス・モレノと並んで、一九三四年にはＡＮＯ（全国オリーヴ栽培業者協会）のコルドバ県支部委員。一九三六年には、やはりこの両名とともにコルドバ県農業会議所顧問。ムニョス・ペレスは、農業経営者としての足跡において間違いなく抜きん出た存在である。[10] 本稿の目的は、このアダムースのオリーヴ栽培業者の言動のいくつかを拾いながら、アンダルシアの農業エリートの危機意識が一九三六年夏の反革命的軍事クーデタへの積極的な荷担へと帰結した過程の一端を解明することにある。

2　ある「保守的な共和派」の軌跡

サルバドール・ムニョス・ペレスをも含めて、アンダルシアの農業経営者たちの実像に関しては未知の部分が多い。だが、コルドバ県にはこの点で例外的と思われる大地主が一人いた。パルマ・デル・リオのフェーリクス・モレノ・アルダヌイである。モレノ・アルダヌイは一九三六年にはコルドバ県農業会議所のオリーヴ・葡萄栽培及びその関連事業部門の顧問を務めており、ムニョス・ペレスの同僚でもあった。以下、子息のアロンソ・モレノ・デ・ラ・コーバによれば「保守的な共和派」であり、「なによりもまず、土地を私有する権利を信頼していた」モレノ・アルダヌイの一九三〇年代を簡単に跡づけておく。地元の住民たちから「ビスマルク」の異名で恐れられたこの人物の動静には、[11] アンダルシアの農業エリートと第二共和制との間の緊張が凝縮されているかに見える。

当時、モレノ・アルダヌイはパルマに三五〇〇ヘクタール以上の土地を持っていた（夫人との共同名義）。「ビスマルク」の地所はパルマだけに限られない。アロンソによれば、パルマと、隣接するペニャフロール（セビーリャ県）との間の土地は「そっくり」父親の所有に帰した。モレノ・アルダヌイはコルドバ―セビーリャ間では第一の、そしてアンダルシア全体でも二番目の大地主だった、との子息の回想にはさすがに誇張が含まれているかもしれない。それでも、パルマ第二の農業経営者ミゲル・フェルナンデス・ナヘラのこの町での所有地の総面積がほぼ一三八五ヘクタールに留まっていたことから見ても、[12] モレノ・アルダヌイが地元において他の追随を許さぬ「巨人」であったのは疑いない。

第二共和制の成立からまだ日も浅いころ、「だれよりも土地に関心をもっていた」モレノ・アルダヌイは自分の「土地」に入った日雇い農一人を射殺する。また、「ビスマルク」はサンフルホ将軍の軍事行動に関わった容疑で逮捕されてもいた。二つの事件が連想させる「ビスマルク」の気質は、少なくとも「共和派」のそれではない。「改革の二年間」の是非が問われた一九三三年一一月の総選挙は、急進党とＣＥＤＡ（スペイン独立右翼連合）の完勝に終わる。左翼にとっての「暗黒の二年間（一九三四―三五）」の開幕を告げたこの戦いに「保守的な共和派」は保守共和党（！）から出馬したものの、当選の夢は叶わない。[13]

一九三六年二月。第二共和制では三度目の総選挙の直後、死者こそ出なかったにせよ、「第二共和制時代のコルドバ県で最も暴力的な」と評する向きもある騒擾[14]に直撃されたのがパルマである。ことの発端は、総選挙での人民戦線の勝利を慶賀する六〇人から七〇人のデモ行進への、人民行動党のセンターからの発砲にあった。人民行動党は、「カトリシズム」と「私的所有」の護持を合い言葉とする寄り合い所帯のＣＥＤＡの中核をなす政党。二日間にわたった破壊と略奪は人民行動党のセンターばかりか、「暗黒の二年間」にＣ

EDAと結んだ急進党のセンターや複数の教会・修道院、さらに大地主たちの私邸にも及んだ。言わば「暗黒の二年間」の権力を表象する空間そのものが標的にされた形である。モレノ・アルダヌイの屋敷もむろん被害を免れなかった。

半年足らずの人民戦線期を通じて、社会党が多数派を占めたパルマの町役場と、「保守的な共和派」を旗頭とする地元の農業経営者たちとの関係は悪化の一途をたどる。五月には、モレノ・アルダヌイが失業緩和のための労使交渉を拒絶したこともあって、アナルコサンディカリスト労組CNT（全国労働連合）と社会党系労組UGT（労働者総同盟）が連帯して農業ストライキに突入。自身に逮捕状が出され、その家畜の一部に差し押さえの処分が下されるなか、パルマを逃れたモレノ・アルダヌイはセビーリャ、またはポルトガルに潜伏したものの、結局はセビーリャ県知事の行政命令により身柄を拘束されている[15]。

一九三六年七月。軍事クーデタの成功がひとまず阻止されたパルマでは、第二共和制の統治機能の麻痺に乗じてリベルテール共産主義の樹立が宣言され、「ビスマルク」の資産も接収された。クーデタの前夜、モレノ・アルダヌイはアンダルシアの中心都市にあって、ケイポ・デ・リャーノ将軍と行動をともにしていたらしい。セビーリャが悪名高い「ラジオ将軍」の軍靴に踏みしだかれた後、「ビスマルク」はムニョス・ペレスが市長を務めるコルドバへ入り、コルドバからのパルマ「解放」の「十字軍」に同行。八月下旬、パルマへの帰還を果たしたモレノ・アルダヌイは、約一ヶ月にわたったアナルコサンディカリストたちの「祝祭」のなかで屠られていた自身の「牛」一頭につき、一〇人の「下衆ども」の殺害を宣言する[16]……。

無視されるべきでないのは、「不寛容」の一言で括られることが多いアンダルシアの大地主たちのなかでも特にその傾向が著しいモレノ・アルダヌイが、農業経営に見せた旺盛な意欲である。「偉大な」父親を慕う子息の言葉に改めて耳を傾ければ、モレノ・アルダヌイはフランスのグリニョンで農学を修め、アロンソの祖父から受け継いだ「二〇平方キロ」(ママ)の不動産をその九倍にまで増やしている。「ボリシェヴィキの三年間」にモレノ・アルダヌイが購入したトラクターは、「アンダルシアの土に初めて刃を入れた」それである。一九世紀以来、スペインの農業の機械化・技術革新にパイオニア的な役割を果たしてきたのはアンダルシアの農業エリートである。モレノ・アルダヌイも、「徹底的な農業の変革をリードした」南スペインの「少数の土地所有者」[17]の一人であったものと思われる。

3 「土地の社会的機能」の否定

一九三一年四月の第二共和制臨時政府の声明に見える「土地の社会的機能」とは、一九世紀末のヨーロッパ各国に噴出しつつあった「社会問題」に一応の配慮を示し、「既製の制度内での労働者階級の向上を求めていた」ときのローマ教皇レオ一三世の回勅「レールム・ノウァールム」(一八九一)の社会カトリシズムに派生する概念である。[18]そして、その社会カトリシズムの精神におそらく最も忠実に農地改革の実施に腐心したのが、「暗黒の二年間」の一九三四年一〇月から翌年五月まで農相を務めた、セビーリャ出身ながらもバダホース県選出のCEDA代議士、マヌエル・ヒメーネス・フェルナンデスであった。

農地改革を扱った大著のなかで、[19]エドワード・マレファキスは、セビーリャ大学で「教会法」を講じてもいたこの人物を第二共和制が生んだ「最も精力的な」農相と見なしている。「スペインはカトリック的であることをやめた」との、物議を醸した一九三一年一〇月のマヌエル・アサーニャの国会演説に象徴されるように、[20]「改革の二年間」が自らに課したこれも重要な課題が政教分離の実現に置かれていたとすれば、一九三〇年代前半に出現した「最も精力的な」農相が敬虔なカトリックであったのは一つの皮肉かもしれない。

だが、この「皮肉」はこれまであまり問題にされてこなかったように思われる。

アストゥリアスの炭鉱夫やカタルーニャの地域ナショナリストが蜂起した一九三四年の「一〇月革命」は、ヒメーネス・フェルナンデスをも含むCEDAの三名のアレハンドロ・レルー（急進党）政権への入閣にそもそも端を発していた。一九四〇年の死を前に亡命先で認められた文書に、アサーニャは「一〇月革命」に続いた弾圧を「内戦のプロローグ」と書きつけた。[21]その政治的な「遺書」とも見なされうる同じ文書のなかで、内戦に敗れた文人政治家は「暗黒の二年間」の農地改革については一言も語ろうとしない。

いずれにせよ、ヒメーネス・フェルナンデスの営為は、農地改革法の制定に一貫して抵抗した農業党と並んで私的所有を絶対視し、従って「土地の社会的機能」を許容しない、同じCEDAの強硬派の執拗な反対に遭遇して挫折を余儀なくされた。[22]農地改革の要諦をなす社会カトリシズムの原理が、CEDAのなかでは「白いボリシェヴィキ」、セビーリャ県の農業経営者たちからは「レーニン」とも揶揄された農相[23]の退場をもって否定されるとき、アンダルシアに残されたものはもはやほとんど剝き出しの階級憎悪のみであった。

スペインにあって社会カトリシズムの理念の定着に大きく貢献したのは、「ボリシェヴィキの三年間」のさなかに「所有権は、個人的なものであることをやめて、社会的役割を果たすものに変わった」と述べたアンヘル・オソリオ・イ・ガリャルドである。[24]グアダルキビール川の中下流域を席巻した騒乱が沸騰点に達した一九一九年、オソリオは勧業相としてセビーリャ県の労使紛争に介入、「日雇い農の暴力と農業経営者のエゴイズム」の沈静化に尽力する一方で、アンダルシアの大土地所有の実態の把握にも乗り出した。争議の折、たびたび「スト破り」に動員されていた出稼ぎに対する地元の労働力の優先的な雇用を提唱し、第二共和制期の「区域調整法」導入の先駆けを演じたのも当時のオソリオである。

「保守的ではあれ、こと社会問題に関しては充分に進歩的な」人材を糾合して、一九二二年に人民社会党を結成した立役者もオソリオに他ならない。[25] そして、この「人材」のなかにヒメーネス・フェルナンデスが含まれていた。プリモ独裁が樹立される数ヶ月前、後の「白いボリシェヴィキ」は日雇い農の借地農への、また借地農の自作農への転換の可能性を早くも模索している。[26] なお、プリモ独裁期にセビーリャの市会議員を務めたヒメーネス・フェルナンデスは、イベロ・アメリカ博覧会の開催（一九二九）へ向けて市の財政を圧迫していた県当局との間で確執を深めた。博覧会の最高責任者は、プリモ・デ・リベーラ将軍が全幅の信頼を寄せるあのホセ・クルース・コンデである。[27]

「少数が多くを持ち、多数がほとんど何も持たぬ事態は回避されねばならない」との信念から、「白いボリシェヴィキ」は農業エリートに「社会の平和と調和のための」自己犠牲、その所有地の「自発的な」提供を要請する。「社会的必要性」に鑑みての、一九三二年九月の農地改革法では見送られた農業収益への累進課税の導入。あらゆる資産は、これを所有する各自の必要性を超過する分に関する限り「われわれの他の兄弟たちの喫緊の必要性」に供されねばならないこと。問題の解決は「土地を分割し、さらに分割すること」にあり、そこで農業経営者が持つ土地の総面積や個々の地所の規模には上限が設けられるべきこと。一方では、一切の小土地所有の収用対象からの除外。さらに、「すべての」土地所有者に対する補償は適切に、「可能な限り現金をもって」なされるべきこと。ヒメーネス・フェルナンデスは、懲罰的・政治的な意図が優先された一九三二年九月とは異質の構想を温めていた。[28]

等しくCEDAに身を置きながらも、「われわれの他の兄弟たち」の空腹には冷淡だったのがアドルフォ・ロドリーゲス・フラード、ハイメ・オリオール・デ・ラ・プエルタ、ルイス・アラルコン・デ・ラ・ラストラら、やはり農相と同じセビーリャ（県）生まれの代議士たちであった。ロドリーゲス・フラードは、一九三一年七月に公表された農地改革の専門委員会案に危機意識を深めた農業経営者たちが、その翌月に結成したAPFR（地主協会）の副代表・代表を務めた人物。一九三二年一一月に誕生したIRA（農地改革庁）にもAPFRから参画、農地改革の進展を妨害した。このロドリーゲス・フラードをCEDAの最強硬派と見なすのは、現代史家のマヌエル・トゥニョン・デ・ラーラである。(29)

一九三二年五月、小麦の刈り入れを前にした労使混成協議会での交渉の紛糾をきっかけに、FPAPA（セビーリャ）県農業協会・経営者団体連盟）が発足する。このFPAPAの代表と副代表に就任したのが、それぞれオリオール・デ・ラ・プエルタとアラルコン・デ・ラ・ラストラである。(30)オリオールは失業と大土地所有制との連関を、(31)つまり「アンダルシアの農業問題」の存在そのものを否定し、経営者に従順な出稼ぎの雇用を制約する、かつてオソリオが提唱していた「区域調整法」をはじめ、「改革の二年間」が打ち出した一連の社会政策に頑強に反対した農業エリートの一人。(32)「白いボリシェヴィキ」の二代後の農相ニカシオ・ベラージョス（農業党）に、俗に「反農地改革法」とも呼ばれる農地改革修正法の成立を急がせた大地主たちの音頭を取ったのも、オリオールとロドリーゲス・フラードであった。(33)残るアラルコンを、経済史家のアントニオ・フロレンシオは県内の農業経営者たちの最高指導者の一人に挙げている。(34)

さしあたり注目されるのは、ヒメーネス・フェルナンデスが上程した「ジュンテーロ及び〔零細〕借地農保護法」と「借地法」をめぐる国会での攻防である。ジュンテーロとは、大土地所有の圧力ではアンダルシアに匹敵するエストレマドゥーラにあって、わずかに雌の騾馬二頭を持つ零細な借地農、もしくは日雇い農を指す。(35)一九三二年一一月以降、そのジュンテーロらに与えられていた二年間の土地用益権の一年更新を定めた「保護法」は、ロドリーゲス・フラードやルイス・アラルコンの不興を買い、農業党のホセ・マルティネス・デ・ベラスコらの反対にあって流産の危機に瀕しながらも一九三四年一二月に成立する。(36)

ヒメーネス・フェルナンデスは、「借地法」により、一二年以上にわたって耕作に従事する借地農に自身が借り受けた土地を取得する権利を与えようとした。「時間の経過は借地農が自作農に転じる根拠にはなりえない」との立場から、「借地法」に激しく噛みついたのがロドリーゲス・フラードである。一九三五年三月に可決された「借地法」では、借地契約の期限の最低保証が六年から四年へと短縮されたうえ、「直接経営」の概念の拡大解釈も手伝ってその中身は骨抜きにされていた。バダホース県だけに適用範囲を限定しつつ、三〇〇ヘクタールを超えるすべての地所の二五%までを、ジュンテーロたちへ二年を限度に貸与する権限をＩＲＡに認めようとした「白いボリシェヴィキ」のさらなる企図は一顧だにされない。[37]

農相への就任早々から、ヒメーネス・フェルナンデスはセビーリャ県のＣＥＤＡのなかで孤立を強いられる事態に逢着していた。ルイス・アラルコンがアルバ公爵（旧スペイン大公）から借りていた県内のカルモーナの二つの地所、合計九三三ヘクタールの接収をめぐる問題がそれである。当のアラルコンはもとより、ロドリーゲス・フラード、オリオール・デ・ラ・プエルタ、さらに人民行動党のセビーリャ県代表を務めるブスティーリョ伯爵らが、接収に前向きなヒメーネス・フェルナンデスにこぞって背を向ける。「白いボリシェヴィキ」が自ら嘆息する「オストラシズム」の恥辱にまみれていった過程は、ホセ・マリーア・ヒル・ロブレスが示した「親友」の農相に対する態度の変遷に見事に合致する。このＣＥＤＡの総帥は「保護法」の審議ではヒメーネス・フェルナンデスを擁護したものの、[38]「借地法」のそれには関心を示さず、[39]アラルコンの借地問題に至ってついには農相に引導を渡したのであった。[40]

もちろん、「すべての」土地所有者への補償に公正を期すヒメーネス・フェルナンデスは、いかなる意味でも「レーニン」ではない。「カトリック的であることをやめた」はずの第二共和制時代の農業問題を知悉するジャック・モリスが指摘する通り、[41]就中「保護法」に託された「白いボリシェヴィキ」の狙いが、カセレス県と、農相自身が当選を果たしたバダホース県の二県からなるエストレマドゥーラにおいて、社会党・

ＵＧＴの主要な支持層を形成していたジュンテーロたちをＣＥＤＡの陣営へと取り込むことにあったのも明白である。[42]「最も精力的な」農相の二つの異名には、「農地改革」の四文字に過剰なまでに敏感な名づけ親たちの屈折した心理状態がそのまま反映されていたように思われる。

一九三四年八月の農地改革修正法には、収用の対象となりうる土地の原簿の破棄や、実質的に市場価格に等しい、あるいはこれを上回りさえもする（！）補償条件の設定も盛り込まれるなど、一九三二年九月からの後退は明らかであった。同法を通じて、サンフルホ将軍との「共謀」容疑に基づく、旧スペイン大公の所有地の無償収用も無効とされている。にもかかわらず、この「反農地改革法」に挿入された「社会的有用性」条項が、「改革の二年間」のペースを遥かに凌ぐ人民戦線期の暫定的な土地占拠・入植の実現を可能にする。即ち、一九三六年三月から六月までのアンダルシアでは、カディス、ウエルバ、グラナダ、コルドバ、セビーリャ、ハエンの六県で一〇〇五五五ヘクタールの土地に七八九六名が暫定的に入植した。一九三三年一二月の時点でのアンダルシア六県（上記六県からウエルバ県を除き、マラガ県を加える）では、暫定的に占拠された土地は三九四一・七ヘクタール。入植者も七二七名に過ぎない。[43]

マレファキスによれば、[44]「社会的有用性」に照らして「あらゆる地所」を占拠する権限を国家に認めたこの条項の「反農地改革法」への挿入は、同法の成立に驕った農業エリートが、条項を発議したホセ・マリーア・アルバレス・メンディサーバル（急進党）や、ヒメーネス・フェルナンデスらに示した「寛大な」譲歩の産物である。フランコ独裁が「悲劇の春」と後に命名する、内戦に先立つ「アナーキーな」数ヶ月間における農地改革のお膳立てを整えたのは、社会カトリシズムの言わば「残り火」に他ならなかった。

こうして、「暗黒の二年間」に優位を取り戻したはずの自らの足場が改めて、しかも「改革の二年間」を格段に上回る規模で掘り崩されるかに思われるなか、農業エリートの間には祖国からの逃避を図る者も現われる一方で、第二共和制の暴力的な打倒へと傾斜していく潮流が発生する。パルマ・デル・リオの「ビスマルク」がしばし隣国に潜伏した可能性には、すでに触れておいた。セビーリャ県の大地主では、ハイメ・オリオール・デ・ラ・プエルタや、（ここでその言動を検討する紙幅はないが）「暗黒の二年間」にＡＮＯ代表を務めたペドロ・ソリス・デスマイシエーレス（人民行動党／スペイン刷新党）らが人民戦線のスペインを離れたのに対し、(45) ルイス・アラルコン・デ・ラ・ラストラはアンダルシアの中心都市での軍事クーデタに勇んで身を投じた。フランコ独裁はアラルコンに産業相の椅子を用意する。(46) ところで、退役軍人でもあったアラルコンの後塵を拝することを潔しとしなかったのが、サルバドール・ムニョス・ペレスである。

4 「スペイン万歳！」

一九三一年七月に公表された専門委員会の手になる最初の農地改革法案に対し、コルドバ県農業会議所の『会報』を通じて、(47) 盟友のアントニオ・スリータ・ベラとともにとりわけ辛辣な批判を展開したのが、サルバドール・ムニョス・ペレスである。三度の総選挙に自ら立候補することがなかったように、一九三〇年代前半のムニョス・ペレスの（狭い意味での）政治活動には特筆されるべき内容がない。にもかかわらず、複数の新聞や雑誌に綴られたその論考は、フランコ派初のコルドバ市長が、われわれが前章に瞥見したセビーリャ県の農業エリートの農地改革への懸念を共有していた事実を充分に裏書きする。

専門委員会の農地改革法案は、ムニョス・ペレスの目には「公権力」による土地の「強奪」以外の何ものでもなかった。確かに、ムニョス・ペレスは「多くの日雇い農を自作農に転じうるような」何らかの法的措置の実現に向けて尽力することを「われわれ農業経営者」の義務と語ってはいる。だが、そのムニョス・ペレスが個々人の所有地の規模に制限を設ける発想は、少なくとも「それが『直接経営』のもとに置かれている場合には」そもそも誤りであり（法案には、例えば二〇〇ヘクタール以上のオリーヴ畑を一律で収用する条項が盛り込まれていた）、農業経営者の「財産権」は何を措いても尊重されるべきものと主張するとき、抜本的な農地改革への道は早くも完全に塞がれていたかに思われる。後述の如く、「ボリシェヴィキの三年間」にはコルティーホ（大農場）に「公権力」がわずかでも触手を伸ばす事態を峻拒していたムニョス・ペレスのことである。「直接経営」以外の農地の収用への含みは、憲法制定議会で社会党が第一党を占めるなかでの「戦術的な」一歩後退と見なされるべきであろう。

専門委員会の農地改革法案に、祖国の農業に破滅をもたらす「革命的略奪」の性格をやはり見て取ったブハランセのアントニオ・スリータは、改革の経費を捻出するための農業収益への累進課税に不快感を隠さず、併せて借地農の扱いが曖昧な点をも非難する。法案に従えば、収用の対象となる土地を借り受け、そこに全資本を投下して「農業に粉骨砕身するスペイン人」は、土地を追われたあげく、「仕事を持たぬ者」、つまりは日雇い農たちの仲間入りをする他はない……。

アントニオ・スリータの語る「借地農」が農地改革の救済の対象でないことは特徴的である。自身がメディナセーリ公爵（旧スペイン大公）の借地農でもあったスリータの主張には、[48]マヌエル・ヒメーネス・フェルナンデスとルイス・アラルコン・デ・ラ・ラストラらがアルバ公爵の所有地の接収をめぐって衝突する問題の核心を先取りしていた節もある。「白いボリシェヴィキ」が後に国会に上程する「借地法」案にも、ムニョス・ペレスとスリータはむろん反対の立場を表明する。[49]「社会的必要性」を「財産権」に優先して農業エリートに忍従を求める「白いボリシェヴィキ」の精神と、「土地の社会的機能」に基づく「財産権」の侵害には断じて否定的なコルドバ県の二人のオリーヴ栽培業者のそれとはあまりにも大きく隔たっていた。

アントニオ・スリータの子息のガスパール・スリータ・ロメーロが、ブハランセで何者かの手により射殺されたのは、カサス・ビエハス（カディス県）での反乱の事後処理の不手際にもたたられて、アサーニャ政権が倒壊してまだ日の浅い一九三三年の九月末である。地元のアナルコサンディカリストに的を絞った執拗な犯人探しは、同年一二月にこの町を襲う武装蜂起の導火線にもなる。[51] ムニョス・ペレスは殺人の背後に犠牲者への個人的な怨恨を超えた「階級的な」意味合いを認め、「アナーキーな現状」に終止符を打ち、アンダルシアに「平穏と信頼」を回復させるための必要な措置を講ずるよう、ときのレルー政権に要請する。[52]

一九三三年一一月の総選挙を控えて、アダムースのオリーヴ栽培業者は「農業の防衛」を掲げ、ここでもアントニオ・スリータとともに「中道（急進党）―右翼（CEDA・農業党）」への投票を呼びかけた。[53] 日雇い農たちの利益に「過度に」配慮し、[54] 曲がりなりにも農地改革法を成立させた「改革の二年間」に、この「二年間」をアンダルシアを匪賊が跳梁したかつての時代にもなぞらえるムニョス・ペレス[55]は絶縁状を叩きつけたのであった。

一九三三年一一月は大地主たちの勝利とも要約されうる。[56]「レールム・ノウァールム」以前の、「左翼」への敵意に凝り固まった「伝統的な」カトリシズムを墨守するカルロス派、カスティーリャのホセ・アントニオ・ラマミエ・デ・クライラックは、一年後の国会で「白いボリシェヴィキ」を愚弄する反革命の急先鋒。[57] アントニオ・スリータは――また、確実にムニョス・ペレスも――、ロドリーゲス・フラードや急進党のニコラス・アルカラ・エスピノーサ（ハエン県）ら、「農業の防衛」に邁進する同胞の当選を祝福する。[58] 農地改革法の国会審議が始まった一九三二年春、アルカラ・エスピノーサはすでに日雇い農の入植を「最も無能な輩」への国土の引き渡しと公言して憚らなかった。失業を「ありふれた現象」と見なすその発想は、[59]「アンダルシアの農業問題」を等閑視したハイメ・オリオール・デ・ラ・プエルタに通じている。

なお、パルマ・デル・リオの「ビスマルク」はさておき、コルドバ県農業会議所もアントニオ・ナバハス・モレノ（農業党）とフランシスコ・デ・パウラ・サリーナス・ディエーゲス（急進党）の二人を首尾よく国会へ送り込む(60)。コルドバのサリーナスは、一九三六年にはホセ・マリーア・アルベアール・イ・アバウレアが主事を務めた、非灌漑地での穀物・野菜・木綿・煙草栽培部門の顧問の地位にある。一九三六年七月、先にも記しておいた通り、いち早くフランコ派の県政に携わるそのアルベアールは、コルドバ県のカルロス派屈指の実力者でもある。一九三三年一一月を前に、「改革の二年間」には農業党に身を寄せていたラマミエ・デ・クライラックや、アンダルシアにおけるカルロス派の最高指導者、セビーリャのマヌエル・ファル・コンデを地元モンティーリャでの集会へと招聘したのもアルベアールであった(61)。

人民戦線期には、農地改革そのものがムニョス・ペレスの眼中からまったく消え失せていた。一九三六年四月に自ら認めた人民戦線政府宛の公開書簡のなかで、遠からずコルドバにおける第二共和制破壊の鬼神と化すこの人物は、南スペインに失業が蔓延する理由を、歯止めのかからぬオリーヴ油の値崩れその他、農業経営者の「およそ与り知らぬ経済的な要因」や、大地主が「暗黒の二年間」の優位を喪失した二月以降の「政治状況」、あるいは折からの天候不順へと還元してしまう。大土地所有制が不断に再生産し続ける南スペインの構造的な現象としての失業は、この書簡では国家、つまり首相に返り咲いたアサーニャの人民戦線政府が「公共事業」を通じて解決すべき問題と認識されている(62)。

オリオールやニコラス・アルカラと同じように、こうして失業と大土地所有制とを完全に切り離したムニョス・ペレスは、すでにこの時点でホセ・クルース・コンデの謀略に深く関与していたものと推測される。二人の最初の邂逅は一九一〇年代にまで遡る(63)。一九三五年初頭にスペイン刷新党のコルドバ県委員会とコルドバ市委員会が組織された際、それぞれの代表に選ばれたのがクルース・コンデとムニョス・ペレスである(64)。

内戦の事実上の幕開けを告げるエピソードとしてしばしば指摘されるのが、ホセ・カルボ・ソテーロが軍事クーデタの直前にマドリードで拉致・殺害された事件である。ムニョス・ペレスをクーデタ成功後のコルドバ市長に指名していたのは、一九三五年三月にクルース・コンデとともにコルドバを訪ね、[65]「一〇月革命」以後まったく鳴りを潜めたかに見えた「革命勢力」の「根絶」を訴えたこの極右の大物である。一九三六年七月一八日、生前のカルボ・ソテーロの絶大な信頼に応えつつ、「スペイン万歳！」と叫んでコルドバ駐在の治安警備隊に反乱軍への合流を呼びかけたのも、アダムースのオリーヴ栽培業者であった。[66]内戦が終わる一九三九年四月一日までのコルドバでの「左翼」——と覚しい——死者の総数は四〇〇〇名。[67]戦闘が一日で決着を見たこの都市にあっては、その大半が七月一八日の犠牲者と考えられる。阿鼻叫喚の地獄絵のなかで、以後ほぼ四〇年にわたって存続することになる独裁体制の出産に、コルドバは早くも立ち会っていた。

5　アンダルシアの農業エリートと「公権力」

一八八二年暮れ以降、ヘレス・デ・ラ・フロンテーラ（カディス県）とその近辺で発生した数件の不可解な殺人事件をきっかけに持ち上がったのが、「マノ・ネグラ（黒い手）」騒動である。陰惨なドラマは、一八七五年にアントニオ・カノバス・デル・カスティーリョ（保守党）が構築した復古王政とアンダルシアの農業エリートとの結束の固さを浮き彫りにする。今日なおその存在すら実証されたとは認めがたいテロ組織「マノ・ネグラ」の「暗躍」を口実に、「公権力」は、農業エリートの不安をよそにリベルテール的な組織基盤を「合法的に」強化しつつあった南スペインの日雇い農への徹底的な弾圧に着手したのであった。[68]

一九世紀末から二〇世紀初頭にかけて、コルドバのトーレス・カブレーラ伯爵が残した言動は、「公権力」

の手厚い庇護のもとに「自由主義のスペイン」を謳歌した一八八〇年代のアンダルシアの農業エリートの姿勢とはいささか趣きを異にしている。トーレス・カブレーラ伯爵は一八九九年にコルドバ県農業会議所を設立し、自らその代表に就任。一九〇一年には、やはり自身が立ち上げたアンダルシア・エストレマドゥーラ・カナリア諸島農業連盟の副代表にも推挙されている、南スペインの農業界の有力者である。(69)

コルドバの日雇い農たちの実態に関して、一九〇二年にそのトーレス・カブレーラ伯爵が認めたパンフレットでは、「母なる大地が生み出すものの子どもたち」である大地主・中農・農業労働者のいずれもが「農業階級」として一括されている。農業労働者を救済し、延いては低迷する祖国を再生へと導く鍵は、国内最多の労働人口を構成する「農業階級」の結束を措いて他にない。伯爵の見るところ、同一の「階級」に属する農業エリートに対する日雇い農の反逆は、「金の卵」を産む鶏を絞め殺す愚挙以外の何ものでもなかった。

労使協調に向けられたトーレス・カブレーラ伯爵の意志は、大地主に一般的な、日雇い農たちの惨状への「無関心」が引き起こすであろうアナキズムの蔓延への恐れと表裏一体をなしている。しかし、件のパンフレットは大地主に意識の覚醒を促すための肝心の方策を提示していない。レオ一三世の「レールム・ノウァールム」の発表から三年後に伯爵自身が開設した、象徴的な呼称の協同組合「ラ・カリダー（慈愛）」も、当人自らが幻滅を味わわねばならなかったように、それこそ周囲の「無関心」にたたられて、二〇世紀初頭には解散の瀬戸際にまで追い込まれていた。(70)そして、パンフレットが出版された翌年、コルドバ県は際立ってリベルテール的な色彩の濃い日雇い農たちの抗議行動にいよいよ直面することになるのである。

賃上げを要求する日雇い農たちを相手に、やはり「金の卵」の喩えを持ち出して「資本の抹殺」へと通じる行動を戒めたのは、一九一四年のオスーナ（セビーリャ県）の農業経営者組織である。だが、握手の手を差し伸べたはずのオスーナの大地主たちは、「忠告」に背いて農業ストライキを敢行した地元の労働力を蹂躙することにまったく躊躇しない。

日雇い農の組織化の進展に比例して、南スペインの農業エリートは再びその本性を露にしていく。一九一八年五月には、CNTの組織員を地方レベルで統轄するアンダルシアCRT（地方労働連合）がセビーリャに誕生した。二〇世紀初頭に地元を揺るがした争議に自ら関わった際、リベルテールたちの「狼藉」に手を焼いたカルモーナのアギレーラ・トゥルモは[71]、「ボリシェヴィキの三年間」のかつてない農業スト攻勢を目の当たりにして驚愕し、アナルコサンディカリズムをついには「狂犬病」呼ばわりするまでになる[72]。

社会カトリシズムの旗手アンヘル・オソリオ・イ・ガリャルドが「所有権」の「社会的機能」に言及したまさにそのとき、大土地所有制の根幹には手をつけずに階級対立の「糊塗」を画策した大方の（？）農業経営者の戦略は破綻を来しつつあった。「改革の二年間」の重圧から一旦は解放された南スペインの大地主たち、なかでも好戦的なアドルフォ・ロドリーゲス・フラードやサルバドール・ムニョス・ペレスらが、いかに「教会法」の権威とはいえ、倹しい商家に生まれた「白いボリシェヴィキ[73]」の「博愛精神」を受け入れ、自らが「私的に」所有する「母なる大地」を「自発的に」差し出す可能性は皆無に等しかったのである。

「改革の二年間」には農地改革法の審議を執拗に妨害し、「暗黒の二年間」にはその「修正」に挺身した農業党からの、カストロ・デル・リオのオリーヴ栽培業者アントニオ・ナバハス・モレノの一九三三年一一月の総選挙への出馬に、われわれは第二共和制の成立以後のアンダルシアにおける農業エリートの危機意識の深まりを重ね合わせることができるかもしれない。

一九一九年二月、騒乱の現地の視察に赴いたIRS（社会改革庁）調査委員会を前に、「現在の土地所有者の利益を大きく損なわずに」との条件を付しながらも、ナバハス・モレノは「直接経営のもとに置かれていない借地」の「強制的な」分割を通じての「現在の農業資本主義体制の漸次的にして秩序だった変革」の方向を指し示した(74)。当時のナバハス・モレノは、同じ調査委員会に対し「国家や自治体が所有する山林や、これに類する未耕地」以外の大土地、なかでも「経営形態を問わず」コルティーホの分割は論外、との態度に終始したムニョス・ペレスとはまだ一線を画していたように思われる(75)。

「白いボリシェヴィキ」が農相に就任した一九三四年以降の、ANOやコルドバ県農業会議所でのそのムニョス・ペレスとナバハス・モレノの足並みの一致についてはすでにわれわれの知るところである。だが、軍事クーデタの勃発を境に両者は明暗を分ける。ムニョス・ペレスがコルドバ市長に就任した直後の七月二一日、ナバハス・モレノには、リベルテール共産主義の洗礼を受けて「アナキストのエデン」と化しつつあったカストロの街頭での非業の死が待ち受けていた(76)。

IRS調査委員会にムニョス・ペレスが語った印象では、一九三一年四月を待つまでもなく、「ボリシェヴィキの三年間」には南スペインの大地主はすでに「公権力」から見放された存在と成り果てていた。ムニョス・ペレスのこの認識には、「マノ・ネグラ」事件の顛末が物語る、「公権力」がアンダルシアの農業エリートの「自由」を存分に保障していた復古王政初期を懐かしむ気分が見て取れる。その復古王政は「三年間」の約二〇年前、一八九七年のカノバス・デル・カスティーリョの暗殺と翌年の米西戦争の大敗を境に下り坂に入っていた。ホセ・クルース・コンデが再現を夢見たプリモ独裁は、実際には復古王政が呈した末期症状への対処療法の域を出ない。一九三六年夏、第二共和制の粉砕をもくろむ反革命に荷担した際、アダムースのオリーヴ栽培業者は、それが内包する暴力性においてプリモ独裁の比ではなく、しかも農業エリートの「自由」には復古王政初期にもまして寛大な、新しい「公権力」の中枢に立つ自らを発見したのであった。

注

（1）渡辺雅哉「ディアス・デル・モラールと『アンダルシアの農業問題』」小倉欣一編『ヨーロッパの分化と統合 国家・民族・社会の史的考察』太陽出版、二〇〇四年、二九九–三一九頁。

（2）アンダルシアでの「直接経営」の普及に決定的に寄与したのは、自由主義的農地改革の実施以前には、大借地農として貴族（領主）の土地を借り受けていた農業ブルジョワたちである。農地改革法の「偏向」は、一九三四年一〇月までに収用された八九一三三ヘクタールの土地がすべて旧スペイン大公の所有地であった事実に端的に示される（「耕作強化令」〔注43〕に基づいて暫定的に占拠された土地を除く）。Jacques Maurice, Reforma agraria y revolución social, in: *Memoria de la Segunda República. Mito y Realidad*, Madrid 2006, pp. 234-237.

（3）ホセ・ルイス・グティエーレス・モリーナ（渡辺雅哉訳）『忘れさせられたアンダルシア　あるアナキストの生と死』皓星社、二〇〇五年、二一三頁。

（4）Julio Ponce Alberca, *Del Poder y sus sombras. José Cruz Conde*（*1878-1939*）, Cabra 2001, pp. 23-36.

（5）*ibid.*, p. 74. 一九二七年には弟のラファエルもコルドバ市長に就任。*ibid.*, p. 87.

（6）*ibid.*, pp. 200-207.

（7）コルドバ県農業会議所絡みでは、他に灌漑地での耕作及び農作物加工業部門主事でフェルナン・ヌーニェス公爵家（フェルナン・ヌーニェス）の不動産の管理人だったカルロス・インセンガ・カラマンサーナ、畜産・植林・牧草地部門主事フランシスコ・アミアン・ゴメスの二人の子息、フェルナンドとラファエルのアミアン・コスティ兄弟（コルドバ）、さらに元同会議所代表ホセ・リオボー・ススビエーラス（カストロ・デル・リオ）らも兵営に足を運んだ。Juan Ortiz Villalba, Las bases sociales del 18 de julio en Córdoba, in: *Axerquía*, 3（1981）, pp. 255-264. 一九三六年のコルドバ県農業会議所でのそれぞれの役職については、*Boletín Agrario*, I y II-1936.

（8）Ponce Alberca, *op. cit.*, p. 265.

（9）Francisco López Villatoro, *Los inicios del Franquismo en Córdoba. FTT de las JONS*, Córdoba 2000, p. 29 n. 16.

(10) グティエーレス・モリーナ、前掲邦訳の訳者による「解説　ディエゴ・ロドリーゲス・バルボーサが生きた時代のアンダルシア」（以下「解説」）、五三一‐五四頁。ここで、本稿に登場する組織の略称を一括して記しておく。まず、国家機関ではIRA（農地改革庁）とIRS（社会改革庁）。政党ではCEDA（スペイン独立右翼連合）。農業経営者団体ではANO（全国オリーヴ栽培業者協会）の他に、APFR（地主協会）とFPAPA（［セビーリャ県］農業協会・経営者団体連盟）。労働組合ではCNT（全国労働連合）とCRT（地方労働連合）、及びUGT（労働者総同盟）。

(11)「ビスマルク」の異名は、パルマ・デル・リオにカフェを営むセニョーラ・バレスの証言から。ドミニク・ラピエール、ラリー・コリンズ（志摩隆訳）『さもなくば喪服を　闘牛士エル・コルドベスの肖像』早川書房、二〇〇五年、九三頁。第二共和制への怨念に満ちたアロンソ・モレノ・デ・ラ・コーバの証言は、同書、九六‐一〇三頁。

(12) Antonio León Lillo, *Palma del Río 1936-1952*, Córdoba 1990, pp. 48-49.

(13) Francisco Moreno Gómez, *La República y la Guerra Civil en Córdoba*, (*I*), Córdoba 1982, p. 226.

(14) *ibid.*, pp. 353-354.

(15) 労使交渉を頑なに拒むその姿勢がわざわいして、モレノ・アルダヌイは同年四月やその前にも幾度か逮捕されている。León Lillo, *op. cit.*, pp. 236-256.「改革の二年間」には、「困窮」（！）を理由に自分の所有地での農作業を中止したため、「強制耕作法」に則って処罰されたこともある。*El Luchador*, 23-X-1931.

(16) ラピエール、コリンズ、前掲邦訳、一三三頁。パルマは、フランコ独裁期に一世を風靡した異色の闘牛士「エル・コルドベス（コルドバの男）」ことマヌエル・ベニーテスの故郷である。マヌエルの姉アンヘリータが記憶するモレノ・アルダヌイは、「労働者に一ペセタ［ママ］でも余計な賃金を払うくらいなら、その労働者を殺してしまうだろうと思われるような」経営者である。同邦訳、八五頁。なお、この町では、リベルテール共産主義体制下では右翼――と見なされた――四二名の、フランコ派の占領後には左翼――と見なされた――三〇〇名の人命がそれぞれ失われた。Francisco Moreno Gómez, *La Guerra Civil en Córdoba* (*1936-1939*), Madrid 1986, pp. 513-514.

(17) アントニオ・ミゲル・ベルナル（太田尚樹他訳）『ラティフンディオの経済と歴史　スペイン南部大土地所有制

の研究』農文協、一九九三年、一三五－一四二頁。

（18）渡辺「解説」、三九－四〇頁。

（19）Edward Malefakis, *Reforma agraria y revolución campesina en la España del siglo XX*, Barcelona 1982, p. 394.

（20）Hilari Raguer, La《cuestión religiosa》en la Segunda República, in: *Memoria de la Segunda República*, pp. 184-190.

（21）Manuel Azaña, *Causas de la Guerra de España*, Barcelona 1986, p. 30.

（22）農業党――「改革の二年間」には正式には農業「少数派」だが、本稿では「党」で表記を統一――に関しては、例えば「社会的機能」の拡大解釈に伴う「私的所有」の廃絶を恐れたリカルド・ゴメス・ロヒーの主張を参照。Alejandro López López, *El boicot de la derecha de las reformas de la Segunda República*, Madrid 1984, p. 179.

（23）Malefakis, *op. cit.*, p. 407; Leandro Álvarez Rey, *La derecha en la II República: Sevilla, 1931-1936*, Sevilla 1993, p. 420.

（24）ベルナル、前掲邦訳、九七頁。

（25）Ángel Ossorio y Gallardo, *Mis memorias*, Madrid 1975, pp. 110-123.

（26）Javier Tusell/José Calvo, *Giménez Fernández, precursor de la democracia española*, Sevilla 1990, pp. 23-26.

（27）Ponce Alberca, *op. cit.*, pp. 158-161.

（28）「生け贄」の旧スペイン大公を例外として（！）、先の農地改革法は個々の農業経営者が全国に持つ地所の総面積を俎上に載せることはなかった。ＣＥＤＡ内部にも吹き荒れた逆風に晒されて、「白いボリシェヴィキ」は自身の農地改革法案の国会提出を見送る。Tusell/Calvo, *op. cit.*, pp. 70-74 y pp. 95-99.

（29）Manuel Tuñón de Lara, *Tres claves de la Segunda República*, Madrid 1985, p. 51, p. 99, p. 104 y p. 160.

（30）Álvarez Rey, *op. cit.*, pp. 183-185.

（31）Antonio Florencio Puntas, *Empresariado agrícola y cambio económico, 1880-1936*, Sevilla 1994, p. 333.

(32) ハイメ・オリオール・デ・ラ・プエルタもＡＰＦＲ首脳の一人である。Tuñón de Lara, *op. cit.*, p. 101. なお、「区域調整法」は一九三四年六月にＵＧＴが実施する全国的な農業ストライキの直前に廃止された。Maurice, Reforma agraria y revolución social, p. 242.

(33) Tusell/Calvo, *op. cit.*, p. 127.

(34) Florencio Puntas, *op. cit.*, p. 241. ルイス・アラルコン・デ・ラ・ラストラと、コルドバ県農業会議所代表ホセ・ラモン・デ・ラ・ラストラ・イ・デ・オセスとの血縁関係の有無は不明。

(35) Maurice, Reforma agraria y revolución social, p. 239 n. 26.

(36) Tuñón de Lara, *op. cit.*, pp. 158-161; Tusell/Calvo, *op. cit.*, pp. 74-76.

(37) 一九三五年三月に制定された「借地法」に従う限り、「直接経営」への転換の意思表示を行ないさえすれば、土地所有者には借地農の追い立てが可能である。Malefakis, *op. cit.*, pp. 405-406; Tusell/Calvo, *op. cit.*, pp. 85-95.

(38) *ibid.*, pp. 100-106.

(39) Tuñón de Lara, *loc. cit.*

(40) Álvarez Rey, *op. cit.*, pp. 416-426. ヒル・ロブレスも、当初は農業党に所属した。López López, *op. cit.*, p. 123. ＣＥＤＡが結成されるのは一九三三年春である。

(41) Jacques Maurice, *La reforma agraria en España en el siglo XX*（*1900-1936*）, Madrid 1978, pp. 54-55.

(42) フランコ独裁期半ばの一九六一年には、農業集団化を志向した第二共和制期の社会党の「失敗」を酷評している。Tusell/Calvo, *op. cit.*, p. 72 y n. 74.

(43) 「改革の二年間」の暫定占拠・入植の実績は一九三四年、つまり「暗黒の二年間」の初年度のそれにも届かない。一九三四年には、（「改革の二年間」と同じ）アンダルシア六県の併せて六〇一八・二ヘクタールの占拠地に一〇七七名が入植した。Jacques Maurice, *El anarquismo andaluz. Campesinos y sindicalistas, 1868-1936*, Barcelona 1990, pp. 137-138 y pp. 146-150. この暫定的な土地占拠・入植の措置は、エストレマドゥーラのジュンテーロたちが頻繁に企てた牧草地への侵入に応えた一九三二年一一月の「耕作強化令」に基づく。Malefakis, *op. cit.*, pp. 280-

282.

(44) *ibid.*, pp. 411-414.

(45) *Olivos*, X-1934; Álvarez Rey, *op. cit.*, p. 438 n. 601.

(46) Juan Ortiz Villalba, *Sevilla 1936: del golpe militar a la guerra civil*, Córdoba 1997, p. 113.

(47) *Boletín Agrario*, VII-1931.

(48) Maurice, *El anarquismo andaluz*, p. 129.

(49) アントニオ・スリータ・ベラについては、*Boletín Agrario*, I-1935. サルバドール・ムニョス・ペレスについては、*El Defensor de Córdoba*, 22-I y 16-II-1935.

(50) 渡辺雅哉「リベルテールたちのアンダルシア（番外編）『ラ・リベルタリア』の二度目の死」『トスキナア』四、二〇〇六年、六六－七三頁。

(51) 同「一九三三年一二月のブハランセの武装蜂起　CNT－FAIとコルドバ県の階級闘争」『スペイン史学会会報』五五、一九九八年、五－六頁。

(52) *Diario de Córdoba*, 3-X-1933. 一二名が虐殺された一九三三年一月のカサス・ビエハスにも似て、多数の死傷者を出したブハランセの武装蜂起をめぐるムニョス・ペレスの見解は不明。

(53) *ibid.*, 16-XI-1933.

(54) 「ボリシェヴィキの三年間」の労使対立の焦点の一つに、経営効率に優れながらも、投下される労働力には過重な肉体的負担が課せられる出来高払い制の是非があった。一九三二年五月のコルドバでの労使混成協議会は、「三年間」にムニョス・ペレスが強硬にその存続を主張していた出来高払い制を廃止する。渡辺「解説」、一〇〇頁。

(55) *El Defensor de Córdoba*, 12-X-1931.

(56) Tuñón de Lara, *op. cit.*, p. 105.

(57) Tusell/Calvo, *op. cit.*, pp. 76-79 y pp. 88-89.

(58) *Diario de Córdoba*, 6-XII-1933.

（59）*Olivos*, V-1932. この人物は、その後すぐにもＡＮＯ代表になる。*ibid*, VI-1932.
（60）Maurice, *El anarquismo andaluz*, p. 132.
（61）Julián Ramírez Pino, *Montilla 1920-1950*, Montilla 1991, pp. 112-113.
（62）*Boletín Agrario*, IV-1936. 折からの世界恐慌の影響にもたたられて、スペイン産のオリーヴ油の輸出量・輸出価格は第二共和制期を通じて大幅な低下を見た。一九三五年の輸出量は一九三一年の四二％。一九二七年には二七〇ペセータ以上だったキンタール当たりの価格も、一九三六年には一六六ペセータにまで下落する。Florencio Puntas, *op. cit*., p. 244. 価格低迷に苦慮するムニョス・ペレスは、「暗黒の二年間」のコルドバ県ではほとんど唯一の農業ストライキ攻勢（渡辺「解説」、一〇二－一〇三頁）の切迫さえも視野に入らぬかのように、一九三四年六月にも県内の同業者たちにＡＮＯへの結集を呼びかけるのに必死である。*El Defensor de Córdoba*, 8-VI-1934.
（63）二〇世紀初頭に自由党員としてまず頭角を現わした後のフランコ派初のコルドバ市長は、すでに一九一二年と一九一六年の二度、同じ職務に従事した経験を持つ。コルドバ県の自由党の総帥アントニオ・バロッソが一九一六年に死去した後、そのカシカート（復古王政時代に自由党と保守党の間での「平和裡の政権交代」を支えた暴力的な支配構造〔カシキスモ〕に汚染された選挙地盤）がアントニオの子息エウヘニオ・バロッソへと引き継がれたため、自由党のなかでの出世の望みを早々に絶たれたムニョス・ペレスは（渡辺「解説」、六七頁）、プリモ独裁期にはホセ・サンチェス・ゲラが統率する保守党に鞍替えしてすでに久しい。クルース・コンデと初めて親交を結んだ当時は、まだ自由党に籍を置く身である。Ponce Alberca, *op. cit*., p. 45 y p. 62 n. 52.
（64）*ibid*., p. 228. マドリード在住のクルース・コンデとコルドバ県内の右翼・王政派との橋渡し役を買って出たのは、ホセ・トマス・バルベルデ・カスティーリャである。このプリエーゴ・デ・コルドバの旧保守党のカシーケ（ボス）とクルース・コンデとの関係も、プリモ独裁期には確固としたものになっていた。*ibid*., p. 84. 一九二〇年代、バルベルデ・カスティーリャはクルース・コンデにも似てプリモ・デ・リベーラ将軍の寵愛を受け、プリエーゴ町長とバダホース県知事の地位を手に入れた。渡辺「解説」、七三頁。
（65）Moreno Gómez, *La República*, p. 302.

(66) 渡辺「解説」、五二－五六頁。

(67) 一九三六年七月一八日のコルドバでの「右翼」の死者は、CEDAの弁護士一名。Moreno Gómez, *La Guerra Civil*, pp. 29-30.

(68) 渡辺「解説」、二七－三七頁。

(69) Antonio Barragán Moriana, *Córdoba: 1898-1905. Crisis social y regeneracionismo político*, Córdoba 2000, pp. 189-194.

(70) Conde de Torres Cabrera, *Información acerca de los obreros agrícolas en las provincias de Andalucía y Extremadura*, Córdoba 1902, pp. 33-41.

(71) *El Liberal*, 21-VI-1901.

(72) Florencio Puntas, *op. cit.*, p. 287 y p. 305.

(73) Tusell/Calvo, *op. cit.*, p. 15 y p. 71.

(74) アントニオ・ナバハス・モレノは「自活するだけの才覚に充分に恵まれた」農業労働者の「賃金〔労働〕からの解放」の可能性をも示唆している。IRS, *Información sobre el problema agrario en la provincia de Córdoba*, Madrid 1919, pp. 28-29. セビーリャ県の大地主で、FPAPAではハイメ・オリオールらの同僚だったホセ・ウエスカ・ルビオも（Álvarez Rey, *op. cit.*, p. 184.）、一九三四年二月に農業党に入党している。*ibid.*, p. 429.

(75) コルドバ県農業経営者・畜産業者協会を代表しての、セバスティアン・ガルシア・イ・ガルシアとの共同執筆になる文書。IRS, *op. cit.*, p. 88.

(76) ジャック・モリス（渡辺雅哉訳）「カストロ・デル・リオ　あるリベルテール的なプエブロの歴史と伝説」『西洋史論叢』二三、二〇〇一年、四三－五三頁。一九三六年夏、クルース・コンデはマドリードでの軍事クーデタが頓挫した後、ペルー領事館その他に難を逃れたものの不遇をかこつ。一九三九年一月末、間近に迫ったフランコ派の首都攻略を待たずに病没した。Ponce Alberca, *op. cit.*, p. 260.

第16章 政治への歴史家のかかわりに関する一考察
――エストニア人歴史家ハンス・クルースの思想と実践――

小森　宏美

1　歴史と政治

ハーバーマスの「歴史の公的使用」という指摘を持ち出すまでもなく、歴史は公共の場での使用を通じて政治と密接なつながりをもつ。すなわち、歴史学は、いかなる政治体制においても、次世代の社会化、特定の政治体制の正当化、既存の習慣や神話の社会的浸透、公的政策の合理的解釈などの役割を担うものとして機能しうる。(1) とはいえ、歴史学を担う歴史家自身が政治と直接的かかわりを持つかどうかは、別の問題である。

二〇〇六年、マルト・ラールの博士論文が刊行された。(2) マルト・ラールは歴史家であると同時に政治家でもある。その両分野で顕著な功績を挙げている。政治家としては、一九九一年のエストニアの独立回復後、二度にわたり首相を務め、現在まで途切れることなく国会議員の要職にある。他方、歴史家としては、一八世紀末から一九世紀前半にかけての民族覚醒期や第二次世界大戦期を扱った多くの著作を発表している。とくに民族覚醒期については、先ごろ他界したエア・ヤンセンとともに第一人者と目される。学位請求論文『覚醒者』は、近代における民族の構築性を指摘する議論に対し、実証的研究に基づき「覚醒者」としての個人の活動をナショナリズム隆盛の重要な要因として指摘した研究である。ナショナリズムを、産業化や都市化、教育の普及などの外部環境から説明したアーネスト・ゲルナーや、『想像の共同体』のベネディクト・アンダーソンとは異なり、ラールは、主観的要素と客観的要素を併せ持つ統合的立場がナショナリズム分析には最も有効とする。アンソニー・スミスや東中欧の小民族の発展を三段階に分けて説明したミロスラフ・フロホを高く評価しているのはそのためである。

民族に対するラールのこうした関心は、政治家としての彼の言動に影響を及ぼすのであろうか。この問いに対する答えはおそらく「然り」であろう。ラールは民族主義的政党「祖国」の党首を長く務めた。同党は、再独立後最大の懸案であったロシア語系住民をめぐる問題で最も排他主義的な立場を主張した政党である。では逆に、政治家としてのラールは歴史家としての彼の言動に影響を及ぼすのであろうか。これも程度の差はあれ否定することはできない。学位公開審査で討論者を務めたトーマス・カリヤハルムも、『覚醒者』の書評論文の中でそのような見方を示している。しかし、そうした影響はおよそいかなる歴史叙述の場合でも不可避的である主観性の枠内におさまるとし、研究の質を損なうものではないと述べた。[3] エストニアのような小国では人材に限りがある。歴史を振り返ってみても、ラールのようにいわゆる知識人が政治に直接的に関与する場面が少なからずあった。

本稿では、歴史と政治の関係を、具体的人物に焦点を当てて検討する。その人物とはハンス・クルース（一八九一―一九七六）である。クルースは、ラール同様、歴史家でもあり、政治家でもあった。その詳しい経歴については次節で紹介するが、エストニア最初の歴史研究者と評され、これまで編まれたエストニアの通史のなかで最も信頼されている『エストニアの歴史』（全五巻）の編者である。[4] 他方、クルースはエストニア独立前後の政治に積極的に携わり、政治の舞台から退いた後も論壇で政治的な主張を発信し続けた。その後の一九四〇年のいわゆる六月革命に際してはこれを支持してソ連体制側に与し、エストニアの外務大臣やタルト大学学長を務めた。ブルジョア民族主義者として非難を受け、それらの要職から解かれた後は科学アカデミー歴史研究所の研究者として歴史研究に従事した。クルースが歴史家としての高い評価を得ていることは言を俟たないが、こうしたソ連時代の経歴ゆえに、全体的な評価の難しい人物である。そのクルースが近年改めて脚光を浴びている。その理由のひとつには、前述のラールが『覚醒者』の中で、クルースをフロホの議論を先取りして実証していたと評価したことがある。いまひとつは、二〇〇五年、思想史シリーズの一部としてクルースの論考をまとめた『エストニアの諸問題』(5)が刊行されたことによる。しかし、同書には一九四〇年以降の論文は含まれていない。それはクルースの歴史観・民族観が一九四〇年以降変化したことを意味するのであろうか。それとも彼の言動の本質は、実は公の場でも一貫しており、ソ連体制に迎合したわけではなかったのであろうか。

エストニア政府は、一九九一年に再独立した現在の国家が一九四〇年までの国家を直接継承するものであるという立場に立ち、一九四〇―一九九一年を占領期間であるとして、ソ連時代との非連続性を強調する傾向にある。ソ連時代に関し、社会・文化研究はある程度成果を上げているものの、歴史分野で研究が進んでいない背景にはこのような事情もあると考えられる。とはいえ、両大戦間期の歴史にもいまだ評価の定まらない問題がないわけではない。その一方で、一八、一九世紀を扱った歴史研究が一九九一年以降盛んである理由は、国民統合の観点からはきわめて明快であろう。こうした歴史と政治の絡み合いのなかで等閑視されているのが、クルースのように、体制転換にもかかわらず、ソ連体制下においても指導的地位にとどまった政治家や知識人である。

本稿の目的は、まず、一九四〇年以降も体制内にとどまった知識人に関し、一九四〇年以前と以後の思想的連続性の有無について検証することにある。彼らの行動はエストニア民族に対する裏切りであったのか。結論を先取りしてしまえば、クルースについては思想的連続性が認められると、暫定的にではあるが筆者は考えている。したがって、目的の二つめとしては、ではそうした思想的連続性を規定する要素とは何であったのか、これを探り出すということになる。さらにこれは今後の課題であるが、一九四〇年のソ連への編入の内実について、しばしば政治の世界で単純化して語られているように、それが果たして軍事占領下での強制的な併合としてのみ描けるのか、という問いに対する回答への手がかりを探したいという思いがある。

クルースは多くの業績を残したが、その大半は一九四〇年以前に発表されたものであり、一九四〇年以降は、歴史研究所に所属しながらも、大きな業績を上げたということはできない。加えて、アルヒーフ史料もほとんど存在しない。それゆえ、本稿が扱うのは主に、一九四〇年までに公表された論文と、一九四〇年以降については、わずかながら刊行されたクルースの論考集である。これらは歴史を素材にした政治的発言であり、歴史研究とは区別して考える必要がある。そもそも、一九四〇年以降のクルースについて評価が曖昧である原因には、先述のようなエストニアの歴史学全体をおおう事情とともに、限定的な史料状況がある。したがって、エストニア人歴史家が本格的なクルース研究に二の足を踏むのも故なきことではない。筆者がそれを克服できる方法論を有するわけではないため、本稿では一定の論点に絞って議論していくことになる。

2　政治とのかかわり

一八九一年、ロシア帝政下でタルトの労働者の家庭に生まれたクルースは、タルト師範学校を一九一一年に卒業すると私立学校の教員になった。タルト大学で歴史を専門的に学び始めたのは一九一四年のことである。紛れもない知識人であり、また、後述するように民族と社会の歴史に強い関心を有していたクルースが、当時の社会情勢の中で政治的な活動に関わらないはずがなかった。大学で学ぶかたわら『自由なことば』（*Vaba Sõna*）の編集責任者を務め（一九一五―一六年）、「社会主義と民族問題」や「民族と階級」など、多くの論考を発表した。一九一六年からはロシア軍に従軍してロシア帝国各地で勤務し、二月革命を迎えたのはペトログラード（現サンクト・ペテルブルク）であった。

上述の論考のタイトルにも明確にあらわれているように、クルースは社会主義を信奉していた。一九一七年に選出されたエストニア臨時議会（Maapäev）では、社会革命主義者（エスエル）としての立場を鮮明にした。エストニアのエスエルがロシアの社会革命党から分離してエストニア独立社会労働党を結成すると、クルースは党首に選ばれた。同党は、民主主義的なロシア連邦の構成共和国としてエストニアの将来像を描いていた。この立場は一九一七年の時点では特殊なものではない。自由主義者のヤーン・トニッソン（一八六八―?）が同年八月の議会でロシアからの独立と、北欧諸国との同盟関係構築の必要を訴えたとき、それは現実的ではないとして反対する議員も多かったのである。

十月革命後の動きについては、一九四〇年の時点での政治的選択の背景としても、今後多面的な研究がとくに必要な問題であるが、現時点では、事実関係を記しておくことしかできない。エストニアの独立獲得に目的を軌道修正しながらも、エストニアのエスエルは、一九一七年一二月のきわめて短い期間、エストニア労働者ソヴィエト執行委員会（エストニアのボリシェヴィキ）と協力関係にあった。しかし、両者の間の政治的立場の隔たりは埋まらなかった。一九一八年一月、クルースは、当時民族問題担当人民委員であったスターリンに、エストニアの独立ならびにエストニア労働共和国の建設計画に関する覚書を提出した。スターリンは、後者については関心を示したものの、エストニアの労働者は独立を支持していないとして、この計画を保留したという。[6]

こうしてエストニアの独立を追及しながら、同時にクルースは、制憲会議では急進的な農地改革の断行を主張し、革命によるソヴィエト政権の樹立を予言して耳目を引いた。地下活動を精力的に行っていたボリシェヴィキのヴィクトル・キンキセップとは、ソヴィエト・ロシアとの和平交渉の模索において協力関係にあった。[7] 急進的な主張を展開するクルースの雑誌は、『闘争』をはじめとして何度も当局によって発行禁止処分を受けた。

独立達成後も左派社会主義者として政治にかかわり続けたクルースであったが、一九二一年にコミンテルンの第三回大会に出席するためモスクワに滞在した後、政治家としての活動を放棄した。このときモスクワでソヴィエト・ロシアの社会をつぶさに観察し、現実を目の当たりにしたことが原因とされる。[8] しかし国会議員を辞職したとはいえ、完全に政治から手を引いたわけではなかった。タルト大学で教鞭をとり、研究活動に従事するかたわら、一般向けの多くの雑誌に論考を寄せ続けた。とくに、一九三〇年代の権威主義体制批判は、クルースの政治思想を見る上で欠かせない。次節ではこの点も含めてクルースの思想を検討する。

3　クルースの民族観

エストニアの歴史家にとって「民族とは何か」という問いに答えることは至上命令であるといっても過言ではない。それは、エストニア人自身が有する小国・小民族という自己認識から発する欲求である。一九世紀の民族運動を主要研究課題のひとつとしていたクルースもその例外ではない。ただし、ここでは「民族」運動と書いたが、博士論文の題目が「一八四〇年代の南エストニアにおける農民騒乱」（一九三〇年出版）であることに表れているように、クルースは社会問題としての階級と民族の両方に対する関心を持ち続けた。社会問題の解決には、階級と民族の両方を考慮にいれるべきであるとクルースは主張した。

クルースの民族観を分析するにあたっては、民族の定義と、民族が表に出る契機、すなわち民族的覚醒の要因に分ける必要がある。クルースの歴史研究はそもそも後者に重点をおくものであり、民族的覚醒を経済的要因（農奴解放、一九世紀後半に可能になった農地の購入など）から説明する。この見解は先述のような彼の社会主義的歴史解釈とも一致している。

他方、民族については、次のように定義する。

> 民族とは、それに帰属する個人からなる社会的「我々」である。我々を結びつけるのは、世代から世代へと受け継がれ、なおかつ常に更新され拡充される文化によって豊かになる「我々」意識である。(9)

これは一九四〇年に書かれた「民族全体」という論考のなかの一文である。ここで注目すべきは、クルースが民族という集団を個人の上位においているわけではないことである。そもそもこの「民族全体」という論考自体が、一九三〇年代後半の政府の政策を批判する意図で書かれたものであった。この点については、「民族全体」イデオロギーを推進したコンスタンティン・パッツ（一八七四―一九五六）との比較の視点から後述する。

さて繰り返しになるが、先の一文に見られるクルースの民族観は、民族の定義と民族的覚醒の要因とを分けて考えなければ誤解を招く恐れがある。以下に示す現代史家エーロ・メディヤイネンの解釈はまさにそうした誤解から生じたクルースの民族観理解であるといえる。

カリヤハルムは、クルースとフロホを同列におく。[10] あるいは、メディヤイネンは、それを証明することこそが、カリヤハルムが『エストニアの諸問題』を編集した際の隠れた目的であったと指摘する。[11] メディヤイネンによれば、カルル・ロベルト・ヤコプソン（一八一七―五七）に関するクルースの論考を読む限り、クルースはまさにフロホに近い立場に立っていたといえる。その一方、ヤコプ・フルト[12]（一八三九―一九〇七）に関するクルースの論考を読むと、クルースの民族観は、むしろ、エストニア人に人気のないアンダーソンの議論に極めて近いとメディヤイネンは喝破する。メディヤイネンは、クルースが、何よりも「我々」意識という心的要因を重視していることに着目する。ここからメディヤイネンは、クルースが、民族は作られ、何よりも認識を通じてそれを維持すると考えていた、と論を進める。フルトならびにクルースを構築主義者に位置づける彼のような解釈は、エストニアの歴史家の中では異例であることも付言しておきたい。

メディヤイネンの指摘は、一面ではクルースの民族観の真髄に迫っているとはいえ、重要な点を見逃している。すなわち、前述のように、クルースが民族とは民族文化によって育てられると論じている点である。クルースをはじめとする当時の知識人にとって、民族が文化に規定されるというのは、自明のことではなかったのか。近代主義や構築主義の議論が普及する前のことであれば、それは当然のことではなかったかと筆者は考える。なお、クルースの民族観には変化があった。一九一七年の時点では生物学的特徴を民族の重要な要素としてあげていたのに対し、一九四〇年の段階では、上述の引用のように生物学的特徴には全く触れていない。一九一五年出版の『エストニア学生協会アルバム第九巻――民族問題（一）』に掲載されたクルースの論文「民族と階級」の記述で確認しておく。

共通の特徴、共通の文化形態が人々を強い連帯意識で結びつける。これが歴史上強い力を発揮してき

たのである。（中略）民族闘争は、主に生物学的特徴によって区別される二つの社会集団間に生じる敵対を原因とする。(13)

一九四〇年の時点で生物学的特徴に触れていないのは、精神的紐帯を重視したためか、それとも生物学的特徴の指摘はナチス・ドイツの思想に通じるおそれがあるため、言及を控えたのであろうか。一九三〇年代のエストニアでは、ドイツからの思想の受容もソ連からのそれもエストニア民族の滅亡を招くものとして警戒されていた。

ところで、クルースは民族について論じる際、歴史研究の成果それ自体と政治的主張との間の線引きを意識していたのだろうか。また、読者の側はそれを認識していたのだろうか。

その判断材料となるのが、フルトやヤコプソンといった一九世紀後半の民族運動において中心的役割を果たした人物に対してクルースが行った評価である。それらは、その人物の思想そのものへの関心から発する研究なのか、あるいは政治的立場に対する共感の表明であるのか。この二つの間の相違は一見それほど大きくないように思えるが、エストニアの文脈では無視できないものである。それは、政治的立場が、明示的か暗示的かは別として、ロシアとドイツの狭間に生きるエストニア民族の存亡にかかわる選択に通底しているからである。すなわち、ヤコプソンは一般に親露派に位置づけられ、フルトはむしろドイツ派として理解されることが多い。言うまでもなく、民族や国家をめぐる言説もまた政治的立場と無関係ではない。

クルースは、一九三二年の段階では民族の政治的権利を主張するヤコプソンを高く評価しているが、独立時代末期には、フルトに対する評価をにわかに高めている。一九三九年のフルトの生誕百周年には、フルトの精神的遺産に関する研究とあわせてフルトの書簡と演説を編集した。(14) 同様に、政治思想的にフルトの後継者に位置づけられるトニッソンに関しても、彼は、独立以前には、ブルジョア民族主義者として批判的であったのに対し、独立末期にはその精神性重視の立場を評価している。フルトとトニッソンの共通点は、両者ともに、国家の存在よりも精神のあり方を民族の発展の上で重視したことである。すなわち、政治的要素としての国家制度を重視したヤコブソンやパッツとは対照的である。クルースの関心に見られるこうした精神的要素への比重の移動は、不安定化する国際情勢の中で独立喪失を予感してのことではなかったのか。フルトにしてもトニッソンにしても、国がなくなっても民族の発展が可能であると訴えた背景には、国家ないしそれに相応する政治的権利の獲得は不可能であるという冷静な時代状況分析があった。フルトは、政治制度上はロシア化しても文化民族としての意味がある、として一九世紀末のロシア化の中で希望を見出したのである。トニッソンの主張もまた、ロシア帝国の中で小民族が生き延びるための戦略としての印象が強い。「精神的内容で大きく強い民族になる」というフルトの主張を、クルースはエストニア民族の歴史的使命[15]として解釈した。歴史的使命とはクルースにおいては、それを核に民族の統合を行うイデオロギーであると説明される。ソ連あるいはドイツの支配下にはいっても民族が生き延びるためのイデオロギーを、クルースは必要としたのであった。ただし、トニッソンに対する評価が肯定的になった背景には、トニッソンがパッツの権威主義体制下で反体制派の精神的支柱であったこともあるだろう。この点に関連して、パッツ体制に批判的であったクルースの言論の中に見られる民族観の変化に政治的な意図が隠されていた可能性も考慮する必要がある。

パッツとクルースの間の相違はどの程度本質的なのであろうか。「民族全体」を阻害するのは、個人ないし社会集団の間に生じるイデオロギーあるいは政治的利害を巡る対立であり、世代間の様々な葛藤であるという解釈において、両者の間に大きな差はない。また達成すべき目標も、クルースが完全な「民族全体」は全体主義国家以外ではありえないとしたとはいえ、社会的団結の促進という点では共通していた。つまり問題は手段であった。手段に関しても、幅広い意味での教育を重視するところまでは同じであるが、強制的か自由意志と下からのイニシアチブに任せるか、という点で両者は対立するのである。民族教育の課題は、各人の民族倫理的、文化的、政治的質の向上にあり、これが民主主義の発展を可能にする、とクルースは見なしていた。そうした目的が、権威主義体制を敷いたパッツが少なくとも公式に掲げた目的と共通していたことは強調しておいてよいだろう。しかしながら、クルースは、その手段に関して、何よりも重要なのは政治組織の自発的な活動ならびに政治思想の自由な発現であると主張した。真っ向からパッツ体制を批判したのである。そのためクルースは、一九三九年、タルト大学教授の職から解かれた。また貧富の格差など社会問題の解消が社会の団結には肝要とする立場も、パッツとの違いとして指摘できる。

クルースの「民族全体」を分析する上で興味深いのは、クルースが社会の中の対立を自明の存在としてとらえ、多様な分裂軸を逆に統合の契機とするという発想である。両大戦間期の東中欧諸国にひろく見られた民主主義体制の崩壊と権威主義体制への移行の原因のひとつを、民族的にも社会的にも分裂していた状況にもとめる歴史解釈とは大きく異なっている。クルースは、対立関係が複数存在するからこそ相対化が可能であると見なしていたのである。しかし民族対立の相対化がそれほど容易でなかったことは、その後の歴史が示しているとおりである。

4　ソ連体制下のクルース

一九三九年にタルト大学から離れたクルースを待っていたのは、エストニアを巻き込んだ国際情勢の急激な悪化であった。

一九三九年八月二三日の独ソ不可侵条約（モロトフ・リッベントロップ条約）締結に続き、エストニアとロシアの国境地帯にソヴィエト軍が集結したとの報告がエストニア政府にもたらされた。九月二四日、通商条約締結のためにモスクワに到着したセルテル・エストニア外相は、相互援助条約の締結を要求された。それは、九月一七日に起きたポーランドの潜水艦オーゼル号のエストニアの港からの逃亡が、中立規定違反であるという主張に基づくものであった。同年十月、ソ連側のこの要求を受け入れたエストニア国内へのソ連軍駐留が始まった。事態の悪化はこれにとどまらなかった。翌一九四〇年六月一六日、エストニアとラトヴィアの駐ソ大使はそれぞれ、反ソ軍事同盟結成の陰謀を非難し、親ソ政権の樹立とソ連軍の自由通過を要求する内容の最後通牒を受け取った。両国はこの要求を退けることができなかった。

ソ連政治局員であるジュダーノフが新内閣の組閣について協議するために六月一九日、タリン入りした。いわゆる六月革命は、こうした状況下で新政権への支持表明のために動員された人々の行動であった。ジュダーノフの指名によってヨハンネス・ヴァレス内閣、いわゆる「人民内閣」が成立した。ただし、クルースだけはヴァレスの推薦であったという。[16] クルースは首相代行兼宣伝担当大臣に就任した。組閣から約一カ月後の七月二二日、クルースは人民議会において、エストニア共和国の終焉を宣言する役割を担った。

クルースを研究対象とすることに二の足を踏ませる理由は、彼に関する史料の限定性ばかりではない。彼が、エストニア史学確立の偉大な貢献者であると同時に、このように、この六月革命でソ連体制側についたためである。一方、六月革命で中心的役割を果たした他のエストニア人については、それなりの評価がすでに下されている。すなわち、「半知識人、裏切り者、買収された者、ニヒリスト」などが彼らに張られたレッテルであった。それは、共産主義者の活動がエストニアでは一九四〇年にはほぼ壊滅的な状況にあり、六月革命で政権についた人物が、首相に就任したヴァレス（詩人・医者）をはじめとして、政治的にはまったく無名であったためである。しかしクルースだけは、その名を広く知られた人物であった。それゆえ、彼がなぜ六月革命に加担したかという問題は、エストニア史全体、やや大げさに言えば、第二次世界大戦前の国家をそのまま継承したという立場をとる現在のエストニアの国家的問題にもなりうるのである。クルースはその政治活動の経歴を見てもわかるように、手のひらを返すように宗旨替えをしたわけではない。彼は生粋の社会主義者であった。しかし、一九二一年の時点でソヴィエト体制の現実に幻滅したクルースが、政治思想のみを理由にソ連体制を支持したというのはあまりにも不十分な説明である。

カリヤハルムは、クルースの意図について説明するために、パッツの大統領府長官であったエルマル・タンベックの回想録の一部を引用する。

彼がなぜ国を葬り去った側についてしまったのか。〔パッツ〕体制に反対であったし、友人たちの強い説得もあった。それに、ボリシェヴィキの懐に入ればエストニアのために何かできると無邪気に信じてしまったのだ、と私は思う。[17]

カリヤハルムは、ナチス体制下のドイツへの対抗としてだけでなく、自分の国の権威主義体制打倒のためにソ連を支持した知識人も存在した可能性があると指摘する。[18] クルースは、一九四〇年八月に次のような状況分析を行った。エストニアは長期間「ロシア」の支配下にとどまることになるだろう。その場合、我々には二つの選択肢がある。ひとつは、「ロシア」に抵抗して、エストニア民族を完全に身体的に抹殺してしまう道、いまひとつは、振り上げたこぶしをポケットにおさめ、彼らのゲームに参加することである。自分は二番目の道を選んだのだ[19]。

当時、選択の余地があると考えた政治指導者は、みな同じような別れ道の前に立ったのであろうか。大統領であったパッツもまた、相互援助条約締結というソ連の申し出をけって抵抗することは、民族の身体的抹殺に繋がると判断して、一切の軍事的動員をかけることなくこの申し出を受け入れた[20]。パッツはソ連による占領は長くは続かないと予測したのである。この予測は的中し、ドイツ軍による占領が一九四一年に始まったが、その後の経過はパッツの楽観的な期待を裏切るものであった。パッツについても、クルースについても、エストニアの歴史家の多くが、史料上の制約があるとはいえ、一九三九―四〇年をめぐる諸問題の中でこれほど扱いかねている状況は、メディヤイネンによってエストニア史学の問題として指摘されている[21]。

一九四〇年六月以降のクルースについて書くべきことは多くはない。クルースをはじめとする「六月共産主義者」は、モンゴル人民共和国の例に倣い、ソ連の衛星共和国としての道を探るべく憲法草案まで準備したが、無駄な試みに終わった。しかしこの間の事情をめぐる詳細は不明である。一九四〇年八月三日、クルースは共産党に入党し、九月にはタルト大学学長に任命された。その間、八月六日にエストニアがソ連邦に編入され、独立を喪失した。一九四一年に独ソ戦が勃発し、ドイツ軍がエストニアに侵攻すると、クルースはエストニアを逃れ、銃後でエストニア人を対独戦争に駆り立てるための文筆活動に専念した。それをまとめたものが後で触れる『大祖国戦争の中でわが人民の歴史とともに[22]』である。

戦後、クルースは一九四四年から五〇年までエストニア・ソヴィエト社会主義共和国外務大臣を務めた。カリヤハルムはこれを架空の職として重視しない。スターリン体制下では連邦構成共和国に独自の外交政策遂行の余地はなく、外向けの飾りにすぎなかったから、確かに大臣としての役割自体にさほど意味はないかもしれない。しかし、視点を変えると、この時期のクルースの状況認識を知る若干のヒントになる。

エストニア外務省は、一九四〇年八月二五日に外務人民委員部に改称された後、四一年一月、廃止された。この時期、クルースはエストニア・ソヴィエト社会主義共和国にも外務本省と少なくとも二、三の在外公館が必要であると考えていた。それゆえ、独立した外務省の廃止は「六月共産主義者」の多くにとっても意外な展開であった。[23] しかし、外務人民委員部はソ連によるエストニアの再占領に伴い四四年に復活し、さらに四六年に外務省の名を回復する。その背景には、戦後に組織された国際連合における複数議席の獲得というソ連の目論見と、亡命者や逃亡兵、捕虜などの問題に対応する機関の必要があった。

それではこうして復活した外務省は実際にはどのような任務を担ったのか。メディヤイネンはクルースが外務大臣を務めていた一九四四―五〇年の特徴を、独自の外交関係維持の可能性が無邪気に信じられていた時期と分析する。[24] クルースは、「畑を耕す段になって馬にえさをやりはじめてもまにあわない」として、四〇年代後半、外務省の拡充に努めた。すなわち、第一に、スタッフを養成した。諸外国語、外交史やエストニア史、世界史、世界情勢に加えて、亡命者の活動についても外務省職員に学ばせた。第二に、資料収集に力を入れた。戦前の外交官の回想録や外国語で書かれた外交史などの収集を怠らなかった。また、亡命者コミュニティで発行された著作や雑誌の収集にも目を配った。第三に、戦前の外務文書の整理である。在外公館の資産整理等については、ソ連外務省の要請で行われた。[25]

しかし、クルースの状況認識が楽観的に過ぎたことはまもなく明らかになった。一九四〇年代末に冷戦が本格化し、国際連合の体制が確立すると、構成共和国の外務省はもはや必要ではなくなった。外務省員の数は、一九五二年の一二人から六二年には四人にまで削減された。「六月共産主義者」は政権の座から追われ、「ロシア」生まれ、あるいは「ロシア」育ちのエストニア人やロシア人が取って代わった。クルースも例外ではなかった。外務大臣の職を解かれた後、一九五〇年一〇月、「反ソ民族主義的活動」の罪で三年三カ月間の服役を命じられた。

彼は、一九五八年から一九七六年まで、エストニア・ソヴィエト社会主義共和国科学アカデミー歴史研究所の上級研究員として働いているが、歴史研究上の業績はそれほど多くない。一九二〇、三〇年代の驚異的な業績と比較すると無に等しいとさえいえるだろう。唯一挙げるとすれば、郷土調査である。これは二〇年にわたって歴史研究所が組織した研究調査活動である。「占領」下において郷土調査は人々の民族アイデンティティの維持に貢献したが[26]、別の見方をすれば、エストニアの国としての歴史の相対化を後押しするものとして、当局に許容された面もあったと考えられる。

5 歴史の利用とエストニア史学の問題

一九七一年に出版された『大祖国戦争の中でわが人民の歴史とともに』の序文で、クルースは歴史の利用について述べている。少し長くなるが、部分的に引用しよう。

> ここにまとめたのは、大祖国戦争の真最中に、筆者が書いたり話したりしたものである。その主な目的は、エストニア史を巡る歴史上の議論を使って、当時遂行していた対ファシスト戦争の中でエストニア人を鼓舞することにあった。(中略)
>
> 歴史はこの偉大なる戦いのなかで、人民に対する社会の道しるべとなり、輝く光源にならなければならなかった。こうした確信と意図の下、一連の政治プロパガンダのなかで、遠い過去も近い過去も区別なく、エストニア人民の歴史が利用された。(中略)

これらの文章は、疎開中に銃後で書いたものである。それゆえ、史料が不十分であったことは否めない。しかし当時史料は必要ではなかったのだ。史料がなくても、十分に政治的機能を果たしたのである。

クルースが同書に集められた文章を執筆した当時、大祖国戦争の中でこれらの文章は確かにドイツ人に対する敵対心を鼓舞する性格のものであったと想像できる。しかし他方で、それはソ連国民としての連帯意識の強化にはさほど貢献しなかったのではないか。そこで取り上げられている史実は当然のことながら、ロシアやソ連とは無関係のものである。すなわち、エストニア人としてのアイデンティティの維持には意味のあるものであったとしても、ソ連という新しい祖国の未来を描き出すものではなかったのである。たしかに、親露主義者のヤコプソンを引用してはいる。しかし、そのヤコプソンにしても彼の親露的な言説ではなく、取り上げられているのは『三つの祖国の話』のような主に反ドイツ的な要素でしかない。

では、なぜ同書が一九七一年になってはじめて出版されたのか。クルースは、若い世代にも大祖国戦争時の経験を知ってもらいたい、と説明している。しかし先ほど述べたように、同書はこの戦争自体の記憶を記したものではない。そこにはソ連人アイデンティティの形成ではなく、エストニア人としてのアイデンティティの保持に寄与する文章が多数集められている。要は、エストニアの歴史を出版する口実として大祖国戦争が利用されたといえるのではないだろうか。クルースは、民族の団結のためには、教育が必要であると主張している。こうした考え方は、ソ連体制下で突然現われたものではなく、戦前からの彼の民族認識に見られるものであった。それは彼の文章が歴史を素材としながら、常に現在と将来を見据えたものであったことからもうかがえる。とはいえ、ソ連体制下のクルースについて断定的な評価を下すのが困難であることはすでに述べたとおりであり、今後、クルースを含め、一九四〇年の政変に関与した人物に関する研究上の空白が少しでも埋まることを期待したい。

最後に、エストニア史学上の他の問題についても指摘しておくことでまとめに代えたい。エストニア史では、ナショナル・ヒストリーとして描かれる際、エストニアをはさむ二大国のドイツとロシアのうち、どちらかが必ずより大きな悪として位置づけられる傾向にあった。その結果、体制が変わるたびに歴史叙述全体が大きな再評価にさらされてきた。一例を挙げれば、ドイツを最大の敵としてみていた時代には、エストニアの新聞の父であるヨハン・ヴォルデマール・ヤンセン（一八一九―九〇）については、親ドイツ的である点が彼の評価を大きく左右したといえる。ヤンセンの敵対者と見なされたヤコプソンとの関係を論じるうえで、ドイツ派かロシア派かという観点が長らく中心に置かれてきた。再独立後のエストニアでは、ソ連時代においても比較的研究しやすかったヤコプソンについては特に評価が大きく変化したという形跡はないものの、ヤンセンの評価は明らかに肯定的な意味で変わってきている。こうした評価の揺れは歴史学上の論争というよりは、歴史が政治に利用されることから生じる副産物であると考えられる。

また歴史の利用は、国内政治の場面にとどまらない。民族や国家の未来のあるべき姿を決める判断材料として歴史的経験が重要である場面は多い。しかしながら例えば、ヨーロッパ連合（ＥＵ）加盟を決める国民投票時に、ソ連による併合という歴史経験を政治的に利用するのは、感情的な議論を惹起することはあっても、合理的な判断に資するとは思えない。ハーバーマスによる「歴史の公的利用」という指摘も、そうした歴史利用の負の側面に着目したものである。こうした歴史をめぐる問題は、概して我々の身近にある。歴史教育についての議論は近年とみに盛んであるが、こうした歴史利用の負の側面を有効に回避するかぎも、歴史教育の中に見つけることができるのではないだろうか。

注

（1）Nancy Whittier Heer, *Politics and History in the Soviet Union*, Cambridge, Massachusets/London 1971, p. vii.
（2）Mart Laar, *Äratajad: Rahvuslik ärkamisaeg Eestis 19. sajandil ja selle kandjad*, Tallinn 2006.
（3）Toomas Karjahärm, Inimeste valikud ei tulene alati neid ümbritsevatest oludest, *Tuna*, 4（2005）, lk. 137.
（4）*Eesti ajalugu I-III*, Tartu 1935-1940. もともとは全五巻で計画されたが、第四、五巻はソ連時代には刊行されなかった。再独立後に出版された第四、五巻の編者は別の歴史家である。
（5）Toomas Karjahärm/Hando Runnel, *Hans Kruus: Eesti küsimus*, Tartu 2005.
（6）*Ibid*. lk. 9.
（7）Cederberg, *Eesti Biograafiline leksikon*, Tartu 1926-1929, lk. 206-207, 229-230.
（8）*Ibid*. lk. 206-207.
（9）Hans Kruus, Rahvusterviklusest, *Akadeemia*, 3（1940）.
（10）Toomas Karjahärm, Mart Laari "Äratajad" —suurtöö neist, kes äratasid eesti rahva, *Eesti Päevaleht*, 2005/7/29.
（11）Eero Medijainen, Hans Kruusi küsimus, *Sirp*, 2005/8/26.
（12）ヤコプソンもフルトも民族運動の指導者。前者は政治的権利を要求したのに対し、後者は文化的民族という概念を用いて、国家はなくても民族の発展は可能であるという立場をとった。
（13）Hans Kruus, Rahvus ja klass, in: *Eesti Üliõpilaste Seltsi album IX: Rahvusküsimus I*, Toim. Villem Ernits. Jurjev: EÜS 1915.
（14）Hans Kruus, *Jakob Hurda pärand rahvuslikule mõttele: Jakob Hurda kõned ja avalikud kirjad*, Tartu 1939.
（15）歴史的使命について説明する際、クルースは、ユダヤ人や分割時代のポーランド人を例として挙げている。ここからも、クルースが独立の喪失を予想していたことが推察できる。

(16) Toivo Raun, *Estonia and the Estonians*, updated second edition, Stanford: California 2001, p. 144.
(17) Elmar Tambek, *Tõus ja mõõn*, Tallinn 1992, lk. 251.
(18) Karjahärm/Runnel, *op. cit.*, lk. 16.
(19) *Ibid.*
(20) こうしたパッツの意図の解釈については、Magnus Irmjärv が *Hääletu alistumine*, Tallinn 2004, で異議を唱え、ソ連指導部との接近を含めて個人的意図から説明を試みている。Hääletu alistumine とは「声なき降伏」という意味。
(21) Medijainen, *op. cit.*, Hans Kruus.
(22) Hans Kruus, *Koos oma rahva ajalooga suures isamaasõjas*, Tallinn 1971.
(23) Eero Medijainen, *Eesti NSV välisministeerium*, http://www.okupatsioon.ee/1940/1940.html.
(24) *Ibid.*
(25) *Ibid.*
(26) Karjahärm/Runnel, *op. cit.*, lk. 18.

【早稲田大学総合研究機構ヨーロッパ文明史研究所叢書２】

ヨーロッパ史のなかのエリート

—生成・機能・限界—

井内敏夫編　太陽出版　2007年刊

The Institute for History of European Civilization,
Comprehensive Research Organization, Waseda University, Volume 2

The Elite in European History

— Formation, Function, Limitations —

早稲田大学総合研究機構ヨーロッパ文明史研究所

〒162-8644　東京都新宿区戸山1-24-1　早稲田大学文学部西洋史専修室内

The Institute for History of European Civilization
Comprehensive Research Organization, Waseda University,
Tokyo, Japan 162-8644

執筆者（Contributors）

Toshio Inouchi
Preface

Kazuji Toyoda
1. Athenian Democracy: Propertied People and their Active Political Participation

Osamu Chiwaki
2. Reading the "*Germania*"

Taichi Shiraki
11. Hetmans in Early Modern Poland and the Transitions of their Social Roles

Jun Obara
12. "Korporation" and "Assoziation" in the First Half of the 19th Century in Germany

Tsutomu Imamura
13. Enlightenment and Education in 19th Century Baltic Provinces and Russian Empire: From Zhurnal Ministerstva Narodnago Prosvieshcheniia

Kayako Kusano
14. Reform of the Local Government on the Frontiers of European Russia: The State Bureaucracy and Local Self-Government, 1896-1903

Masaya Watanabe
15. Salvador Muñoz Péres and the Counterrevolution in Andalusia

Hiromi Komori
16. Entanglement between History and Politics in Estonia: The Case of Hans Kruus as a Historian

ヨーロッパ文明史研究所研究員

第２期　2004.4-2007.3

（Members of the Institute）

井内敏夫　所長（Toshio Inouchi, Director）
野口洋二（Yohji Noguchi）
大内宏一（Koichi Ouchi）
小倉欣一（Kin'ichi Ogura）
小林雅夫（Masao Kobayashi）
佐久間弘展（Hironobu Sakuma）
鈴木健夫（Takeo Suzuki）
竹本友子（Yuko Takemoto）
前田徹（Tohru Maeda）
松園伸（Shin Matsuzono）
村井誠人（Makoto Murai）
森原隆（Takashi Morihara）
青野公彦（Kimihiko Aono）
秋山慎一（Shin'ichi Akiyama）
浅野啓子（Keiko Asano）
五十嵐修（Osamu Igarashi）
池本今日子（Kyoko Ikemoto）
今村労（Tsutomu Imamura）
踊共二（Tomoji Odori）
小野哲（Satoshi Ono）
小原淳（Jun Obara）
加藤義明（Yoshiaki Kato）
唐澤晃一（Koichi Karasawa）
川崎康司（Yasushi Kawasaki）
草野佳矢子（Kayako Kusano）
小森宏美（Hiromi Komori）
白木太一（Taichi Siraki）
高尾千津子（Chizuko Takao）
田中史高（Humitaka Tanaka）
丹下栄（Sakae Tange）
蝶野立彦（Tatsuhiko Chono）
千脇修（Osamu Chiwaki）
豊川浩一（Koichi Toyokawa）
豊田和二（Kazuji Toyoda）
中澤達哉（Tatsuya Nakazawa）
皆川卓（Taku Minagawa）
山本大丙（Taihei Yamamoto）
渡辺雅哉（Masaya Watanabe）

編集者（Editors）

井内敏夫（Toshio Inouchi），竹本友子（Yuko Takemoto），池本今日子（Kyoko Ikemoto），小原淳（Jun Obara），草野佳矢子（Kayako Kusano）

編集協力者（Editorial Assistants）

飯田ちひろ　早稲田大学大学院（Chihiro Iida　Graduate Student, Waseda University）
大渓太郎　早稲田大学大学院（Taro Ohtani　Graduate Student, Waseda University）
加藤万結子　早稲田大学大学院（Mayuko Kato　Graduate Student, Waseda University）
鈴木喜晴　早稲田大学大学院（Yoshiharu Suzuki　Graduate Student, Waseda University）
花田達郎　早稲田大学大学院（Tatsuro Hanada　Graduate Student, Waseda University）
福山佑子　早稲田大学大学院（Yuko Fukuyama　Graduate Student, Waseda University）
諸井弘輔　早稲田大学大学院（Kosuke Moroi　Graduate Student, Waseda University）
渡辺裕一　早稲田大学大学院（Yuichi Watanabe　Graduate Student, Waseda University）

【早稲田大学総合研究機構ヨーロッパ文明史研究所叢書 2】

ヨーロッパ史のなかのエリート
—生成・機能・限界—

2007年 3 月31日　第 1 刷

［編著者］
井内敏夫

［発行者］
籠宮良治

［発行所］
太陽出版

東京都文京区本郷4-1-14　〒113-0033
TEL 03(3814)0471　FAX 03(3814)2366
http://www.taiyoshuppan.net/
E-mail　info@taiyoshuppan.net

装幀＝中村浩（セイエ）
［印刷］壮光舎印刷［製本］井上製本
ISBN978-4-88469-505-7